KB123829

7급 국가직 공무원 시험대비

박문각
공무원

기출문제

PSAT 김영진
상황판단 유형완성
심화편

김영진 편저

동영상 강의 www.pmg.co.kr

7급
PSAT

박문각

이 책의 **머리말**

국가직 7급 공무원 1차 시험이 PSAT으로 변경되어 시행된 지 어느덧 4년차에 접어들었습니다. 하지만 여전히 7급 기출만으로는 시험 대비로 충분하지 못하고 PSAT 상황판단 영역이 특별한 지식을 필요로 하지 않음에도 불구하고 출제범위조차 가늠할 수 없습니다. 또한, 문항의 형태나 소재에 대한 예측도 어려운 속성 때문에 유사 기출까지 확장하여 학습할 수밖에는 없는 것이 현실입니다. 이에 효율적이고 효과적인 대비를 위한 교재의 필요성을 절감하여 본서를 출간하게 되었습니다. 본서의 주요 특징은 다음과 같습니다.

첫째, 주로 최근 년도(2015년~2022년)를 기준으로 5급 공채, 입법고시, LEET(추리논증)의 문항을 [유형분석]편에 비해 비중 높게 구성했습니다. 7급 PSAT과 유사성이 높은 문항들로만 선별했기 때문에 학습의 맥락은 유지하면서 좀 더 다양한 유형과 난도의 문항을 경험하면서 사고력의 확장을 도모할 수 있습니다.

둘째, 철저하게 수험생의 입장에서 학습의 효과를 극대화하기 위해 본 문제에서 제공된 보기, 선택지, 조건, 규칙, 도표 등의 원문을 최대한 그대로 살려 정오판단의 근거를 쉽게 확인할 수 있습니다. 또한 핵심 정보를 추출하여 이를 가공하거나 또는 해결하는 과정 등을 실전 풀이에 최대한 근접하게 하여 실제로 활용할 수 있도록 하였고, 전략적이고 효율적인 분석이 가능합니다.

본서를 통해 학습하는 수험생 분들은 다음의 사항에 유의하길 바랍니다.

첫째, 1차 시험인 PSAT은 2차 전문과목을 학습하는 방식과는 다른 차원에서 접근해야 합니다. 기억된 지식과 정보를 통해 선지의 정오를 판정하는 일반적인 학습방식과는 달리 1차 PSAT은 본질적으로 문제마다 직접적이고 구체적인 해결방안을 수립하고 사고력을 발휘해야 하는 시험입니다. 그런 만큼 항시 주도적이고 능동적인 자세와 관점으로 학습이 이루어져야 합니다. 즉, 본인의 판단을 중심으로 해설 등의 내용을 참고하되 요소별로 유불리를 따져 본인에게 필요한 부분만 취사선택해야 합니다. 그것을 바탕으로 사고의 방식을 보정해가는 방향으로 진행해야 합니다. 그러므로 해설을 이해하고 익히는 수준에서 머무는 것은 가급적 지양하는 것이 바람직할 것입니다.

둘째, 문제 해결의 전 과정을 스스로 피드백하여 본인의 강점과 약점을 파악해야 합니다. 실전처럼 문제를 푸는 연습도 중요하지만, 풀이 후에 오답 등을 정리하는 과정이 그보다 더 중요합니다. 문제를 해결하는 과정에서 본인이 정답에 접근하지 못했던 이유가 문제를 이해하지 못해서인지, 상황이나 자료의 분석을 잘못한 것인지, 아니면 사안별로 적용하는 과정에 미흡한 점이 있었는지를 따져서 부족한 부분에 대해서는 반복 학습을 통해 이를 극복해야 합니다.

본서에서 구분하고 있는 유형을 기준으로 어느 정도의 보편적인 대응 방법을 익히고 훈련한 뒤에는 본서에서 다루지 않은 전후 연도의 기출 문제를 모의시험으로 활용한다면 충분한 준비가 되지 않을까 생각합니다. 본서는 국가직 7급 시험을 대비하기 위해 제작된 것이지만 5급 공채나 입법고시 그리고 2025년도부터 도입이 예정되어 있는 법원행정고시나 국회직 8급 시험을 대비하기 위한 범용성도 갖추고 있습니다.

마지막으로 늘 물심양면으로 지원을 아끼지 않으시는 김종요 상무님과 졸서임에도 흔쾌히 출판에 응해주시고 본서의 구성과 편집에 대해 조언해 주신 김현실 이사님, 감당하기 벅찬 교정임에도 꼼꼼하게 부족한 부분을 채워주신 전슬기 주임님, 그리고 사랑하는 가족에게 이 자리를 빌려 감사의 인사를 전합니다.

수험생 여러분의 합격을 진심으로 기원합니다.

2024년 4월

박문각 PSAT 상황판단 김영진 드림

CONTENTS

이 책의 **차례**

OT

PSAT 김영진 상황판단
유형 완성 [심화편]

오리엔테이션

오리엔테이션

1. 상황판단 영역의 의미

어떤 특정한 자료나 조건, 상황에 대해서 이를 이해하고 분석하고 추론하고 평가하여 문제에서 요구하는 사항을 일정한 기준에 부합하도록 유효적절하게 올바른 판단을 하여 문제를 해결하는 능력을 평가하는 영역이라고 할 수 있다.

※ 인사처가 제시한 평가 요소: 상황의 이해능력, 추론 및 분석능력, 문제해결능력, 판단 및 의사결정 능력 등을 측정함.

2. 상황판단 영역의 속성 (※ 예제는 수업 파트에서 모두 다루고 있으니 정답과 해설은 각 파트별 문항으로 참고하기 바람)

(1) 배경지식의 불필요성

상황판단영역은 기본적으로 특정분야의 지식을 필요로 하지 않는다. 물론 때에 따라서는 배경지식이 풍부한 수험생인 경우 혹은 자신의 전공분야나 관심사와 관련한 내용이 제시문에 사용된 경우에는 어느 정도 유리함이 있을 수 있겠지만 그 유리함 또한 제시문에 접근하는 친숙함 정도일 것이고 문제 해결의 측면에서는 또다른 차원의 과정이 필요한 만큼 그 유리함이 그리 크다고 볼 수는 없다. 즉, 내가 가지고 있는 지식을 바탕으로 바로 문제에 접근하고 별 고민 없이 문제를 해결하는 2차 전문과목의 경우와는 판이하게 다르다는 점을 반드시 인식해야 한다.

예제 1 다음 글을 근거로 판단할 때, 甲이 귀가했을 때의 정확한 시각은? 21 5급 공채 가책형 29번

> 甲은 집에 있는 시계 X의 건전지가 방전되어 새 건전지로 갈아 끼웠다. 甲은 정확한 시각을 알 수 없어서 일단 X의 시각을 정오로 맞춘 직후 일정한 빠르기로 걸어 친구 乙의 집으로 갔다. 乙의 집에 당일 도착했을 때 乙의 집 시계 Y는 10시 30분을 가리키고 있었다. 甲은 乙과 1시간 동안 이야기를 나눈 후 집으로 출발했다. 집으로 돌아올 때는 갈 때와 같은 길을 2배의 빠르기로 걸었다. 집에 도착했을 때, X는 14시 정각을 가리키고 있었다. 단, Y는 정확한 시각보다 10분 느리게 설정되어 있다.

※ X와 Y는 시각이 부정확한 것 외에는 정상 작동하고 있다.

① 11시 40분　② 11시 50분
③ 12시 00분　④ 12시 10분
⑤ 12시 20분

본 문제는 시간 관리가 철저하기로 유명한 칸트의 일화를 소재로 활용한 문제인데 칸트의 일대기를 제대로 알고 있는 수험생이었을지라도 결국 문제의 해결은 주어진 상황에서 물리법칙(거리=속력×시간)에 따라 판단하면 충분하다는 것을 확인할 수 있다. 다음의 [예제2]를 살펴보자.

예제 2 다음 글을 근거로 판단할 때, ○○공장에서 4월 1일과 4월 2일에 작업한 최소 시간의 합은? 20 5급 공채 나책형 30번

> ○○공장은 작업반 A와 B로 구성되어 있고 제품 X와 제품 Y를 생산한다. 다음 표는 각 작업반이 1시간에 생산할 수 있는 각 제품의 수량을 나타낸다. 각 작업반은 X와 Y를 동시에 생산할 수 없고 작업 속도는 일정하다.
>
> 〈작업반별 시간당 생산량〉
> (단위 : 개)
>
> | 구분 | X | Y |
> |---|---|---|
> | 작업반 A | 2 | 3 |
> | 작업반 B | 1 | 3 |
>
> ○○공장은 4월 1일 오전 9시에 X 24개와 Y 18개를 주문받았으며, 4월 2일에도 같은 시간에 동일한 주문을 받았다. 당일 주문받은 물량은 당일에 모두 생산하였다.
> 4월 1일에는 작업 여건상 두 작업반이 같은 시간대에 동일한 종류의 제품만을 생산해야 했지만, 4월 2일에는 그러한 제약이 없었다. 두 작업반은 매일 동시에 작업을 시작하며, 작업 시간은 작업 시작 시점부터 주문받은 물량 생산 완료 시점까지의 시간을 의미한다.

① 19시간　② 20시간
③ 21시간　④ 22시간
⑤ 23시간

본 문제 또한 영국의 경제학자 데이비드 리카도(David Ricardo)의 비교우위론의 관점에서 출제된 문제이다. 4월 2일 작업에 관해서는 제품 X 1개에 대한 제품 Y 1개의 기회비용이 작업반 A의 경우에는 1.5(3/2)이고 작업반 B의 경우에는 3(3/1)이므로 제품 Y에 대한 기회비용이 더 큰 작업반 B가 제품 Y를 생산하고 제품 X를 작업반 A가 전량 생산하는 것이 작업 시간을 최소화하는 선택일 것이다. 그러나 우리가 이런 경제학적 배경지식이 없다한들 문제를 풀고 정답을 도출하는데 얼마나 많은 지장이 있겠는가. 상식선에서 제품 Y는 두 작업반 간에 생산량에 차이가 없고 제품 X가 작업반 A쪽에 생산량에 우위가 있으므로 자

연스럽게 생산 계획을 결정하는 데에 아무런 문제가 없을 것이다.

이처럼 배경지식의 유무가 문제해결에 많은 영향을 주는 것은 아니라는 점을 인지하기 바란다. 더구나 본인이 가지고 있는 지식이 오히려 문제가 요구하는 본질적인 부분을 간과하는 선입견으로 작용할 수도 있는 위험 요소가 될 수 있는 만큼 철저하게 문제를 통한 해결만을 추구해야 함을 명심해야 한다.

따라서 특정분야의 지식을 습득, 암기하려고 하기보다는 구체적인 자료들 속에서 문제해결에 필요한 정보를 효율적으로 추출하고 이를 통해 자신의 <u>논리적, 비판적 사고력</u>으로 판단, 분석하여 문제를 해결하려는 능력을 향상시키는 데 주력해야 한다.

⑵ 출제범위의 불명확성(문항을 구성하는 소재의 다양성)

상황판단영역에서 출제되는 문항(제시문)의 소재는 특정분야에 치우치지 않고 인문과학, 사회과학, 자연과학 등 다양한 분야에서 활용되고 있다. 이는 4차 산업혁명을 필두로 급변하는 사회 속에서 공직자들의 직무수행 환경 또한 점차 예측하기 어려운 다양한 상황에 직면하게 될 것이고 이에 대해 적절하고 원활하게 대응하기 위한 능력의 구비여부를 평가하기 위함일 것이다. 다만, 직무수행의 법적 근거가 되는 관련 법령이나 각 부서별로 업무관련성이 높은 소재는 빈번하게 출제되고 있으니 참고하도록 한다.(⬟ 인사 : 인사교류, 위원위촉, 채용 등, 교육 : 과정이수, 워크숍 개최 등, 계약 : 입찰공고, 사업자 선정 등)

[예제 3] **다음 글을 근거로 판단할 때 옳은 것은?**

22 5급 공채 나책형 1번

제00조 ① 자신의 생명 또는 신체상의 위험을 무릅쓰고 급박한 위해에 처한 다른 사람의 생명·신체 또는 재산을 구하기 위한 구조행위로서 다음 각 호의 어느 하나의 경우에 대해서는 이 법을 적용한다. 다만 자신의 행위로 인하여 위해에 처한 사람에 대하여 구조행위를 하다가 사망하거나 부상을 입은 행위는 제외한다.
  1. 범죄행위를 제지하거나 그 범인을 체포하다가 사망하거나 부상을 입은 경우
  2. 운송수단의 사고로 위해에 처한 다른 사람의 생명·신체 또는 재산을 구하다가 사망하거나 부상을 입은 경우
  3. 천재지변, 수난(水難), 화재 등으로 위해에 처한 다른 사람의 생명·신체 또는 재산을 구하다가 사망하거나 부상을 입은 경우

  4. 물놀이 등을 하다가 위해에 처한 다른 사람의 생명 또는 신체를 구하다가 사망하거나 부상을 입은 경우
② 의사자(義死者)란 직무 외의 행위로서 구조행위를 하다가 사망하여 □□부장관이 의사자로 인정한 사람을 말한다.
③ 의상자(義傷者)란 직무 외의 행위로서 구조행위를 하다가 신체상의 부상을 입어 □□부장관이 의상자로 인정한 사람을 말한다.
제00조 ① 국가는 의사자·의상자가 보여준 살신성인의 숭고한 희생정신과 용기가 항구적으로 존중될 수 있도록 서훈(敍勳)을 수여하는 등 필요한 조치를 할 수 있다.
② 국가와 지방자치단체는 의사자를 추모하고 숭고한 뜻을 기리기 위한 동상 및 비석 등의 기념물을 설치하는 기념사업을 수행할 수 있다.
③ 국가는 다음 각 호의 기준에 따라 의상자 및 의사자 유족에게 보상금을 지급한다.
  1. 의상자의 경우에는 그 본인에게 지급한다.
  2. 의사자의 경우에는 그 배우자, 자녀, 부모, 조부모, 형제자매의 순으로 지급한다. 이 경우 같은 순위의 유족이 2인 이상인 때에는 보상금을 같은 금액으로 나누어 지급한다.

※ 서훈 : 공적의 등급에 따라 훈장을 내림

① 의사자 甲에게 배우자와 자녀가 있는 경우, 보상금은 전액 배우자에게 지급된다.
② 지방자치단체는 의상자 乙에게 서훈을 수여하거나 동상을 설치하는 기념사업을 수행할 수 있다.
③ 소방관 丙이 화재 현장에 출동하여 화재를 진압하던 중 부상을 입은 경우, 丙은 의상자로 인정될 수 있다.
④ 물놀이를 하던 丁이 물에 빠진 애완동물을 구조하던 중 부상을 입은 경우, 丁은 의상자로 인정될 수 있다.
⑤ 운전자 戊가 자신이 일으킨 교통사고의 피해자를 구조하던 중 다른 차량에 치여 부상당한 경우, 戊는 의상자로 인정될 수 있다.

본 [예제3]은 상황판단에서 출제비중이 가장 높은 법령제시형 문항으로 [의상자 등 예우 및 지원에 관한 법률]에서 제2조 정의와 제3조 적용범위 등을 부분적으로 발췌하여 제시문으로 활용하고 있다. 수험생 중에서 본 법률을 접해본 수험생이 과연 몇이나 될까? 아마도 거의 없을 것이다. 심지어 우리의 실생활과 나름 밀접한 관련을 갖는 민법의 내용조차 전공자이거나 특별히 학습할 기회를 가져본 수험생을 제외하고는 낯설기는 마찬가지일 것이다. 참고로 16년도 이전에는 민법상 과실상계 및 손익상계, 특정물 인도, 선의취득, 연대채무, 변제충당, 동산의 인도, 이혼, 실종선고, 상속 등 일반법을 근거로 한 문제가 다양

하게 출제되었으나 이후로는 특별법 위주의 출제경향이 두드러지고 있다.

예컨대 고용보험법 시행령(임금피크제 지원금 관련), 지방보조금 관리규정, 지방자치단체 적극행정 공무원의 징계 절차에서의 소명 또는 소송 등에 관한 표준지침, 동물 보호법, 아이돌봄 지원법, 문화재보호법, 학교급식법, 여객자동차운수사업법 등으로 출제되고 있다.

이처럼 법령제시형의 유형 또한 제시문에 활용되는 소재가 매우 다양하여 예측이 불가능하다는 사실을 인지해야 한다.

(3) 출제유형의 불확실성

상황판단 영역에서 평가하는 요소들은 각기 독립적으로 구분되는 별개의 항목으로 딱 잘라서 나눌 수 있는 것이 아니라 서로가 유기적으로 연결되어 있는 <u>총체적 문제해결능력</u>쯤으로 이해하는 것이 바람직하다. 물론 문제를 구성하는 소재의 종류나 그 구조에 있어 나름 정형화된 부분들도 있음은 충분히 인정할 수 있다. 가령, 법령제시형의 경우 제시문으로 발췌하는 법령과 해당 부분이 매년 달라질 뿐 법령을 소재로 하여 해당 법령을 이해하고 해석하여 적용하는 일련의 과정을 묻는 형식이라든지 구체적인 자료(평가 항목별 점수 등)를 토대로 일정한 조건에 부합하는 사업자를 선정하는 유형이라든지 주어진 상황속에서 이익을 극대화(편익 −비용)하는 최선의 대안을 결정하는 유형 등이 그러하다. 하지만, 본래 그 유형별 학습이라는 것도 학습 효과 측면에서 효율성을 높이고 전략적 사고의 밑거름을 갖추기 위한 과정일 뿐 해당 유형에 대한 문제를 해결하는 과정에서 무비판적으로 익숙한 패턴에 따라 별 고민 없이 해결할 수 있는 문항은 많지 않을 수 있기에 고정적인 시각으로 그대로 대입하는 방식으로 훈련을 하려 해서는 안된다. 결국 문제의 형태만으로 풀이의 전략을 한정적으로 구사하기보다는 유형별 사고의 패턴을 발휘하되 실제 본질에 유효적절한 해법을 유연하게 적용하는 것이 필요하다.

3. 효과적인 학습 전략

앞서 살펴본 바와 같이 PSAT시험은 지식을 바탕으로 평가하는 시험이 아니므로 관련 지식을 습득, 암기하려고 해서는 안된다. 기본 교육과정을 거친 수험생이라면 충분하다고 생각하며 심지어는 아주 기초적인 초·중등 과정 정도의 해법으로도 해결할 수 있는 여지가 다분한 시험인 것이다.

만약 대학 교양 수준을 넘어서는 제시문을 활용하는 경우에는 문제를 해결하는데 필요한 정보를 각주나 별표 등으로 관련 개념을 충분히 제시해 주는 만큼 지식의 함양하려는 욕구를 빨리 떨쳐내는 것이 필요하다. 따라서 결국에 피셋을 대비하기 위한 효과적인 학습방법은 아래와 같이 정리할 수 있다.

첫째, 문제에 대한 적응력을 높이는 것이다.

이는 다양한 기출문제를 풀어봄으로써 자연히 쌓아갈 수 있는 부분이지만 그냥 단순히 양으로 많은 문제를 풀어본다는 의미를 넘어 풀어본 문제에 대한 정확한 피드백을 전제로 할 때 비로소 그 효과가 생길 것이다.

둘째, 유형별로 사고의 패턴을 갖추는 것이다.

인사처가 제시한 추상적인 평가요소를 기준으로 나누는 것이 아니라 실제 우리가 체감할 수 있는 문제의 본질적인 부분을 기준으로 유형을 나누고 이를 반복적으로 학습하는 것이 일정한 사고의 패턴을 갖추는데 효과적이라고 할 수 있다. 더구나 이렇게 유사한 유형을 학습하다 보면 유기적인 사고가 가능하고 유연하게 대처할 수 있는 대응력 또한 향상될 것은 분명하다.

[참고] 본서에서 분류한 유형의 구분은 다음과 같다.

Type 1. 이해추론	1.1 법령제시
	1.2 비문학독해 및 추론
Type 2. 추리분석	2.1 게임·퍼즐·퀴즈
	2.2 수·규칙·암호 추리
Type 3. 조건판단	3.1 배치결정(위치·순서, 선정·조합)
	3.2 의사결정(비교판단, 대안선택)
Type 4. 자료판정	4.1 단순계산(총합 도출 및 점수별 순위, 선정, 비교)
	4.2 최적계산(제한조건하에서의 최댓(솟)값)

셋째, 전체를 조망하는 안목을 길러야 한다.

우리가 피셋 학습을 하다보면 시간 부족을 뼈저리게 경험하게 된다. 어느 시험이건 시간의 제약이 어찌보면 수험생들의 가장 큰 장벽이라고도 할 수 있는데, 특히 이 피셋의 경우에는 그 체감 장벽이 여타 다른 시험과는 차원이 다르게 큰 부담으로 작용하는 경우가 많다. 왜냐하면 비단 2차 전문과목과 비교해 보더라도 2차 시험에서는 어느 정도 준비가 된 상태를 전제로 한다면 우리가 시험장에서 느끼는 고민의 시간이라는 것이 두어개 선지를 놓고 긴가민가하는 정도에 불과할 것이지만 본 피셋의 경우에는 애초에 문제를 읽고 파악하는 데에만 어느 정도 시간이 소요되고 문제를 해결하는데 있어 실마리를 찾고 유효적절한 해법을 모색하는데 상당한 시간이 걸리기 마련이기 때문이다.

그렇기 때문에 피셋은 시간 단축이라는 큰 숙명을 안고 있다고 해도 과언이 아니다. 그렇다면 시간 단축의 비결은 무엇일까? 단언컨대 풀이과정의 단축이 그 해법일 것이다. 물론 풀이과정을 줄이기 위한 차원의 전략이나 구사해야 하는 스킬들은 다양하게 있을 수 있지만 기본적으로 해당 문제가 가지는 본질적인 구조를 파악하는 것이 필요한 것이다. 이를 위해서는 문제의 지엽적인 부분에 집착하여 문제를 해결해야 하는 목표를 놓쳐서는 안된다. 다음의 [예제4]를 살펴보자.

예제 4 다음 〈상황〉을 근거로 판단할 때, 乙이 B 도시에 도착하였을 때 乙이 이동한 총 거리는 얼마인가?

17 입법 가책형 24번

〈상황〉

A 도시와 B 도시는 거리 1,000킬로미터의 유일한 도로로 연결되어 있다. 甲은 A 도시를 출발하여 시속 10킬로미터의 속도로 위 도로를 따라 B 도시로 가고 있다. 乙은 甲이 A 도시를 출발한 때로부터 10시간 후에 甲에 대한 보급품을 싣고 A 도시를 출발하여 시속 30킬로미터의 속도로 뒤따라 가서 甲을 만나게 되면 그 자리에서 甲에게 보급품을 전달해 준 후 A 도시로 되돌아간다.

A 도시에 도착하면 다시 보급품을 싣고 甲을 뒤따라가 甲에게 보급품을 전달하는 과정을 반복하며, 항상 시속 30킬로미터의 속도를 유지한다. 乙이 세 번째로 甲을 만나 甲에게 보급품을 보급한 지점에서 乙은 甲에게 보급품을 전달한 후 A 도시로 돌아가지 않고 甲과 함께 시속 10킬로미터의 속도로 B 도시로 간다.

※ 甲과 乙 모두 휴식이나 수면 없이 계속 위에서 설명한 속도로 이동한다고 가정한다.

※ 乙이 甲을 만나 보급품을 공급하고 방향을 바꿀 때 및 A 도시에 도착하여 보급품을 싣고 방향을 바꿀 때 별도의 시간이 소요되지 않으며, 이동거리의 변화 또한 없는 것으로 가정한다.

① 1,800킬로미터
② 1,900킬로미터
③ 2,000킬로미터
④ 2,100킬로미터
⑤ 2,200킬로미터

본 문항은 아주 어려운 문항은 아니라 어느 정도 수학적 사고력을 갖춘 수험생이라면 나름 수월하게 문제를 해결할 수 있을 것이다. 다만, 문제를 파악한 후에 정답을 내기까지 어떤 과정을 거쳐 풀이하느냐는 여전히 고민해야 할 부분인 것이다. 응용수리 형태이니 상황을 어느 정도 도식화해보고 특정 항목들을 미지수로 잡고 '거=속×시' 법칙에 따라 식을 세워 연립방정식 등을 활용하여 비교적 교과서적으로 풀이한다면 피셋 시험에 바람직한 해법은 아닐 것이다.

여러분은 본 문제를 어떻게 해결하려 할 것인가. 다급한 마음에 문제지 여백에 많은 흔적을 남기면서 식에 의존해서 답을 구하려고 하고 있는 것은 아닌지… 스스로를 점검해보자.

문제에서 乙의 총 이동거리를 묻고 있다. 乙의 속력은 일정하니 첫 번째 두 번째 甲과 만날 때까지의 시간만 구할 수 있다면 이 문제는 눈으로도 해결해 볼 수 있을 것이다. 세 번째 甲과 만나서 B도시로 가는 조건은 이동거리를 계산함에 있어 아무런 영향을 주지 않기 때문이다.

다시 말해 문제가 묻고 있는 것이 무엇인지… 즉, 문제 해결의 목표 지점을 명확히 파악하고 초기 세팅된 시작 포인트와 결국 문제에서 요구하는 마지막 포인트를 집중적으로 파악하는 것이 중요하다. 그 중간에 논리적 과정은 필요에 의해 일정 부분이 생략이 될 여지도 있고, 문제의 시작에서 결론으로 가는 순방향으로 접근하거나 때로는 결론에서부터 시작하여 역방향으로 상황을 역이용해서 답을 도출할 수도 있는 것이다. 다음의 [예제5]도 살펴보자.

예제 5 다음 글을 근거로 판단할 때, 甲과 乙이 콩을 나누기 위한 최소 측정 횟수는? 20 5급 공채 나책형 29번

甲이 乙을 도와 총 1,760 g의 콩을 수확한 후, 甲은 400 g을 가지고 나머지는 乙이 모두 가지기로 하였다. 콩을 나눌 때 사용할 수 있는 도구는 2개의 평형접시가 달린 양팔저울 1개, 5 g짜리 돌멩이 1개, 35 g짜리 돌멩이 1개뿐이다. 甲과 乙은 양팔저울 1개와 돌멩이 2개만을 이용하여 콩의 무게를 측정한다. 양팔저울의 평형접시 2개가 평형을 이룰 때 1회의 측정이 이루어진 것으로 본다.
---

① 2
② 3
③ 4
④ 5
⑤ 6

이런 퀴즈 유형에 빠르게 대처하기 위한 방법 중 하나는 바로 '출제자의 의도'를 파악해보는 것이다. 출제자가 문제를 구성하면서 문제해결의 실마리를 제공하는 단서,

즉 포인트를 발견할 수 있는 감각이 필요한 것이다. 본 문항을 처음 접하는 경우라면 자칫하다가 오랜 고민을 할 수도 있는데 왜냐하면 콩의 무게를 재는 측면에서 바라본다면 으레 보다 적은 양인 400g을 덜어내는 것이 횟수를 줄일 수 있는 기준이 될 거라 생각이 들기 마련이기 때문이다. 콩을 400g으로 재어 덜어내는 경우로 단순히 생각한다면 굳이 총량을 줄 필요는 없지 않은가… 콩밭에 콩은 무한히 많다고 전제하면 그만일 테니….

여기서 출제자가 의도한 장치인 콩의 총 무게(1,760g)에 착안하여 콩을 똑같이 나누는 관점에서 실마리를 찾는다면 굉장히 쉽게 문제를 해결할 수 있는 것이다.

결론적으로 우리가 피셋을 학습하면서 유념해야 할 부분은 ⅰ) 전체를 바라보는 안목을 기르고 그 안에서 ⅱ) 출제자의 의도가 담긴 단서를 포착하려 해야 하고 ⅲ) 부분과 전체를 유연하게 조율할 수 있어야 하며 ⅳ) 무엇으로부터 시작하고 결국 무엇을 구해야 하는지에 대한 질문의 요지를 명확히 파악한 후에 문제를 해결하는 과정을 합리적으로 단축할 수 있어야만 하는 것이다.

넷째, 주도적이고 비판적인 사고를 해야 한다.

우리는 피셋준비를 기출문제로 해야 한다는 사실을 누구보다 잘 알고 있다. 하지만 기출문제로 학습한다는 것의 의미를 간혹 그동안 축적된 기출을 모두 풀어보면 되는 것쯤으로 오해하는 경우도 있다. 물론 양적으로 충분한 기출을 소화한다면 그것 또한 의미 있는 부분이긴 하겠지만 좀 더 적은 분량을 풀더라도 문제를 푸는 방식에 대한 고민과 사후 정리방식을 정하는데 있어 여러 시행착오를 거치더라도 효과를 극대화할 수 있는 자신만의 적절한 방법을 찾아야 하는 것이다. 늘 수업 때 강조하고 있는 <3 STEP 학습법>을 소개하니 참고하기 바란다.

- 1 STEP : 문제 풀이 시 카운트다운(한 문항별 2분 ~ 3분 정도) 혹은 카운트 업(소요시간 체크)을 통해 시간의 제약 속에서 매 문항마다 실전 상황을 시뮬레이션하여 진행하기
- 2 STEP : 정오답을 가릴 것 없이 모든 문항에 대해 꼼꼼히 리뷰하기
  → 문제의 본질을 정확하게 이해하려는 점검이 반드시 뒤따라야 한다. 점검 시 체크포인트는
ⅰ) 문제를 구성하는 여러 자료(용어, 산식, 수치, 조건 등)의 정확한 의미 파악 : 오답 시 논리적 흠결이나 왜곡을 정정하거나 무답 시 풀이의 실마리를 착안해내는 중요한 기본 과정

ⅱ) 자료의 정보화 비중 내지는 강약 : 정답 도출을 위한 유의미한 자료와 그렇지 않은 자료의 구분 및 처리 방식의 문제점 보완
ⅲ) 다른 관점에서의 접근 가능성 여부의 판단 : 효율성 개선 (시간 절약 및 풀이 과정의 단축)방안 및 대안의 발견
- 3 STEP : 1 STEP 과 2 STEP 간의 유기적인 연계 활동
  → 2 STEP 과정 후 1 STEP에서의 문제점 등을 보완하기 위한 조율 단계를 반드시 거쳐야 한다. 위의 2개의 과정이 별개 독립으로만 진행되지 않도록 2개의 과정에서 발생한 간극을 최소화시키는 연계 활동이 보장되도록 할 것

目 이해추론형 핵심가이드

이해추론형의 문제는 주로 i) 법령제시형, ii) 비문학독해형, iii) 대화형 추론 등의 유형으로 출제된다.

첫째 i) <법령제시형>의 경우 법조문 형식의 제시문을 주고 이를 근거로 하여 조문의 내용을 이해하고 있는지 조문의 내용을 해석하고 사례에 올바르게 적용할 수 있는지 여부 등을 평가하는 유형이라고 할 수 있다. 공무원으로서 갖추어야 할 필수 역량 중에 하나라고 할 수 있으므로 이에 대한 평가 비중은 30% 내외로 매우 높은 편이다. 이에 대한 대비로는 법조문을 빠르게 이해하고 해석하여(사례에 적용하는 경우에도 마찬가지) 법조문만의 특징적인 구조를 파악(주제 →객체(대상) → 요건 → 효과 순으로 구성)하고 관련된 요소를 중심으로 원칙과 예외에 따른 규정의 내용을 명확히 구분 적용하는 것이 핵심 포인트라 할 수 있다.

한편, 법령형 유형에서 난도 높은 케이스는 제시문을 근거로 그와 관련된 구체적인 사례(상황)가 제시되어 특정 사례에서 발생한 문제점을 해결하기 위해 타당한 근거를 찾거나 해결 가능성 또는 사안에의 적용 결과 등을 판단(강한 사례형)하는 부분이 복합적으로 적용되는 유형일 것이다.(but 출제율 낮음) 보도자료 작성, 민원 대응, 법률 개정 등의 실무와 관련한 다양한 제시문의 활용능력을 평가하는 유형으로 기본 점수 획득과 시간 단축의 유형으로 적극 공략해야 한다.

둘째 ii) <비문학독해형>의 경우 인문과학, 사회과학, 자연과학 등 다양한 소재와 시대적 배경을 바탕으로 제시문이 등장하는 독해 유형으로 키워드(key word) 중심으로 빠른 독해력을 요구하는 형태라 할 수 있다. 주로 대립/비교/구분/분류 등의 구도를 가지는 설명문 형식의 제시문이 많은 편이며, 기원/유래 등을 포함하여 시간적 선후관계 또는 낯선 개념(의의, 정의 등)을 포함하는 유형이 주로 출제된다. 출제 비중은 낮은 편이지만 상판 전반에 걸쳐 모든 유형을 해결하기 위한 기본적 전제로서의 요소이므로 독해력의 향상을 위해서도 유사 기출까지 학습해야 할 이유는 충분하다.

셋째 ii) <대화형 추론>의 경우 일정한 대화 내용이나 상황의 조건을 제시한 후 논리적으로 전개되는 과정을 통해 특정한 결과를 도출하기 위한 필요한 수치 내지는 조건을 찾는다거나 상황에 부합하는 결과를 예측하는 형태 등으로 출제된다. 한편, 진술 등의 진위 여부를 가려내서 추론하는 유형은 유사 시험에서는 종종 출제되므로 대비할 필요가 있다. 추론의 핵심과정은 1) 형식적 모순(판단 근거의 기준을 어디로 정할 것인지의 문제)으로부터 2) 실질적 모순(가정을 통한 추리 단계를 적절히 잘 적용하여 결과의 모순 등으로 가정 내용을 확정하는 문제)으로 과정순으로 해결하는 것이 효율적이므로 형식적으로 모순되거나(양립불가능) 일치하는 부분을 찾는 것이 중요하다. 이는 언어논리 영역에서 다루는 논리논증의 성격을 띠고 있기는 하지만 언어논리에서 다루는 기호논리 위주의 판단에서 더 나아가 수 추리 등 타 유형의 속성을 가미한 형태로 출제가 될 수 있다는 점에 차이가 있으므로 이를 감안해 대비해야 할 것이다.

마지막으로 본 유형에서는 문항별 난도에 따라 운영에 차이가 있기는 하겠지만 대체적으로 대화형 추론(특히, 진실 혹은 거짓 진술을 확정하거나 수 추리 등이 결합된 형태의 복합 문항)을 제외한 나머지 유형은 점수를 확보하고 시간을 절약할 수 있는 전략적 유형에 해당히므로 문제풀이 속도와 정확성에 대해 확보해야 한다.

PART

01

이해추론편

이해추론 − 법령제시형

1.1 법령제시

회독 □□□ 난도 ★☆☆ 소요시간

01 다음 글과 〈상황〉을 근거로 판단할 때 옳지 않은 것은?

21 7급 공채 나책형 17번

제○○조 ① 건축물을 건축하거나 대수선하려는 자는 특별자치시장·특별자치도지사 또는 시장·군수·구청장의 허가를 받아야 한다. 다만 21층 이상의 건축물이나 연면적 합계 10만 제곱미터 이상인 건축물을 특별시나 광역시에 건축하려면 특별시장이나 광역시장의 허가를 받아야 한다.
② 허가권자는 제1항에 따른 허가를 받은 자가 다음 각 호의 어느 하나에 해당하면 허가를 취소하여야 한다. 다만 제1호에 해당하는 경우로서 정당한 사유가 있다고 인정되면 1년의 범위에서 공사의 착수기간을 연장할 수 있다.
  1. 허가를 받은 날부터 2년 이내에 공사에 착수하지 아니한 경우
  2. 제1호의 기간 이내에 공사에 착수하였으나 공사의 완료가 불가능하다고 인정되는 경우
제○○조 ① ○○부 장관은 국토관리를 위하여 특히 필요하다고 인정하거나 주무부장관이 국방, 문화재보존, 환경보전 또는 국민경제를 위하여 특히 필요하다고 인정하여 요청하면 허가권자의 건축허가나 허가를 받은 건축물의 착공을 제한할 수 있다.
② 특별시장·광역시장·도지사(이하 '시·도지사'라 한다)는 지역계획이나 도시·군계획에 특히 필요하다고 인정하면 시장·군수·구청장의 건축허가나 허가를 받은 건축물의 착공을 제한할 수 있다.
③ ○○부 장관이나 시·도지사는 제1항이나 제2항에 따라 건축허가나 건축허가를 받은 건축물의 착공을 제한하려는 경우에는 주민의견을 청취한 후 건축위원회의 심의를 거쳐야 한다.
④ 제1항이나 제2항에 따라 건축허가나 건축물의 착공을 제한하는 경우 제한기간은 2년 이내로 한다. 다만 1회에 한하여 1년 이내의 범위에서 제한기간을 연장할 수 있다.

┌─ 상황 ─┐
甲은 20층의 연면적 합계 5만 제곱미터인 건축물을, 乙은 연면적 합계 15만 제곱미터인 건축물을 각각 A광역시 B구에 신축하려고 한다.

① 甲은 B구청장에게 건축허가를 받아야 한다.
② 甲이 건축허가를 받은 경우에도 A광역시장은 지역계획에 특히 필요하다고 인하면 일정한 절차를 거쳐 甲의 건축물 착공을 제한할 수 있다.
③ B구청장은 주민의견을 청취한 후 건축위원회의 심의를 거쳐 건축허가를 받은 乙의 건축물 착공을 제한할 수 있다.
④ 乙이 건축허가를 받은 날로부터 2년 이내에 정당한 사유 없이 공사에 착수하지 않은 경우, A광역시장은 건축허가를 취소하여야 한다.
⑤ 주무부장관이 문화재보존을 위하여 특히 필요하다고 인정하여 요청하는 경우, ○○부 장관은 건축허가를 받은 乙의 건축물에 대해 최대 3년간 착공을 제한할 수 있다.

02 다음 글을 근거로 판단할 때 옳지 않은 것은?

21 7급 공채 나책형 18번

제○○조 ① 정보공개심의회(이하 '심의회'라 한다)는 다음 각 호의 구분에 따라 10인 이내의 위원으로 구성한다.
　1. 내부 위원: 위원장 1인(○○실장)과 각 부서의 정보공개담당관 중 지명된 3인
　2. 외부 위원: 관련분야 전문가 중에서 총 위원수의 3분의 1 이상 위촉
② 위원은 특정 성별이 다른 성별의 2분의 1 이하가 되지 않도록 한다.
③ 위원장을 비롯한 내부 위원의 임기는 그 직위에 재직하는 기간으로 하며, 외부 위원의 임기는 2년으로 하되 2회에 한하여 연임할 수 있다.
④ 심의회는 위원장이 소집하고, 회의는 위원장을 포함한 재적위원 3분의 2 이상의 출석으로 개의하고 출석위원 3분의 2 이상의 찬성으로 의결한다.
⑤ 위원은 부득이한 이유로 참석할 수 없는 경우에는 서면으로 의견을 제출할 수 있다. 이 경우 해당 위원은 심의회에 출석한 것으로 본다.

① 외부 위원의 최대 임기는 6년이다.
② 정보공개심의회는 최소 6명의 위원으로 구성된다.
③ 정보공개심의회 내부 위원이 모두 여성일 경우, 정보공개심의회는 7명의 위원으로 구성될 수 있다.
④ 정보공개심의회가 8명의 위원으로 구성되면, 위원 3명의 찬성으로 의결되는 경우가 있다.
⑤ 위원장을 포함한 위원 5명이 직접 출석하여 이들 모두 안건에 찬성하고, 위원 2명이 부득이한 이유로 서면으로 의견을 제출한 경우, 제출된 서면 의견에 상관없이 해당 안건은 찬성으로 의결된다.

03 다음 글과 〈상황〉을 근거로 판단할 때 옳은 것은?

20 7급 모의 1번

제○○조(적용범위) 이 규정은 중앙행정기관, 광역자치단체(광역자치단체와 기초자치단체 공동주관 포함)가 국제행사를 개최하기 위하여 10억 원 이상의 국고지원을 요청하는 경우에 적용한다.
제○○조(정의) "국제행사"라 함은 5개국 이상의 국가에서 외국인이 참여하고, 총 참여자 중 외국인 비율이 5% 이상(총 참여자 200만 명 이상은 3% 이상)인 국제회의·체육행사·박람회·전시회·문화행사·관광행사 등을 말한다.
제○○조(국고지원의 제외) 국제행사 중 다음 각 호에 해당하는 행사는 국고지원의 대상에서 제외된다. 이 경우 제외되는 시기는 다음 각 호 이후 최초 개최되는 행사의 해당 연도부터로 한다.
　1. 매년 1회 정기적으로 개최하는 국제행사로서 국고지원을 7회 받은 경우
　2. 그 밖의 주기로 개최하는 국제행사로서 국고지원을 3회 받은 경우
제○○조(타당성조사, 전문위원회 검토의 대상 등) ① 국고지원의 타당성조사 대상은 국제행사의 개최에 소요되는 총 사업비가 50억 원 이상인 국제행사로 한다.
② 국고지원의 전문위원회 검토 대상은 국제행사의 개최에 소요되는 총 사업비가 50억 원 미만인 국제행사로 한다.
③ 제1항에도 불구하고 국고지원 비율이 총 사업비의 20% 이내인 경우 타당성조사를 전문위원회 검토로 대체할 수 있다.

─〈상황〉─
　甲광역자치단체는 2021년에 제6회 A박람회를 국고지원을 받아 개최할 예정이다. A박람회는 매년 1회 총 250만 명이 참여하는 행사로서 20여 개국에서 8만 명 이상의 외국인들이 참여해 왔다. 2021년에도 동일한 규모의 행사가 예정되어 있다. 한편 2020년에 5번째로 국고지원을 받은 A박람회의 총 사업비는 40억 원이었으며, 이 중 국고지원 비율은 25%였다.

① 2021년에 총 250만 명의 참여자 중 외국인 참여자가 감소하여 6만 명이 되더라도 A박람회는 국제행사에 해당된다.
② 2021년에 A박람회가 예정대로 개최된다면, A박람회는 2022년에 국고지원의 대상에서 제외된다.
③ 2021년 총 사업비가 52억 원으로 증가하고 국고지원은 8억 원을 요청한다면, A박람회는 타당성조사 대상이다.
④ 2021년 총 사업비가 60억 원으로 증가하고 국고지원은 전년과 동일한 금액을 요청한다면, A박람회는 전문위원회 검토를 받을 수 있다.
⑤ 2021년 甲광역자치단체와 乙기초자치단체가 공동주관하여 전년과 동일한 총 사업비로 A박람회를 개최한다면, A박람회는 타당성조사 대상이다.

04 다음 글을 근거로 판단할 때 옳은 것은? 20 7급 모의 2번

제○○조(진흥기금의 징수) ① 영화위원회(이하 "위원회"라 한다)는 영화의 발전 및 영화·비디오물산업의 진흥을 위하여 영화상영관에 입장하는 관람객에 대하여 입장권 가액의 100분의 5의 진흥기금을 징수한다. 다만, 직전 연도에 제△△조 제1호에 해당하는 영화를 연간 상영일수의 100분의 60 이상 상영한 영화상영관에 입장하는 관람객에 대해서는 그러하지 아니하다.

② 영화상영관 경영자는 관람객으로부터 제1항의 규정에 따른 진흥기금을 매월 말일까지 징수하여 해당 금액을 다음 달 20일까지 위원회에 납부하여야 한다.

③ 위원회는 영화상영관 경영자가 제2항에 따라 관람객으로부터 수납한 진흥기금을 납부기한까지 납부하지 아니하였을 때에는 체납된 금액의 100분의 3에 해당하는 금액을 가산금으로 부과한다.

④ 위원회는 제2항에 따른 진흥기금 수납에 대한 위탁 수수료를 영화상영관 경영자에게 지급한다. 이 경우 수수료는 제1항에 따른 진흥기금 징수액의 100분의 3을 초과할 수 없다.

제△△조(전용상영관에 대한 지원) 위원회는 청소년 관객의 보호와 영화예술의 확산 등을 위하여 다음 각 호의 어느 하나에 해당하는 영화를 연간 상영일수의 100분의 60 이상 상영하는 영화상영관을 지원할 수 있다.
1. 애니메이션영화·단편영화·예술영화·독립영화
2. 제1호에 해당하지 않는 청소년관람가영화
3. 제1호 및 제2호에 해당하지 않는 국내영화

① 영화상영관 A에서 직전 연도에 연간 상영일수의 100분의 60 이상 청소년관람가 애니메이션영화를 상영한 경우 진흥기금을 징수한다.

② 영화상영관 경영자 B가 8월분 진흥기금 60만 원을 같은 해 9월 18일에 납부하는 경우, 가산금을 포함하여 총 61만 8천 원을 납부하여야 한다.

③ 관람객 C가 입장권 가액과 그 진흥기금을 합하여 영화상영관에 지불하는 금액이 12,000원이라고 할 때, 지불금액 중 진흥기금은 600원이다.

④ 연간 상영일수가 매년 200일인 영화상영관 D에서 직전 연도에 단편영화를 40일, 독립영화를 60일 상영했다면 진흥기금을 징수하지 않는다.

⑤ 영화상영관 경영자 E가 7월분 진흥기금과 그 가산금을 합한 금액인 103만 원을 같은 해 8월 30일에 납부한 경우, 위원회는 E에게 최대 3만 원의 수수료를 지급할 수 있다.

05 다음 글과 〈상황〉을 근거로 판단할 때 옳은 것은?
20 7급 모의 6번

제○○조(지역개발 신청 동의 등) ① 지역개발 신청을 하기 위해서는 지역개발을 하고자 하는 지역의 총 토지면적의 3분의 2 이상에 해당하는 토지의 소유자의 동의 및 지역개발을 하고자 하는 지역의 토지의 소유자 총수의 2분의 1 이상의 동의를 받아야 한다.

② 지역개발 신청을 하기 위해서 필요한 동의자의 수는 다음 각 호의 기준에 따라 산정한다.
1. 토지는 지적도 상 1필의 토지를 1개의 토지로 한다.
2. 1개의 토지를 여러 명이 공동소유하는 경우에는 다른 공동소유자들을 대표하는 대표 공동소유자 1인만을 해당 토지의 소유자로 본다.
3. 1인이 여러 개의 토지를 소유하고 있는 경우에는 소유하는 토지의 수와 무관하게 1인으로 본다.
4. 지역개발을 하고자 하는 지역에 국유지가 있는 경우 국유지도 포함하여 토지면적을 산정하고, 그 토지의 재산관리청을 토지 소유자로 본다.

─〈상황〉─
• X지역은 100개의 토지로 이루어져 있고, 토지면적 합계가 총 6km²이다.
• 동의자 수 산정 기준에 따라 산정된 X지역 토지의 소유자는 모두 82인(이하 "동의대상자"라 한다)이고, 이 중에는 국유지 재산관리청 2인이 포함되어 있다.
• 甲은 X지역에 토지 2개를 소유하고 있고, 해당 토지면적 합계는 X지역 총 토지면적의 4분의 1이다.
• 乙은 X지역에 토지 10개를 소유하고 있고, 해당 토지면적 합계는 총 2km²이다.
• 丙, 丁, 戊, 己는 X지역에 토지 1개를 공동소유하고 있고, 해당 토지면적은 1km²이다.

① 乙이 동의대상자 31인의 동의를 얻으면 지역개발 신청을 위한 X지역 토지의 소유자 총수의 2분의 1 이상의 동의 조건은 갖추게 된다.

② X지역에 대한 지역개발 신청에 甲~己 모두 동의한 경우, 나머지 동의대상자 중 38인의 동의를 얻으면 신청할 수 있다.

③ X지역에 토지 2개 이상을 소유하는 자는 甲, 乙뿐이다.

④ X지역의 1필의 토지면적은 0.06km²로 모두 동일하다.

⑤ X지역 안에 있는 국유지의 면적은 1.5km²이다.

회독 ☐☐☐ 난도 ★★☆ 소요시간 ☐☐☐

06 다음 글을 근거로 판단할 때, 〈보기〉에서 옳은 것만을 모두 고르면? 18 민경채 가책형 6번

제○○조 이 법에서 '폐교'란 학생 수 감소, 학교 통폐합 등의 사유로 폐지된 공립학교를 말한다.

제△△조 ① 시·도 교육감은 폐교재산을 교육용시설, 사회복지시설, 문화시설, 공공체육시설로 활용하려는 자 또는 소득증대시설로 활용하려는 자에게 그 폐교재산의 용도와 사용 기간을 정하여 임대할 수 있다.

② 제1항에 따라 폐교재산을 임대하는 경우, 연간 임대료는 해당 폐교재산평정가격의 1천분의 10을 하한으로 한다.

제□□조 ① 제△△조 제2항에도 불구하고 시·도 교육감은 다음 각 호의 어느 하나에 해당하는 경우에는 폐교재산의 연간 임대료를 감액하여 임대할 수 있다.

1. 국가 또는 지방자치단체가 폐교재산을 교육용시설, 사회복지시설, 문화시설, 공공체육시설 또는 소득증대시설로 사용하려는 경우

2. 단체 또는 사인(私人)이 폐교재산을 교육용시설, 사회복지시설, 문화시설 또는 공공체육시설로 사용하려는 경우

3. 폐교가 소재한 시·군·구에 주민등록이 되어 있고 실제 거주하는 지역주민이 공동으로 폐교재산을 소득증대시설로 사용하려는 경우

② 전항에 따라 폐교재산의 임대료를 감액하는 경우 연간 임대료의 감액분은 다음 각 호에서 정한 바를 초과하지 아니하는 범위에서 정한다.

1. 교육용시설, 사회복지시설, 문화시설, 공공체육시설로 사용하는 경우: 제△△조 제2항에 따른 연간 임대료의 1천분의 500

2. 소득증대시설로 사용하는 경우: 제△△조 제2항에 따른 연간 임대료의 1천분의 300

〈보기〉

ㄱ. 시·도 교육감은, 폐교가 소재하는 시·군·구에 거주하지 않으면서 폐교재산을 사회복지시설로 활용하려는 자에게 그 폐교재산을 임대할 수 있다.

ㄴ. 폐교재산평정가격이 5억 원인 폐교재산을 지방자치단체가 문화시설로 사용하려는 경우, 연간 임대료의 최저액은 250만 원이다.

ㄷ. 폐교가 소재한 군에 주민등록이 되어 있고 실제 거주하는 지역주민이 단독으로 폐교재산을 소득증대시설로 사용하려는 경우, 연간 임대료로 지불해야 할 최저액은 폐교재산평정가격의 0.7%이다.

ㄹ. 폐교재산을 활용하려는 자가 폐교 소재 지역주민이 아니어도 그 폐교재산을 공공체육시설로 사용할 수 있으나 임대료 감액은 받을 수 없다.

① ㄱ, ㄴ ② ㄱ, ㄷ ③ ㄱ, ㄴ, ㄹ
④ ㄱ, ㄷ, ㄹ ⑤ ㄴ, ㄷ, ㄹ

회독 ☐☐☐ 난도 ★★☆ 소요시간 ☐☐☐

07 다음 글과 〈상황〉을 근거로 판단할 때 옳은 것은? 17 민경채 나책형 7번

제○○조(경계표, 담의 설치권) ① 인접하여 토지를 소유한 자는 공동비용으로 통상의 경계표나 담을 설치할 수 있다. 이 경우 그 비용은 쌍방이 절반하여 부담한다.

② 전항에도 불구하고 토지의 경계를 정하기 위한 측량비용은 토지의 면적에 비례하여 부담한다.

제○○조(경계선 부근의 건축) ① 건물을 축조함에는 경계로부터 반미터 이상의 거리를 두어야 한다.

② 인접지소유자는 전항의 규정에 위반한 자에 대하여 건물의 변경이나 철거를 청구할 수 있다. 그러나 건축에 착수한 후 1년을 경과하거나 건물이 완성된 후에는 손해배상만을 청구할 수 있다.

제○○조(차면시설의무) 경계로부터 2미터 이내의 거리에서 이웃 주택의 내부를 관망할 수 있는 창이나 마루를 설치하는 경우에는 적당한 차면(遮面)시설을 하여야 한다.

제○○조(지하시설 등에 대한 제한) 우물을 파거나 용수, 하수 또는 오물 등을 저치(貯置)할 지하시설을 하는 때에는 경계로부터 2미터 이상의 거리를 두어야 하며, 지하실공사를 하는 때에는 경계로부터 그 깊이의 반 이상의 거리를 두어야 한다.

※ 차면(遮面)시설: 서로 안 보이도록 가리는 시설
※ 저치(貯置): 저축하거나 저장하여 둠

〈상황〉

• 甲과 乙은 1,000㎡의 토지를 공동으로 구매하였다. 그리고 다음과 같이 A토지와 B토지로 나누어 A토지는 甲이, B토지는 乙이 소유하게 되었다.

A토지 (면적 600m²)	B토지 (면적 400m²)

• 甲은 A토지와 B토지의 경계에 담을 설치하고, A토지 위에 C건물을 짓고자 한다. 乙은 B토지를 주차장으로만 사용한다.

① 토지의 경계를 정하기 위해 측량을 하는 데 비용이 100만 원이 든다면 甲과 乙이 각각 50만 원씩 부담한다.

② 통상의 담을 설치하는 비용이 100만 원이라면 甲이 60만 원, 乙이 40만 원을 부담한다.

③ 甲이 B토지와의 경계로부터 반미터 이상의 거리를 두지 않고 C건물을 완성한 경우, 乙은 그 건물의 철거를 청구할 수 없다.

④ C건물을 B토지와의 경계로부터 2미터 이내의 거리에 축조한다면, 甲은 C건물에 B토지를 향한 창을 설치할 수 없다.

⑤ 甲이 C건물에 지하 깊이 2미터의 지하실공사를 하는 경우, B토지와의 경계로부터 2미터 이상의 거리를 두어야 한다.

08 다음 글을 근거로 판단할 때 옳은 것은?

22 5급 공채 나책형 1번

제○○조 ① 자신의 생명 또는 신체상의 위험을 무릅쓰고 급박한 위해에 처한 다른 사람의 생명·신체 또는 재산을 구하기 위한 구조행위로서 다음 각 호의 어느 하나의 경우에 대해서는 이 법을 적용한다. 다만 자신의 행위로 인하여 위해에 처한 사람에 대하여 구조행위를 하다가 사망하거나 부상을 입은 행위는 제외한다.
 1. 범죄행위를 제지하거나 그 범인을 체포하다가 사망하거나 부상을 입은 경우
 2. 운송수단의 사고로 위해에 처한 다른 사람의 생명·신체 또는 재산을 구하다가 사망하거나 부상을 입은 경우
 3. 천재지변, 수난(水難), 화재 등으로 위해에 처한 다른 사람의 생명·신체 또는 재산을 구하다가 사망하거나 부상을 입은 경우
 4. 물놀이 등을 하다가 위해에 처한 다른 사람의 생명 또는 신체를 구하다가 사망하거나 부상을 입은 경우
② 의사자(義死者)란 직무 외의 행위로서 구조행위를 하다가 사망하여 □□부장관이 의사자로 인정한 사람을 말한다.
③ 의상자(義傷者)란 직무 외의 행위로서 구조행위를 하다가 신체상의 부상을 입어 □□부장관이 의상자로 인정한 사람을 말한다.
제○○조 ① 국가는 의사자·의상자가 보여준 살신성인의 숭고한 희생정신과 용기가 항구적으로 존중될 수 있도록 서훈(敍勳)을 수여하는 등 필요한 조치를 할 수 있다.
② 국가와 지방자치단체는 의사자를 추모하고 숭고한 뜻을 기리기 위한 동상 및 비석 등의 기념물을 설치하는 기념사업을 수행할 수 있다.
③ 국가는 다음 각 호의 기준에 따라 의상자 및 의사자 유족에게 보상금을 지급한다.
 1. 의상자의 경우에는 그 본인에게 지급한다.
 2. 의사자의 경우에는 그 배우자, 자녀, 부모, 조부모, 형제자매의 순으로 지급한다. 이 경우 같은 순위의 유족이 2인 이상인 때에는 보상금을 같은 금액으로 나누어 지급한다.

※ 서훈: 공적의 등급에 따라 훈장을 내림

① 의사자 甲에게 배우자와 자녀가 있는 경우, 보상금은 전액 배우자에게 지급된다.
② 지방자치단체는 의상자 乙에게 서훈을 수여하거나 동상을 설치하는 기념사업을 수행할 수 있다.
③ 소방관 丙이 화재 현장에 출동하여 화재를 진압하던 중 부상을 입은 경우, 丙은 의상자로 인정될 수 있다.
④ 물놀이를 하던 丁이 물에 빠진 애완동물을 구조하던 중 부상을 입은 경우, 丁은 의상자로 인정될 수 있다.
⑤ 운전자 戊가 자신이 일으킨 교통사고의 피해자를 구조하던 중 다른 차량에 치여 부상당한 경우, 戊는 의상자로 인정될 수 있다.

09 다음 글과 〈상황〉을 근거로 판단할 때, A시장이 잘못 부과한 과태료 초과분의 합은?

22 5급 공채 나책형 21번

제○○조 ① ☆☆영업을 하려는 자는 시·도지사에게 기간 내에 일정한 사항을 신고하여야 한다.
② 신고의무자가 부실하게 신고한 경우에는 신고하지 아니한 것으로 본다.
③ 시·도지사는 신고의무자가 기간 내에 신고하지 아니한 경우, 일정한 기간(이하 '사실조사기간'이라 한다)을 정하여 그 사실을 조사하고, 신고의무자에게 사실대로 신고할 것을 촉구하여야 한다.
④ 시·도지사는 신고의무자가 기간 내에 신고하지 아니한 경우에는 다음 각 호의 기준에 따라 과태료를 부과한다. 단, 제3항의 촉구를 받은 신고의무자가 신고하지 아니한 경우에는 다음 각 호 기준 금액의 2배를 부과한다.
 1. 신고기간이 지난 후 1개월 이내: 1만 원
 2. 신고기간이 지난 후 1개월 초과 6개월 이내: 3만 원
 3. 신고기간이 지난 후 6개월 초과: 5만 원
제○○조 시·도지사는 과태료 처분대상자가 다음 각 호의 어느 하나에 해당하는 경우에는 과태료를 경감하여 부과한다. 단, 둘 이상에 해당하는 경우에는 그 중 높은 경감 비율만을 한 차례 적용한다.
 1. 사실조사기간 중 자진신고한 자: 2분의 1 경감
 2. 「장애인복지법」상 장애인: 10분의 2 경감

〈상황〉

A시장은 신고기간 내에 신고를 하지 않은 甲, 乙, 丙을 대상으로 사실조사를 실시하였고, 사실조사기간 중 자진신고를 한 丙을 제외한 모든 자에게 신고를 촉구하였다. 촉구를 받은 甲은 사실대로 신고하였지만 乙은 부실하게 신고하였다. 그 후 A시장은 甲, 乙, 丙에게 아래의 금액을 과태료로 부과하였다.

〈과태료 부과현황〉

대상자	신고기간 후 경과일수	특이사항	부과액
甲	200일	국가유공자	10만 원
乙	71일		6만 원
丙	9일	「장애인복지법」상 장애인	1만 5천 원

① 57,000원　　② 60,000원　　③ 72,000원
④ 85,000원　　⑤ 90,000원

회독 □□□ 난도 ★★☆ 소요시간

10 다음 글을 근거로 판단할 때, 〈보기〉에서 옳은 것만을 모두 고르면? 21 5급 공채 가책형 23번

제○○조 ① 여객자동차플랫폼운송사업(이하 '플랫폼운송사업'이라 한다)은 운송플랫폼과 자동차를 확보하고 다른 사람의 수요에 응하여 운송플랫폼을 통해 운송계약을 여객과 체결하여 유상으로 여객을 운송하는 사업을 말한다.
② 플랫폼운송사업을 경영하려는 자는 국토교통부장관의 허가를 받아야 한다.
③ 국토교통부장관은 제2항에 따라 플랫폼운송사업을 허가하는 경우, 30년 이내에서 기간을 한정하여 허가하거나 플랫폼운송사업의 질서를 확립하기 위하여 필요한 조건을 붙일 수 있다.
④ 플랫폼운송사업자는 매출액, 허가대수 또는 운행횟수를 고려하여 다음 각 호에 따른 여객자동차운송시장안정기여금(이하 '기여금'이라 한다)을 국토교통부장관에게 납부해야 한다.
 1. 기여금은 월 단위로 산정하여 해당 월의 차차 월(다음 다음 달) 말일까지 납부해야 한다.
 2. 기여금은 매출액의 5%, 운행횟수당 800원, 허가대수당 40만 원 중 사업자가 어느 하나를 선택할 수 있다. 다만 허가대수가 총 300대 미만인 사업자는 아래 표와 같이 완화하여 적용한다.

기여금 산정방식 \ 허가대수	200대 미만	200대 이상 300대 미만
매출액 대비 정률	1.25%	2.5%
운행횟수당 정액	200원	400원
허가대수당 정액	10만 원	20만 원

┌─ 보기 ─┐
ㄱ. 국토교통부장관은 플랫폼운송사업을 하려는 甲에게 사업 기간을 15년으로 하여 허가할 수 있다.
ㄴ. 플랫폼운송사업허가를 받아 2020년 12월 15일부터 사업을 시작한 乙은 첫 기여금을 2021년 1월 31일까지 납부하여야 한다.
ㄷ. 100대의 차량으로 플랫폼운송사업허가를 받은 丙이 1개월 동안 20,000회 운행하여 매출 3억 원을 올렸다면, 丙이 납부해야 할 해당 월의 기여금은 400만 원 미만이 될 수 있다.
ㄹ. 300대의 차량으로 플랫폼운송사업허가를 받은 丁은 매출액의 5%에 해당하는 금액 또는 허가대수당 800원 중에서 선택하여 기여금을 납부할 수 있다.
└───────┘

① ㄱ, ㄴ   ② ㄱ, ㄷ   ③ ㄱ, ㄹ
④ ㄴ, ㄷ   ⑤ ㄷ, ㄹ

회독 □□□ 난도 ★★★ 소요시간

11 다음 글을 근거로 판단할 때, 〈보기〉에서 민원을 정해진 기간 이내에 처리한 것만을 모두 고르면? 20 5급 공채 나책형 5번

제○○조 ① 행정기관의 장은 '질의민원'을 접수한 경우에는 다음 각 호의 기간 이내에 처리하여야 한다.
 1. 법령에 관해 설명이나 해석을 요구하는 질의민원: 7일
 2. 제도·절차 등에 관해 설명이나 해석을 요구하는 질의민원: 4일
② 행정기관의 장은 '건의민원'을 접수한 경우에는 10일 이내에 처리하여야 한다.
③ 행정기관의 장은 '고충민원'을 접수한 경우에는 7일 이내에 처리하여야 한다. 단, 고충민원의 처리를 위해 14일의 범위에서 실지조사를 할 수 있고, 이 경우 실지조사 기간은 처리기간에 산입(算入)하지 아니한다.
④ 행정기관의 장은 '기타민원'을 접수한 경우에는 즉시 처리하여야 한다.
제○○조 ① 민원의 처리기간을 '즉시'로 정한 경우에는 3근무시간 이내에 처리하여야 한다.
② 민원의 처리기간을 5일 이하로 정한 경우에는 민원의 접수시각부터 '시간' 단위로 계산한다. 이 경우 1일은 8시간의 근무시간을 기준으로 한다.
③ 민원의 처리기간을 6일 이상으로 정한 경우에는 '일' 단위로 계산하고 첫날을 산입한다.
④ 공휴일과 토요일은 민원의 처리기간과 실지조사 기간에 산입하지 아니한다.

※ 업무시간은 09:00 ~ 18:00이다. (점심시간 12:00 ~ 13:00 제외)
※ 3근무시간: 업무시간 내 3시간
※ 광복절(8월 15일, 화요일)과 일요일은 공휴일이고, 그 이외에 공휴일은 없다고 가정한다.

┌─ 보기 ─┐
ㄱ. A부처는 8.7(월) 16시에 건의민원을 접수하고, 8.21(월) 14시에 처리하였다.
ㄴ. B부처는 8.14(월) 13시에 고충민원을 접수하고, 10일간 실지조사를 하여 9.7(목) 10시에 처리하였다.
ㄷ. C부처는 8.16(수) 17시에 기타민원을 접수하고, 8.17(목) 10시에 처리하였다.
ㄹ. D부처는 8.17(목) 11시에 제도에 대한 설명을 요구하는 질의민원을 접수하고, 8.22(화) 14시에 처리하였다.
└───────┘

① ㄱ, ㄴ   ② ㄱ, ㄷ
③ ㄴ, ㄹ   ④ ㄱ, ㄷ, ㄹ
⑤ ㄴ, ㄷ, ㄹ

회독 ☐☐☐ 난도 ★★☆ 소요시간 ☐☐☐

12 다음 글과 〈상황〉을 근거로 판단할 때, 甲~丙 중 임금피크제 지원금을 받을 수 있는 사람만을 모두 고르면?

19 5급 공채 가책형 5번

제○○조(임금피크제 지원금) ① 정부는 다음 각 호의 어느 하나에 해당하는 경우, 근로자의 신청을 받아 제2항의 규정에 따라 임금피크제 지원금을 지급하여야 한다.
1. 사업주가 근로자 대표의 동의를 받아 정년을 60세 이상으로 연장하면서 55세 이후부터 일정 나이, 근속시점 또는 임금액을 기준으로 임금을 줄이는 제도를 시행하는 경우
2. 정년을 55세 이상으로 정한 사업주가 정년에 이른 사람을 재고용(재고용 기간이 1년 미만인 경우는 제외한다)하면서 정년퇴직 이후부터 임금만을 줄이는 경우
3. 사업주가 제2호에 따라 재고용하면서 주당 소정의 근로시간을 15시간 이상 30시간 이하로 단축하는 경우
② 임금피크제 지원금은 해당 사업주에 고용되어 18개월 이상을 계속 근무한 자로서 피크임금(임금피크제의 적용으로 임금이 최초로 감액된 날이 속하는 연도의 직전 연도 임금을 말한다)과 지원금 신청연도의 임금을 비교하여 다음 각 호의 구분에 따른 비율 이상 낮아진 자에게 지급한다. 다만 상시 사용하는 근로자가 300명 미만인 사업장인 경우에는 100분의 10으로 한다.
1. 제1항제1호의 경우: 100분의 10
2. 제1항제2호의 경우: 100분의 20
3. 제1항제3호의 경우: 100분의 30

─〔상황〕─

甲~丙은 올해 임금피크제 지원금을 신청하였다.
• 甲(56세)은 사업주가 근로자 대표의 동의를 받아 정년을 60세로 연장하면서 임금피크제를 실시하고 있는 사업장(상시 사용하는 근로자 320명)에 고용되어 3년간 계속 근무하고 있다. 甲의 피크임금은 4,000만 원이었고, 올해 임금은 3,500만 원이다.
• 乙(56세)은 사업주가 정년을 55세로 정한 사업장(상시 사용하는 근로자 200명)에서 1년간 계속 근무하다 작년 12월 31일 정년에 이르렀다. 乙은 올해 1월 1일 근무기간 10개월, 주당 근로시간은 동일한 조건으로 재고용되었다. 乙의 피크임금은 3,000만 원이었고, 올해 임금은 2,500만 원이다.
• 丙(56세)은 사업주가 정년을 55세로 정한 사업장(상시 사용하는 근로자 400명)에서 2년간 계속 근무하다 작년 12월 31일 정년에 이르렀다. 丙은 올해 1월 1일 근무기간 1년, 주당 근로시간을 40시간에서 30시간으로 단축하는 조건으로 재고용되었다. 丙의 피크임금은 2,000만 원이었고, 올해 임금은 1,200만 원이다.

① 甲   ② 乙   ③ 甲, 丙
④ 乙, 丙   ⑤ 甲, 乙, 丙

회독 ☐☐☐ 난도 ★★☆ 소요시간 ☐☐☐

13 다음 글과 〈상황〉을 근거로 판단할 때 옳은 것은?

19 5급 공채 가책형 6번

제○○조(과세대상) 주권(株券)의 양도에 대해서는 이 법에 따라 증권거래세를 부과한다.
제○○조(납세의무자) 주권을 양도하는 자는 납세의무를 진다. 다만 금융투자업자를 통하여 주권을 양도하는 경우에는 해당 금융투자업자가 증권거래세를 납부하여야 한다.
제○○조(과세표준) 주권을 양도하는 경우에 증권거래세의 과세표준은 그 주권의 양도가액(주당 양도금액에 양도 주권수를 곱한 금액)이다.
제○○조(세율) 주권의 양도에 대한 세율은 양도가액의 1천분의 5로 한다.
제○○조(탄력세율) X 또는 Y증권시장에서 양도되는 주권에 대하여는 제○○조(세율)의 규정에도 불구하고 다음의 세율에 의한다.
1. X증권시장: 양도가액의 1천분의 1.5
2. Y증권시장: 양도가액의 1천분의 3

─〔상황〕─

투자자 甲은 금융투자업자 乙을 통해 다음 3건의 주권을 양도하였다.
• A회사의 주권 100주를 주당 15,000원에 양수하였다가 이를 주당 30,000원에 X증권시장에서 전량 양도하였다.
• B회사의 주권 200주를 주당 10,000원에 Y증권시장에서 양도하였다.
• C회사의 주권 200주를 X 및 Y증권시장을 통하지 않고 주당 50,000원에 양도하였다.

① 증권거래세는 甲이 직접 납부하여야 한다.
② 납부되어야 할 증권거래세액의 총합은 6만 원 이하다.
③ 甲의 3건의 주권 양도는 모두 탄력세율을 적용받는다.
④ 甲의 A회사 주권 양도에 따른 증권거래세 과세표준은 150만 원이다.
⑤ 甲이 乙을 통해 Y증권시장에서 C회사의 주권 200주 전량을 주당 50,000원에 양도할 수 있다면 증권거래세액은 2만 원 감소한다.

회독 ☐☐☐ 난도 ★★☆ 소요시간 ☐☐☐

14 다음 글과 〈상황〉을 근거로 판단할 때, 甲이 A대학을 졸업하기 위해 추가로 필요한 최소 취득학점은?

19 5급 공채 가책형 25번

△△법 제◇◇조(학점의 인정 등) ① 전문학사학위과정 또는 학사학위과정을 운영하는 대학(이하 '대학'이라 한다)은 학생이 다음 각 호의 어느 하나에 해당하는 경우에 학칙으로 정하는 바에 따라 이를 해당 대학에서 학점을 취득한 것으로 인정할 수 있다.
1. 국내외의 다른 전문학사학위과정 또는 학사학위과정에서 학점을 취득한 경우
2. 전문학사학위과정 또는 학사학위과정과 동등한 학력·학위가 인정되는 평생교육시설에서 학점을 취득한 경우
3. 「병역법」에 따른 입영 또는 복무로 인하여 휴학 중인 사람이 원격수업을 수강하여 학점을 취득한 경우
② 제1항에 따라 인정되는 학점의 범위와 기준은 다음 각 호와 같다.
1. 제1항제1호에 해당하는 경우: 취득한 학점의 전부
2. 제1항제2호에 해당하는 경우: 대학 졸업에 필요한 학점의 2분의 1 이내
3. 제1항제3호에 해당하는 경우: 연(年) 12학점 이내
제□□조(편입학 등) 학사학위과정을 운영하는 대학은 다음 각 호에 해당하는 학생을 편입학 전형을 통해 선발할 수 있다.
1. 전문학사학위를 취득한 자
2. 학사학위과정의 제2학년을 수료한 자

〈상황〉
• A대학은 학칙을 통해 학점인정의 범위를 △△법에서 허용하는 최대 수준으로 정하고 있다.
• 졸업에 필요한 최소 취득학점은 A대학 120학점, B전문대학 63학점이다.
• 甲은 B전문대학에서 졸업에 필요한 최소 취득학점만으로 전문학사학위를 취득하였다.
• 甲은 B전문대학 졸업 후 A대학 3학년에 편입하였고 군 복무로 인한 휴학 기간에 원격수업을 수강하여 총 6학점을 취득하였다.
• 甲은 A대학에 복학한 이후 총 30학점을 취득하였고, 1년 동안 미국의 C대학에 교환학생으로 파견되어 총 12학점을 취득하였다.

① 9학점
② 12학점
③ 15학점
④ 22학점
⑤ 24학점

회독 ☐☐☐ 난도 ★★★ 소요시간 ☐☐☐

15 다음 글과 〈상황〉을 근거로 판단할 때, 甲과 乙에게 부과된 과태료의 합은? 19 5급 공채 가책형 26번

A국은 부동산 또는 부동산을 취득할 수 있는 권리의 매매계약을 체결한 경우, 매도인이 그 실제 거래가격을 거래계약 체결일부터 60일 이내에 관할관청에 신고하도록 신고의무를 ○○법으로 규정하고 있다. 그리고 이를 위반할 경우 다음의 기준에 따라 과태료를 부과한다.
○○법 제○○조(과태료 부과기준) ① 신고의무를 게을리한 경우에는 다음 각 호의 기준에 따라 과태료를 부과한다.
1. 신고기간 만료일의 다음 날부터 기산하여 신고를 하지 않은 기간(이하 '해태기간'이라 한다)이 1개월 이하인 경우
  가. 실제 거래가격이 3억 원 미만인 경우: 50만 원
  나. 실제 거래가격이 3억 원 이상인 경우: 100만 원
2. 해태기간이 1개월을 초과한 경우
  가. 실제 거래가격이 3억 원 미만인 경우: 100만 원
  나. 실제 거래가격이 3억 원 이상인 경우: 200만 원
② 거짓으로 신고를 한 경우에는 다음 각 호의 기준에 따라 과태료를 부과한다. 단, 과태료 산정에 있어서의 취득세는 매수인을 기준으로 한다.
1. 부동산의 실제 거래가격을 거짓으로 신고한 경우
  가. 실제 거래가격과 신고가격의 차액이 실제 거래가격의 20 % 미만인 경우
    − 실제 거래가격이 5억 원 이하인 경우: 취득세의 2배
    − 실제 거래가격이 5억 원 초과인 경우: 취득세의 1배
  나. 실제 거래가격과 신고가격의 차액이 실제 거래가격의 20 % 이상인 경우
    − 실제 거래가격이 5억 원 이하인 경우: 취득세의 3배
    − 실제 거래가격이 5억 원 초과인 경우: 취득세의 2배
2. 부동산을 취득할 수 있는 권리의 실제 거래가격을 거짓으로 신고한 경우
  가. 실제 거래가격과 신고가격의 차액이 실제 거래가격의 20 % 미만인 경우: 실제 거래가격의 100분의 2
  나. 실제 거래가격과 신고가격의 차액이 실제 거래가격의 20 % 이상인 경우: 실제 거래가격의 100분의 4
③ 제1항과 제2항에 해당하는 위반행위를 동시에 한 경우 해당 과태료는 병과한다.

〈상황〉
• 매수인의 취득세는 실제 거래가격의 100분의 1이다.
• 甲은 X토지를 2018. 1. 15. 丙에게 5억 원에 매도하였으나, 2018. 4. 2. 거래가격을 3억 원으로 신고하였다가 적발되어 과태료가 부과되었다.
• 乙은 공사 중인 Y아파트를 취득할 권리인 입주권을 2018. 2. 1. 丁에게 2억 원에 매도하였으나, 2018. 2. 5. 거래가격을 1억 원으로 신고하였다가 적발되어 과태료가 부과되었다.

① 1,400만 원
② 2,000만 원
③ 2,300만 원
④ 2,400만 원
⑤ 2,500만 원

16 다음 글을 근거로 판단할 때 옳은 것은?

18 5급 공채 나책형 4번

제○○조 다음 각 호의 어느 하나에 해당하는 자는 감사원에 감사를 청구할 수 있다.
1. 19세 이상으로서 300명 이상의 국민
2. 상시 구성원 수가 300인 이상으로 등록된 공익 추구의 시민단체. 다만 정치적 성향을 띠거나 특정 계층 또는 집단의 이익을 추구하는 단체는 제외한다.
3. 감사대상기관의 장. 다만 해당 감사대상기관의 사무처리에 관한 사항 중 자체감사기구에서 직접 처리하기 어려운 부득이한 사유가 있거나 자체감사기구가 없는 경우에 한한다.
4. 지방의회. 다만 해당 지방자치단체의 사무처리에 한한다.
제○○조 ① 감사청구의 대상은 공공기관에서 처리한 사무처리가 다음 각 호의 어느 하나에 해당하는 사항으로 한다.
1. 주요 정책·사업의 추진과정에서의 예산낭비에 관한 사항
2. 기관이기주의 등으로 인하여 정책·사업 등이 장기간 지연되는 사항
3. 국가 행정 및 시책, 제도 등이 현저히 불합리하여 개선이 필요한 사항
4. 기타 공공기관의 사무처리가 위법 또는 부당행위로 인하여 공익을 현저히 해한다고 판단되는 사항
② 제1항의 규정에 불구하고 다음 각 호의 어느 하나에 해당하는 사항은 감사청구의 대상에서 제외한다.
1. 수사 중이거나 재판(헌법재판소 심판을 포함한다), 행정심판, 감사원 심사청구 또는 화해·조정·중재 등 법령에 의한 불복절차가 진행 중인 사항. 다만 수사 또는 재판, 행정심판 등과는 직접적인 관계없이 예산낭비 등을 방지하기 위한 긴급한 필요가 있다고 인정될 때에는 감사를 실시할 수 있다.
2. 수사 결과, 판결, 재결, 결정 또는 화해·조정·중재 등에 의하여 확정되었거나 형 집행에 관한 사항

※ 공공기관: 중앙행정기관, 지방자치단체, 정부투자기관을 의미한다.

① A시 지방의회는 A시가 주요 사업으로 시행하는 노후수도설비교체사업 중 발생한 예산낭비 사항에 대하여 감사를 청구할 수 있다.
② B정당의 사무총장은 C시청 별관신축공사 입찰 시 담당 공무원의 부당한 업무처리에 대하여 단독으로 감사를 청구할 수 있다.
③ D정부투자기관의 장은 해당 기관 직원과 특정 기업 간 유착관계에 대하여 자체감사기구에서 직접 처리할 수 있더라도 감사를 청구할 수 있다.
④ E시 지방의회는 E시 시장의 위법한 사무처리에 대하여 판결이 확정되었더라도 감사를 청구할 수 있다.
⑤ 민간 유통업체 F마트 사장은 농산물의 납품대가로 과도한 향응을 받은 담당직원의 위법행위에 대하여 감사를 청구할 수 있다.

17 다음 글을 근거로 판단할 때 옳은 것은?

16 5급 공채 4책형 5번

제○○조(선거공보) ① 후보자는 선거운동을 위하여 책자형 선거공보 1종을 작성할 수 있다.
② 제1항의 규정에 따른 책자형 선거공보는 대통령선거에 있어서는 16면 이내로, 국회의원선거 및 지방자치단체의 장 선거에 있어서는 12면 이내로, 지방의회의원선거에 있어서는 8면 이내로 작성한다.
③ 후보자는 제1항의 규정에 따른 책자형 선거공보 외에 별도의 점자형 선거공보(시각장애선거인을 위한 선거공보) 1종을 책자형 선거공보와 동일한 면수 제약 하에서 작성할 수 있다. 다만, 대통령선거·지역구국회의원선거 및 지방자치단체의 장 선거의 후보자는 책자형 선거공보 제작시 점자형 선거공보를 함께 작성·제출하여야 한다.
④ 대통령선거, 지역구국회의원선거, 지역구지방의회의원선거 및 지방자치단체의 장 선거에서 책자형 선거공보(점자형 선거공보를 포함한다)를 제출하는 경우에는 다음 각 호에 따른 내용(이하 이 조에서 '후보자정보공개자료'라 한다)을 게재하여야 하며, 후보자정보공개자료에 대하여 소명이 필요한 사항은 그 소명자료를 함께 게재할 수 있다. 점자형 선거공보에 게재하는 후보자정보공개자료의 내용은 책자형 선거공보에 게재하는 내용과 똑같아야 한다.
1. 재산상황
   후보자, 후보자의 배우자 및 직계존·비속(혼인한 딸과 외조부모 및 외손자녀를 제외한다)의 각 재산총액
2. 병역사항
   후보자 및 후보자의 직계비속의 군별·계급·복무기간·복무분야·병역처분사항 및 병역처분사유
3. 전과기록
   죄명과 그 형 및 확정일자

① 지역구지방의회의원선거에 출마한 A는 책자형 선거공보를 12면까지 가득 채워서 작성할 수 있다.
② 지역구국회의원선거에 출마한 B는 자신의 선거운동전략에 따라 책자형 선거공보 제작 시 점자형 선거공보는 제작하지 않을 수 있다.
③ 지역구지방의회의원선거에 출마한 C는 책자형 선거공보를 제출할 경우, 자신의 가족 중 15세인 친손녀의 재산총액을 표시할 필요가 없다.
④ 지역구국회의원선거에 출마한 D가 제작한 책자형 선거공보에는 D 본인과 자신의 가족 중 아버지, 아들, 손자의 병역사항을 표시해야 한다.
⑤ 지역구국회의원선거에 출마한 E는 자신에게 전과기록이 있다는 사실을 공개하면 선거운동에 악영향을 미칠 것이라고 판단할 경우, 책자형 선거공보를 제작하지 않고 선거운동을 할 수 있다.

18 다음 글을 근거로 판단할 때 허용될 수 없는 행위는? (단, 적법한 권한을 가진 자가 조회하는 것으로 전제한다)

16 5급 공채 4책형 6번

제○○조(범죄경력조회·수사경력조회 및 회보의 제한 등) 수사자료표에 의한 범죄경력조회 및 수사경력조회와 그에 대한 회보는 다음 각 호의 어느 하나에 해당하는 경우에 그 전부 또는 일부에 대하여 조회 목적에 필요한 범위에서 할 수 있다.

1. 범죄 수사 또는 재판을 위하여 필요한 경우
2. 형의 집행 또는 사회봉사명령, 수강명령의 집행을 위하여 필요한 경우
3. 보호감호, 치료감호, 보호관찰 등 보호처분 또는 보안관찰업무의 수행을 위하여 필요한 경우
4. 수사자료표의 내용을 확인하기 위하여 본인이 신청하거나 외국 입국·체류 허가에 필요하여 본인이 신청하는 경우
5. 외국인의 귀화·국적회복·체류 허가에 필요한 경우
6. 각군 사관생도의 입학 및 장교의 임용에 필요한 경우
7. 병역의무 부과와 관련하여 현역병 및 사회복무요원의 입영(入營)에 필요한 경우
8. 공무원 임용, 인가·허가, 서훈(敍勳), 대통령 표창, 국무총리 표창 등의 결격사유, 징계절차가 개시된 공무원의 구체적인 징계 사유(범죄경력조회와 그에 대한 회보에 한정한다) 또는 공무원연금 지급 제한 사유 등을 확인하기 위하여 필요한 경우

※ 회보: 신청인의 요구에 대하여 조회 후 알려주는 것

① 외국인 A의 귀화 허가를 위하여 A의 범죄경력을 조회하는 행위
② 회사원 B에 대한 사회봉사명령 집행을 위하여 B에 대한 수사경력을 조회하는 행위
③ 퇴직공무원 C의 공무원연금 지급 제한 사유를 확인하기 위해 C의 범죄경력을 조회하는 행위
④ 취업준비생 D의 채용에 참고하기 위하여 해당 사기업의 요청을 받아 D의 범죄경력을 조회하는 행위
⑤ 징계절차가 개시된 공무원 E의 구체적인 징계 사유를 확인하기 위하여 E의 범죄경력을 조회하는 행위

19 다음 글을 근거로 판단할 때 옳지 않은 것은?

16 5급 공채 4책형 25번

제○○조(예비이전후보지의 선정) ① 종전부지 지방자치단체의 장은 군 공항을 이전하고자 하는 경우 국방부장관에게 이전을 건의할 수 있다.
② 제1항의 건의를 받은 국방부장관은 군 공항을 이전하고자 하는 경우 군사작전 및 군 공항 입지의 적합성 등을 고려하여 군 공항 예비이전후보지(이하 '예비이전후보지'라 한다)를 선정할 수 있다.
제○○조(이전후보지의 선정) 국방부장관은 한 곳 이상의 예비이전후보지 중에서 군 공항 이전후보지를 선정함에 있어서 군 공항 이전부지 선정위원회의 심의를 거쳐야 한다.
제○○조(군 공항 이전부지 선정위원회) ① 군 공항 이전후보지 및 이전부지의 선정 등을 심의하기 위해 국방부에 군 공항 이전부지 선정위원회(이하 '선정위원회'라 한다)를 둔다.
② 위원장은 국방부장관으로 하고, 당연직위원은 다음 각 호의 사람으로 한다.

1. 기획재정부차관, 국토교통부차관
2. 종전부지 지방자치단체의 장
3. 예비이전후보지를 포함한 이전주변지역 지방자치단체의 장
4. 종전부지 및 이전주변지역을 관할하는 특별시장·광역시장 또는 도지사
③ 선정위원회는 다음 각 호의 사항을 심의한다.
1. 이전후보지 및 이전부지 선정
2. 종전부지 활용방안 및 종전부지 매각을 통한 이전주변지역 지원방안
제○○조(이전부지의 선정) ① 국방부장관은 이전후보지 지방자치단체의 장에게 「주민투표법」에 따라 주민투표를 요구할 수 있다.
② 제1항의 지방자치단체의 장은 주민투표 결과를 충실히 반영하여 국방부장관에게 군 공항 이전 유치를 신청한다.
③ 국방부장관은 제2항에 따라 유치를 신청한 지방자치단체 중에서 선정위원회의 심의를 거쳐 이전부지를 선정한다.

※ 종전부지: 군 공항이 설치되어 있는 기존의 부지
※ 이전부지: 군 공항이 이전되어 설치될 부지

① 종전부지를 관할하는 광역시장은 이전부지 선정 심의에 참여한다.
② 국방부장관은 선정위원회의 심의를 거치지 않고 예비이전후보지를 선정할 수 있다.
③ 선정위원회는 군 공항이 이전되고 난 후에 종전부지를 어떻게 활용할 것인지에 대한 사항도 심의한다.
④ 종전부지 지방자치단체의 장은 주민투표를 거치지 않으면 국방부장관에게 군 공항 이전을 건의할 수 없다.
⑤ 예비이전후보지가 한 곳이라고 하더라도 선정위원회의 심의를 거쳐야 이전후보지로 선정될 수 있다.

회독 ☐☐☐ 난도 ★★☆ 소요시간 ☐☐☐

20 다음 글과 〈상황〉을 근거로 판단할 때, 2016년 정당에 지급할 국고보조금의 총액은? 16 5급 공채 4책형 27번

제○○조(국고보조금의 계상) ① 국가는 정당에 대한 보조금으로 최근 실시한 임기만료에 의한 국회의원선거의 선거권자 총수에 보조금 계상단가를 곱한 금액을 매년 예산에 계상하여야 한다.
② 대통령선거, 임기만료에 의한 국회의원선거 또는 동시지방선거가 있는 연도에는 각 선거(동시지방선거는 하나의 선거로 본다)마다 보조금 계상단가를 추가한 금액을 제1항의 기준에 의하여 예산에 계상하여야 한다.
③ 제1항 및 제2항에 따른 보조금 계상단가는 전년도 보조금 계상단가에 전전년도와 대비한 전년도 전국소비자물가변동률을 적용하여 산정한 금액을 증감한 금액으로 한다.
④ 중앙선거관리위원회는 제1항의 규정에 의한 보조금(이하 '경상보조금'이라 한다)은 매년 분기별로 균등분할하여 정당에 지급하고, 제2항의 규정에 의한 보조금(이하 '선거보조금'이라 한다)은 당해 선거의 후보자등록마감일 후 2일 이내에 정당에 지급한다.

─〈상황〉─
• 2014년 실시된 임기만료에 의한 국회의원선거의 선거권자 총수는 3천만 명이었고, 국회의원 임기는 4년이다.
• 2015년 정당에 지급된 국고보조금의 보조금 계상단가는 1,000원이었다.
• 전국소비자물가 변동률을 적용하여 산정한 보조금 계상단가는 전년 대비 매년 30원씩 증가한다.
• 2016년에는 5월에 대통령선거가 있고 8월에 임기만료에 의한 동시지방선거가 있다. 각 선거의 한 달 전에 후보자등록을 마감한다.
• 2017년에는 대통령선거, 임기만료에 의한 국회의원선거 또는 동시지방선거가 없다.

① 309억 원
② 600억 원
③ 618억 원
④ 900억 원
⑤ 927억 원

회독 ☐☐☐ 난도 ★★★ 소요시간 ☐☐☐

21 다음 〈규정〉과 〈상황〉을 근거로 판단할 때 〈보기〉에서 옳지 않은 것만을 모두 고르면? 21 입법 가책형 14번

─〈규정〉─
제△△조(성적장학생 선발 기준) 성적장학생 선발 기준 및 성적장학금 수혜 액수는 다음 각 호의 기준에 따른다.
 1. 최우수장학생은 단과대학에서 가장 높은 평균평점을 받은 학생 1인을 선발한다. 평균평점이 같은 경우 수강학점을 고려하여 더 많은 학점을 수강한 학생을 선발한다. 수강학점 역시 같을 경우 가장 최근에 입학한 학생을 선발한다. 입학학기가 같을 경우 생년월일이 늦은 학생을 선발한다.
 2. 우수장학생은 최우수장학생을 제외한 단과대학 재학생 중 평균평점 기준으로 상위 10% 이내에 드는 학생을 선발한다. 평균평점이 같은 경우 수강학점을 고려하여 더 많은 학점을 수강한 학생을 우선적으로 선발한다. 수강학점 역시 같을 경우 가장 최근에 입학한 학생을 선발한다. 입학학기가 같을 경우 생년월일이 늦은 학생을 선발한다.
 3. 최우수장학생에게는 등록금 100%에 해당하는 액수의 장학금이 지급된다.
 4. 우수장학생에게는 등록금 50%에 해당하는 액수의 장학금이 지급된다.
제□□조(중복수혜규정) 장학금의 중복 수혜는 다음 각 호의 기준에 따른다.
 1. 장학금은 등록금 한도 내에서 한 종류에 한함을 원칙으로 한다. 단, 학생이 특수한 사정이 있는 경우 위원회의 결정에 따라 등록금 한도 내에서 이중지급할 수 있다.
 2. 중복 수혜 대상인 경우에는 학과장이 수혜자에게 유리한 것으로 택하여 지급한다.

─〈상황〉─
금학기 본 단과대학에 장학금으로 배정된 교내 예산은 모두 4억원이다. 신종 코로나 바이러스 감염증(코로나19) 확산 이후 코로나19로 인해 생계가 어려워진 학생을 대상으로 기존 성적장학금과 별도로 특별장학금을 지급하기로 결정했다. 코로나19 특별장학금은 코로나 생활바우처와 코로나 학업장학금으로 구성된다. 코로나 생활바우처는 이를 신청한 단과대학 재학생에게 모두 10만원씩 지급한다. 코로나 학업장학금은 신청자를 대상으로 위원회에서 심사하여 등록금의 50%를 지원하기로 결정했다. 특별장학금의 경우 등록금 한도 내에서 중복수혜를 허용하며 교내 예산으로 지급된다. 금학기 등록금은 300만원이며, 금학기에 등록한 단과대학 재학생은 모두 1,200명이다. 생년월일이 같은 학생은 없다.
 코로나 생활바우처를 신청한 단과대학 재학생은 200명이며 코로나 학업장학금을 신청한 학생은 100명이다. 위원회는 코로나 학업장학금 신청자 중 80%를 수혜대상으로 선정하였다. 장학금은 성적장학금과 코로나19 특별장학금만으로 구성된다.

① ㄱ
② ㄴ
③ ㄱ, ㄴ
④ ㄱ, ㄷ
⑤ ㄴ, ㄷ

22 다음 〈규정〉 및 〈상황〉을 근거로 판단할 때 옳지 않은 것은? 20 입법 가책형 6번

─ 규정 ─

제1호. 일반기준

가. 업무정지기간은 업무정지의 기준에 따라 부과되는 기간을 말하며, 업무정지기간의 1개월은 30일로 본다.

나. 과징금 부과금액은 위반행위를 한 지정기관의 연간 총 매출금액의 1일 평균매출금액을 기준으로 제2호에 따라 산출한다.

다. 과징금 부과금액의 기초가 되는 1일 평균매출금액은 위반행위를 한 해당 지정기관에 대한 행정처분일이 속한 연도의 전년도 1년간의 총 매출금액을 365로 나눈 금액으로 한다. 다만, 신규 개설 또는 휴업 등으로 전년도 1년간의 총 매출금액을 산출할 수 없거나 1년간의총 매출금액을 기준으로 하는 것이 타당하지 않다고 인정되는 경우에는 분기(90일을 말한다)별, 월별 또는 일별 매출금액을 해당 단위에 포함된 일수로 나누어 1일 평균매출금액을 산정한다.

라. 제2호에 따라 산출한 과징금 부과금액이 10억원을 넘는 경우에는 과징금 부과금액을 10억원으로 한다.

마. 고용노동부장관은 위반행위의 동기, 내용 및 횟수 등을 고려하여 제2호에 따른 과징금 부과금액의 2분의 1 범위에서 과징금을 늘리거나 줄일 수 있다. 다만, 늘리는 경우에도 과징금 부과금액의 총액은 10억원을 넘을 수 없다.

제2호. 과징금의 산정방법

과징금 부과금액 = 위반사업자 1일 평균매출금액 × 업무정지기간(일) × 0.1

─ 상황 ─

• 甲은 2018년 10월 3일부터 영업을 개시하여 2018년에 총 9억원의 매출액을 달성했다. 그런데 고용노동부장관은 위반행위를 한 甲에게 위 〈규정〉에 따라 2019년 2월 1일에 2019년 3월부터 5월까지 3개월간 업무정지 처분을 하였다.

• 乙은 2016년부터 영업을 개시하여 2016년에 365억원, 2017년에 730억원, 2018년에는 1,095억원의 매출을 달성하였다.(단, 乙은 영업 개시 이후 휴업하지 않았다.) 그런데 고용노동부장관은 위반행위를 한 乙에게 위 〈규정〉에 따라 2019년 3월 2일에 2019년 5월 한 달간 업무정지 처분을 하였다.

• 고용노동부장관은 甲과 乙에게 위 〈규정〉에 따라 업무정지 처분에 갈음하는 과징금을 부과하고자 한다.

① 甲에게는 9,000만원의 과징금이 부과될 수 있다.

② 고용노동부장관이 甲에게 1억원의 과징금을 부과하는 것도 가능하다.

③ 고용노동부장관이 乙에게 부과할 수 있는 최소과징금은 4억 5,000만원이다.

④ 乙에게는 최대 10억원까지 과징금이 부과될 수 있다.

⑤ 만약 乙이 2018년도에 1월부터 6월까지 6개월간 휴업하였고 2018년도 매출액이 365억원이라면, 고용노동부장관은 2017년도의 1일 평균매출금액을 산정하여 과징금을 부과한다.

23 동산 X를 甲, 乙, 丙 세 사람이 공유하고 있다. 다음 A국의 규정을 근거로 판단할 때, 〈보기〉에서 옳은 것만을 모두 고르면? 16 민경채 5책형 5번

제○○조(물건의 공유) ① 물건이 지분에 의하여 여러 사람의 소유로 된 때에는 공유로 한다.
② 공유자의 지분은 균등한 것으로 추정한다.
제○○조(공유지분의 처분과 공유물의 사용, 수익) 공유자는 자신의 지분을 다른 공유자의 동의 없이 처분할 수 있고 공유물 전부를 지분의 비율로 사용, 수익할 수 있다.
제○○조(공유물의 처분, 변경) 공유자는 다른 공유자의 동의 없이 공유물을 처분하거나 변경하지 못한다.
제○○조(공유물의 관리, 보존) 공유물의 관리에 관한 사항은 공유자의 지분의 과반수로써 결정한다. 그러나 보존행위는 각자가 할 수 있다.
제○○조(지분포기등의 경우의 귀속) 공유자가 그 지분을 포기하거나 상속인 없이 사망한 때에는 그 지분은 다른 공유자에게 각 지분의 비율로 귀속한다.

─ 보기 ─
ㄱ. 甲, 乙, 丙은 X에 대해 각자 1/3씩 지분을 갖는 것으로 추정된다.
ㄴ. 甲은 단독으로 X에 대한 보존행위를 할 수 있다.
ㄷ. 甲이 X에 대한 자신의 지분을 처분하기 위해서는 乙과 丙의 동의를 얻어야 한다.
ㄹ. 甲이 상속인 없이 사망한 경우, X에 대한 甲의 지분은 乙과 丙에게 각 지분의 비율에 따라 귀속된다.

① ㄱ, ㄴ   ② ㄴ, ㄷ   ③ ㄷ, ㄹ
④ ㄱ, ㄴ, ㄹ   ⑤ ㄱ, ㄷ, ㄹ

24 다음 글을 근거로 판단할 때 옳은 것은?
20 민경채 가책형 11번

제○○조 이 규칙은 법원이 소지하는 국가기밀에 속하는 문서 등의 보안업무에 관한 사항을 규정함을 목적으로 한다.
제○○조 이 규칙에서 비밀이라 함은 그 내용이 누설되는 경우 국가안전보장에 유해한 결과를 초래할 우려가 있는 국가기밀로서 이 규칙에 의하여 비밀로 분류된 것을 말한다.
제○○조 ① Ⅰ급비밀 취급 인가권자는 대법원장, 대법관, 법원행정처장으로 한다.
② Ⅱ급 및 Ⅲ급비밀 취급 인가권자는 다음과 같다.
 1. Ⅰ급비밀 취급 인가권자
 2. 사법연수원장, 고등법원장, 특허법원장, 사법정책연구원장, 법원공무원교육원장, 법원도서관장
 3. 지방법원장, 가정법원장, 행정법원장, 회생법원장
제○○조 ① 비밀 취급 인가권자는 비밀을 취급 또는 비밀에 접근할 직원에 대하여 해당 등급의 비밀 취급을 인가한다.
② 비밀 취급의 인가는 대상자의 직책에 따라 필요한 최소한의 인원으로 제한하여야 한다.
③ 비밀 취급 인가를 받은 자가 다음 각 호의 어느 하나에 해당하는 경우에는 그 취급의 인가를 해제하여야 한다.
 1. 고의 또는 중대한 과실로 중대한 보안 사고를 범한 때
 2. 비밀 취급이 불필요하게 된 때
④ 비밀 취급의 인가 및 해제와 인가 등급의 변경은 문서로 하여야 하며 직원의 인사기록사항에 이를 기록하여야 한다.
제○○조 ① 비밀 취급 인가권자는 임무 및 직책상 해당 등급의 비밀을 항상 사무적으로 취급하는 자에 한하여 비밀 취급을 인가하여야 한다.
② 비밀 취급 인가권자는 소속직원의 인사기록카드에 기록된 비밀 취급의 인가 및 해제사유와 임용시의 신원조사회보서에 의하여 새로 신원조사를 행하지 아니하고 비밀 취급을 인가할 수 있다. 다만 Ⅰ급비밀 취급을 인가하는 때에는 새로 신원조사를 실시하여야 한다.

① 비밀 취급 인가의 해제는 구술로 할 수 있다.
② 법원행정처장은 Ⅰ급비밀, Ⅱ급비밀, Ⅲ급비밀 모두에 대해 취급 인가권을 가진다.
③ 비밀 취급 인가는 대상자의 직책에 따라 가능한 한 제한 없이 충분한 인원에게 하여야 한다.
④ 비밀 취급 인가를 받은 자가 중대한 보안 사고를 범한 경우 고의가 없었다면 그 취급의 인가를 해제할 수 없다.
⑤ 비밀 취급 인가권자는 소속직원에 대해 새로 신원조사를 행하지 아니하고 Ⅰ급비밀 취급을 인가할 수 있다.

25 다음 글을 근거로 판단할 때 옳은 것은?

20 민경채 가책형 12번

제○○조 ① 국유재산은 다음 각 호의 어느 하나에 해당하지 않는 경우에는 매각할 수 있다.
 1. 제△△조에 의한 매각제한의 대상에 해당하는 경우
 2. 제□□조에 의한 총괄청의 매각승인을 받지 않은 경우
② 국유재산의 매각은 일반경쟁입찰을 원칙으로 한다. 다만 필요한 경우에는 제한경쟁, 지명경쟁 또는 수의계약의 방법으로 매각할 수 있다.
제△△조 다음 각 호의 어느 하나에 해당하는 경우에는 매각할 수 없다.
 1. 중앙관서의 장이 행정목적으로 사용하기 위하여 그 국유재산을 행정재산으로 사용 승인한 경우
 2. 소유자 없는 부동산에 대하여 공고를 거쳐 국유재산으로 취득한 후 10년이 지나지 아니한 경우. 다만 해당 국유재산에 대하여 중앙관서의 장이 공익사업에 필요하다고 인정한 경우와 행정재산의 용도로 사용하던 소유자 없는 부동산을 행정재산으로 취득하였으나 그 행정재산을 당해 용도로 사용하지 아니하게 된 경우에는 그러하지 아니하다.
제□□조 ① 국유일반재산인 토지의 면적이 특별시·광역시 지역에서는 1,000제곱미터를, 그 밖의 시 지역에서는 2,000제곱미터를 초과하는 재산을 매각하고자 하는 경우에는 총괄청의 승인을 받아야 한다.
② 제1항에도 불구하고 다음 각 호의 어느 하나에 해당하는 경우에는 총괄청의 승인을 요하지 아니한다.
 1. 수의계약의 방법으로 매각하는 경우
 2. 다른 법률에 따른 무상귀속
 3. 법원의 확정판결·결정 등에 따른 소유권의 변경

① 중앙관서의 장이 행정목적으로 사용하기 위하여 행정재산으로 사용 승인한 국유재산인 건물은 총괄청의 매각승인을 받아야 매각될 수 있다.
② 총괄청의 매각승인 대상인 국유일반재산이더라도 그 매각방법이 지명경쟁인 경우에는 총괄청의 승인없이 매각할 수 있다.
③ 법원의 확정판결로 국유일반재산의 소유권을 변경하려는 경우 총괄청의 승인을 받아야 한다.
④ 광역시에 소재하는 국유일반재산인 1,500제곱미터 면적의 토지를 수의계약의 방법으로 매각하려는 경우에는 총괄청의 승인을 받아야 한다.
⑤ 행정재산의 용도로 사용하던 소유자 없는 500제곱미터 면적의 토지를 공고를 거쳐 행정재산으로 취득한 후 이를 당해 용도로 사용하지 않게 된 경우, 취득한 때로부터 10년이 경과하지 않았더라도 매각할 수 있다.

26 다음 글을 근거로 판단할 때, 〈보기〉에서 옳은 것만을 모두 고르면?

18 민경채 가책형 12번

제○○조 ① 사업자는 소비자를 속이거나 소비자로 하여금 잘못 알게 할 우려가 있는 표시·광고 행위로서 공정한 거래질서를 해칠 우려가 있는 다음 각 호의 행위를 하거나 다른 사업자로 하여금 하게 하여서는 안 된다.
 1. 거짓·과장의 표시·광고
 2. 기만적인 표시·광고
 3. 부당하게 비교하는 표시·광고
 4. 비방적인 표시·광고
② 제1항을 위반하여 제1항 각 호의 행위를 하거나 다른 사업자로 하여금 하게 한 사업자는 2년 이하의 징역 또는 1억 5천만 원 이하의 벌금에 처한다.
제△△조 ① 공정거래위원회는 상품 등이나 거래 분야의 성질에 비추어 소비자 보호 또는 공정한 거래질서 유지를 위하여 필요한 경우에는 사업자가 표시·광고에 포함하여야 하는 사항(이하 '중요정보'라 한다)과 표시·광고의 방법을 고시할 수 있다.
② 공정거래위원회는 제1항에 따라 고시를 하려면 관계 행정기관의 장과 미리 협의하여야 한다. 이 경우 필요하다고 인정하면 공청회를 개최하여 사업자단체, 소비자단체, 그 밖의 이해관계인 등의 의견을 들을 수 있다.
③ 사업자가 표시·광고 행위를 하는 경우에는 제1항에 따라 고시된 중요정보를 표시·광고하여야 한다.
제□□조 ① 사업자가 제△△조 제3항을 위반하여 고시된 중요정보를 표시·광고하지 않은 경우에는 1억 원 이하의 과태료를 부과한다.
② 제1항에 따른 과태료는 공정거래위원회가 부과·징수한다.

〈보기〉
ㄱ. 공정거래위원회가 중요정보 고시 여부를 결정함에 있어 상품 등이나 거래 분야는 고려의 대상이 아니다.
ㄴ. 사업자 A가 다른 사업자 B로 하여금 공정한 거래질서를 해칠 우려가 있는 비방적인 표시·광고를 하게 한 경우, 공정거래위원회는 사업자 A에게 과태료를 부과한다.
ㄷ. 사업자가 표시·광고 행위를 하면서 고시된 중요정보를 표시·광고하지 않은 경우, 공정거래위원회는 5천만 원의 과태료를 부과할 수 있다.
ㄹ. 공정거래위원회는 소비자 보호를 위해 필요한 경우, 사업자가 표시·광고에 포함하여야 하는 사항과 함께 그 표시·광고의 방법도 고시할 수 있다.

① ㄱ, ㄴ ② ㄱ, ㄷ ③ ㄴ, ㄷ
④ ㄴ, ㄹ ⑤ ㄷ, ㄹ

27 다음 글을 근거로 판단할 때, 〈보기〉에서 옳은 것만을 모두 고르면? 17 민경채 나책형 15번

제○○조(술에 취한 상태에서의 운전 금지) ① 누구든지 술에 취한 상태에서 자동차를 운전하여서는 아니 된다.
② 경찰공무원은 제1항을 위반하여 술에 취한 상태에서 자동차를 운전하였다고 인정할 만한 상당한 이유가 있는 경우에는 운전자가 술에 취하였는지를 호흡조사로 측정(이하 '음주측정'이라 한다)할 수 있다. 이 경우 운전자는 경찰공무원의 음주측정에 응하여야 한다.
③ 제1항을 위반하여 술에 취한 상태에서 자동차를 운전한 사람은 다음 각 호의 구분에 따라 처벌한다.
　1. 혈중알코올농도가 0.2퍼센트 이상인 사람은 1년 이상 3년 이하의 징역이나 500만 원 이상 1천만 원 이하의 벌금
　2. 혈중알코올농도가 0.1퍼센트 이상 0.2퍼센트 미만인 사람은 6개월 이상 1년 이하의 징역이나 300만 원 이상 500만 원 이하의 벌금
　3. 혈중알코올농도가 0.05퍼센트 이상 0.1퍼센트 미만인 사람은 6개월 이하의 징역이나 300만 원 이하의 벌금
④ 다음 각 호의 어느 하나에 해당하는 사람은 1년 이상 3년 이하의 징역이나 500만 원 이상 1천만 원 이하의 벌금에 처한다.
　1. 제3항에도 불구하고 제1항을 2회 이상 위반한 사람으로서 다시 술에 취한 상태에서 자동차를 운전한 사람
　2. 술에 취한 상태에 있다고 인정할 만한 상당한 이유가 있는 사람으로서 제2항에 따른 경찰공무원의 음주측정에 응하지 아니한 사람

〈보기〉
ㄱ. 혈중알코올농도 0.05퍼센트의 상태에서 운전하여 1회 적발된 행위는, 술에 취한 상태에서 운전을 하고 있다고 인정할 만한 상당한 이유가 있는 사람이 경찰공무원의 음주측정을 거부하는 행위보다 불법의 정도가 크다.
ㄴ. 술에 취한 상태에서 자동차를 운전하는 행위는 혈중알코올농도 또는 적발된 횟수에 따라 처벌의 정도가 달라질 수 있다.
ㄷ. 술에 취한 상태에서의 자동차 운전으로 2회 적발된 자가 다시 혈중알코올농도 0.15퍼센트 상태의 운전으로 적발된 경우, 6개월 이상 1년 이하의 징역이나 300만 원 이상 500만 원 이하의 벌금에 처해진다.

① ㄱ
② ㄴ
③ ㄱ, ㄷ
④ ㄴ, ㄷ
⑤ ㄱ, ㄴ, ㄷ

28 다음 글을 근거로 판단할 때 옳은 것은? 17 민경채 나책형 16번

제○○조(성년후견) ① 가정법원은 질병, 장애, 노령, 그 밖의 사유로 인한 정신적 제약으로 사무를 처리할 능력이 지속적으로 결여된 사람에 대하여 본인, 배우자, 4촌 이내의 친족, 검사 또는 지방자치단체의 장의 청구에 의하여 성년후견개시의 심판을 한다.
② 성년후견인은 피성년후견인의 법률행위를 취소할 수 있다.
③ 제2항에도 불구하고 일용품의 구입 등 일상생활에 필요하고 그 대가가 과도하지 아니한 법률행위는 성년후견인이 취소할 수 없다.
제○○조(피성년후견인의 신상결정) ① 피성년후견인은 자신의 신상에 관하여 그의 상태가 허락하는 범위에서 단독으로 결정한다.
② 성년후견인이 피성년후견인을 치료 등의 목적으로 정신병원이나 그 밖의 다른 장소에 격리하려는 경우에는 가정법원의 허가를 받아야 한다.
제○○조(성년후견인의 선임) ① 성년후견인은 가정법원이 직권으로 선임한다.
② 가정법원은 성년후견인이 선임된 경우에도 필요하다고 인정하면 직권으로 또는 청구권자의 청구에 의하여 추가로 성년후견인을 선임할 수 있다.

① 성년후견인의 수는 1인으로 제한된다.
② 지방자치단체의 장은 가정법원에 성년후견개시의 심판을 청구할 수 있다.
③ 성년후견인은 피성년후견인이 행한 일용품 구입행위를 그 대가의 정도와 관계없이 취소할 수 없다.
④ 가정법원은 성년후견개시의 심판절차에서 직권으로 성년후견인을 선임할 수 없다.
⑤ 성년후견인은 가정법원의 허가 없이 단독으로 결정하여 피성년후견인을 치료하기 위해 정신병원에 격리할 수 있다.

29 다음 글을 근거로 판단할 때 옳은 것은?

20 5급 공채 나책형 23번

제○○조 ① 체육시설업은 다음과 같이 구분한다.
1. 등록 체육시설업: 스키장업, 골프장업, 자동차 경주장업
2. 신고 체육시설업: 빙상장업, 썰매장업, 수영장업, 체력단련장업, 체육도장업, 골프연습장업, 당구장업, 무도학원업, 무도장업, 야구장업, 가상체험 체육시설업
② 체육시설업자는 체육시설업의 종류에 따라 아래 <시설기준>에 맞는 시설을 설치하고 유지·관리하여야 한다.

〈시설기준〉

필수시설	• 수용인원에 적합한 주차장(등록 체육시설업만 해당한다) 및 화장실을 갖추어야 한다. 다만 해당 체육시설이 같은 부지 또는 복합건물 내에 다른 시설물과 함께 위치한 경우로서 그 다른 시설물과 공동으로 사용하는 주차장 및 화장실이 있을 때에는 별도로 갖추지 아니할 수 있다. • 수용인원에 적합한 탈의실과 급수시설을 갖추어야 한다. 다만 신고 체육시설업(수영장업은 제외한다)과 자동차 경주장업에는 탈의실을 대신하여 세면실을 설치할 수 있다. • 부상자 및 환자의 구호를 위한 응급실 및 구급약품을 갖추어야 한다. 다만 신고 체육시설업(수영장업은 제외한다)과 골프장업에는 응급실을 갖추지 아니할 수 있다.
임의시설	• 체육용품의 판매·수선 또는 대여점을 설치할 수 있다. • 식당·목욕시설·매점 등 편의시설을 설치할 수 있다(무도학원업과 무도장업은 제외한다). • 등록 체육시설업의 경우에는 해당 체육시설을 이용하는 데에 지장이 없는 범위에서 그 체육시설 외에 다른 종류의 체육시설을 설치할 수 있다. 다만 신고 체육시설업의 경우에는 그러하지 아니하다.

① 무도장을 운영할 때 목욕시설과 매점을 설치하는 경우 시설기준에 위반된다.
② 수영장을 운영할 때 수용인원에 적합한 세면실과 급수시설을 모두 갖추어야 한다.
③ 체력단련장을 운영할 때 이를 이용하는 데에 지장이 없는 범위에서 가상체험 체육시설을 설치할 수 있다.
④ 복합건물 내에 위치한 골프연습장을 운영할 때 다른 시설물과 공동으로 사용하는 주차장이 없다면, 수용인원에 적합한 주차장을 반드시 갖추어야 한다.
⑤ 수영장을 운영할 때 구급약품을 충분히 갖추어 부상자 및 환자의 구호에 지장이 없다면, 응급실을 갖추지 않아도 시설기준에 위반되지 않는다.

30 다음 글을 근거로 판단할 때 옳은 것은?

19 5급 공채 가책형 1번

제○○조(문서의 성립 및 효력발생) ① 문서는 결재권자가 해당 문서에 서명(전자이미지서명, 전자문자서명 및 행정전자서명을 포함한다)의 방식으로 결재함으로써 성립한다.
② 문서는 수신자에게 도달(전자문서의 경우는 수신자가 지정한 전자적 시스템에 입력되는 것을 말한다)됨으로써 효력이 발생한다.
③ 제2항에도 불구하고 공고문서는 그 문서에서 효력발생 시기를 구체적으로 밝히고 있지 않으면 그 고시 또는 공고가 있은 날부터 5일이 경과한 때에 효력이 발생한다.
제○○조(문서 작성의 일반원칙) ① 문서는 어문규범에 맞게 한글로 작성하되, 뜻을 정확하게 전달하기 위하여 필요한 경우에는 괄호 안에 한자나 그 밖의 외국어를 함께 적을 수 있으며, 특별한 사유가 없으면 가로로 쓴다.
② 문서의 내용은 간결하고 명확하게 표현하고 일반화되지 않은 약어와 전문용어 등의 사용을 피하여 이해하기 쉽게 작성하여야 한다.
③ 문서에는 음성정보나 영상정보 등을 수록할 수 있고 연계된 바코드 등을 표기할 수 있다.
④ 문서에 쓰는 숫자는 특별한 사유가 없으면 아라비아 숫자를 쓴다.
⑤ 문서에 쓰는 날짜는 숫자로 표기하되, 연·월·일의 글자는 생략하고 그 자리에 온점(.)을 찍어 표시하며, 시·분은 24시각제에 따라 숫자로 표기하되, 시·분의 글자는 생략하고 그 사이에 쌍점(:)을 찍어 구분한다. 다만 특별한 사유가 있으면 다른 방법으로 표시할 수 있다.

① 문서에 '2018년 7월 18일 오후 11시 30분'을 표기해야 할 때 특별한 사유가 없으면 '2018. 7. 18. 23:30'으로 표기한다.
② 2018년 9월 7일 공고된 문서에 효력발생 시기가 구체적으로 명시되지 않은 경우 그 문서의 효력은 즉시 발생한다.
③ 전자문서의 경우 해당 수신자가 지정한 전자적 시스템에 도달한 문서를 확인한 때부터 효력이 발생한다.
④ 문서 작성 시 이해를 쉽게 하기 위해 일반화되지 않은 약어와 전문용어를 사용하여 작성하여야 한다.
⑤ 연계된 바코드는 문서에 함께 표기할 수 없기 때문에 영상 파일로 처리하여 첨부하여야 한다.

31 다음 〈○○도 지방보조금 관리규정〉을 근거로 판단할 때, 〈보기〉에서 옳은 것만을 모두 고르면?

19 5급 공채 가책형 2번

┌─ ○○도 지방보조금 관리규정 ─┐

제○○조(보조대상사업) 도는 도가 권장하는 사업으로서 지방보조금을 지출하지 아니하면 수행할 수 없는 사업(지방보조사업)인 경우 그 사업에 필요한 경비의 일부 또는 전부를 보조할 수 있다.

제○○조(용도외 사용금지 등) ① 지방보조사업을 수행하는 자(이하 '지방보조사업자'라 한다)는 그 지방보조금을 다른 용도에 사용하여서는 아니된다.

② 지방보조사업자는 수익성 악화 등 사정의 변경으로 지방보조사업의 내용을 변경하거나 지방보조사업에 드는 경비의 배분을 변경하려면 도지사의 승인을 얻어야 한다. 다만 경미한 내용변경이나 경미한 경비배분변경의 경우에는 그러하지 아니하다.

③ 지방보조사업자는 수익성 악화 등 사정의 변경으로 그 지방보조사업을 다른 사업자에게 인계하거나 중단 또는 폐지하려면 미리 도지사의 승인을 얻어야 한다.

제○○조(지방보조금의 대상사업과 도비보조율) 도지사는 시·군에 대한 보조금에 대하여는 보조금이 지급되는 대상사업·경비의 종목·도비보조율 및 금액을 매년 예산으로 정한다. 단, 지방보조금의 예산반영신청 및 예산편성에 있어서 지방보조사업별로 적용하는 도비보조율은 다음 각 호에서 정한 분야별 범위 내에서 정한다.

1. 보건·사회: 총사업비의 30 % 이상 70 % 이하
2. 상하수·치수: 총사업비의 30 % 이상 50 % 이하
3. 문화·체육: 총사업비의 30 % 이상 60 % 이하

제○○조(시·군비 부담의무) 시장·군수는 도비보조사업에 대한 시·군비 부담액을 다른 사업에 우선하여 해당 연도 시·군 예산에 반영하여야 한다.

┌─ 보기 ─┐

ㄱ. ○○도 지방보조사업자는 모든 경비배분이나 내용의 변경에 대해서 ○○도 도지사의 승인을 얻어야 한다.

ㄴ. ○○도 지방보조사업자가 수익성 악화를 이유로 자신이 수행하는 지방보조사업을 다른 사업자에게 인계하기 위해서는 미리 ○○도 도지사의 승인을 얻어야 한다.

ㄷ. ○○도 A시 시장은 도비보조사업과 무관한 자신의 공약사업 예산을 도비보조사업에 대한 시비 부담액보다 우선적으로 해당연도 A시 예산에 반영해야 한다.

ㄹ. ○○도 도지사는 지방보조금 지급대상사업인 '상하수도 정비사업(총사업비 40억 원)'에 대하여 최대 20억 원을 지방보조금 예산으로 정할 수 있다.

① ㄱ, ㄴ   ② ㄱ, ㄷ   ③ ㄴ, ㄷ
④ ㄴ, ㄹ   ⑤ ㄷ, ㄹ

32 다음 글을 근거로 판단할 때 옳은 것은?

18 5급 공채 나책형 3번

제○○조 이 법에서 말하는 폐기물이란 쓰레기, 연소재, 폐유, 폐알칼리 및 동물의 사체 등으로 사람의 생활이나 사업활동에 필요하지 않게 된 물질을 말한다.

제○○조 ① 도지사는 관할 구역의 폐기물을 적정하게 처리하기 위하여 환경부장관이 정하는 지침에 따라 10년마다 '폐기물 처리에 관한 기본계획'(이하 '기본계획'이라 한다)을 세워 환경부장관의 승인을 받아야 한다. 승인사항을 변경하려 할 때에도 또한 같다. 이 경우 환경부장관은 기본계획을 승인하거나 변경승인하려면 관계 중앙행정기관의 장과 협의하여야 한다.

② 시장·군수·구청장은 10년마다 관할 구역의 기본계획을 세워 도지사에게 제출하여야 한다.

③ 제1항과 제2항에 따른 기본계획에는 다음 각 호의 사항이 포함되어야 한다.

1. 관할 구역의 지리적 환경 등에 관한 개황
2. 폐기물의 종류별 발생량과 장래의 발생 예상량
3. 폐기물의 처리 현황과 향후 처리 계획
4. 폐기물의 감량화와 재활용 등 자원화에 관한 사항
5. 폐기물처리시설의 설치 현황과 향후 설치 계획
6. 폐기물 처리의 개선에 관한 사항
7. 재원의 확보계획

제○○조 ① 환경부장관은 국가 폐기물을 적정하게 관리하기 위하여 전조 제1항에 따른 기본계획을 기초로 '국가 폐기물 관리 종합계획'(이하 '종합계획'이라 한다)을 10년마다 세워야 한다.

② 환경부장관은 종합계획을 세운 날부터 5년이 지나면 그 타당성을 재검토하여 변경할 수 있다.

① 재원의 확보계획은 기본계획에 포함되지 않아도 된다.

② A도 도지사가 제출한 기본계획을 승인하려면, 환경부장관은 관계 중앙행정기관의 장과 협의를 거쳐야 한다.

③ 환경부장관은 국가 폐기물을 적정하게 관리하기 위하여 10년마다 기본계획을 수립하여야 한다.

④ B군 군수는 5년마다 종합계획을 세워 환경부장관에게 제출하여야 한다.

⑤ 기본계획 수립 이후 5년이 경과하였다면, 환경부장관은 계획의 타당성을 재검토하여 계획을 변경하여야 한다.

회독 ☐☐☐ 난도 ★★★ 소요시간 ☐☐☐☐☐

33 다음 글과 〈상황〉을 근거로 판단할 때 옳은 것은? (단, 기간을 일(日)로 정한 때에는 기간의 초일은 산입하지 않는다) 17 5급 공채 나책형 25번

제○○조(위원회의 직무) 위원회는 그 소관에 속하는 의안과 청원 등의 심사 기타 법률에서 정하는 직무를 행한다.
제△△조(안건의 신속처리) ① 위원회에 회부된 안건을 제2항에 따른 신속처리대상안건으로 지정하고자 하는 경우 의원은 재적의원 과반수가 서명한 신속처리대상안건 지정 요구 동의(이하 "신속처리안건지정동의")를 국회의장에게, 안건의 소관 위원회 소속 위원은 소관 위원회 재적위원 과반수가 서명한 신속처리안건지정동의를 소관 위원회 위원장에게 제출하여야 한다. 이 경우 의장 또는 안건의 소관 위원회 위원장은 지체 없이 신속처리안건지정동의를 무기명 투표로 표결하되 재적의원 5분의 3 이상 또는 안건의 소관 위원회 재적위원 5분의 3 이상의 찬성으로 의결한다.
② 의장은 제1항에 따라 신속처리안건지정동의가 가결된 때에는 해당 안건을 제3항의 기간 내에 심사를 마쳐야 하는 안건(이하 "신속처리대상안건")으로 지정하여야 한다.
③ 위원회는 신속처리대상안건에 대한 심사를 그 지정일부터 180일 이내에 마쳐야 한다. 다만, 법제사법위원회는 신속처리대상안건에 대한 체계·자구심사를 그 지정일, 제4항에 따라 회부된 것으로 보는 날 또는 제□□조에 따라 회부된 날부터 90일 이내에 마쳐야 한다.
④ 위원회(법제사법위원회를 제외한다)가 신속처리대상안건에 대하여 제3항에 따른 기간 내에 신속처리대상안건의 심사를 마치지 아니한 때에는 그 기간이 종료된 다음 날에 소관 위원회에서 심사를 마치고 체계·자구심사를 위하여 법제사법위원회로 회부된 것으로 본다.
⑤ 법제사법위원회가 신속처리대상안건에 대하여 제3항에 따른 기간 내에 심사를 마치지 아니한 때에는 그 기간이 종료한 다음 날에 법제사법위원회에서 심사를 마치고 바로 본회의에 부의된 것으로 본다.
⑥ 제5항에 따른 신속처리대상안건은 본회의에 부의된 것으로 보는 날부터 60일 이내에 본회의에 상정되어야 한다.
제□□조(체계·자구의 심사) 위원회에서 법률안의 심사를 마치거나 입안한 때에는 법제사법위원회에 회부하여 체계와 자구에 대한 심사를 거쳐야 한다.

─〈상황〉─
- 국회 재적의원은 300명이고, 지식경제위원회 재적위원은 25명이다.
- 지식경제위원회에 회부된 안건 X가 3월 2일 신속처리대상안건으로 지정되었다.

① 안건 X는 국회 재적의원 중 최소 150명 또는 지식경제위원회 위원 중 최소 13명의 찬성으로 신속처리대상안건으로 지정되었다.
② 지식경제위원회는 안건 X에 대해 당해년도 10월 1일까지 심사를 마쳐야 한다.
③ 지식경제위원회가 안건 X에 대해 기간 내 심사를 마치지 못했다면, 90일을 연장하여 재심사할 수 있다.
④ 지식경제위원회가 안건 X에 대해 심사를 마치고 당해년도 7월 1일 법제사법위원회로 회부했다면, 법제사법위원회는 당해년도 9월 29일까지 심사를 마쳐야 한다.
⑤ 안건 X가 당해년도 8월 1일 법제사법위원회로 회부되었고 법제사법위원회가 기간 내 심사를 마치지 못했다면, 다음 해 1월 28일에 본회의에 부의된 것으로 본다.

이해추론 ─ 비문학독해 및 추론

1.1 비문학독해 및 추론

회독 □□□ 난도 ★☆☆ 소요시간 □□

01 다음 글과 〈상황〉을 근거로 판단할 때 옳은 것은?

21 7급 공채 나책형 16번

- 민원의 종류
  법정민원(인가·허가 등을 신청하거나 사실·법률관계에 관한 확인 또는 증명을 신청하는 민원), 질의민원(법령·제도 등에 관하여 행정기관의 설명·해석을 요구하는 민원), 건의민원(행정제도의 개선을 요구하는 민원), 기타민원(그 외 상담·설명 요구, 불편 해결을 요구하는 민원)으로 구분함
- 민원의 신청
  문서(전자문서를 포함, 이하 같음)로 해야 하나, 기타민원은 구술 또는 전화로 가능함
- 민원의 접수
  민원실에서 접수하고, 접수증을 교부하여야 함(단, 기타민원, 우편 및 전자문서로 신청한 민원은 접수증 교부를 생략할 수 있음)
- 민원의 이송
  접수한 민원이 다른 행정기관의 소관인 경우, 접수된 민원문서를 지체 없이 소관 기관에 이송하여야 함
- 처리결과의 통지
  접수된 민원에 대한 처리결과를 민원인에게 문서로 통지하여야 함(단, 기타민원의 경우와 통지에 신속을 요하거나 민원인이 요청하는 경우, 구술 또는 전화로 통지할 수 있음)
- 반복 및 중복 민원의 처리
  민원인이 동일한 내용의 민원(법정민원 제외)을 정당한 사유 없이 3회 이상 반복하여 제출한 경우, 2회 이상 그 처리결과를 통지하였다면 그 후 접수되는 민원에 대하여는 바로 종결 처리할 수 있음

─〈상황〉─

- 甲은 인근 공사장 소음으로 인한 불편 해결을 요구하는 민원을 A시에 제기하려고 한다.
- 乙은 자신의 영업허가를 신청하는 민원을 A시에 제기하려고 한다.

① 甲은 구술 또는 전화로 민원을 신청할 수 없다.
② 乙은 전자문서로 민원을 신청할 수 없다.
③ 甲이 신청한 민원이 다른 행정기관 소관 사항인 경우라도, A시는 해당 민원을 이송 없이 처리할 수 있다.
④ A시는 甲이 신청한 민원에 대한 처리결과를 전화로 통지할 수 있다.
⑤ 乙이 동일한 내용의 민원을 이미 2번 제출하여 처리결과를 통지받았으나 정당한 사유 없이 다시 신청한 경우, A시는 해당 민원을 바로 종결 처리할 수 있다.

02 다음 글을 근거로 판단할 때 옳은 것은?

20 민경채 가책형 13번

A국은 다음 5가지 사항을 반영하여 특허법을 제정하였다.
(1) 새로운 기술에 의한 발명을 한 사람에게 특허권이라는 독점권을 주는 제도와 정부가 금전적 보상을 해주는 보상제도 중, A국은 전자를 선택하였다.
(2) 특허권을 별도의 특허심사절차 없이 부여하는 방식과 신청에 의한 특허심사절차를 통해 부여하는 방식 중, A국은 후자를 선택하였다.
(3) 새로운 기술에 의한 발명인지를 판단하는 데 있어서 전세계에서의 새로운 기술을 기준으로 하는 것과 국내에서의 새로운 기술을 기준으로 하는 것 중, A국은 후자를 선택하였다.
(4) 특허권의 효력발생범위를 A국 영토 내로 한정하는 것과 A국 영토 밖으로 확대하는 것 중, A국은 전자를 선택하였다. 따라서 특허권이 부여된 발명을 A국 영토 내에서 특허권자의 허락없이 무단으로 제조·판매하는 행위를 금지하며, 이를 위반한 자에게는 손해배상 의무를 부과한다.
(5) 특허권의 보호기간을 한정하는 방법과 한정하지 않는 방법 중, A국은 전자를 선택하였다. 그리고 그 보호기간은 특허권을 부여받은 날로부터 10년으로 한정하였다.

① A국에서 알려지지 않은 새로운 기술로 알코올램프를 발명한 자는 그 기술이 이미 다른 나라에서 널리 알려진 것이라도 A국에서 특허권을 부여받을 수 있다.
② A국에서 특허권을 부여받은 날로부터 11년이 지난 손전등을 제조·판매하기 위해서는 발명자로부터 허락을 받아야 한다.
③ A국에서 새로운 기술로 석유램프를 발명한 자는 A국 정부로부터 그 발명에 대해 금전적 보상을 받을 수 있다.
④ A국에서 새로운 기술로 필기구를 발명한 자는 특허심사절차를 밟지 않더라도 A국 내에서 다른 사람이 그 필기구를 무단으로 제조·판매하는 것을 금지시킬 수 있다.
⑤ A국에서 망원경에 대해 특허권을 부여받은 자는 다른 나라에서 그 망원경을 무단으로 제조 및 판매한 자로부터 A국 특허법에 따라 손해배상을 받을 수 있다.

03 다음 글과 〈상황〉을 근거로 판단할 때 옳은 것은?

19 민경채 나책형 12번

매매목적물에 하자가 있는 경우, 하자가 있는 사실을 과실 없이 알지 못한 매수인은 매도인에 대하여 하자담보책임을 물어 계약을 해제하거나, 손해배상을 청구할 수 있다. 이때 매도인이 하자를 알았는지 여부나 그의 과실 유무를 묻지 않는다. 매매목적물의 하자는 통상 거래상의 관념에 비추어 그 물건이 지니고 있어야 할 품질·성질·견고성·성분 등을 갖추지 못해서 계약의 적합성을 갖지 못한 경우를 말한다. 가령 진품인 줄 알고 매수한 그림이 위작인 경우가 그렇다. 매수인은 이러한 계약해제권·손해배상청구권을 하자가 있는 사실을 안 날로부터 6개월 내에 행사하여야 한다.

한편 계약의 중요 부분에 착오가 있는 경우, 착오에 중대한 과실이 없는 계약당사자는 계약을 취소할 수 있다. 여기서 착오는 계약을 맺을 때에 실제로 없는 사실을 있는 사실로 잘못 알았거나 아니면 실제로 있는 사실을 없는 사실로 잘못 생각하듯이, 계약당사자(의사표시자)의 인식과 그 실제 사실이 어긋나는 경우를 가리킨다. 가령 위작을 진품으로 알고 매수한 경우가 그렇다. 이러한 취소권을 행사하려면, 착오자(착오로 의사표시를 한 사람)가 착오 상태에서 벗어난 날(예 진품이 위작임을 안 날)로부터 3년 이내에, 계약을 체결한 날로부터 10년 이내에 행사하여야 한다. 착오로 인한 취소는 매도인의 하자담보책임과 다른 제도이다. 따라서 매매계약 내용의 중요 부분에 착오가 있는 경우, 매수인은 매도인의 하자담보책임이 성립하는지와 상관없이 착오를 이유로 매매계약을 취소할 수 있다.

〈상황〉
2018년 3월 10일 매수인 甲은 매도인 乙 소유의 '나루터그림'을 과실 없이 진품으로 믿고 1,000만 원에 매매계약을 체결한 당일 그림을 넘겨받았다. 그 후 2018년 6월 20일 甲은 나루터그림이 위작이라는 사실을 알게 되었다.

① 2018년 6월 20일 乙은 하자를 이유로 甲과의 매매계약을 해제할 수 있다.
② 2019년 6월 20일 甲은 乙에게 하자를 이유로 손해배상을 청구할 수 있다.
③ 2019년 6월 20일 甲은 착오를 이유로 乙과의 매매계약을 취소할 수 없다.
④ 乙이 매매계약 당시 위작이라는 사실을 과실 없이 알지 못하였더라도, 2019년 6월 20일 甲은 하자를 이유로 乙과의 매매계약을 해제할 수 있다.
⑤ 乙이 위작임을 알았더라도 2019년 6월 20일 甲은 하자를 이유로 乙과의 매매계약을 해제할 수 없지만, 착오를 이유로 취소할 수 있다.

04 다음 글과 〈상황〉을 근거로 판단할 때 옳은 것은?

20 7급 모의 3번

민사소송의 1심을 담당하는 법원으로는 지방법원과 지방법원지원(이하 "그 지원"이라 한다)이 있다. 지방법원과 그 지원이 재판을 담당하는 관할구역은 지역별로 정해져 있는데, 피고의 주소지를 관할하는 지방법원 또는 그 지원이 재판을 담당한다. 다만 금전지급청구소송은 원고의 주소지를 관할하는 지방법원 또는 그 지원도 재판할 수 있다.

한편, 지방법원이나 그 지원의 재판사무의 일부를 처리하기 위해서 그 관할구역 안에 시법원 또는 군법원(이하 "시·군법원"이라 한다)이 설치되어 있는 경우가 있다. 시·군법원은 지방법원 또는 그 지원이 재판하는 사건 중에서 소송물가액이 3,000만 원 이하인 금전지급청구소송을 전담하여 재판한다. 즉, 이러한 소송의 경우 원고 또는 피고의 주소지를 관할하는 시·군법원이 있으면 지방법원과 그 지원은 재판할 수 없고 시·군법원만이 재판한다.

※ 소송물가액: 원고가 승소하면 얻게 될 경제적 이익을 화폐 단위로 평가한 것

〈상황〉

• 甲은 乙에게 빌려준 돈을 돌려받기 위해 소송물가액 3,000만 원의 금전지급청구의 소(이하 "A청구"라 한다)와 乙에게서 구입한 소송물가액 1억 원의 고려청자 인도청구의 소(이하 "B청구"라 한다)를 각각 1심 법원에 제기하려고 한다.
• 甲의 주소지는 김포시이고 乙의 주소지는 양산시이다. 이들 주소지와 관련된 법원명과 그 관할구역은 다음과 같다.

법원명	관할구역
인천지방법원	인천광역시
인천지방법원 부천지원	부천시, 김포시
김포시법원	김포시
울산지방법원	울산광역시, 양산시
양산시법원	양산시

① 인천지방법원 부천지원은 A청구를 재판할 수 있다.
② 인천지방법원은 A청구를 재판할 수 있다.
③ 양산시법원은 B청구를 재판할 수 있다.
④ 김포시법원은 B청구를 재판할 수 있다.
⑤ 울산지방법원은 B청구를 재판할 수 있다.

05 다음 글과 〈상황〉을 근거로 판단할 때 옳은 것은?

20 7급 모의 4번

발명에 대해 특허권이 부여되기 위해서는 다음의 두 가지 요건 모두를 충족해야 한다.

첫째, 발명은 지금까지 세상에 없는 새로운 것, 즉 신규성이 있는 발명이어야 한다. 이미 누구나 알고 있는 발명에 대해서 독점권인 특허권을 부여하는 것은 부당하기 때문이다. 이때 발명이 신규인지 여부는 특허청에의 특허출원 시점을 기준으로 판단한다. 따라서 신규의 발명이라도 그에 대한 특허출원 전에 발명 내용이 널리 알려진 경우라든지, 반포된 간행물에 게재된 경우에는 특허출원 시점에는 신규성이 상실되었기 때문에 특허권이 부여되지 않는다. 그러나 발명자가 자발적으로 위와 같은 신규성을 상실시키는 행위를 하고 그날로부터 12개월 이내에 특허를 출원하면 신규성이 상실되지 않은 것으로 취급된다. 이를 '신규성의 간주'라고 하는데, 신규성을 상실시킨 행위를 한 발명자가 특허출원한 경우에만 신규성이 있는 것으로 간주된다.

둘째, 여러 명의 발명자가 독자적인 연구를 하던 중 우연히 동일한 발명을 완성하였다면, 발명의 완성 시기에 관계없이 가장 먼저 특허청에 특허출원한 발명자에게만 특허권이 부여된다. 이처럼 가장 먼저 출원한 발명자에게만 특허권이 부여되는 것을 '선출원주의'라고 한다. 따라서 특허청에 선출원된 어떤 발명이 신규성 상실로 특허권이 부여되지 못한 경우, 동일한 발명에 대한 후출원은 선출원주의로 인해 특허권이 부여되지 않는다.

〈상황〉

• 발명자 甲, 乙, 丙은 각각 독자적인 연구개발을 수행하여 동일한 A발명을 완성하였다.
• 甲은 2020. 3. 1. A발명을 완성하였지만 그 발명 내용을 비밀로 유지하다가 2020. 9. 2. 특허출원을 하였다.
• 乙은 2020. 4. 1. A발명을 완성하자 2020. 6. 1. 간행되어 반포된 학술지에 그 발명 내용을 논문으로 게재한 후, 2020. 8. 1. 특허출원을 하였다.
• 丙은 2020. 7. 1. A발명을 완성하자마자 바로 당일에 특허출원을 하였다.

① 甲이 특허권을 부여받는다.
② 乙이 특허권을 부여받는다.
③ 丙이 특허권을 부여받는다.
④ 甲, 乙, 丙이 모두 특허권을 부여받는다.
⑤ 甲, 乙, 丙 중 어느 누구도 특허권을 부여받지 못한다.

회독 □□□ 난도 ★★☆ 소요시간 □□□

06 다음 글과 〈상황〉을 근거로 판단할 때 옳은 것은?

22 5급 공채 나책형 23번

민사소송에서 법원은 원고가 청구한 금액의 한도 내에서만 판결을 해야 하고, 그 상한을 넘는 금액을 인정하는 판결을 해서는 안 된다. 예컨대 임대인(원고)이 임차인(피고)을 상대로 밀린 월세를 이유로 2천 4백만 원의 지급을 청구하는 소를 제기하였다. 이 경우 법원은 심리 결과 임차인의 밀린 월세를 2천만 원으로 판단하면 2천만 원을 지급하라고 판결해야 하지만, 3천만 원으로 판단하더라도 3천만 원을 지급하라고 판결할 수는 없다. 다만 임대인이 소송 도중 청구금액을 3천만 원으로 변경하면 비로소 법원은 3천만 원을 지급하라고 판결할 수 있다.

그런데 교통사고 등으로 신체상 손해를 입은 경우, 피해자인 원고는 적극적 손해(치료비), 소극적 손해(일실수익), 위자료 등 3가지 손해항목으로 금액을 나누어 손해배상을 청구하는 것이 일반적이다. 예컨대 교통사고 피해자가 적극적 손해 3백만 원, 소극적 손해 4백만 원, 위자료 2백만 원으로 손해항목을 나누고 그 총액인 9백만 원의 지급을 청구하는 소를 제기하는 것이다. 이와 관련하여 손해배상 총액을 초과하지 않으면, 법원이 손해항목별 상한을 넘는 금액을 인정하는 판결을 할 수 있는지가 문제된다. 위 사례에서 법원이 심리 결과 적극적 손해 2백만 원, 소극적 손해 5백만 원, 위자료 2백만 원이 타당하다고 판단한 경우, 피고가 원고에게 합계 9백만 원의 손해배상을 지급하라고 판결할 수 있는지에 대해 3가지 견해가 있다. A견해는 각 손해항목별로 금액의 상한을 초과하는 판결을 할 수 없다고 한다. B견해는 손해배상 총액의 상한만 넘지 않으면 손해항목별 상한 금액을 넘더라도 무방하다고 한다. C견해는 적극적 손해와 소극적 손해는 동일한 '재산상 손해'이지만 '위자료'는 정신적 고통에 대한 배상으로 그 성질이 다르다는 점을 중시하여, 적극적 손해와 소극적 손해를 합산한 '재산상 손해' 그리고 '위자료' 두 개의 손해항목으로 나누고 그 항목별 상한 금액을 넘지 않으면 된다고 한다.

※ 일실수익: 교통사고 등으로 사망하거나 신체상의 상해를 입은 사람이 장래 얻을 수 있는 수입액의 상실분

─〈상황〉─

甲은 乙 소유의 주택에 화재를 일으켰다. 이로 인해 乙은 주택 소실에 따른 재산상 손해를 입었고 주택의 임차인 丙이 화상을 입었다. 이에 乙은 재산상 손해 6천만 원의 지급을 청구하는 소를, 丙은 치료비 1천만 원, 일실수익 1억 원, 위자료 5천만 원, 합계 1억 6천만 원의 지급을 청구하는 소를 甲을 상대로 각각 제기하였다.

법원은 심리 결과 乙의 재산상 손해는 5천만 원이고, 丙의 손해는 치료비 5백만 원, 일실수익 1억 2천만 원, 위자료 3천 5백만 원이 타당하다고 판단하였다.

① 법원은 甲이 乙에게 6천만 원을 지급하라고 판결해야 한다.
② 소송 도중 乙이 청구금액을 8천만 원으로 변경한 경우, 법원은 심리 결과 손해액을 5천만 원으로 판단하더라도 甲이 乙에게 8천만 원을 지급하라고 판결해야 한다.
③ A견해에 따르면, 법원은 甲이 丙에게 1억 6천만 원을 지급하라고 판결해야 한다.
④ B견해에 따르면, 법원은 甲이 丙에게 1억 4천만 원을 지급하라고 판결해야 한다.
⑤ C견해에 따르면, 법원은 甲이 丙에게 1억 4천 5백만 원을 지급하라고 판결해야 한다.

회독 ☐☐☐ 난도 ★★☆ 소요시간 ☐☐☐

07 다음 글과 〈상황〉을 근거로 판단할 때 옳은 것은?
22 5급 공채 나책형 5번

19세 이상 주민(이하 '주민'이라 한다)은 지방자치단체에 조례의 제정·개정 및 폐지를 청구할 수 있다. 시·도와 인구 50만 이상 대도시에서는 주민 총수의 100분의 1 이상, 시·군 및 자치구에서는 주민 총수의 50분의 1 이상의 연서로 해당 지방자치단체의 장에게 조례를 제정하거나 개정 또는 폐지할 것을 청구할 수 있다. 이때 청구인 대표자는 조례의 제정안·개정안 및 폐지안(이하 '주민청구조례안'이라 한다)을 작성하여 제출해야 한다. 지방자치단체의 장은 청구를 받은 날부터 5일 이내에 그 내용을 공표하여야 하며, 공표한 날을 포함하여 10일간 청구인명부나 그 사본을 공개된 장소에서 누구나 열람할 수 있도록 해야 한다. 청구인명부의 서명에 관하여 이의가 있는 주민은 열람기간 동안 해당 지방자치단체의 장에게 이의를 신청할 수 있다. 지방자치단체의 장은 이의신청을 받으면 열람기간이 끝난 날의 다음 날부터 14일 이내에 그에 대해 심사·결정하고 그 결과를 당사자에게 알려야 한다.

지방자치단체의 장은 이의신청이 없는 경우 또는 이의신청에 대해 그 결정이 끝난 경우 청구를 수리하고, 요건을 갖추지 못하였다면 청구를 각하한다. 지방자치단체의 장은 청구를 수리한 날을 포함하여 60일 이내에 주민청구조례안을 지방의회에 부의하여야 하며, 그 결과를 청구인 대표자에게 알려야 한다.

지방의회는 재적의원 3분의 1 이상의 출석으로 개의한다. 의결 사항은 재적의원 과반수의 출석과 출석의원 과반수의 찬성으로 의결한다.

─〈상황〉─

• □□도 A시의 인구는 30만 명이며, 19세 이상 주민은 총 20만 명이다.
• A시 주민 甲은 청구인 대표자로 2022. 1. 3. ○○조례에 대한 개정을 청구했고, 이에 A시 시장 B는 같은 해 1. 5. 이를 공표하였다.
• A시 의회 재적의원은 12명이다.

① A시에서 주민이 조례 개정을 청구하기 위해서는 최소 6,000명 이상의 연서가 필요하다.
② A시 주민이 甲의 조례 개정 청구인명부의 서명에 대해 이의를 신청할 수 있는 기간은 2022. 1. 14.까지이다.
③ A시 주민 乙이 2022. 1. 6. 청구인명부의 서명에 대해 이의를 신청했다면, B는 같은 해 1. 31.까지 그에 대한 심사·결정 결과를 당사자에게 통보해야 한다.
④ 甲의 조례 개정 청구가 2022. 2. 1. 수리되었다면, B는 같은 해 4. 2.까지 ○○조례 개정안을 A시 의회에 부의해야 한다.
⑤ A시 의회는 의원 3명의 참석으로 ○○조례 개정안에 대해 개의할 수 있다.

회독 ☐☐☐ 난도 ★★☆ 소요시간 ☐☐☐

08 다음 글을 근거로 판단할 때, 〈상황〉의 ㉠ ~ ㉢을 옳게 짝지은 것은? 22 5급 공채 나책형 25번

1957년 제정 저작권법은 저작물의 저작재산권을 저작자가 생존하는 동안과 사망한 후 30년간 존속하는 것으로 규정하고 있었다.

이후 1987년 개정 저작권법은 저작재산권을 저작자가 생존하는 동안과 사망 후 50년간 존속하도록 개정하여 저작재산권의 보호기간(이하 '보호기간'이라 한다)을 연장하였다. 다만 1987년 저작권법이 시행된 1987. 7. 1. 이전에 1957년 저작권법에 따른 보호기간이 이미 경과한 저작물은 더 이상 보호하지 않는 것으로 규정하였다.

또한 2011년 개정 저작권법은 보호기간을 저작자 생존기간 동안과 사망 후 70년간으로 개정하였으며, 다만 2011년 저작권법이 시행된 2013. 7. 1. 이전에 1987년 저작권법에 따른 보호기간이 이미 경과한 저작물은 더 이상 보호하지 않는 것으로 규정하였다.

한편 보호기간을 산정할 때는 저작자가 사망한 다음 해의 1월 1일을 기산일(起算日)로 한다. 예컨대 '저작물 X'를 창작한 저작자 甲이 1957. 4. 1. 사망하였다면 저작물 X의 보호기간은 1958. 1. 1.부터 기산하여 1987년 저작권법에 의해 2007. 12. 31.까지 연장되지만, 2011년 저작권법에 따르면 보호기간이 이미 만료된 상태이다.

─〈상황〉─

'저작물 Y'를 창작한 저작자 乙은 1963. 1. 1. 사망하였다. 저작물 Y의 보호기간은 1957년 제정 저작권법에 따르면 (㉠)이고, 1987년 개정 저작권법에 따르면 (㉡)이며, 2011년 개정 저작권법에 따르면 (㉢)이다.

	㉠	㉡	㉢
①	1992. 1. 1.까지	2012. 1. 1.까지	이미 만료된 상태
②	1992. 12. 31.까지	2012. 12. 31.까지	이미 만료된 상태
③	1992. 12. 31.까지	2012. 12. 31.까지	2032. 12. 31.까지
④	1993. 12. 31.까지	2013. 12. 31.까지	이미 만료된 상태
⑤	1993. 12. 31.까지	2013. 12. 31.까지	2033. 12. 31.까지

회독 ☐☐☐ 난도 ★★★ 소요시간 ☐☐☐

09 다음 글과 〈상황〉을 근거로 판단할 때 옳은 것은?

21 5급 공채 가책형 5번

공소제기는 법원에 특정한 형사사건의 심판을 청구하는 검사의 소송행위이다. 그러나 공소시효 기간이 만료(공소시효가 완성)된 범죄에 대하여는 검사가 공소를 제기할 수 없다. 공소시효는 범죄 후 일정 기간이 지나면 국가의 형벌소추권을 소멸시키는 제도이다. 따라서 공소시효가 완성된 범죄에 대한 검사의 공소제기는 위법하다.

공소시효는 범죄행위가 종료된 때를 기준으로 계산한다. 예컨대 감금죄의 경우 범죄행위의 종료는 감금된 날이 아니라 감금에서 벗어나는 날이 기준이므로 그날부터 공소시효를 계산한다. 또한 초일은 시간을 계산하지 않고 1일로 산정하며, 기간의 말일이 공휴일이거나 토요일이라도 기간에 산입한다. 연 또는 월 단위로 정한 기간은 연 또는 월 단위로 기간을 계산한다. 예컨대 절도행위가 2021년 1월 5일에 종료된 경우 절도죄의 공소시효는 7년이고 1월 5일을 1일로 계산하므로 2028년 1월 4일 24시에 공소시효가 완성된다.

한편 공소시효는 일정한 사유로 정지될 수 있다. 공소시효가 정지되었다가 그 사유가 없어지면 그날부터 나머지 공소시효 기간이 진행된다. 예컨대 범인이 형사처벌을 면할 목적으로 1년간 국외에 있다가 귀국하였다면 공소시효의 계산에서 1년을 제외한다. 다만 공범이 있는 경우 국외로 출국하지 않은 공범은 그 기간에도 공소시효가 정지되지 않는다.

또한 공소가 제기되면 그때부터 공소시효가 정지되고, 이는 공범의 경우에도 마찬가지이다. 따라서 공범 1인에 대하여 공소가 제기되면 그날부터 다른 공범의 공소시효도 정지되었다가 공범이 재판에서 유죄로 확정된 날부터 다른 공범에 대한 나머지 공소시효 기간이 진행된다. 그러나 공소가 먼저 제기된 사람이 범죄혐의 없음을 이유로 무죄판결을 받은 경우, 다른 공범에 대한 공소시효는 정지되지 않는다.

<상황>

• 甲은 2015년 5월 1일 피해자를 불법으로 감금하였는데, 피해자는 2016년 5월 2일에 구조되어 감금에서 풀려났다. 甲은 피해자를 감금 후 수사망이 좁혀오자 2개월간 국외로 도피하였다가 2016년 5월 1일에 귀국하였다.

• 乙, 丙, 丁이 공동으로 행한 A죄의 범죄행위가 2015년 2월 1일 종료되었다. 그 후 乙은 국내에서 도피 중 2016년 1월 1일 공소제기 되어 2016년 6월 30일 범죄혐의 없음을 이유로 무죄 확정판결을 받았다. 한편 丙은 범죄행위 종료 후 형사처벌을 면할 목적으로 1년간 국외에서 도피 생활을 하다가 귀국한 뒤 2020년 1월 1일 공소가 제기되어 2020년 12월 31일 유죄 확정판결을 받았다. 丁은 범죄행위 종료 후 계속 국내에서 도피 중이다.

※ 감금죄의 공소시효는 7년, A죄의 공소시효는 5년임

① 甲에 대해 공소가 제기되기 전 정지된 공소시효 기간은 2개월이다.

② 2023년 5월 1일 甲에 대해 공소가 제기된다면 위법한 공소제기이다.

③ 丙에 대해 공소가 제기되기 전 정지된 공소시효 기간은 1년이다.

④ 丙의 국외 도피기간 중 丁의 공소시효는 정지된다.

⑤ 2022년 1월 31일 丁에 대해 공소가 제기된다면 적법한 공소제기이다.

10 다음 글을 근거로 판단할 때 옳지 않은 것은?

21 5급 공채 가책형 4번

A협회는 매년 12월 열리는 정기총회에서 다음해 협회장을 선출한다. 협회장의 선출은 ① 입후보자가 1인인 경우에는 '찬반투표'로 이루어지고, ② 입후보자가 2인 이상인 경우에는 '선거'를 통해 이루어진다.

'찬반투표'에 참여할 수 있는 회원의 자격은 투표일 현재까지 A협회의 정회원인 사람으로 한정한다. A협회의 정회원은 A협회의 준회원으로 만 1년 이상을 활동한 후 정회원 가입 신청을 하고 연회비를 납부한 자를 말한다. 기준에 따라 정회원 가입을 신청하고 연회비를 납부한 그 날부터 정회원 자격이 부여된다. 정회원은 정회원 자격을 획득한 다음해부터 매해 1월 30일까지 연회비를 납부하여야 그 자격이 유지된다. 기한 내에 연회비를 납부하지 않은 정회원은 그 자격이 유보되어 권리를 행사할 수 없고, 정회원 자격을 회복하기 위해서는 그 다음해 연회비 납부일까지 연회비의 3배를 납부하여야 한다. 2년 연속 연회비를 납부하지 않은 사람은 A협회의 회원 자격이 영구히 박탈된다.

한편 '선거'에 참여할 수 있는 회원의 자격은 선거일을 기준으로 정회원 자격을 얻은 후 만 1년을 경과한 정회원으로 한정한다. 연회비 미납부로 정회원 자격이 유보된 사람도 정회원 자격을 회복한 후 만 1년을 경과하여야 선거에 참여할 수 있다.

① 2019년 10월 A협회 정회원 자격을 얻은 甲은 '2020년 협회장' 선출을 위한 '선거'에 참여할 수 있었다.
② 2018년 10월 A협회 정회원 자격을 얻은 乙은 2019년 연회비 납부 여부와 관계없이 '2019년 협회장' 선출을 위한 '찬반투표'에 참여할 수 있었다.
③ 2017년 10월 A협회 정회원 자격을 얻은 丙이 연회비 미납부로 자격이 유보되었다가 2019년에 정회원 자격을 회복하였더라도 '2020년 협회장' 선출을 위한 '선거'에 참여할 수 없었다.
④ 2017년 10월 A협회 준회원 활동을 시작한 丁이 최소 요구 연한 경과 직후에 정회원 자격을 획득하였다면 '2019년 협회장' 선출을 위한 '찬반투표'에 참여할 수 있었다.
⑤ 2016년 10월 처음으로 A협회 정회원 자격을 얻은 戊가 2017년부터 연회비를 계속 납부하지 않았다면 협회장 선출을 위한 '선거'에 한 번도 참여할 수 없었다.

11 다음 글을 근거로 판단할 때 옳은 것은?

21 5급 공채 가책형 24번

상속에는 혈족상속과 배우자상속이 있다. 혈족상속인은 피상속인(사망자)과의 관계에 따라 피상속인의 직계비속(1순위), 피상속인의 직계존속(2순위), 피상속인의 형제자매(3순위), 피상속인의 4촌 이내 방계혈족(4순위) 순으로 상속인이 된다. 후순위 상속인은 선순위 상속인이 없는 경우에 상속재산을 상속할 수 있다. 같은 순위의 혈족상속인이 여럿인 경우, 그 법정상속분은 균분(均分)한다.

피상속인의 배우자는 언제나 상속인이 된다. 그 배우자의 법정상속분은 직계비속과 공동으로 상속하는 때에는 직계비속 상속분의 5할을 가산하고, 직계존속과 공동으로 상속하는 때에는 직계존속 상속분의 5할을 가산한다. 피상속인에게 배우자만 있고 직계비속도 직계존속도 없는 때에는 배우자가 단독으로 상속한다.

한편 개인은 자신의 재산을 증여하거나 유언(유증)으로 자유롭게 처분할 수 있다. 그런데 이러한 자유를 무제한 허용한다면 상속재산의 전부가 타인에게 넘어가 상속인의 생활기반이 붕괴될 우려가 있다. 그래서 법률은 일정한 범위의 상속인에게 유류분을 인정하고 있다. 유류분이란 법률상 상속인에게 귀속되는 것이 보장되는 상속재산에 대한 일정비율을 의미한다.

피상속인이 유류분을 침해하는 유증이나 증여를 하는 경우, 유류분 권리자는 자기가 침해당한 유류분에 대해 반환을 청구할 수 있다. 유류분 권리자는 피상속인의 직계비속, 배우자, 직계존속 및 형제자매이다. 유류분은 피상속인의 배우자 또는 직계비속의 경우 그 법정상속분의 2분의 1, 피상속인의 직계존속 또는 형제자매의 경우 그 법정상속분의 3분의 1이다.

유류분반환청구권의 행사는 반드시 소에 의한 방법으로 하여야 할 필요는 없고, 유증을 받은 자 또는 증여를 받은 자에 대한 의사표시로 하면 된다. 유류분반환청구권은 유류분 권리자가 상속의 개시(피상속인의 사망시)와 반환하여야 할 증여 또는 유증을 한 사실을 안 때부터 1년 내에 행사하지 않거나, 상속이 개시된 때부터 10년이 경과하면 시효에 의하여 소멸한다.

① 피상속인이 유언에 의해 재산을 모두 사회단체에 기부한 경우, 그의 자녀는 유류분 권리자가 될 수 없다.
② 피상속인의 자녀에게는 법정상속분 2분의 1의 유류분이 인정되며, 유류분 산정액은 피상속인의 배우자의 그것과 같다.
③ 피상속인의 부모는 피상속인의 자녀와 공동으로 상속재산을 상속할 수 있다.
④ 상속이 개시한 때부터 10년이 경과하였다면, 소에 의한 방법으로 유류분반환청구권을 행사해야 한다.
⑤ 피상속인에게 3촌인 방계혈족만 있는 경우, 그 방계혈족은 상속인이 될 수 있지만 유류분 권리자는 될 수 없다.

회독 □□□ 난도 ★★☆ 소요시간 □□□□

12 다음 글과 〈상황〉을 근거로 판단할 때 옳은 것은?
20 5급 공채 나책형 24번

주주총회의 소집절차 또는 그 결의방법이 법령이나 정관을 위반하거나 그 결의내용이 정관을 위반한 경우, 주주총회 결의취소의 소(이하 '결의취소의 소'라 한다)를 제기할 수 있는 사람은 해당 회사의 주주, 이사 또는 감사이다. 이들 이외의 사람이 결의취소의 소를 제기하면 소는 부적법한 것으로 각하된다. 결의취소의 소를 제기한 주주·이사·감사는 변론이 종결될 때까지 그 자격을 유지하여야 한다. 따라서 변론종결 전에 원고인 주주가 주식을 전부 양도하거나 이사·감사가 임기만료나 해임·사임·사망 등으로 그 지위를 상실한 경우, 소는 부적법한 것으로 각하된다. 소가 부적법 각하되면 주주총회의 결의를 취소하는 것이 정당한지에 관한 법원의 판단 없이 소송은 그대로 종료하게 된다.

결의취소의 소는 해당 회사를 피고로 해야 하며, 회사 아닌 사람을 공동피고로 한 경우 그 사람에 대한 소는 부적법한 것으로 각하되고, 회사에 대한 소송만 진행된다. 한편 회사가 피고가 된 소송에서는 회사의 대표이사가 회사를 대표하여 소송을 수행한다. 그렇지만 이사가 결의취소의 소를 제기한 때에는 이사와 대표이사의 공모를 막기 위해서 감사가 회사를 대표하여 소송을 수행한다. 이와 달리 이사 이외의 자가 결의취소의 소를 제기한 때에는 대표이사가 소송을 수행하며, 그 대표이사가 결의취소의 소의 대상이 된 주주총회 결의로 선임된 경우라 하더라도 마찬가지이다.

─〈상황〉─

A회사의 주주총회는 대표이사 甲을 해임하고 새로이 乙을 대표이사로 선임하는 결의를 하여 乙이 즉시 대표이사로 취임하였다. 그런데 그 주주총회의 소집절차는 법령에 위반된 것이었다. A회사의 주주는 丙과 丁 등이 있고, 이사는 戊, 감사는 己이다. 甲과 乙은 주주가 아니며, 甲은 대표이사 해임결의로 이사의 지위도 상실하였다.

① 甲이 A회사를 피고로 하여 결의취소의 소를 제기하면, 법원은 결의를 취소하는 것이 정당한지에 관해 판단해야 한다.
② 丙이 A회사를 피고로 하여 결의취소의 소를 제기하면, 乙이 A회사를 대표하여 소송을 수행한다.
③ 丁이 A회사와 乙을 공동피고로 하여 결의취소의 소를 제기하면, A회사와 乙에 대한 소는 모두 부적법 각하된다.
④ 戊가 A회사를 피고로 하여 결의취소의 소를 제기하면, 甲이 A회사를 대표하여 소송을 수행한다.
⑤ 己가 A회사를 피고로 하여 제기한 결의취소의 소의 변론이 종결된 후에 己의 임기가 만료된다면, 그 소는 부적법 각하된다.

회독 □□□ 난도 ★☆☆ 소요시간 □□□□

13 다음 글과 〈상황〉을 근거로 판단할 때 옳은 것은?
17 5급 공채 가책형 5번

저작자는 미술저작물, 건축저작물, 사진저작물(이하 "미술저작물 등"이라 한다)의 원본이나 그 복제물을 전시할 권리를 가진다. 전시권은 저작자인 화가, 건축물설계자, 사진작가에게 인정되므로, 타인이 미술저작물 등을 전시하기 위해서는 저작자의 허락을 얻어야 한다. 다만 전시는 일반인에 대한 공개를 전제로 하는 것이므로, 예컨대 가정 내에서 진열하는 때에는 저작자의 허락이 필요 없다. 또한 저작자는 복제권도 가지기 때문에 타인이 미술저작물 등을 복제하기 위해서는 저작자의 허락을 얻어야 한다. 그런데 저작자가 미술저작물 등을 타인에게 판매하여 소유권을 넘긴 경우에는 저작자의 전시권·복제권과 소유자의 소유권이 충돌하는 문제가 발생한다. 저작권법은 미술저작물 등의 전시·복제와 관련된 문제들을 다음과 같이 해결하고 있다.

첫째, 미술저작물 등의 원본의 소유자나 그의 허락을 얻은 자는 자유로이 미술저작물 등의 원본을 전시할 수 있다. 다만 가로·공원·건축물의 외벽 등 공중에게 개방된 장소에 항시 전시하는 경우에는 저작자의 허락을 얻어야 한다.

둘째, 개방된 장소에 항시 전시되어 있는 미술저작물 등은 제3자가 어떠한 방법으로든지 이를 복제하여 이용할 수 있다. 다만 건축물을 건축물로 복제하는 경우, 조각 또는 회화를 조각 또는 회화로 복제하는 경우, 미술저작물 등을 판매목적으로 복제하는 경우에는 저작자의 허락을 얻어야 한다.

셋째, 화가 또는 사진작가가 고객으로부터 위탁을 받아 완성한 초상화 또는 사진저작물의 경우, 화가 또는 사진작가는 위탁자의 허락이 있어야 이를 전시·복제할 수 있다.

─〈상황〉─

• 화가 甲은 자신이 그린 「군마」라는 이름의 회화를 乙에게 판매하였다.
• 화가 丙은 丁의 위탁을 받아 丁을 모델로 한 초상화를 그려 이를 丁에게 인도하였다.

① 乙이 「군마」를 건축물의 외벽에 잠시 전시하고자 할 때라도 甲의 허락을 얻어야만 한다.
② 乙이 감상하기 위해서 「군마」를 자신의 거실 벽에 걸어 놓을 때는 甲의 허락을 얻어야 한다.
③ A가 공원에 항시 전시되어 있는 「군마」를 회화로 복제하고자 할 때는 乙의 허락을 얻어야 한다.
④ 丙이 丁의 초상화를 복제하여 전시하고자 할 때는 丁의 허락을 얻어야 한다.
⑤ B가 공원에 항시 전시되어 있는 丁의 초상화를 판매목적으로 복제하고자 할 때는 丙의 허락을 얻을 필요가 없다.

14 다음 글을 근거로 판단할 때 〈보기〉에서 옳은 것만을 모두 고르면? 20 입법 가책형 36번

> 1) 부동산에 1순위 저당권과 2순위 저당권이 설정되어 있으면, 경매대가를 배당할 때 1순위 저당권에 관한 채권 전액에 우선적으로 배당하고, 남은 것이 있으면 2순위 저당권에 관한 채권에 배당한다.
> 2) 동일한 채권의 담보로 2개의 부동산에 공동저당권을 설정한 경우에, (i) 두 부동산의 경매대가를 동시에 배당하는 때에는 각 부동산의 경매대가에 비례하여 배당받고, (ii) 저당부동산 중 하나의 경매대가를 먼저 배당하는 경우에는 그 대가에서 그 채권 전부에 관해 배당받을 수 있다. 이 경우에 그 부동산의 차순위저당권자가 전혀 배당받지 못했다면, 동시배당에서 자신이 받을 수 있었던 금액을 뒤에 배당되는 부동산의 차순위저당권자보다 우선하여 그 부동산의 경매대가에서 배당받을 수 있다.
>
> 甲은 乙에게 1억 2,000만원의 채권이 있고 이를 담보하기 위해 乙 소유인 X토지와 Y토지에 1순위 공동저당권을 설정했다. 丙은 乙에게 8,000만원의 채권이 있고 이를 담보하기 위해 X토지에 2순위 저당권을 설정했다. 丁은 乙에게 7,000만원의 채권이 있고 이를 담보하기 위해 Y토지에 2순위 저당권을 설정했다. 경매되는 경우 X토지의 경매대가는 1억 2,000만원, Y토지의 경매대가는 6,000만원이다.

─〈보기〉─

ㄱ. X토지와 Y토지를 경매하여 두 경매대가를 동시에 배당하는 경우 甲은 X토지의 경매대가에서 9,000만원을 배당받을 수 있다.

ㄴ. X토지를 먼저 경매하여 배당한 후, 뒤에 Y토지를 경매하여 배당하는 경우 丙은 Y토지 경매대가에서 4,000만원을 배당받을 수 있다.

ㄷ. Y토지를 먼저 경매하여 배당한 후, 뒤에 X토지를 경매하여 배당하는 경우 丁은 X토지 경매대가에서 2,000만원을 배당받을 수 있다.

① ㄱ　　　　　② ㄴ　　　　　③ ㄷ
④ ㄱ, ㄴ　　　　⑤ ㄴ, ㄷ

15 다음 글로부터 추론한 것으로 옳은 것만을 〈보기〉에서 있는 대로 고른 것은? 14 리트 추리논증 홀수형 13번

> 사람들은 흡연자이거나 비흡연자이고, 또 폐암에 걸리거나 걸리지 않는다. 흡연자가 폐암에 걸리는 확률이 비흡연자가 폐암에 걸리는 확률보다 높을 때, 다시 말해서 흡연자 중 폐암 발생자의 비율이 비흡연자 중 폐암 발생자의 비율보다 클 때 흡연은 폐암과 긍정적으로 상관되어 있다고 말한다. 가령 흡연자 중 폐암 발생자의 비율이 2%이고 비흡연자 중 폐암 발생자의 비율이 0.5%라면, 흡연과 폐암은 긍정적으로 상관된다.
>
> 역으로 흡연자가 폐암에 걸리는 확률이 비흡연자가 폐암에 걸리는 확률보다 낮을 때 흡연은 폐암과 부정적으로 상관되어 있다고 말한다. 상관관계는 대칭적이어서, 흡연이 폐암과 긍정적으로 상관되어 있으면, 역으로 폐암도 흡연과 긍정적으로 상관된다.
>
> 두 사건 사이에 직접적인 인과관계가 없을 때에도 그 둘은 상관관계를 가질 수 있다. 가령 그것들이 하나의 공통원인의 결과일 때 그런 일이 있을 수 있다. 다른 한편, 두 사건 사이에 인과 관계가 있어도 이들 사이에 긍정적 상관관계가 없을 수도 있다. 예를 들어, 흡연은 심장 발작을 촉진하지만, 흡연자들은 비흡연자들보다 저염식 식단을 선호하는 성향이 있다고 하자. 이런 경우 흡연이 심장 발작을 일으키는 성향은 흡연이 흡연자로 하여금 심장 발작을 방지하는 음식을 선호하게 만드는 성향과 상쇄되어 흡연과 심장 발작 사이에는 상관관계가 없을 수 있으며, 심지어는 부정적 상관관계가 있을 수도 있다.

─〈보기〉─

ㄱ. 흡연이 비만과 부정적으로 상관되어 있다면, 비만인 사람 중 흡연자의 비율이 비만이 아닌 사람 중 흡연자의 비율보다 작다.

ㄴ. 흡연과 비만 사이에 긍정적 상관관계가 있다면, 비만인 사람 중 흡연자의 수가 비흡연자의 수보다 많다.

ㄷ. 흡연이 고혈압의 원인이고 고혈압이 심장 발작과 긍정적 상관관계를 갖는다면, 흡연은 심장 발작과 긍정적 상관관계를 갖는다.

① ㄱ　　　　　② ㄷ　　　　　③ ㄱ, ㄴ
④ ㄱ, ㄷ　　　　⑤ ㄴ, ㄷ

회독 □□□ 난도 ★★☆ 소요시간 [   ]

16 다음으로부터 추론한 것으로 옳은 것만을 〈보기〉에서 있는 대로 고른 것은? 15 리트 추리논증 홀수형 26번

아래 그림은 Z국의 1인당 실질 소득과 사망률 및 출생률을 나타낸다. Z국의 1인당 실질 소득은 꾸준히 증가했으며, 사망률은 꾸준히 감소했고 출생률은 처음에는 증가하다가 나중에는 감소하는 추세를 보였다. B는 출생률에서 사망률을 뺀 값이 가장 큰 점이다. 단, 인구의 유출입은 없었다.

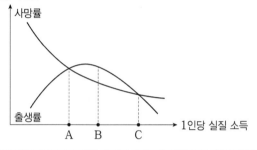

─〈보기〉─
ㄱ. 인구는 B에서 최대가 되었다.
ㄴ. A~C 구간에서 인구는 꾸준히 증가했다.
ㄷ. Z국 전체의 실질 소득은 꾸준히 증가했다.

① ㄱ   ② ㄴ   ③ ㄷ
④ ㄱ, ㄷ   ⑤ ㄴ, ㄷ

회독 □□□ 난도 ★☆☆ 소요시간 [   ]

17 다음 글을 근거로 판단할 때, ㉠에 해당하는 것은? 22 5급 공채 나책형 13번

甲: 혹시 담임 선생님 생신이 몇 월 며칠인지 기억나?
乙: 응, 기억하지. 근데 그건 왜?
甲: 내가 그날(월일)로 네 자리 일련번호를 설정했는데, 맨 앞자리가 0이 아니었다는 것 말고는 도저히 기억이 나질 않아서 말이야.
乙: 그럼 내가 몇 가지 힌트를 줄게. 맞혀볼래?
甲: 좋아.
乙: 선생님 생신은 31일까지 있는 달에 있어.
甲: 고마워. 그다음 힌트는 뭐야?
乙: 선생님 생신의 일은 8의 배수야.
甲: 그래도 기억이 나질 않네. 힌트 하나만 더 줄 수 있어?
乙: 알았어. [㉠   ]
甲: 아! 이제 알았다. 고마워.

① 선생님 생신은 15일 이전이야.
② 선생님 생신의 일은 월의 배수야.
③ 선생님 생신의 일은 월보다 큰 수야.
④ 선생님 생신은 네 자리 모두 다른 수야.
⑤ 선생님 생신의 네 자리 수를 모두 더하면 9야.

회독 □□□ 난도 ★★★ 소요시간 [   ]

18 다음 글을 근거로 판단할 때, 甲이 조립한 상자의 개수는? 20 5급 공채 나책형 35번

甲, 乙, 丙은 상자를 조립하는 봉사활동을 하였다. 이들은 상자 조립을 동시에 시작하여 각각 일정한 속도로 조립하였다. 그리고 '1분당 조립한 상자 개수', '조립한 상자 개수', '조립한 시간'에 대하여 아래와 같이 말하였다. 단, 2명은 모두 진실만을 말하였고 나머지 1명은 거짓만을 말하였다.

甲: 나는 乙보다 1분당 3개 더 조립했는데, 乙과 조립한 상자 개수는 같아. 丙보다 10분 적게 일했어.

乙: 나는 甲보다 40분 오래 일했어. 丙보다 10개 적게 조립했고 1분당 2개 적게 조립했어.

丙: 나는 甲보다 1분당 1개 더 조립했어. 조립한 시간은 乙과 같은데 乙보다 10개 적게 조립했어.

① 210   ② 240   ③ 250
④ 270   ⑤ 300

회독 □□□ 난도 ★★☆ 소요시간 [   ]

19 다음 글과 〈대화〉를 근거로 판단할 때, ㉠에 들어갈 丙의 대화내용으로 옳은 것은? 21 7급 공채 나책형 21번

주무관 丁은 다음과 같은 사실을 알고 있다.
- 이번 주 개업한 A식당은 평일 '점심(12시)'과 '저녁(18시)'으로만 구분해 운영되며, 해당 시각 이전에 예약할 수 있다.
- 주무관 甲 ~ 丙은 A식당에 이번 주 월요일부터 수요일까지 서로 겹치지 않게 예약하고 각자 한 번씩 다녀왔다.

보기

甲: 나는 이번 주 乙의 방문후기를 보고 예약했어. 음식이 정말 훌륭하더라!

乙: 그렇지? 나도 나중에 들었는데 丙은 점심 할인도 받았대. 나도 다음에는 점심에 가야겠어.

丙: 월요일은 개업일이라 사람이 많을 것 같아서 피했어.
[㉠   ]

丁: 너희 모두의 말을 다 들어보니, 각자 식당에 언제 갔는지를 정확하게 알겠다!

① 乙이 다녀온 바로 다음날 점심을 먹었지.
② 甲이 먼저 점심 할인을 받고 나에게 알려준 거야.
③ 甲이 우리 중 가장 늦게 갔었구나.
④ 월요일에 갔던 사람은 아무도 없구나.
⑤ 같이 가려고 했더니 이미 다들 먼저 다녀왔더군.

회독 ☐☐☐ 난도 ★★☆ 소요시간 ☐☐☐

20 다음으로부터 추론한 것으로 옳은 것은?

15 리트 추리논증 홀수형 20번

어떤 회사가 A, B, C, D 네 부서에 한 명씩 신입 사원을 선발하였다. 지원자는 총 5명이었으며, 선발 결과에 대해 다음과 같이 진술하였다. 이중 1명의 진술만 거짓으로 밝혀졌다.

지원자 1: 지원자 2가 A 부서에 선발되었다.

지원자 2: 지원자 3은 A 또는 D 부서에 선발되었다.

지원자 3: 지원자 4는 C 부서가 아닌 다른 부서에 선발되었다.

지원자 4: 지원자 5는 D 부서에 선발되었다.

지원자 5: 나는 D 부서에 선발되었는데, 지원자 1은 선발되지 않았다.

① 지원자 1은 B 부서에 선발되었다.

② 지원자 2는 A 부서에 선발되었다.

③ 지원자 3은 D 부서에 선발되었다.

④ 지원자 4는 B 부서에 선발되었다.

⑤ 지원자 5는 C 부서에 선발되었다.

회독 ☐☐☐ 난도 ★★☆ 소요시간 ☐☐☐

21 다음 글을 근거로 판단할 때 옳지 않은 것은?

18 민경채 가책형 11번

정부는 저출산 문제 해소를 위해 공무원이 안심하고 일과 출산·육아를 병행할 수 있도록 관련 제도를 정비하여 시행 중이다.

먼저 임신 12주 이내 또는 임신 36주 이상인 여성 공무원을 대상으로 하던 '모성보호시간'을 임신 기간 전체로 확대하여 임신부터 출산시까지 근무시간을 1일에 2시간씩 단축할 수 있게 하였다.

다음으로 생후 1년 미만의 영아를 자녀로 둔 공무원을 대상으로 1주일에 2일에 한해 1일에 1시간씩 단축근무를 허용하던 '육아시간'을, 만 5세 이하 자녀를 둔 공무원을 대상으로 1주일에 2일에 한해 1일에 2시간 범위 내에서 사용할 수 있도록 하였다. 또한 부부 공동육아 실현을 위해 '배우자 출산휴가'를 10일(기존 5일)로 확대하였다.

마지막으로 어린이집, 유치원, 초·중·고등학교에서 공식적으로 주최하는 행사와 공식적인 상담에만 허용되던 '자녀돌봄휴가'(공무원 1인당 연간 최대 2일)를 자녀의 병원진료·검진·예방접종 등에도 쓸 수 있도록 하고, 자녀가 3명 이상일 경우 1일을 가산할 수 있도록 하였다.

① 변경된 현행 제도에서는 변경 전에 비해 '육아시간'의 적용 대상 및 시간이 확대되었다.

② 변경된 현행 제도에 따르면, 초등학생 자녀 3명을 둔 공무원은 연간 3일의 '자녀돌봄휴가'를 사용할 수 있다.

③ 변경된 현행 제도에 따르면, 임신 5개월인 여성 공무원은 산부인과 진료를 받기 위해 '모성보호시간'을 사용할 수 있다.

④ 변경 전 제도에서 공무원은 초등학교 1학년인 자녀의 병원진료를 위해 '자녀돌봄휴가'를 사용할 수 있었다.

⑤ 변경된 현행 제도에 따르면, 만 2세 자녀를 둔 공무원은 '육아시간'을 사용하여 근무시간을 1주일에 총 4시간 단축할 수 있다.

22 다음 글과 〈상황〉을 근거로 판단할 때, 〈보기〉에서 옳은 것만을 모두 고르면? 19 민경채 나책형 25번

소송절차의 '정지'란 소송이 개시된 뒤 절차가 종료되기 전에 소송절차가 법률상 진행되지 않는 상태를 말한다. 여기에는 '중단'과 '중지'가 있다.

소송절차의 중단은 소송진행 중 당사자에게 소송을 수행할 수 없는 사유가 발생하였을 경우, 새로운 소송수행자가 나타나 소송에 관여할 수 있을 때까지 법률상 당연히 절차진행이 정지되는 것이다. 예컨대 당사자가 사망한 경우, 그 상속인이 소송을 수행할 수 있을 때까지 절차진행이 정지되며, 이후 상속인의 수계신청 또는 법원의 속행명령에 의해 중단이 해소되고 절차는 다시 진행된다. 다만 사망한 당사자에게 이미 변호사가 소송대리인으로 선임되어 있을 때는 변호사가 소송을 대리하는 데 지장이 없으므로 절차는 중단되지 않는다. 소송대리인인 변호사의 사망도 중단사유가 아니다. 당사자가 절차를 진행할 수 있기 때문이다.

소송절차의 중지는 법원이나 당사자에게 소송을 진행할 수 없는 장애가 생겼거나 진행에 부적당한 사유가 발생하여 법률상 당연히 또는 법원의 재판에 의하여 절차가 정지되는 것이다. 이는 새로운 소송수행자로 교체되지 않는다는 점에서 중단과 다르다. 소송절차의 중지에는 당연중지와 재판중지가 있다. 당연중지는 천재지변이나 그 밖의 사고로 법원이 직무수행을 할 수 없게 된 경우에 법원의 재판 없이 당연히 절차진행이 정지되는 것을 말한다. 이 경우 법원의 직무수행불능 상태가 소멸함과 동시에 중지도 해소되고 절차는 진행된다. 재판중지는 법원이 직무수행을 할 수 있지만 당사자가 법원에 출석하여 소송을 진행할 수 없는 장애사유가 발생한 경우, 예컨대 전쟁이나 그 밖의 사유로 교통이 두절되어 당사자가 출석할 수 없는 경우에 법원의 재판에 의해 절차진행이 정지되는 것을 의미한다. 이때는 법원의 취소재판에 의하여 중지가 해소되고 절차는 진행된다.

※ 수계신청 : 법원에 대해 중단된 절차의 속행을 구하는 신청

─〈상황〉─

원고 甲과 피고 乙 사이에 대여금반환청구소송이 A법원에서 진행 중이다. 甲은 변호사 丙을 소송대리인으로 선임하였지만, 乙은 소송대리인을 선임하지 않았다.

─〈보기〉─

ㄱ. 소송진행 중 甲이 사망하였다면, 절차진행은 중단되며 甲의 상속인의 수계신청에 의해 중단이 해소되고 절차가 진행된다.
ㄴ. 소송진행 중 丙이 사망하였다면, 절차진행은 중단되며 甲이 새로운 변호사를 소송대리인으로 선임하면 중단은 해소되고 절차가 진행된다.
ㄷ. 소송진행 중 A법원의 건물이 화재로 전소(全燒)되어 직무수행이 불가능해졌다면, 절차진행은 중단되며 이후 A법원의 속행명령이 있으면 절차가 진행된다.
ㄹ. 소송진행 중 乙이 거주하고 있는 장소에서만 발생한 지진으로 교통이 두절되어 乙이 A법원에 출석할 수 없는 경우, A법원의 재판에 의해 절차진행이 중지되며 이후 A법원의 취소재판에 의해 중지는 해소되고 절차가 진행된다.

① ㄹ   ② ㄱ, ㄴ   ③ ㄱ, ㄹ
④ ㄴ, ㄷ   ⑤ ㄷ, ㄹ

회독 ▢▢▢ 난도 ★★☆ 소요시간 ▭

23 다음 〈A 도서관 자료 폐기 지침〉을 근거로 판단할 때 옳은 것은? 18 민경채 가책형 4번

┌─ A 도서관 자료 폐기 지침 ─┐

가. 자료 선정

도서관 직원은 누구든지 수시로 서가를 살펴보고, 이용하기 곤란하다고 생각되는 자료는 발견 즉시 회수하여 사무실로 옮겨야 한다.

나. 목록 작성

사무실에 회수된 자료는 사서들이 일차적으로 갱신 대상을 추려내어 갱신하고, 폐기 대상 자료로 판단되는 것은 폐기심의대상 목록으로 작성하여 폐기심의위원회에 제출한다.

다. 폐기심의위원회 운영

폐기심의위원회 회의(이하 '회의'라 한다)는 연 2회 정기적으로 개최한다. 회의는 폐기심의대상 목록과 자료의 실물을 비치한 회의실에서 진행되고, 위원들은 실물과 목록을 대조하여 확인하여야 한다. 폐기심의위원회는 폐기 여부만을 판정하며 폐기 방법의 결정은 사서에게 위임한다. 폐기 대상 판정시 위원들 사이에 이견(異見)이 있는 자료는 당해 연도의 폐기 대상에서 제외하고, 다음 연도의 회의에서 재결정한다.

라. 폐기 방법

⑴ 기증: 상태가 양호하여 다른 도서관에서 이용될 수 있다고 판단되는 자료는 기증 의사를 공고하고 다른 도서관 등 희망하는 기관에 기증한다.

⑵ 이관: 상태가 양호하고 나름의 가치가 있는 자료는 자체 기록보존소, 지역 및 국가의 보존전문도서관 등에 이관한다.

⑶ 매각과 소각: 폐지로 재활용 가능한 자료는 매각하고, 폐지로도 매각할 수 없는 자료는 최종적으로 소각 처리한다.

마. 기록 보존 및 목록 최신화

연도별로 폐기한 자료의 목록과 폐기 경위에 관한 기록을 보존하되, 폐기한 자료에 대한 내용을 도서관의 각종 현행자료 목록에서 삭제하여 목록을 최신화한다.

※ 갱신: 손상된 자료의 외형을 수선하거나 복사본을 만듦

① 사서는 폐기심의대상 목록만을 작성하고, 자료의 폐기 방법은 폐기심의위원회가 결정한다.

② 폐기 대상 판정 시 폐기심의위원들 간에 이견이 있는 자료의 경우, 바로 다음 회의에서 그 자료의 폐기 여부가 논의되지 않을 수 있다.

③ 폐기심의위원회는 자료의 실물을 확인하지 않고 폐기 여부를 판정할 수 있다.

④ 매각 또는 소각한 자료는 현행자료 목록에서 삭제하고, 폐기 경위에 관한 기록도 제거하여야 한다.

⑤ 사서가 아닌 도서관 직원은, 이용하기 곤란하다고 생각되는 자료를 발견하면 갱신하거나 폐기심의대상 목록을 작성하여야 한다.

회독 ▢▢▢ 난도 ★☆☆ 소요시간 ▭

24 다음 글과 〈상황〉을 근거로 판단할 때 옳은 것은? 17 민경채 나책형 6번

민사소송에서 당사자가 질병, 장애, 연령, 그 밖의 사유로 인한 정신적·신체적 제약으로 소송관계를 분명하게 하기 위하여 필요한 진술을 하기 어려운 경우가 있다. 이때 당사자는 법원의 허가를 받아 진술을 도와주는 사람(진술보조인)과 함께 출석하여 진술할 수 있는데, 이를 '진술보조인제도'라 한다. 이 제도는 말이 어눌하거나 말귀를 잘 알아듣지 못하는 당사자가 재판에서 받을 수 있는 불이익을 방지하기 위하여 그와 의사소통이 잘되는 사람이 법정에 출석하여 당사자를 보조하게 하는 것이다.

진술보조인이 될 수 있는 사람은 당사자의 배우자, 직계친족, 형제자매, 가족, 그 밖에 동거인으로서 당사자와의 생활관계에 비추어 충분한 자격이 인정되는 경우 등으로 제한된다. 이 제도를 이용하려는 당사자는 1심, 2심, 3심의 각 법원마다 서면으로 진술보조인에 대한 허가신청을 해야 한다. 법원은 이를 허가한 이후에도 언제든지 그 허가를 취소할 수 있다.

법원의 허가를 받은 진술보조인은 변론기일에 당사자 본인과 동석하여 당사자 본인의 진술을 법원과 상대방 당사자, 그 밖의 소송관계인이 이해할 수 있도록 중개하거나 설명할 수 있다. 이때 당사자 본인은 진술보조인의 중개 또는 설명을 즉시 취소할 수 있다. 한편, 진술보조인에 의한 중개 또는 설명의 정확성을 확인하기 위해 진술보조인에게 질문할 수 있는데 그 질문은 법원만이 한다. 진술보조인은 변론에서 당사자의 진술을 조력하는 사람일 뿐이다. 따라서 진술보조인은 당사자를 대신해서 출석하여 진술할 수 없고, 상소의 제기와 같이 당사자만이 할 수 있는 행위도 할 수 없다.

┌─ 상황 ─┐

甲은 乙을 피고로 하여 A주택의 인도를 구하는 민사소송을 제기하였다. 한편, 乙은 교통사고를 당하여 현재 소송관계를 분명하게 하기 위하여 필요한 진술을 하기 어려운 상태에 있다. 이에 1심 법원은 乙로부터 진술보조인에 대한 허가신청을 받아 乙의 배우자 丙을 진술보조인으로 허가하였다. 1심 변론기일에 乙과 丙은 함께 출석하였다.

① 변론기일에 丙이 한 설명에 대한 정확성을 확인하기 위해 甲은 재판에서 직접 丙에게 질문할 수 있다.

② 변론기일에 丙이 한 설명은 乙을 위한 것이므로, 乙은 즉시라 할지라도 그 설명을 취소할 수 없다.

③ 1심 법원은 丙을 진술보조인으로 한 허가를 취소할 수 없다.

④ 1심 법원이 乙에게 패소판결을 선고한 경우 이 판결에 대해 丙은 상소를 제기할 수 없다.

⑤ 2심이 진행되는 경우, 2심 법원에 진술보조인에 대한 허가신청을 하지 않아도 丙의 진술보조인 자격은 그대로 유지된다.

25 다음 글을 근거로 판단할 때, 〈보기〉에서 옳은 것만을 모두 고르면? 17 민경채 나책형 11번

주민투표제도는 주민에게 과도한 부담을 주거나 중대한 영향을 미치는 주요사항을 결정하는 과정에서 주민에게 직접 의사를 표시할 수 있는 기회를 주기 위해 2004년 1월 주민투표법에 의해 도입되었다. 주민투표법에서는 주민투표를 실시할 수 있는 권한을 지방자치단체장에게만 부여하고 있다. 한편 중앙행정기관의 장은 지방자치단체장에게 주민투표 실시를 요구할 수 있고, 지방의회와 지역주민은 지방자치단체장에게 주민투표 실시를 청구할 수 있다.

주민이 직접 조례의 제정 및 개폐를 청구할 수 있는 주민발의제도는 1998년 8월 지방자치법의 개정으로 도입되었다. 주민발의는 지방자치단체장에게 청구하도록 되어 있는데, 지방자치단체장은 청구를 수리한 날로부터 60일 이내에 조례의 제정 또는 개폐안을 작성하여 지방의회에 부의하여야 한다. 주민발의를 지방자치단체장에게 청구하려면 선거권이 있는 19세 이상 주민 일정 수 이상의 서명을 받아야 한다. 청구에 필요한 주민의 수는 지방자치단체의 조례로 정하되 인구가 50만 명 이상인 대도시에서는 19세 이상 주민 총수의 100분의 1 이상 70분의 1 이하의 범위 내에서, 그리고 그 외의 시·군 및 자치구에서는 19세 이상 주민 총수의 50분의 1 이상 20분의 1 이하의 범위 내에서 정하도록 하고 있다.

주민소환제도는 선출직 지방자치단체장 또는 지방의회 의원의 위법·부당행위, 직무유기 또는 직권남용 등에 대한 책임을 묻는 제도로, 2006년 5월 지방자치법 개정으로 도입되었다. 주민소환 실시의 청구를 위해서도 주민소환에 관한 법률에 따라 일정 수 이상 주민의 서명을 받아야 한다. 광역자치단체장을 소환하고자 할 때는 선거권이 있는 19세 이상 주민 총수의 100분의 10 이상, 기초자치단체장에 대해서는 100분의 15 이상, 지방의회 지역구의원에 대해서는 100분의 20 이상의 서명을 받아야 주민소환 실시를 청구할 수 있다.

─〈보기〉─

ㄱ. 주민투표법에서 주민투표를 실시할 수 있는 권한은 지방자치단체장만이 가지고 있다.

ㄴ. 인구 70만 명인 甲시에서 주민발의 청구를 위해서는 19세 이상 주민 총수의 50분의 1 이상 20분의 1 이하의 범위에서 서명을 받아야 한다.

ㄷ. 주민발의제도에 근거할 때 주민은 조례의 제정 및 개폐에 관한 사항을 지방의회에 대해 직접 청구할 수 없다.

ㄹ. 기초자치단체인 乙시의 丙시장에 대한 주민소환 실시의 청구를 위해서는 선거권이 있는 19세 이상 주민의 100분의 20 이상의 서명을 받아야 한다.

① ㄱ, ㄷ   ② ㄱ, ㄹ   ③ ㄴ, ㄷ
④ ㄱ, ㄴ, ㄹ   ⑤ ㄴ, ㄷ, ㄹ

26 다음 글을 근거로 판단할 때 옳은 것은? 20 5급 공채 나책형 6번

「국가공무원법」은 정무직 공무원을 ① 선거로 취임하는 공무원, ② 임명할 때 국회의 동의가 필요한 공무원, ③ 고도의 정책결정 업무를 담당하거나 이러한 업무를 보조하는 공무원으로서 법률이나 대통령령에서 정무직으로 지정하는 공무원으로 규정하고 있다. 이에 해당하는 정무직 공무원에는 대통령, 감사원장, 민주평화통일자문회의 사무처장, 국가정보원장, 대통령비서실 수석비서관 등이 있다.

「지방공무원법」에서는 정무직 공무원을 ① 선거로 취임하는 공무원, ② 임명할 때 지방의회의 동의가 필요한 공무원, ③ 고도의 정책결정 업무를 담당하거나 이러한 업무를 보조하는 공무원으로서 법령 또는 조례에서 정무직으로 지정하는 공무원으로 규정하고 있다.

정무직 공무원은 재산등록의무가 있으며 병역사항 신고의무도 있다. 한편 「국가공무원법」상 정무직 공무원은 국가공무원의 총정원에 포함되지 않지만 그 인사에 관한 사항은 관보에 게재된다.

행정기관 소속 정무직 공무원으로는 정부부처의 차관급 이상 공무원, 특별시의 행정부시장과 정무부시장 등이 있다. 이들은 정책결정자 역할과 함께 최고관리자 역할도 수행한다. 여기에는 일과 인력을 조직화하고 소속 직원의 동기를 부여하며 업무 수행을 통제하는 역할이 포함된다. 그리고 이들은 정책을 개발할 뿐만 아니라 정책집행의 법적 책임도 진다. 행정기관 소속 정무직 공무원은 좁은 의미의 공무원을 지칭하는 정부관료집단에 포함되지 않는 것이 보통이다.

① 감사원장은 국가공무원 총정원에 포함된다.

② 조례로 정무직 공무원을 지정하는 것이 가능하다.

③ 「국가공무원법」상 정무직 공무원의 임명에는 모두 국회의 동의가 필요하다.

④ 대통령비서실 수석비서관은 재산등록의무가 있으나 병역사항 신고의무는 없다.

⑤ 정부부처의 차관은 정부관료집단의 일원이지만 정책집행의 법적 책임은 지지 않는다.

27 다음 글을 근거로 판단할 때 옳은 것은?

19 5급 공채 가책형 24번

- 가뭄 예·경보는 농업용수 분야와 생활 및 공업용수 분야로 구분하여 발령한다.
- 예·경보 발령은 '주의', '심함', '매우심함' 3단계로 구분하며, '매우심함'이 가장 심각한 단계이다.
- 가뭄 예·경보는 다음에서 정한 날에 발령한다.
  - 주의: 해당 기준에 도달한 매 월 10일
  - 심함: 해당 기준에 도달한 매 주 금요일
  - 매우심함: 해당 기준에 도달한 매 일마다 수시

〈가뭄 예·경보 발령 기준〉

주의	농업용수	영농기(4 ~ 9월)에 저수지 저수율이 평년의 70 % 이하 또는 밭 토양 유효수분율이 60 % 이하에 해당되는 경우
	생활 및 공업용수	하천여유수량을 감량 공급하는 상황에서 현재 하천유지유량이 고갈되거나, 장래 1 ~ 3개월 후 하천 및 댐 등에서 농업용수 공급이 어려울 것으로 판단되는 경우
심함	농업용수	영농기(4 ~ 9월)에 저수지 저수율이 평년의 60 % 이하 또는 밭 토양 유효수분율이 40 % 이하에 해당되는 경우
	생활 및 공업용수	하천유지유량을 감량 공급하는 상황에서 현재 하천 및 댐 등에서 농업용수 공급이 부족하거나, 장래 1 ~ 3개월 후 생활 및 공업용수 공급이 어려울 것으로 판단되는 경우
매우심함	농업용수	영농기(4 ~ 9월)에 저수지 저수율이 평년의 50 % 이하 또는 밭 토양 유효수분율이 30 % 이하에 해당되는 경우
	생활 및 공업용수	현재 하천 및 댐 등에서 농업용수, 생활 및 공업용수 공급이 부족하고, 장래 1 ~ 3개월 후 생활 및 공업용수 공급에도 차질이 발생할 것으로 판단되는 경우

※ 단, 상황이 여러 기준에 모두 해당되는 경우 더 심각한 단계에 해당되는 것으로 판단

① 영농기에 저수지 저수율이 평년의 50 %라면 농업용수 가뭄 예·경보 기준의 심함에 해당한다.

② 영농기에 밭 토양 유효수분율이 70 %일 경우 농업용수 가뭄 예·경보를 그 달 10일에 발령한다.

③ 하천유지유량을 감량 공급하는 상황에서 현재 하천 및 댐 등에서 농업용수 공급이 부족한 경우, 농업용수 가뭄 예·경보 기준의 심함에 해당한다.

④ 12월 23일 금요일에 저수지 저수율이 평년의 60 % 이하이거나 밭 토양 유효수분율이 40 % 이하이면 농업용수 가뭄 예·경보가 발령될 것이다.

⑤ 5월 19일 목요일에 생활 및 공업용수 가뭄 예·경보가 발령되었다면, 현재 하천 및 댐 등에서 농업용수, 생활 및 공업용수 공급이 부족하고, 장래 1 ~ 3개월 후 생활 및 공업용수 공급에도 차질이 발생할 것으로 판단되는 경우일 것이다.

28 다음 글을 근거로 판단할 때, 〈보기〉에서 철수가 구매한 과일바구니를 확실히 맞힐 수 있는 사람만을 모두 고르면? 19 5급 공채 가책형 13번

- 철수는 아래 과일바구니(A ~ E) 중 하나를 구매하였다.
- 甲, 乙, 丙, 丁은 각자 철수에게 두 가지 질문을 하여 대답을 듣고 철수가 구매한 과일바구니를 맞히려 한다.
- 모든 사람은 〈과일바구니 종류〉와 〈과일의 무게 및 색깔〉을 정확히 알고 있으며, 철수는 거짓말을 하지 않는다.

〈과일바구니 종류〉

종류	바구니 색깔	바구니 구성
A	빨강	사과 1개, 참외 2개, 메론 1개
B	노랑	사과 1개, 참외 1개, 귤 2개, 오렌지 1개
C	초록	사과 2개, 참외 2개, 귤 1개
D	주황	참외 1개, 귤 2개
E	보라	사과 1개, 참외 1개, 귤 1개, 오렌지 1개

〈과일의 무게 및 색깔〉

구분	사과	참외	메론	귤	오렌지
무게	200g	300g	1,000g	100g	150g
색깔	빨강	노랑	초록	주황	주황

〈보기〉

甲: 바구니에 들어 있는 과일이 모두 몇 개니? 바구니에 들어 있는 과일의 무게를 모두 합치면 1kg 이상이니?

乙: 바구니의 색깔과 같은 색깔의 과일이 포함되어 있니? 바구니에 들어 있는 과일이 모두 몇 개니?

丙: 바구니에 들어 있는 과일이 모두 몇 개니? 바구니에 들어 있는 과일의 종류가 모두 다르니?

丁: 바구니에 들어 있는 과일의 종류가 모두 다르니? 바구니에 들어 있는 과일의 무게를 모두 합치면 1kg 이상이니?

① 甲, 乙　　　② 甲, 丁　　　③ 乙, 丙
④ 甲, 乙, 丁　　⑤ 乙, 丙, 丁

29 다음 글과 〈상황〉을 근거로 판단할 때 옳은 것은? 17 5급 공채 가책형 24번

민사소송에서 판결은 다음의 어느 하나에 해당하면 확정되며, 확정된 판결에 대해서 당사자는 더 이상 상급심 법원에 상소를 제기할 수 없게 된다.

첫째, 판결은 선고와 동시에 확정되는 경우가 있다. 예컨대 대법원 판결에 대해서는 더 이상 상소할 수 없기 때문에 그 판결은 선고 시에 확정된다. 그리고 하급심 판결이라도 선고 전에 당사자들이 상소하지 않기로 합의하고 이 합의서를 법원에 제출할 경우, 판결은 선고 시에 확정된다.

둘째, 상소기간이 만료된 때에 판결이 확정되는 경우가 있다. 상소는 패소한 당사자가 제기하는 것으로, 상소를 하고자 하는 자는 판결문을 송달받은 날부터 2주 이내에 상소를 제기해야 한다. 이 기간 내에 상소를 제기하지 않으면 더 이상 상소할 수 없게 되므로, 판결은 상소기간 만료 시에 확정된다. 또한 상소기간 내에 상소를 제기하였더라도 그 후 상소를 취하하면 상소기간 만료 시에 판결은 확정된다.

셋째, 상소기간이 경과되기 전에 패소한 당사자가 법원에 상소포기서를 제출하면, 제출 시에 판결은 확정된다.

〈상황〉

원고 甲은 피고 乙을 상대로 ○○지방법원에 매매대금지급청구소송을 제기하였다. ○○지방법원은 甲에게 매매대금지급청구권이 없다고 판단하여 2016년 11월 1일 원고 패소판결을 선고하였다. 이 판결문은 甲에게는 2016년 11월 10일 송달되었고, 乙에게는 2016년 11월 14일 송달되었다.

① 乙은 2016년 11월 28일까지 상소할 수 있다.

② 甲이 2016년 11월 28일까지 상소하지 않으면, 같은 날 판결은 확정된다.

③ 甲이 2016년 11월 11일 상소한 후 2016년 12월 1일 상소를 취하하였다면, 취하한 때 판결은 확정된다.

④ 甲과 乙이 상소하지 않기로 하는 내용의 합의서를 2016년 10월 25일 법원에 제출하였다면, 판결은 2016년 11월 1일 확정된다.

⑤ 甲이 2016년 11월 21일 법원에 상소포기서를 제출하면, 판결은 2016년 11월 1일 확정된 것으로 본다.

추리분석형 핵심가이드

상황판단 영역에서 가장 수험생들을 곤혹스럽게 만드는 유형이 바로 추리분석형이라고 할 수 있다. 주로 1) 게임·퀴즈·퍼즐형 2) 수리·규칙·암호추리형으로 구분할 수 있다.

첫째 1) <게임·퀴즈·퍼즐형>의 유형은 다양한 게임 혹은 퀴즈 유형을 소재로 하여 출제가 되는데 우리가 흔히 경험할 수 있는 주사위 게임, 카드게임, 가위바위보 등이 사용되어 게임 소재 자체의 특이성은 높지 않은 편이다. 그러나, 게임의 룰은 기존에 우리가 알고 있던 상식에서 벗어나 새롭게 규정하는 경우도 있을 수 있으므로 문제 자체에서 주어지는 방식과 규칙을 정확히 이해하는 것이 효율적인 추리의 시작임을 잊어서는 안 된다. 한편, 게임이나 퀴즈 형식의 구조에서는 필연적으로 승부를 결정짓는 상황이 주로 연출되므로 확률의 기본적 성질이나 경우의 수를 빠짐없이 중복되지 않게 잘 헤아릴 수 있도록 충분한 연습이 필요하다. 또한, 본 유형은 최댓값 혹은 최솟값을 구하는 최적화 구조가 결합되어 출제되는 경우가 많고, 소위 응용수리 또는 사고력 수학의 형태로 출제되기도 한다. 상황판단의 전체 난도를 높이는 소위 킬러 문항들이 등장하는 유형으로 시간 관리 차원에서도 전략적으로 준비해야 한다.

둘째 2) <수리·규칙·암호추리형>의 경우 좀 더 세분화해서 유형을 살펴보면, i) 수리추리형의 경우 보통 자연수의 기본적 성질(소수, 약수와 배수, 홀짝성, 자연수의 합, 등차 혹은 등비 규칙 등)을 활용한 정오판정이 주를 이룬다. 계산과정 또한 간단한 사칙연산 수준에 불과한 정도의 수리적 계산 능력이면 충분한 편으로 수학이 약해서 두려워할 필요는 전혀 없다. 다만, 경우의 수와 확률이 판단 과정에서 사용되는 경우가 많으니 이에 대한 관련 이론과 유형을 잘 연습해야 한다.

또한, 선지나 보기의 정오를 판정하는 경우 반례를 적극적으로 활용하는 안목을 키우는 것이 중요하고 이를 통해 시간을 절약하는 전략을 세우는 것이 필요하다.

한편, 문제를 해결하는 데 있어서 실마리를 찾지 못하거나 하는 경우에 문제에 주어진 여러 가지 조건이나 수치 자료 등을 기준으로 출제자의 의도를 파악한다든지 하는 관점의 변화가 주요한 포인트로 작동하는 경우가 많으니 고정 관념에 사로잡히지 말고 다양한 상황을 모색할 수 있는 유연한 사고의 연습이 필요하다.

ii) 규칙 및 암호추리형은 일정한 규칙 속에서 진행 순서나 소요 시간 등을 결정하는 유형으로 날짜 및 요일과 관련해서는 기간의 경과에 따른 처리 문제, 시차에 관한 문제, 암호 해독 등으로 다양하게 출제된다. 특히, 정석적인 풀이와는 별개로 합리적인 직관이나 추측 등을 통하여 판단 과정을 비약적으로 단축시킬 수 있는 여지는 없을지 고민해 보는 학습이 필요하다. 본 유형은 상판에서 요구하는 사고력을 향상시키는데 좋은 훈련 도구가 되므로 점수 득점의 유불리와는 별개로 적극적인 학습과 실전을 염두에 둔 훈련을 병행하는 것이 바람직할 것이다.

PART

02

추리분석편

추리분석－게임 · 퍼즐 · 퀴즈형

▶ 2.1 게임 · 퍼즐 · 퀴즈

회독 ☐☐☐ 난도 ★☆☆ 소요시간 ☐☐

01 다음 글을 근거로 판단할 때, 비밀번호의 둘째 자리 숫자와 넷째 자리 숫자의 합은? 20 민경채 가책형 19번

甲은 친구의 자전거를 빌려 타기로 했다. 친구의 자전거는 다이얼을 돌려 다섯 자리의 비밀번호를 맞춰야 열리는 자물쇠로 잠겨 있다. 각 다이얼은 0 ~ 9 중 하나가 표시된다. 자물쇠에 현재 표시된 숫자는 첫째 자리부터 순서대로 3 － 6 － 4 － 4 － 9이다. 친구는 비밀번호에 대해 다음과 같은 힌트를 주었다.

- 비밀번호는 모두 다른 숫자로 구성되어 있다.
- 자물쇠에 현재 표시된 모든 숫자는 비밀번호에 쓰이지 않는다.
- 현재 짝수가 표시된 자리에는 홀수가, 현재 홀수가 표시된 자리에는 짝수가 온다. 단, 0은 짝수로 간주한다.
- 비밀번호를 구성하는 숫자 중 가장 큰 숫자가 첫째 자리에 오고, 가장 작은 숫자가 다섯째 자리에 온다.
- 비밀번호 둘째 자리 숫자는 현재 둘째 자리에 표시된 숫자보다 크다.
- 서로 인접한 두 숫자의 차이는 5보다 작다.

① 7
② 8
③ 10
④ 12
⑤ 13

회독 ☐☐☐ 난도 ★★☆ 소요시간 ☐☐

02 다음 글과 〈상황〉을 근거로 판단할 때, 공기청정기가 자동으로 꺼지는 시각은? 20 민경채 가책형 24번

- A학교 학생들은 방과 후에 자기주도학습을 위해 교실을 이용한다.
- 교실 안에 있는 학생 각각은 매 순간 일정한 양의 미세먼지를 발생시켜, 10분마다 5를 증가시킨다.
- 교실에 설치된 공기청정기는 매 순간 일정한 양의 미세먼지를 제거하여, 10분마다 15를 감소시킨다.
- 미세먼지는 사람에 의해서만 발생하고, 공기청정기에 의해서만 제거된다.
- 공기청정기는 매 순간 미세먼지 양을 표시하며 교실 내 미세먼지 양이 30이 되는 순간 자동으로 꺼진다.

〈상황〉

15시 50분 현재, A학교의 교실에는 아무도 없었고 켜져 있는 공기청정기가 나타내는 교실 내 미세먼지 양은 90이었다. 16시 정각에 학생 두 명이 교실에 들어와 공부를 시작하였고, 40분 후 학생 세 명이 더 들어와 공부를 시작하였다. 학생들은 모두 18시 정각에 교실에서 나왔다.

① 18시 50분
② 19시 00분
③ 19시 10분
④ 19시 20분
⑤ 19시 30분

03 다음 글을 근거로 판단할 때, 〈보기〉에서 옳은 것만을 모두 고르면? 16 민경채 5책형 20번

甲과 乙이 '사냥게임'을 한다. 1, 2, 3, 4의 번호가 매겨진 4개의 칸이 아래와 같이 있다.

1	2	3	4

여기에 甲은 네 칸 중 괴물이 위치할 연속된 두 칸을 정하고, 乙은 네 칸 중 화살이 명중할 하나의 칸을 정한다. 甲과 乙은 동시에 자신들이 정한 칸을 말한다. 그 결과 화살이 괴물이 위치하는 칸에 명중하면 乙이 승리하고, 명중하지 않으면 甲이 승리한다.

예를 들면 甲이 [1][2], 乙이 [1] 또는 [2]를 선택한 경우 괴물이 화살에 맞은 것으로 간주하여 乙이 승리한다. 만약 甲이 [1][2], 乙이 [3] 또는 [4]를 선택했다면 괴물이 화살을 피한 것으로 간주하여 甲이 승리한다.

〈보기〉

ㄱ. 괴물이 위치할 칸을 甲이 무작위로 정할 경우 乙은 [1]보다는 [2]를 선택하는 것이 승리할 확률이 높다.

ㄴ. 화살이 명중할 칸을 乙이 무작위로 정할 경우 甲은 [2][3]보다는 [3][4]를 선택하는 것이 승리할 확률이 높다.

ㄷ. 이 게임에서 甲이 선택할 수 있는 대안은 3개이고 乙이 선택할 수 있는 대안은 4개이므로 乙이 이기는 경우의 수가 더 많다.

① ㄱ ② ㄴ ③ ㄷ
④ ㄱ, ㄴ ⑤ ㄱ, ㄷ

04 다음 글을 근거로 판단할 때, 〈보기〉에서 옳은 것만을 모두 고르면? 22 7급 공채 가책형 22번

- 甲, 乙, 丙 세 사람은 25개 문제(1 ~ 25번)로 구성된 문제집을 푼다.
- 1회차에는 세 사람 모두 1번 문제를 풀고, 2회차부터는 직전 회차 풀이 결과에 따라 풀 문제가 다음과 같이 정해진다.
  - 직전 회차가 정답인 경우: 직전 회차의 문제 번호에 2를 곱한 후 1을 더한 번호의 문제
  - 직전 회차가 오답인 경우: 직전 회차의 문제 번호를 2로 나누어 소수점 이하를 버린 후 1을 더한 번호의 문제
- 풀 문제의 번호가 25번을 넘어갈 경우, 25번 문제를 풀고 더 이상 문제를 풀지 않는다.
- 7회차까지 문제를 푼 결과, 세 사람이 맞힌 정답의 개수는 같았고 한 사람이 같은 번호의 문제를 두 번 이상 푼 경우는 없었다.
- 4, 5회차를 제외한 회차별 풀이 결과는 아래와 같다.

(정답: ○, 오답: ×)

구분	1	2	3	4	5	6	7
甲	○	○	×			○	×
乙	○	○	○			×	○
丙	○	×	○			○	×

〈보기〉

ㄱ. 甲과 丙이 4회차에 푼 문제 번호는 같다.

ㄴ. 4회차에 정답을 맞힌 사람은 2명이다.

ㄷ. 5회차에 정답을 맞힌 사람은 없다.

ㄹ. 乙은 7회차에 9번 문제를 풀었다.

① ㄱ, ㄴ ② ㄱ, ㄷ ③ ㄴ, ㄷ
④ ㄴ, ㄹ ⑤ ㄷ, ㄹ

05 다음 글을 근거로 판단할 때, ㉠에 해당하는 수는?
22 7급 공채 가책형 24번

甲과 乙은 같은 층의 서로 다른 사무실에서 근무하고 있다. 각 사무실은 일직선 복도의 양쪽 끝에 위치하고 있으며, 두 사람은 복도에서 항상 자신만의 일정한 속력으로 걷는다.

甲은 약속한 시각에 乙에게 서류를 직접 전달하기 위해 자신의 사무실을 나섰다. 甲은 乙의 사무실에 도착하여 서류를 전달하고 곧바로 자신의 사무실로 돌아올 계획이었다.

한편 甲을 기다리고 있던 乙에게 甲의 사무실 쪽으로 가야 할 일이 생겼다. 그래서 乙은 甲이 도착하기로 약속한 시각보다 ㉠ 분 일찍 자신의 사무실을 나섰다. 乙은 출발한 지 4분 뒤 복도에서 甲을 만나 서류를 받았다. 서류 전달 후 곧바로 사무실로 돌아온 甲은 원래 예상했던 시각보다 2분 일찍 사무실로 복귀한 사실을 알게 되었다.

① 2   ② 3   ③ 4
④ 5   ⑤ 6

06 다음 글을 근거로 판단할 때, 현재 시점에서 두 번째로 많은 양의 일을 한 사람은?
21 7급 공채 나책형 10번

A부서 주무관 5명(甲 ~ 戊)은 오늘 해야 하는 일의 양이 같다. 오늘 업무 개시 후 현재까지 한 일을 비교해 보면 다음과 같다.

甲은 丙이 아직 하지 못한 일의 절반에 해당하는 양의 일을 했다. 乙은 丁이 남겨 놓고 있는 일의 2배에 해당하는 양의 일을 했다. 丙은 자신이 현재까지 했던 일의 절반에 해당하는 일을 남겨 놓고 있다. 丁은 甲이 남겨 놓고 있는 일과 동일한 양의 일을 했다. 戊는 乙이 남겨 놓은 일의 절반에 해당하는 양의 일을 했다.

① 甲   ② 乙   ③ 丙
④ 丁   ⑤ 戊

회독 ☐☐☐ 난도 ★★★ 소요시간 ☐☐☐

07 다음 글과 〈상황〉을 근거로 판단할 때, 〈보기〉에서 옳은 것만을 모두 고르면? 22 5급 공채 나책형 15번

퍼스널컬러(personal color)란 개인의 머리카락, 눈동자, 피부색 등을 종합하여 본인에게 가장 어울리는 색상을 말한다. 퍼스널컬러는 크게 웜(warm)톤과 쿨(cool)톤으로 나눠지는데, 웜톤은 따스하고 부드러운 느낌의 색인 반면에 쿨톤은 차갑고 시원한 느낌의 색이다. 웜톤은 봄타입과 가을타입으로, 쿨톤은 여름타입과 겨울타입으로 세분화된다.

퍼스널컬러는 각 타입의 색상 천을 얼굴에 대봄으로써 찾을 수 있다. 가장 잘 어울리는 타입의 천을 얼굴에 댔을 때 얼굴빛이 화사해지고 이목구비가 또렷해 보인다. 이를 '형광등이 켜졌다'라고 표현한다.

─〈상황〉─

네 명(甲 ~ 丁)이 퍼스널컬러를 알아보러 갔다. 각 타입(봄, 여름, 가을, 겨울)마다 색상 천은 밝은 색과 어두운 색이 있어서 총 8장이 있다. 하나의 색상 천을 네 명에게 동시에 대보고 형광등이 켜지는지 확인하였다. 얼굴에 대보는 색상 천의 순서는 다음과 같다.

1. 첫 번째에서 네 번째까지 밝은 색 천을 대보고 다섯 번째부터 여덟 번째까지 어두운 색 천을 대본다.
2. 웜톤 천과 쿨톤 천을 교대로 대보지만, 첫 번째로 대보는 천의 톤은 알 수 없다.

진단 결과, 甲, 乙, 丙, 丁은 서로 다른 타입의 퍼스널컬러를 진단받았으며, 본인 타입의 천을 대보았을 때는 밝은 색과 어두운 색의 천 모두에서 형광등이 켜졌고, 그 외의 천을 대보았을 때는 형광등이 켜지지 않았다.

다음은 진단 후 네 명이 나눈 대화이다.
甲: 나는 가을타입이었어. 마지막 색상 천에서는 형광등이 켜지지 않았어.
乙: 나는 짝수 번째 천에서는 형광등이 켜진 적이 없어.
丙: 나는 乙이랑 타입은 다르지만 톤은 같아. 그리고 나한테 형광등이 켜진 색상 천 순서에 해당하는 숫자를 합해보니까 6이야.
丁: 나는 밝은 색 천을 대보았을 때, 乙보다 먼저 형광등이 켜졌어.

─〈보기〉─

ㄱ. 네 명의 타입을 모두 알 수 있다.
ㄴ. 丙은 첫 번째 색상 천에서 형광등이 켜졌다.
ㄷ. 색상 천을 대본 순서별로 형광등이 켜진 사람이 누구인지 알 수 있다.
ㄹ. 형광등이 켜진 색상 천 순서에 해당하는 숫자의 합은 丙을 제외한 세 명이 같다.

① ㄱ, ㄴ   ② ㄱ, ㄷ   ③ ㄴ, ㄹ
④ ㄱ, ㄷ, ㄹ   ⑤ ㄴ, ㄷ, ㄹ

회독 ☐☐☐ 난도 ★★☆ 소요시간 ☐☐☐

08 다음 글을 근거로 판단할 때, 〈보기〉에서 옳은 것만을 모두 고르면? 18 5급 공채 나책형 36번

- 甲, 乙, 丙은 12장의 카드로 게임을 하고 있다.
- 12장의 카드 중에는 봄, 여름, 가을, 겨울 4가지 종류의 계절 카드가 각각 3장씩 있는데, 카드 뒷면만 보고는 어느 계절 카드인지 알 수 없다.
- 참가자들은 게임을 시작할 때 무작위로 4장씩 카드를 나누어 갖는다.
- 참가자들은 자신의 카드를 확인한 후 1대 1로 카드를 각자 2장씩 맞바꿀 수 있다. 맞바꿀 카드는 상대방의 카드 뒷면만 보고 무작위로 동시에 선택한다.
- 가장 먼저 봄, 여름, 가을, 겨울 카드를 모두 갖게 된 사람이 우승한다.
- 게임을 시작하여 4장의 카드를 나누어 가진 직후에 참가자들은 자신들이 가진 카드에 대해 아래와 같이 사실을 말했다.

甲: 겨울 카드는 내가 모두 갖고 있다.
乙: 나는 봄과 여름 2가지 종류의 계절 카드만 갖고 있다.
丙: 나는 여름 카드가 없다.

─〈보기〉─

ㄱ. 게임 시작 시 3가지 종류의 계절 카드를 받은 사람은 1명이다.
ㄴ. 게임 시작 시 참가자 모두 봄 카드를 받았다면, 가을 카드는 모두 丙이 갖고 있다.
ㄷ. 첫 번째 맞바꾸기에서 甲과 乙이 카드를 맞바꿔서 甲이 바로 우승했다면, 게임 시작 시 丙은 봄 카드를 2장 받았다.

① ㄱ   ② ㄴ   ③ ㄱ, ㄴ
④ ㄱ, ㄷ   ⑤ ㄴ, ㄷ

09 다음 글을 근거로 판단할 때, 〈보기〉에서 옳은 것만을 모두 고르면? 17 5급 공채 가책형 14번

- 甲과 乙은 다음 그림과 같이 번호가 매겨진 9개의 구역을 점령하는 게임을 한다.

1	2	3
4	5	6
7	8	9

- 게임 시작 전 제비뽑기를 통해 甲은 1구역, 乙은 8구역으로 최초 점령 구역이 정해졌다.
- 甲과 乙은 가위바위보를 해서 이길 때마다, 자신이 이미 점령한 구역에 상하좌우로 변이 접한 구역 중 점령되지 않은 구역 1개를 추가로 점령하여 자신의 구역으로 만든다.
- 만약 가위바위보에서 이겨도 더 이상 자신이 점령할 수 있는 구역이 없으면 이후의 가위바위보는 모두 진 것으로 한다.
- 게임은 모든 구역이 점령될 때까지 계속되며, 더 많은 구역을 점령한 사람이 게임에서 승리한다.
- 甲과 乙은 게임에서 승리하기 위하여 최선의 선택을 한다.

보기

ㄱ. 乙이 첫 번째, 두 번째 가위바위보에서 모두 이기면 게임에서 승리한다.
ㄴ. 甲이 첫 번째, 두 번째 가위바위보를 이겨서 2구역과 5구역을 점령하고, 乙이 세 번째 가위바위보를 이겨서 9구역을 점령하면, 네 번째 가위바위보를 이긴 사람이 게임에서 승리한다.
ㄷ. 甲이 첫 번째, 세 번째 가위바위보를 이겨서 2구역과 4구역을 점령하고, 乙이 두 번째 가위바위보를 이겨서 5구역을 점령하면, 게임의 승자를 결정하기 위해서는 최소 2번 이상의 가위바위보를 해야 한다.

① ㄴ   ② ㄷ   ③ ㄱ, ㄴ
④ ㄱ, ㄷ   ⑤ ㄴ, ㄷ

10 다음 글을 근거로 판단할 때, 색칠된 사물함에 들어 있는 돈의 총액으로 가능한 것은? 17 5급 공채 가책형 18번

- 아래와 같이 생긴 25개의 사물함 각각에는 200원이 들어 있거나 300원이 들어 있거나 돈이 아예 들어있지 않다.
- 그림의 우측과 아래에 쓰인 숫자는 그 줄의 사물함에 든 돈의 액수를 모두 합한 금액이다. 예를 들어, 1번, 2번, 3번, 4번, 5번 사물함에 든 돈의 액수를 모두 합하면 900원이다.
- 11번 사물함에는 200원이 들어 있고, 25번 사물함에는 300원이 들어 있으며, 전체 사물함 중 200원이 든 사물함은 4개뿐이다.

1	2	3	4	5	900
6	7	8	9	10	700
11	12	13	14	15	500
16	17	18	19	20	300
21	22	23	24	25	500
500	400	900	600	500	

① 600원   ② 900원   ③ 1,000원
④ 1,200원   ⑤ 1,400원

11 다음 글을 근거로 판단할 때, 〈보기〉에서 옳은 것만을 모두 고르면? 17 5급 공채 가책형 34번

- 甲 ~ 丁은 다음 그림과 같은 과녁에 각자 보유한 화살을 쏜다. 과녁은 빨간색, 노란색, 초록색, 파란색의 칸으로 4등분이 되어 있다. 화살은 반드시 4개의 칸 중 하나의 칸에 명중하며, 하나의 칸에 여러 개의 화살이 명중할 수 있다.

```
┌──────────┬──────────┐
│  10점    │   8점    │
│ 빨간색   │  노란색  │
├──────────┼──────────┤
│ 초록색   │  파란색  │
│   6점    │   4점    │
└──────────┴──────────┘
```

- 화살을 쏜 사람은 그 화살이 명중한 칸에 쓰인 점수를 받는다.
- 화살의 색깔과 화살이 명중한 칸의 색깔이 일치하면 칸에 쓰인 점수보다 1점을 더 받는다.
- 노란색 화살이 파란색 칸에 명중하는 경우에만 칸에 쓰인 점수보다 1점을 덜 받는다.
- 甲 ~ 丁이 보유한 화살은 다음과 같으며, 각자가 보유한 화살을 전부 쏘아 얻은 점수를 합하여 최종 점수를 계산한다. 단, 각 화살은 한 번씩만 쏜다.

사람	보유 화살
甲	빨간색 화살 1개, 노란색 화살 1개
乙	초록색 화살 2개
丙	노란색 화살 1개, 초록색 화살 1개
丁	초록색 화살 1개, 파란색 화살 1개

〈보기〉

ㄱ. 乙의 최종 점수의 최댓값과 丁의 최종 점수의 최댓값은 같다.
ㄴ. 甲과 丙의 최종 점수가 10점으로 같았다면, 노란색 화살들은 모두 초록색 칸에 명중한 것이다.
ㄷ. 乙의 최종 점수의 최솟값은 甲의 최종 점수와는 다를 것이다.
ㄹ. 丙과 丁의 화살 4개가 모두 같은 칸에 명중했고 최종 점수가 같았다면, 그 칸은 파란색일 수 있다.

① ㄱ, ㄷ　　　② ㄴ, ㄷ　　　③ ㄴ, ㄹ
④ ㄱ, ㄴ, ㄹ　　⑤ ㄱ, ㄷ, ㄹ

12 다음 글과 〈대회 종료 후 대화〉를 근거로 판단할 때, 비긴 카드 게임의 총 수는? 17 5급 공채 가책형 38번

　　다섯 명의 선수(甲 ~ 戊)가 카드 게임 대회에 참가했다. 각 선수는 대회에 참가한 다른 모든 선수들과 일대일로 한 번씩 카드 게임을 했다. 각 게임의 승자는 점수 2점을 받고, 비긴 선수는 점수 1점을 받고, 패자는 점수를 받지 못한다.

　　이 카드 게임 대회에서 각 선수가 얻은 점수의 총합이 큰 순으로 매긴 순위는 甲, 乙, 丙, 丁, 戊 순이다. (단, 동점은 존재하지 않는다)

〈대회 종료 후 대화〉

乙: 난 한 게임도 안 진 유일한 사람이야.
戊: 난 한 게임도 못 이긴 유일한 사람이야.

① 2번
② 3번
③ 4번
④ 5번
⑤ 6번

회독 ☐☐☐ 난도 ★★★ 소요시간 ☐☐☐☐☐

13 다음 〈상황〉을 근거로 판단할 때, 36개의 로봇 중 가장 빠른 로봇 1, 2위를 선발하기 위해 필요한 최소 경기 수는? 16 5급 공채 4책형 36번

┌─ 상황 ─────────────────────────┐

• 전국 로봇달리기 대회에 36개의 로봇이 참가한다.
• 경주 레인은 총 6개이고, 경기당 각 레인에 하나의 로봇만 배정할 수 있으나, 한 경기에 모든 레인을 사용할 필요는 없다.
• 배정된 레인 내에서 결승점을 먼저 통과하는 순서대로 순위를 정한다.
• 속력과 시간의 측정은 불가능하고, 오직 경기 결과에 의해서만 순위를 결정한다.
• 로봇별 속력은 모두 다르고 각 로봇의 속력은 항상 일정하다.
• 로봇의 고장과 같은 다른 요인은 경기 결과에 영향을 미치지 않는다.

└────────────────────────────────┘

① 7   ② 8   ③ 9
④ 10   ⑤ 11

회독 ☐☐☐ 난도 ★★☆ 소요시간 ☐☐☐☐☐

14 다음 글을 근거로 판단할 때, 〈보기〉에서 옳은 것만을 모두 고르면? 15 5급 공채 인책형 38번

┌────────────────────────────────┐

• 甲과 乙은 각각 5개의 구슬을 가지고 놀이를 시작한다.
• 매 경기마다 출제자는 자신이 가진 구슬 중 원하는 만큼을 상대방이 보지 못하게 한 손에 쥔다. 이때 구슬은 1개 이상 쥐어야 한다. 답변자는 출제자가 손에 쥔 구슬의 개수가 홀수인지 짝수인지 말한다.
• 답변자가 홀수인지 짝수인지를 맞추어 이기면 출제자는 자신이 손에 쥔 개수만큼의 구슬을 답변자에게 준다. 맞추지 못하여 지면 반대로 답변자는 그만큼의 구슬을 출제자에게 준다. 다만 주어야 할 구슬이 부족하다면 가진 구슬을 모두 준다.
• 구슬놀이가 시작되면 첫 번째 경기는 甲이 출제자이고 乙이 답변자이며, 두 번째 경기부터는 번갈아 출제자와 답변자가 된다.
• 한 명의 구슬이 모두 없어질 때까지 경기를 계속하며, 구슬놀이 결과 상대방의 구슬을 모두 가져온 사람이 최종 우승자가 된다.
• 甲과 乙은 자신이 최종 우승자가 되려고 최선을 다한다.

└────────────────────────────────┘

┌─ 보기 ─────────────────────────┐

ㄱ. 甲이 첫 번째 경기에서 구슬 4개 또는 5개를 쥐어 이기면, 甲이 최종 우승자가 된다.
ㄴ. 甲이 첫 번째 경기에서 구슬 3개를 쥐어 이기고 두 번째 경기에서도 이긴다면, 甲이 최종 우승자가 된다.
ㄷ. 甲과 乙이 매 경기마다 구슬 1개씩만 손에 쥔다면, 최종 우승자를 결정하기 위한 최소 경기 횟수는 6회이다.
ㄹ. 甲과 乙이 매 경기마다 구슬 2개씩만 손에 쥔다면, 최종 우승자를 결정하기 위한 최소 경기 횟수는 3회이다.

└────────────────────────────────┘

① ㄱ, ㄴ   ② ㄱ, ㄹ   ③ ㄱ, ㄴ, ㄷ
④ ㄱ, ㄷ, ㄹ   ⑤ ㄴ, ㄷ, ㄹ

회독 ☐☐☐ 난도 ★★★ 소요시간 ☐☐☐

15 다음 〈상황〉을 근거로 판단할 때 〈보기〉에서 옳은 것만을 모두 고르면? 20 입법 가책형 19번

─〈상황〉─

甲과 乙은 숫자게임을 하려고 한다.

숫자게임이란, 甲과 乙이 번갈아가면서 진행하며 시작한 숫자가 두 자리 수라면 일의 자리나 십의 자리 숫자 중 하나를 선택하여 기존 숫자보다 높은 숫자로 바꾸고, 처음 시작한 숫자가 세 자리 수라면 일의 자리나 십의 자리 혹은 백의 자리 숫자 중 하나를 선택하여 기존 숫자보다 큰 숫자로 바꾸는 게임이다.

예를 들어, 시작 수가 41이면 甲이 먼저 시작하여 일의 자리를 선택하여 42로 바꾸고, 다음으로 乙이 십의 자리를 선택하여 52로 바꾸고, 甲이 십의 자리를 선택하여 72로 바꾸는 식으로 진행된다.

큰 숫자로 바꾸는 데에 제한은 없다. 즉, 시작 수가 01일 경우 십의 자리를 선택하여 91로 바꿔도 된다.

이런 식으로 진행하여 모든 자리의 숫자가 9가 되게 만드는 사람이 승리한다. 즉, 시작 수가 두 자리 수라면 99로 만들면 승리하고 세 자리 수라면 999로 만들면 승리한다. 시작 수가 네 자리 이상의 수이더라도 위의 규칙을 확장하여 적용한다.

※ 단, 甲과 乙은 이기기 위해 최선을 다하며 이 게임에서 한 자리의 가장 작은 숫자는 0, 가장 큰 숫자는 9라고 한다.

─〈보기〉─

ㄱ. 시작 수가 87이고 甲이 먼저 시작한다면, 甲이 무조건 승리한다.

ㄴ. 시작 수가 23이고 甲이 먼저 시작한다면, 甲이 무조건 승리한다.

ㄷ. 시작 수가 292이고 甲이 먼저 시작한다면, 甲이 무조건 승리한다.

ㄹ. 시작 수가 18191이고 甲이 먼저 시작한다면, 甲이 무조건 승리한다.

① ㄱ, ㄴ ② ㄱ, ㄷ
③ ㄱ, ㄴ, ㄹ ④ ㄴ, ㄷ, ㄹ
⑤ ㄱ, ㄴ, ㄷ, ㄹ

회독 ☐☐☐ 난도 ★★☆ 소요시간 ☐☐☐

16 다음 〈상황〉을 근거로 판단할 때 〈보기〉에서 옳은 것만을 모두 고르면? 19 입법 가책형 14번

─〈상황〉─

갑, 을, 병은 카드를 두 장씩 가지고 있다. 한 장은 숫자 1이 적힌 카드이고, 다른 한 장은 숫자 2가 적힌 카드이다. 이들은 자신이 가진 카드 중, 하나의 카드를 뽑아 동시에 서로에게 보여주는 놀이를 할 예정이다. 게임은 1회만 시행하며, 점수 산정 기준은 다음과 같다.

1) 뽑힌 3개 카드 숫자의 합이 홀수인 경우, 3인이 각각 1점을 획득한다.

2) 뽑힌 3개 카드 숫자의 합이 짝수인 경우, 3인이 각각 -1점을 획득한다.

3) 뽑힌 카드의 숫자가 모두 같은 경우, 3인이 각각 3점을 추가로 획득한다.

4) 뽑힌 카드의 숫자가 2인이 같고 1인이 다른 경우, 같은 숫자 카드를 뽑은 2인은 2점, 다른 숫자 카드를 뽑은 1인은 -2점을 추가로 획득한다.

5) 앞의 산정 기준을 적용한 후, 3인의 점수를 합한 숫자가 최종 결과이다.

─〈보기〉─

ㄱ. 최종 결과 중 최솟값은 -3이다.

ㄴ. 최종 결과는 4개의 다른 값으로 나타난다.

ㄷ. 모두 1이 적힌 카드를 뽑을 때 최종 결과가 최댓값을 갖는다.

ㄹ. 모두 2가 적힌 카드를 뽑을 때 최종 결과는 세 번째로 큰 값이다.

① ㄱ, ㄷ ② ㄴ, ㄷ
③ ㄴ, ㄹ ④ ㄱ, ㄷ, ㄹ
⑤ ㄴ, ㄷ, ㄹ

17 다음 〈규정〉과 〈상황〉을 근거로 판단할 때 네 번째 라운드 종료 후 甲과 戊에게 마지막으로 남아 있는 물의 양(㎖)은? 18 입법 가책형 26번

┌─ 규정 ─┐

• 甲, 乙, 丙, 丁, 戊는 각자 1,000㎖ 용량의 물통에 800㎖씩의 물을 갖고 있다.

• 첫 번째 라운드에서는 추첨을 통해 1명을 선발하면 선발된 사람은 나머지 4명 중 1명을 지정하여 200㎖의 물을 자신에게 가져온다.

• 한 라운드가 다 돌아갈 때까지 한 번 선발된 사람은 다시 추첨에 참여할 수 없으며, 남은 인원 중 1명을 선발하는 방식으로 200㎖씩의 물을 가져온다. 단, 추첨은 5명이 모두 선발될 때까지 진행되며 물을 주도록 지정받는 사람은 반복적으로 선택될 수 있다.

• 첫 번째 라운드가 종료되면, 두 번째 라운드에서는 이전 라운드의 마지막 순서부터 첫 번째 순서로 물을 준 사람이 물을 받은 사람에게 300㎖의 물을 마시도록 지시한다. 예를 들어 甲이 乙에게 지시하면 乙은 자신의 물통에서 300㎖의 물을 마신다.

• 세 번째 라운드는 첫 번째 라운드와 동일한 방식으로 진행된다.

• 세 번째 라운드가 종료되면, 두 번째 라운드와 마찬가지로 세 번째 라운드의 마지막 순서부터 첫 번째 순서로 물을 준 사람이 물을 받은 사람에게 300㎖의 물을 마시도록 지시한다. 예를 들어 甲이 乙에게 지시하면 乙은 자신의 물통에서 300㎖의 물을 마신다.

┌─ 상황 ─┐

• 첫 번째 라운드
 − 甲은 세 명의 사람에게 물을 주었다.
 − 물을 준 사람은 甲과 乙뿐이다.
 − 甲은 처음에 물을 주었으며, 마지막에 물은 준 사람은 乙이다.
 − 乙은 丁보다 먼저 선발되어 물을 받았지만 戊와 甲보다 나중에 받았다.
 − 甲은 두 번째에 선발되어 물을 받았다.
 − 丙은 戊와 丁보다 먼저 물을 받았다.

• 두 번째 라운드
 − 丁은 가장 먼저 물을 마셨다.
 − 丙에게 물을 마시도록 한 사람은 甲이다.

• 세 번째 라운드
 − 丙과 丁은 각각 두 차례씩 연속으로 물을 주었다.
 − 戊와 丁은 한 차례씩 물을 주고받았다.
 − 甲과 乙은 모두 丙으로부터 물을 받았다.
 − 甲은 첫 번째 라운드와 동일한 순서로 물을 받았다.

• 네 번째 라운드
 − 戊는 丁에게 가장 마지막에 물을 마시도록 하였다.
 − 乙이 甲보다 먼저 물을 마셨다.
 − 丁은 가장 먼저 丙에게 물을 마시도록 하였다.

	甲	戊
①	0	200
②	0	400
③	200	200
④	200	400
⑤	400	200

회독 ☐☐☐ 난도 ★★☆ 소요시간 ☐☐☐

18 외국여행 중에 당신은 총 40페이지의 지역신문을 구입하였다. 우리나라 신문과 마찬가지로 신문 용지 한 장을 반으로 나눠서 우측 1/2에 인쇄한 면을 1페이지로, 좌측 1/2에 인쇄한 면을 40페이지로, 1페이지 뒷면은 2페이지로, 40페이지 뒷면은 39페이지로 하는 방식으로 신문 용지 10장을 순서에 맞추어 올리고 그 가운데를 한 번에 접어서 만든 신문이다. 다음 〈보기〉 중 옳은 것만을 모두 고르면? 19 압법 가책형 16번

〈보기〉

ㄱ. 신문 가운데를 펴면 19페이지와 20페이지가 나온다.
ㄴ. 9페이지는 용지 우측 1/2에 인쇄되어 있다.
ㄷ. 11페이지와 29페이지는 같은 용지에 인쇄되어 있다.
ㄹ. 16페이지의 같은 면 우측 1/2에 26페이지가 인쇄되어 있다.
ㅁ. 30페이지가 인쇄된 용지를 분실하면 12페이지도 볼 수 없다.

① ㄱ
② ㄴ
③ ㄴ, ㄷ
④ ㄴ, ㄹ
⑤ ㄴ, ㄷ, ㅁ

회독 ☐☐☐ 난도 ★★☆ 소요시간 ☐☐☐

19 다음 〈상황〉을 근거로 판단할 때 초콜릿이 묻어 있는 조각은 최대 몇 조각까지 나올 수 있는가? 18 압법 가책형 17번

〈상황〉

• 직육면체의 케이크가 있는데, 바닥을 제외한 5개 면에 초콜릿이 입혀져 있다. 칼로 케이크를 가로, 세로, 높이 각 1cm인 조각으로 잘랐더니 초콜릿이 전혀 없는 조각이 105조각 나왔다. (단, 직육면체의 각 모서리의 길이는 자연수cm이다.)
• 초콜릿이 묻어 있는 조각은 가로, 세로, 높이 각 1cm인 조각으로서 1개 이상의 면에 초콜릿이 입혀져 있는 조각을 말한다.

① 147
② 165
③ 175
④ 185
⑤ 215

20 다음 〈상황〉을 근거로 판단할 때, 乙이 B 도시에 도착하였을 때 乙이 이동한 총 거리는 얼마인가?

17 입법 가책형 24번

─〈상황〉─

A 도시와 B 도시는 거리 1,000킬로미터의 유일한 도로로 연결되어 있다. 甲은 A 도시를 출발하여 시속 10킬로미터의 속도로 위 도로를 따라 B 도시로 가고 있다. 乙은 甲이 A 도시를 출발한 때로부터 10시간 후에 甲에 대한 보급품을 싣고 A 도시를 출발하여 시속 30킬로미터의 속도로 뒤따라 가서 甲을 만나게 되면 그 자리에서 甲에게 보급품을 전달해 준 후 A 도시로 되돌아간다.

A 도시에 도착하면 다시 보급품을 싣고 甲을 뒤따라가 甲에게 보급품을 전달하는 과정을 반복하며, 항상 시속 30킬로미터의 속도를 유지한다. 乙이 세 번째로 甲을 만나 甲에게 보급품을 보급한 지점에서 乙은 甲에게 보급품을 전달한 후 A 도시로 돌아가지 않고 甲과 함께 시속 10킬로미터의 속도로 B 도시로 간다.

※ 甲과 乙 모두 휴식이나 수면 없이 계속 위에서 설명한 속도로 이동한다고 가정한다.
※ 乙이 甲을 만나 보급품을 공급하고 방향을 바꿀 때 및 A 도시에 도착하여 보급품을 싣고 방향을 바꿀 때 별도의 시간이 소요되지 않으며, 이동거리의 변화 또한 없는 것으로 가정한다.

① 1,800킬로미터
② 1,900킬로미터
③ 2,000킬로미터
④ 2,100킬로미터
⑤ 2,200킬로미터

21 다음 글을 근거로 판단할 때, 가장 먼저 교체될 시계와 가장 나중에 교체될 시계를 옳게 짝지은 것은?

21 5급 공채 가책형 13번

甲부서에는 1 ~ 12시 눈금표시가 된 5개의 벽걸이 시계(A ~ E)가 있다. 그런데 A는 시침과 분침이 모두 멈춰버려서 더 이상 작동하지 않는 상태다. B는 정확한 시계보다 하루에 1분씩 느려지는 시계다. C는 정확한 시계보다 하루에 1시간씩 느려지는 시계다. D는 정확한 시계보다 하루에 2시간씩 느려지는 시계다. E는 정확한 시계보다 하루에 5분씩 빨라지는 시계다.

甲부서는 5개의 시계를 순차적으로 교체하려고 한다. 앞으로 1년 동안 정확한 시계와 일치하는 횟수가 적을 시계부터 순서대로 교체한다.

※ B ~ E는 각각 일정한 속도로 작동한다.

	가장 먼저 교체될 시계	가장 나중에 교체될 시계
①	A	C
②	B	A
③	B	D
④	D	A
⑤	D	E

회독 ☐☐☐ 난도 ★☆☆ 소요시간 _____

22 다음 글을 근거로 판단할 때, '친구 단위'로 입장한 사람의 수와 '가족 단위'로 입장한 사람의 수를 옳게 짝지은 것은? 21 5급 공채 가책형 26번

> A놀이공원은 2명의 친구 단위 또는 4명의 가족 단위로만 입장이 가능하다. 발권기계는 2명의 친구 단위 또는 4명의 가족 단위당 1장의 표를 발권한다. 놀이공원의 입장객은 총 158명이며, 모두 50장의 표가 발권되었다.

	'친구 단위'로 입장한 사람의 수	'가족 단위'로 입장한 사람의 수
①	30	128
②	34	124
③	38	120
④	42	116
⑤	46	112

회독 ☐☐☐ 난도 ★★★ 소요시간 _____

23 다음 글을 근거로 판단할 때, 수호가 세탁을 통해 가질 수 있는 수건의 색조합으로 옳지 않은 것은? 19 5급 공채 가책형 36번

- 수호는 현재 빨간색, 파란색, 노란색, 흰색, 검은색 수건을 각 1개씩 가지고 있다.
- 수호는 본인의 세탁기로 세탁하며, 동일한 수건을 여러 번 세탁할 수 있다.
- 수호가 가지고 있는 세탁기는 수건을 2개까지 동시에 세탁할 수 있고, 다른 색의 수건을 함께 세탁하면 다음과 같이 색이 변한다.
  - 빨간색 수건과 파란색 수건을 함께 세탁하면, 모두 보라색 수건이 된다.
  - 빨간색 수건과 노란색 수건을 함께 세탁하면, 각각 빨간색 수건과 주황색 수건이 된다.
  - 파란색 수건과 노란색 수건을 함께 세탁하면, 각각 파란색 수건과 초록색 수건이 된다.
  - 흰색 수건을 다른 색 수건과 함께 세탁하면, 모두 그 다른 색 수건이 된다.
  - 검은색 수건을 다른 색 수건과 함께 세탁하면, 모두 검은색 수건이 된다.

① 빨간색 1개, 파란색 1개, 보라색 2개, 검은색 1개
② 주황색 1개, 파란색 1개, 노란색 1개, 검은색 2개
③ 빨간색 1개, 주황색 1개, 파란색 2개, 검은색 1개
④ 보라색 3개, 초록색 1개, 검은색 1개
⑤ 빨간색 2개, 초록색 1개, 검은색 2개

24 다음 〈조건〉을 근거로 판단할 때, 〈보기〉에서 옳은 것만을 모두 고르면? 18 5급 공채 나책형 10번

〈조건〉

- 인공지능 컴퓨터와 매번 대결할 때마다, 甲은 A, B, C 전략 중 하나를 선택할 수 있다.
- 인공지능 컴퓨터는 대결을 거듭할수록 학습을 통해 각각의 전략에 대응하므로, 동일한 전략을 사용할수록 甲이 승리할 확률은 하락한다.
- 각각의 전략을 사용한 횟수에 따라 각 대결에서 甲이 승리할 확률은 아래와 같고, 甲도 그 사실을 알고 있다.

〈전략별 사용횟수에 따른 甲의 승률〉

(단위 : %)

전략별 사용횟수 / 전략종류	1회	2회	3회	4회
A전략	60	50	40	0
B전략	70	30	20	0
C전략	90	40	10	0

〈보기〉

ㄱ. 甲이 총 3번의 대결을 하면서 각 대결에서 승리할 확률이 가장 높은 전략부터 순서대로 선택한다면, 3가지 전략을 각각 1회씩 사용해야 한다.

ㄴ. 甲이 총 5번의 대결을 하면서 각 대결에서 승리할 확률이 가장 높은 전략부터 순서대로 선택한다면, 5번째 대결에서는 B전략을 사용해야 한다.

ㄷ. 甲이 1개의 전략만을 사용하여 총 3번의 대결을 하면서 3번 모두 승리할 확률을 가장 높이려면, A전략을 선택해야 한다.

ㄹ. 甲이 1개의 전략만을 사용하여 총 2번의 대결을 하면서 2번 모두 패배할 확률을 가장 낮추려면, A전략을 선택해야 한다.

① ㄱ, ㄴ 　　　② ㄱ, ㄷ
③ ㄴ, ㄹ 　　　④ ㄱ, ㄷ, ㄹ
⑤ ㄴ, ㄷ, ㄹ

25 다음 글을 근거로 판단할 때, 〈보기〉에서 옳은 것만을 모두 고르면? (단, 주어진 조건 외에 다른 조건은 고려하지 않는다) 17 5급 공채 가책형 12번

A회사의 모든 직원이 매일 아침 회사에서 요일별로 제공되는 빵을 먹었다. 직원 가운데 甲, 乙, 丙, 丁 네 사람은 빵에 포함된 특정 재료로 인해 당일 알레르기 증상이 나타났다. A회사는 요일별로 제공된 빵의 재료와 甲, 乙, 丙, 丁에게 알레르기 증상이 나타난 요일을 아래와 같이 표로 정리했으나, 화요일에 제공된 빵에 포함된 두 가지 재료가 확인되지 않았다. 甲, 乙, 丙, 丁은 각각 한 가지 재료에 대해서만 알레르기 증상을 보였다.

구분	월	화	수	목	금
재료	밀가루, 우유	밀가루, [?], [?]	옥수수가루, 아몬드, 달걀	밀가루, 우유, 달걀	밀가루, 우유, 달걀, 식용유
알레르기 증상 발생자	甲	丁	乙, 丁	甲, 丁	甲, 丙, 丁

※ 알레르기 증상은 발생한 당일 내에 사라진다.

〈보기〉

ㄱ. 甲이 알레르기 증상을 보인 것은 밀가루 때문이다.

ㄴ. 甲, 乙, 丙은 서로 다른 재료에 대하여 알레르기 증상을 보였다.

ㄷ. 화요일에 제공된 빵의 확인되지 않은 재료 중 한 가지는 달걀이다.

ㄹ. 만약 화요일에 제공된 빵에 포함된 재료 중 한 가지가 아몬드였다면, 乙의 알레르기 증상은 옥수수가루 때문이다.

① ㄱ, ㄷ 　　　② ㄴ, ㄹ
③ ㄷ, ㄹ 　　　④ ㄱ, ㄴ, ㄹ
⑤ ㄴ, ㄷ, ㄹ

26 다음 글과 〈조건〉을 근거로 판단할 때, A 매립지에서 8월에 쓰레기를 매립할 셀은? 17 5급 공채 가책형 33번

A 매립지는 셀 방식으로 쓰레기를 매립하고 있다. 셀 방식은 전체 매립부지를 일정한 넓이의 셀로 나누어서 각 셀마다 쓰레기를 매립한다. 이 방식에 따르면 쓰레기를 매립할 셀을 지정해서 개방한 후, 해당 셀이 포화되면 순차적으로 다른 셀을 개방한다. 이는 쓰레기를 무차별적으로 매립하는 것을 방지하고 매립과정을 쉽게 감시하기 위한 것이다.

〈조건〉

- A 매립지는 4 × 4 셀로 구성되어 있다.
- 각 행에는 1, 2, 3, 4 중 서로 다른 숫자 1개가 각 셀에 지정된다.
- A 매립지는 효율적인 관리를 위해 한 개 이상의 셀로 이루어진 구획을 설정하고, 조감도에 두꺼운 테두리로 표현한다.
- 두 개 이상의 셀로 구성되는 구획에는 각 구획을 구성하는 셀에 지정된 숫자들을 모두 곱한 값이 다음 예와 같이 표현되어 있다.

예

(24*)		

'(24*)'는 구획을 구성하는 셀에 지정된 숫자를 모두 곱하면 24가 된다는 의미이다. 1, 2, 3, 4 중 서로 다른 숫자를 곱하여 24가 되는 3개의 숫자는 2, 3, 4밖에 없으므로 위의 셀 안에는 2, 3, 4가 각각 하나씩 들어가야 한다.

- A 매립지는 하나의 셀이 한 달마다 포화되고, 개방되는 셀은 행의 순서와 셀에 지정된 숫자에 의해 결정된다. 즉 1월에는 1행의 1이 쓰인 셀, 2월에는 2행의 1이 쓰인 셀, 3월에는 3행의 1이 쓰인 셀, 4월에는 4행의 1이 쓰인 셀에 매립이 이루어진다. 5월에는 1행의 2가 쓰인 셀, 6월에는 2행의 2가 쓰인 셀에 쓰레기가 매립되며, 이와 같은 방식으로 12월까지 매립이 이루어지게 된다.

〈A 매립지 조감도〉

(24*)	3	ㅁ	(3*) 1
(4*) ㄹ	1	(12*) 4	3
1	ㄷ	3	(8*) 4
3	(4*) 4	ㄴ	ㄱ

① ㉠   ② ㉡
③ ㉢   ④ ㉣
⑤ ㉤

27 다음 〈규칙〉을 근거로 판단할 때, A와 B가 한 번의 게임에서 얻은 점수 합계의 최댓값과 최솟값은?

16 5급 공채 4책형 30번

〈규칙〉

- A와 B는 상자 안에 든 1 ~ 9까지의 숫자가 적힌 아홉 개의 공을 번갈아가며 하나씩 뽑는다. 단, 하나의 공에는 하나의 숫자만 적혀 있고, 중복되거나 누락된 숫자는 없다.
- 뽑은 공은 상자 안에 다시 넣지 않는다.
- 공은 A가 먼저 뽑고, 공을 모두 뽑으면 게임은 종료된다.
- 득점방식은 다음과 같다.
  - (n − 1)번째 뽑은 공에 적힌 숫자와 n번째 뽑은 공에 적힌 숫자를 더한다. (n = 2, 3, 4, 5, 6, 7, 8, 9)
  - 위 합산 값의 일의 자리 수가 n번째 공을 뽑은 사람의 득점이 된다. 즉 n이 홀수일 때 A가 득점하고, n이 짝수일 때 B가 득점한다.
  - A는 자신이 뽑은 첫 번째 공으로 득점할 수 없다.

	최댓값	최솟값
①	61	3
②	61	4
③	61	5
④	67	4
⑤	67	5

28 다음 〈규칙〉을 근거로 판단할 때, 〈보기〉에서 옳은 것만을 모두 고르면? 16 5급 공채 4책형 33번

〈규칙〉

- 직원이 50명인 A회사는 야유회에서 경품 추첨 행사를 한다.
- 직원들은 1명당 3장의 응모용지를 받고, 1 ~ 100 중 원하는 수 하나씩을 응모용지별로 적어서 제출한다. 한 사람당 최대 3장까지 원하는 만큼 응모할 수 있고, 모든 응모용지에 동일한 수를 적을 수 있다.
- 사장이 1 ~ 100 중 가장 좋아하는 수 하나를 고르면 해당 수를 응모한 사람이 당첨자로 결정된다. 해당 수를 응모한 사람이 없으면 사장은 당첨자가 나올 때까지 다른 수를 고른다.
- 당첨 선물은 사과 총 100개이고, 당첨된 응모용지가 n장이면 당첨된 응모용지 1장당 사과를 $\frac{100}{n}$ 개씩 나누어 준다.
- 만약 한 사람이 2장의 응모용지에 똑같은 수를 써서 당첨된다면 2장 몫의 사과를 받고, 3장일 경우는 3장 몫의 사과를 받는다.

〈보기〉

ㄱ. 직원 甲과 乙이 함께 당첨된다면 甲은 최대 50개의 사과를 받는다.

ㄴ. 직원 중에 甲과 乙 두 명만이 사과를 받는다면 甲은 최소 25개의 사과를 받는다.

ㄷ. 당첨된 수를 응모한 직원이 甲밖에 없다면, 甲이 그 수를 1장 써서 응모하거나 3장 써서 응모하거나 같은 개수의 사과를 받는다.

① ㄱ   ② ㄷ   ③ ㄱ, ㄴ
④ ㄱ, ㄷ   ⑤ ㄴ, ㄷ

29 甲과 乙이 가위바위보 경기를 했다. 다음 〈규칙〉과 〈상황〉을 근거로 판단할 때, 〈보기〉에서 옳은 것만을 모두 고르면? 15 5급 공채 인책형 18번

┌─ 규칙 ─────────────────────────┐
- A규칙은 일반적인 가위바위보 규칙과 같다.
- B규칙은 가위, 바위, 보를 숫자에 대응시켜 더 큰 숫자 쪽이 이기며, 숫자가 같으면 비긴다. 이 때 가위는 2, 바위는 0, 보는 5를 나타낸다.
- C규칙은 가위, 바위, 보를 숫자에 대응시켜 더 작은 숫자 쪽이 이기며, 숫자가 같으면 비긴다. 이 때 가위는 2, 바위는 0, 보는 5를 나타낸다.
└────────────────────────────┘

┌─ 상황 ─────────────────────────┐
- 甲과 乙은 총 3번 경기를 하였고, 3번의 경기가 모두 끝날 때까지는 각 경기에 어떤 규칙이 적용되었는지 알 수 없었다.
- 모든 경기가 종료된 후에 각 규칙이 한 번씩 적용되었음을 알 수 있었다.
- 甲은 보를 3번 냈으며, 乙은 가위-바위-보를 순서대로 냈다.
└────────────────────────────┘

┌─ 보기 ─────────────────────────┐
ㄱ. 甲이 1승 1무 1패를 한 경우, 첫 번째 경기에 A규칙 또는 C규칙이 적용되었다.
ㄴ. 甲이 2승 1무를 한 경우, 두 번째 경기에 A규칙이 적용되었다.
ㄷ. 甲은 3번의 경기 중 최소한 1승은 할 수 있다.
ㄹ. 만약 乙이 세 번째 경기에서 보가 아닌 가위나 바위를 낸다고 해도 甲은 3승을 할 수 없다.
└────────────────────────────┘

① ㄱ, ㄷ   ② ㄴ, ㄷ   ③ ㄴ, ㄹ
④ ㄱ, ㄴ, ㄹ   ⑤ ㄱ, ㄷ, ㄹ

30 다음 글을 근거로 판단할 때, 1단계에서 甲이 나눈 두 묶음의 구슬 개수로 옳은 것은? 16 민경채 5책형 21번

┌────────────────────────────┐
甲은 아래 세 개의 단계를 순서대로 거쳐 16개의 구슬을 네 묶음으로 나누었다. 네 묶음의 구슬 개수는 각각 1개, 5개, 5개, 5개이다.
- 1단계: 16개의 구슬을 두 묶음으로 나누어, 한 묶음의 구슬 개수가 다른 묶음의 구슬 개수의 n배(n은 자연수)가 되도록 했다.
- 2단계: 5개 이상의 구슬이 있던 한 묶음에서 다른 묶음으로 5개의 구슬을 옮겼다.
- 3단계: 두 묶음을 각각 두 묶음씩으로 다시 나누어 총 네 묶음이 되도록 했다.
└────────────────────────────┘

① 8개, 8개
② 11개, 5개
③ 12개, 4개
④ 14개, 2개
⑤ 15개, 1개

추리분석 − 수 · 규칙 · 암호추리형

2.2 수 · 규칙 · 암호추리

01 다음 〈상황〉을 근거로 판단할 때, 〈보기〉에서 옳은 것만을 모두 고르면? 18 민경채 가책형 21번

〈상황〉

- A 위원회는 12명의 위원으로 구성되며, 위원 중에서 위원장을 선출한다.
- 12명의 위원은 자신을 제외한 11명 중 서로 다른 2명에게 1표씩 투표하여 최다 득표자를 위원장으로 결정한다.
- 최다 득표자가 여러 명인 경우 추첨을 통해 이들 중 1명을 위원장으로 결정한다.

※ 기권 및 무효표는 없다.

〈보기〉

ㄱ. 득표자 중 5표를 얻은 위원이 존재하고 추첨을 통해 위원장이 결정되었다면, 득표자는 3명 이하이다.
ㄴ. 득표자가 총 3명이고 그 중 1명이 7표를 얻었다면, 위원장을 추첨으로 결정하지 않아도 된다.
ㄷ. 득표자 중 최다 득표자가 8표를 얻었고 추첨 없이 위원장이 결정되었다면, 득표자는 4명 이상이다.

① ㄴ   ② ㄷ   ③ ㄱ, ㄴ
④ ㄱ, ㄷ   ⑤ ㄴ, ㄷ

02 다음 글을 근거로 판단할 때, 〈보기〉에서 옳은 것만을 모두 고르면? 22 7급 공채 가책형 14번

○○부의 甲국장은 직원 연수 프로그램을 마련하기 위하여 乙주무관에게 직원 1,000명 전원을 대상으로 연수 희망 여부와 희망 지역에 대한 의견을 수렴할 것을 요청하였다. 이에 따라 乙은 설문조사를 실시하였고, 甲과 乙은 그 결과에 대해 대화를 나누고 있다.

甲: 설문조사는 잘 시행되었나요?
乙: 예. 직원 1,000명 모두 연수 희망 여부에 대해 응답하였습니다. 연수를 희망하는 응답자는 43%였으며, 남자직원의 40%와 여자직원의 50%가 연수를 희망하는 것으로 나타났습니다.
甲: 연수 희망자 전원이 희망 지역에 대해 응답했나요?
乙: 예. A지역과 B지역 두 곳 중에서 희망하는 지역을 선택하라고 했더니 B지역을 희망하는 비율이 약간 더 높았습니다. 그리고 연수를 희망하는 여자직원 중 B지역 희망 비율은 연수를 희망하는 남자직원 중 B지역 희망 비율의 2배인 80%였습니다.

〈보기〉

ㄱ. 전체 직원 중 남자직원의 비율은 50%를 넘는다.
ㄴ. 연수 희망자 중 여자직원의 비율은 40%를 넘는다.
ㄷ. A지역 연수를 희망하는 직원은 200명을 넘지 않는다.
ㄹ. B지역 연수를 희망하는 남자직원은 100명을 넘는다.

① ㄱ, ㄷ   ② ㄴ, ㄷ
③ ㄴ, ㄹ   ④ ㄱ, ㄴ, ㄹ
⑤ ㄱ, ㄷ, ㄹ

회독 ▢▢▢ 난도 ★★☆ 소요시간 ▢▢▢

03 다음 글을 근거로 판단할 때, ㉠에 해당하는 수는?
22 7급 공채 가책형 20번

> 甲 : 그저께 나는 만 21살이었는데, 올해 안에 만 23살이
>   될 거야.
> 乙 : 올해가 몇 년이지?
> 甲 : 올해는 2022년이야.
> 乙 : 그러면 네 주민등록번호 앞 6자리의 각 숫자를 모두
>   곱하면 [㉠]이구나.
> 甲 : 그래, 맞아!

① 0
② 81
③ 486
④ 648
⑤ 2,916

회독 ▢▢▢ 난도 ★☆☆ 소요시간 ▢▢▢

04 다음 글과 〈대화〉를 근거로 판단할 때, 丙이 받을 수 있는 최대 성과점수는?
21 7급 공채 나책형 11번

> • A과는 과장 1명과 주무관 4명(甲 ~ 丁)으로 구성되어
>   있으며, 주무관의 직급은 甲이 가장 높고, 乙, 丙, 丁 순
>   으로 낮아진다.
> • A과는 프로젝트를 성공적으로 마친 보상으로 성과점수
>   30점을 부여받았다. 과장은 A과에 부여된 30점을 자신
>   을 제외한 주무관들에게 분배할 계획을 세우고 있다.
> • 과장은 주무관들의 요구를 모두 반영하여 성과점수를
>   분배하려 한다.
> • 주무관들이 받는 성과점수는 모두 다른 자연수이다.

〈대화〉

> 甲 : 과장님이 주시는 대로 받아야죠. 아! 그렇지만 丁보다
>   는 제가 높아야 합니다.
> 乙 : 이번 프로젝트 성공에는 제가 가장 큰 기여를 했으니,
>   제가 가장 높은 성과점수를 받아야 합니다.
> 丙 : 기여도를 고려했을 때, 제 경우에는 상급자보다는 낮
>   게 받고 하급자보다는 높게 받아야 합니다.
> 丁 : 저는 내년 승진에 필요한 최소 성과점수인 4점만 받
>   겠습니다.

① 6　　　　　② 7
③ 8　　　　　④ 9
⑤ 10

05 다음 글을 근거로 판단할 때, A 괘종시계가 11시 정각을 알리기 위한 마지막 종을 치는 시각은?

21 7급 공채 나책형 9번

A 괘종시계는 매시 정각을 알리기 위해 매시 정각부터 일정한 시간 간격으로 해당 시의 수만큼 종을 친다. 예를 들어 7시 정각을 알리기 위해서는 7시 정각에 첫 종을 치기 시작하여 일정한 시간 간격으로 총 7번의 종을 치는 것이다. 이 괘종시계가 정각을 알리기 위해 2번 이상 종을 칠 때, 종을 치는 시간 간격은 몇 시 정각을 알리기 위한 것이든 동일하다. A 괘종시계가 6시 정각을 알리기 위한 마지막 6번째 종을 치는 시각은 6시 6초이다.

① 11시 11초
② 11시 12초
③ 11시 13초
④ 11시 14초
⑤ 11시 15초

06 다음 글과 〈상황〉을 근거로 판단할 때, 괄호 안의 ㉠과 ㉡에 해당하는 것을 옳게 짝지은 것은?

21 7급 공채 나책형 25번

- 행정구역분류코드는 다섯 자리 숫자로 구성되어 있다.
- 행정구역분류코드의 '처음 두 자리'는 광역자치단체인 시·도를 의미하는 고유한 값이다.
- '그 다음 두 자리'는 광역자치단체인 시·도에 속하는 기초자치단체인 시·군·구를 의미하는 고유한 값이다. 단, 광역자치단체인 시에 속하는 기초자치단체는 군·구이다.
- '마지막 자리'에는 해당 시·군·구가 기초자치단체인 경우 0, 자치단체가 아닌 경우 0이 아닌 임의의 숫자를 부여한다.
- 광역자치단체인 시에 속하는 구는 기초자치단체이며, 기초자치단체인 시에 속하는 구는 자치단체가 아니다.

〈상황〉

○○시의 A구와 B구 중 B구의 행정구역분류코드의 첫 네 자리는 1003이며, 다섯 번째 자리는 알 수 없다.
甲은 ○○시가 광역자치단체인지 기초자치단체인지 모르는 상황에서, A구의 행정구역분류코드는 ○○시가 광역자치단체라면 (㉠), 기초자치단체라면 (㉡)이/가 가능하다고 판단하였다.

	㉠	㉡
①	10020	10021
②	10020	10033
③	10033	10034
④	10050	10027
⑤	20030	10035

회독 ☐☐☐ 난도 ★★☆ 소요시간 ▭

07 다음 글을 근거로 판단할 때, 乙이 계산할 금액은?

22 5급 공채 나책형 8번

> 甲 ~ 丁은 회전 초밥을 먹으러 갔다. 식사를 마친 후, 각자 먹은 접시는 각자 계산하기로 했다. 초밥의 접시당 가격은 다음과 같다.
>
> 〈초밥의 접시당 가격〉
>
> (단위 : 원)
>
> | 빨간색 접시 | 1,500 |
> |---|---|
> | 파란색 접시 | 1,200 |
> | 노란색 접시 | 2,000 |
> | 검정색 접시 | 4,000 |
>
> 이들은 각각 3가지 색의 접시만 먹었으며, 각자 먹지 않은 접시의 색은 서로 달랐다. 이들이 먹은 접시 개수를 모두 세어 보니 빨간색 접시 7개, 파란색 접시 4개, 노란색 접시 8개, 검정색 접시 3개였다. 이들이 먹은 접시에 대한 정보는 다음과 같다.
>
> • 甲은 빨간색 접시 4개, 파란색 접시 1개, 노란색 접시 2개를 먹었다.
> • 丙은 乙보다 파란색 접시를 1개 더 먹었으며, 노란색 접시는 먹지 않았다.
> • 丁은 모두 6개의 접시를 먹었으며, 이 중 빨간색 접시는 2개였고 파란색 접시는 먹지 않았다.

① 7,200원
② 7,900원
③ 9,400원
④ 11,200원
⑤ 13,000원

회독 ☐☐☐ 난도 ★★☆ 소요시간 ▭

08 다음 글을 근거로 판단할 때, '사무관'을 옳게 암호화한 것은?

22 5급 공채 나책형 12번

> A암호화 방식은 단어를 〈자모변환표〉와 〈난수표〉를 이용하여 암호로 변환한다.
>
> 〈자모변환표〉
>
> | ㄱ | ㄲ | ㄴ | ㄷ | ㄸ | ㄹ | ㅁ | ㅂ | ㅃ | ㅅ |
> |---|---|---|---|---|---|---|---|---|---|
> | 120 | 342 | 623 | 711 | 349 | 035 | 537 | 385 | 362 | 479 |
> | ㅆ | ㅇ | ㅈ | ㅉ | ㅊ | ㅋ | ㅌ | ㅍ | ㅎ | ㅏ |
> | 421 | 374 | 794 | 734 | 486 | 325 | 842 | 248 | 915 | 775 |
> | ㅐ | ㅑ | ㅒ | ㅓ | ㅔ | ㅕ | ㅖ | ㅗ | ㅘ | ㅙ |
> | 612 | 118 | 843 | 451 | 869 | 917 | 615 | 846 | 189 | 137 |
>
> 〈난수표〉
>
> 484496112135348641056095137458625153864418913…
>
> • 우선 암호화하고자 하는 단어의 자모를 초성(첫 자음자)−중성(모음자)−종성(받침) 순으로 나열하되, 종성이 없는 경우 초성−중성으로만 나열한다. 예를 들어 '행복'은 'ㅎㅐㅇㅂㅗㄱ'이 된다.
> • 그 다음 각각의 자모를 〈자모변환표〉에 따라 대응하는 세 개의 숫자로 변환한다. 예를 들어 '행복'은 '915612374385846120'으로 변환된다.
> • 변환된 숫자와 〈난수표〉의 숫자를 가장 앞의 숫자부터 순서대로 하나씩 대응시켜 암호 숫자로 바꾼다. 이때 암호 숫자는 그 암호 숫자와 변환된 숫자를 더했을 때 그 결과값의 일의 자리가 〈난수표〉의 대응 숫자와 일치하도록 하는 0 ~ 9까지의 숫자이다. 따라서 '행복'에 대한 암호문은 '579884848850502521'이다.

① 015721685634228562433
② 015721685789228562433
③ 905721575679228452433
④ 015721685789228805381472
⑤ 905721575679228795281472

회독 □□□ 난도 ★★★ 소요시간 [   ]

09 다음 글을 근거로 판단할 때, 〈보기〉에서 옳은 것만을 모두 고르면? 22 5급 공채 나책형 32번

1에서 9까지 아홉 개의 숫자버튼이 있고, 단계별로 숫자버튼을 한 번 누르면 〈규칙〉에 따라 값이 출력되는 장치가 있다.

〈규 칙〉

1단계: 숫자버튼을 누르면 그 수가 그대로 출력된다.
2단계: '1단계 출력값'에 '2단계에서 누른 수에 11을 곱한 값'을 더한 값이 출력된다.
3단계: '2단계 출력값'에 '3단계에서 누른 수에 111을 곱한 값'을 더한 값이 출력된다. 다만 그 값이 1,000 이상인 경우 0이 출력된다.

┌─ 보기 ─────────────────────
ㄱ. 100부터 999까지의 정수는 모두 출력 가능하다.
ㄴ. 250이 출력되도록 숫자버튼을 누르는 방법은 한 가지이다.
ㄷ. 100의 배수(0 제외)가 출력되었다면 처음 누른 숫자버튼은 반드시 1이다.
─────────────────────────

① ㄱ
② ㄴ
③ ㄱ, ㄴ
④ ㄱ, ㄷ
⑤ ㄴ, ㄷ

회독 □□□ 난도 ★★☆ 소요시간 [   ]

10 다음 글을 근거로 판단할 때, 18시에서 20시 사이에 보행신호가 점등된 횟수는? 21 5급 공채 가책형 12번

- A시는 차량통행은 많지만 사람의 통행은 적은 횡단보도에 보행자 자동인식시스템을 설치하였다.
- 보행자 자동인식시스템이 횡단보도 앞에 도착한 보행자를 인식하면 1분 30초의 대기 후에 보행신호가 30초간 점등되며, 이후 차량통행을 보장하기 위해 2분간 보행신호는 점등되지 않는다. 점등 대기와 보행신호 점등, 차량통행 보장 시간 동안에는 보행자를 인식하지 않는다.

점등 대기		보행신호 점등		차량통행 보장
1분 30초	→	30초	→	2분

- 보행신호가 점등되기 전까지 횡단보도 앞에 도착한 사람만 모두 건넌다.
- 다음은 17시 50분부터 20시까지 횡단보도 앞에 도착한 사람의 수와 도착 시각을 정리한 것이다.

도착 시각	인원	도착 시각	인원
18 : 25 : 00	1	18 : 44 : 00	3
18 : 27 : 00	3	18 : 59 : 00	4
18 : 30 : 00	2	19 : 01 : 00	2
18 : 31 : 00	5	19 : 48 : 00	4
18 : 43 : 00	1	19 : 49 : 00	2

① 6
② 7
③ 8
④ 9
⑤ 10

11 다음 글과 〈상황〉을 근거로 판단할 때 옳은 것은?

21 5급 공채 가책형 34번

甲은 상자를 운반하려고 한다. 甲은 상자를 1회 운반할 때마다 다음 규칙 중 하나를 선택하여 적용한다.

㉠ 남아 있는 상자 중 가장 무거운 것과 가장 가벼운 것의 총 무게가 17 kg 이하이면 함께 운반한다. 가장 무거운 것과 가장 가벼운 것의 총 무게가 17 kg 초과이면 가장 무거운 것만 운반한다.
㉡ 남아 있는 상자 중 총 무게가 17 kg 이하인 상자 3개를 함께 운반한다.
㉢ 남아 있는 상자를 모두 운반한다. 단, 운반하려는 상자의 총 무게가 17 kg 이하여야 한다.

〈상황〉

甲이 운반하는 상자는 10개(A ~ J)이다. 상자는 A가 20 kg으로 가장 무겁고 알파벳순으로 2 kg씩 가벼워져 J가 가장 가볍다. 甲은 첫 번째로 A를, 두 번째로 ⓐ · I · J를 운반한다.

① D는 다른 상자와 같이 운반된다.
② 두 번째 운반 후에 ㉠은 적용되지 않는다.
③ ⓐ가 G라면 이후에 ㉢은 적용될 수 없다.
④ 두 번째 운반부터 상자를 모두 옮길 때까지 운반 횟수를 최소로 하려면 ⓐ가 H여서는 안 된다.
⑤ 상자를 모두 옮길 때까지 전체 운반 횟수를 최소로 하기 위해서는 두 번째 운반에 ㉠을 적용해야 한다.

12 다음 〈상황〉을 근거로 판단할 때, 〈보기〉에서 옳은 것만을 모두 고르면?

18 5급 공채 나책형 18번

〈상황〉

• 체육대회에서 8개의 종목을 구성해 각 종목에서 우승 시 얻는 승점을 합하여 각 팀의 최종 순위를 매기고자 한다.
• 각 종목은 순서대로 진행하고, 3번째 종목부터는 각 종목 우승 시 받는 승점이 그 이전 종목들의 승점을 모두 합한 점수보다 10점 더 많도록 구성하였다.

※ 승점은 각 종목의 우승 시에만 얻을 수 있으며, 모든 종목의 승점은 자연수이다.

〈보기〉

ㄱ. 1번째 종목과 2번째 종목의 승점이 각각 10점, 20점이라면 8번째 종목의 승점은 1,000점을 넘게 된다.
ㄴ. 1번째 종목과 2번째 종목의 승점이 각각 100점, 200점이라면 8번째 종목의 승점은 10,000점을 넘게 된다.
ㄷ. 1번째 종목과 2번째 종목의 승점에 상관없이 8번째 종목의 승점은 6번째 종목 승점의 네 배이다.
ㄹ. 만약 3번째 종목부터 각 종목 우승 시 받는 승점이 그 이전 종목들의 승점을 모두 합한 점수보다 10점 더 적도록 구성한다면, 1번째 종목과 2번째 종목의 승점에 상관없이 8번째 종목의 승점은 6번째 종목 승점의 네 배보다 적다.

① ㄱ, ㄷ
② ㄱ, ㄹ
③ ㄴ, ㄷ
④ ㄱ, ㄴ, ㄹ
⑤ ㄴ, ㄷ, ㄹ

13 다음 글을 근거로 판단할 때, ㉠에 들어갈 일시는?

18 5급 공채 나책형 38번

- 서울에 있는 甲사무관, 런던에 있는 乙사무관, 시애틀에 있는 丙사무관은 같은 프로젝트를 진행하면서 다음과 같이 영상업무회의를 진행하였다.
- 회의 시각은 런던을 기준으로 11월 1일 오전 9시였다.
- 런던은 GMT+0, 서울은 GMT+9, 시애틀은 GMT−7을 표준시로 사용한다. (즉, 런던이 오전 9시일 때, 서울은 같은 날 오후 6시이며 시애틀은 같은 날 오전 2시이다)

甲: 제가 프로젝트에서 맡은 업무는 오늘 오후 10시면 마칠 수 있습니다. 런던에서 받아서 1차 수정을 부탁드립니다.

乙: 네, 저는 甲사무관님께서 제시간에 끝내 주시면 다음 날 오후 3시면 마칠 수 있습니다. 시애틀에서 받아서 마지막 수정을 부탁드립니다.

丙: 알겠습니다. 저는 앞선 두 분이 제시간에 끝내 주신다면 서울을 기준으로 모레 오전 10시면 마칠 수 있습니다. 제가 업무를 마치면 프로젝트가 최종 마무리 되겠군요.

甲: 잠깐, 다들 말씀하신 시각의 기준이 다른 것 같은데요? 저는 처음부터 런던을 기준으로 이해하고 말씀드렸습니다.

乙: 저는 처음부터 시애틀을 기준으로 이해하고 말씀드렸는데요?

丙: 저는 처음부터 서울을 기준으로 이해하고 말씀드렸습니다. 그렇다면 계획대로 진행될 때 서울을 기준으로 (㉠)에 프로젝트를 최종 마무리할 수 있겠네요.

甲, 乙: 네, 맞습니다.

① 11월 2일 오후 3시
② 11월 2일 오후 11시
③ 11월 3일 오전 10시
④ 11월 3일 오후 3시
⑤ 11월 3일 오후 7시

14 다음 글을 근거로 판단할 때, 2015년 9월 15일이 화요일이라면 2020년 이후 A국 ○○축제가 처음으로 18일 동안 개최되는 해는? (단, 모든 날짜는 양력 기준이다)

16 5급 공채 4책형 34번

1년의 개념은 지구가 태양을 한 바퀴 도는 데에 걸리는 시간으로, 그 시간은 정확히 365일이 아니다. 실제 그 시간은 365일보다 조금 긴 약 365.2422일이다. 따라서 다음과 같은 규칙을 순서대로 적용하여 1년이 366일인 윤년을 정한다.
규칙 1: 연도가 4로 나누어 떨어지는 해는 윤년으로 한다. (2004년, 2008년, …)
규칙 2: '규칙 1'의 연도 중에서 100으로 나누어 떨어지는 해는 평년으로 한다. (2100년, 2200년, 2300년, …)
규칙 3: '규칙 2'의 연도 중에서 400으로 나누어 떨어지는 해는 윤년으로 한다. (1600년, 2000년, 2400년, …)

※ 평년: 윤년이 아닌, 1년이 365일인 해

A국 ○○축제는 매년 9월 15일이 지나고 돌아오는 첫 번째 토요일에 시작하여 10월 첫 번째 일요일에 끝나는 일정으로 개최한다. 다만 10월 1일 또는 2일이 일요일인 경우, 축제를 A국 국경일인 10월 3일까지 연장한다. 따라서 축제는 최단 16일에서 최장 18일 동안 열린다.

① 2021년
② 2022년
③ 2023년
④ 2025년
⑤ 2026년

15 다음 글을 근거로 판단할 때 반드시 참인 것은?

20 입법 가책형 18번

역사 과목 시험에 응시한 갑, 을, 병, 정, 무는 시험이 끝난 뒤 서로가 제출한 답을 비교해보았다. 이들은 시험 문제 10개 중 자신이 맞힌 문제 개수를 누가 가장 잘 예측하는지 내기하였다. 각자 자신이 생각하는 자신의 정답 개수를 적어낸 뒤 정답이 발표된 후 이를 실제 정답 개수와 비교하여, 예측 정답 개수와 실제 정답 개수의 차이에 10을 곱한 만큼의 점수를 100점에서 차감하여 점수를 산정한다. 예컨대 9개를 맞혔다고 예측하였으나 실제로 8개를 맞힌 사람은 10점을 차감하여 90점의 점수를 얻는다.

이때 갑, 을, 병, 정, 무가 예측한 정답 개수와 획득한 점수는 다음과 같다.

이름	갑	을	병	정	무
예측 정답 개수	9개	8개	10개	10개	7개
점수	100점	80점	70점	90점	80점

한편 시험 문제 1번부터 10번에 대하여 갑, 을, 병, 정, 무가 제출한 답은 다음과 같다. 단, 문제는 5지선다이며 같은 알파벳은 반드시 같은 숫자를 의미한다. 그러나 서로 다른 알파벳은 같은 숫자일 수도, 다른 숫자일 수도 있다.

	1번	2번	3번	4번	5번	6번	7번	8번	9번	10번
갑	5	3	a	1	2	4	3	4	b	2
을	2	3	1	1	2	4	c	4	5	2
병	2	3	4	d	e	4	3	4	5	f
정	2	1	1	1	2	4	3	4	5	2
무	2	5	1	1	e	3	g	5	h	f

① a는 4이다.
② b와 h는 같다.
③ d가 1인 경우 h는 5이다.
④ c와 g는 같다.
⑤ e와 f 중 적어도 하나는 2이다.

16 다음 〈조건〉과 〈상황〉을 근거로 판단할 때 〈보기〉에서 옳은 것만을 모두 고르면?

20 입법 가책형 39번

〈조건〉

- A팀과 B팀은 특수부대로 甲국과 다른 시간을 사용한다.
- A팀과 B팀은 甲국의 0시에 하루가 시작되는 것은 동일하나 甲국의 0시에 각각 일정한 시간을 더하여 하루의 시작시각을 설정한다. 예를 들어, A팀이 1시간을 더한다고 한다면 甲국이 0시일 때 A팀의 시작시각은 1시가 된다.
- A팀과 B팀은 甲국과 시간 속도를 다르게 설정한다. 예를 들어, A팀이 시간 속도를 2배 빠르게 설정하였다면 甲국에서 1분이 경과하는 동안 A팀의 시간은 2분이 경과하는 것이 된다. 각 팀은 각자 설정한 시간 속도로 하루를 보낸다.
- A팀과 B팀은 하루가 시작되는 순간 시간 설정을 모두 완료한다.

〈상황〉

다음은 각 사건이 발생했을 때 甲국과 A, B팀의 시각을 나타낸 것이다. 단, 1시간은 60분이며 주어진 시간에서 분 단위 미만의 시간은 전부 무시한다.

사건	甲국	A팀	B팀
건물진입	4시	10시 48분	10시 42분
목표물확보	5시 30분	12시 36분	?
차량탑승	6시 10분	?	14시 36분
공항도착	?	15시 36분	?

※ 단, 甲국 기준으로 하루(00시~23시 59분)사이에 발생한 사건이다.

〈보기〉

ㄱ. A팀의 시간으로 2시간은 B팀의 시간으로 3시간이다.
ㄴ. 공항도착 사건이 발생했을 때 B팀의 시각은 17시 54분이다.
ㄷ. A팀이 설정한 하루의 시작시각과 B팀이 설정한 하루의 시작시각의 차이는 1시간 30분이다.

① ㄱ
② ㄴ
③ ㄱ, ㄴ
④ ㄱ, ㄷ
⑤ ㄱ, ㄴ, ㄷ

17 에이전트 A는 다음 달에 다른 에이전트와 만나야 하는데, 그 접선 날짜를 암호문으로 받았다. 암호문을 해석하여 원문자로 나타낸 것으로 옳은 것은? (단, 암호는 지문에 있는 내용과 같은 방법으로 만들어졌다.) 19 입법 가책형 17번

다음은 원문자를 암호화하는 표이다. 원문자를 아래의 숫자로 변환시킨 후 다시 한 번 변환을 시켜 암호화하게 된다.

예를 들어, BUSINESS를 아래 표를 이용하여 암호화시키면 2 21 19 9 14 5 19 19가 된다.

원문자	A	B	C	D	E	F	G	H	C	J	K	L	M	N	O
변환수	1	2	3	4	5	6	7	8	9	10	11	12	13	14	15
원문자	P	Q	R	S	T	U	V	W	X	Y	Z	_	!	?	.
변환수	16	17	18	19	20	21	22	23	24	25	26	27	28	29	30

이렇게 숫자로 변환된 값들을 두 줄의 표로 만들면 아래와 같다.

2	21	19	9
14	5	19	19

이때, 만일 글자의 수가 홀수가 되면 마침표 등을 넣어서 변환시키면 된다.

그 후 각 열의 1행 숫자의 값과 2행 숫자에 2를 곱한 값을 더한 결과를 그 열의 1행에 넣고, 각 열의 1행 숫자에 3을 곱한 값과 2행 숫자에 4를 곱한 값을 더한 결과를 그 열의 2행에 넣는다.

위에서 BUSINESS를 변환시켜 만들어진 표에 이 규칙을 적용하면 다음과 같다.

30	31	57	47
62	83	133	103

($2+2\times14=30$, $3\times2+4\times14=62$, $21+2\times5=31$, $3\times21+4\times5=83\cdots$.)

이렇게 완성된 암호문을 보내면, 이 과정을 거꾸로 하여 원래의 문자를 해석할 수 있다.

〈보기〉

에이전트 A는 접선 날짜를 다음과 같은 암호로 받았다.

70	77	35	42	30
160	177	75	98	80

① TWENTY_ONE
② TWENTY_TWO
③ TWENTYFOUR
④ TWENTYFIVE
⑤ TWENTYNINE

18 다음 〈상황〉과 〈목차〉를 근거로 판단할 때, 〈보기〉에서 옳은 것만을 모두 고르면? 18 민경채 가책형 25번

〈상황〉

• 책 A는 〈목차〉와 같이 구성되어 있고, 비어 있는 쪽은 없다.
• 책 A의 각 쪽은 모두 제1절부터 제14절까지 14개의 절 중 하나의 절에 포함된다.
• 甲은 3월 1일부터 책 A를 읽기 시작해서, 1쪽부터 마지막 쪽인 133쪽까지 순서대로 읽는다.
• 甲은 한번 읽기 시작한 절은 그날 모두 읽되, 하루에 최대 40쪽을 읽을 수 있다.
• 甲은 절 제목에 '과학' 또는 '정책'이 들어간 절을 하루에 한 개 이상 읽는다.

〈목차〉

〈보기〉

ㄱ. 3월 1일에 甲은 책 A를 20쪽 이상 읽는다.
ㄴ. 3월 3일에 甲이 제6절까지 읽었다면, 甲은 3월 5일까지 책 A를 다 읽을 수 있다.
ㄷ. 甲이 책 A를 다 읽으려면 최소 5일 걸린다.

① ㄱ
② ㄴ
③ ㄱ, ㄴ
④ ㄱ, ㄷ
⑤ ㄴ, ㄷ

회독 ☐☐☐ 난도 ★★☆ 소요시간 ☐☐☐☐☐

19 다음 〈규칙〉을 근거로 판단할 때, 〈보기〉에서 옳은 것만을 모두 고르면? 15 민경채 인책형 8번

─〈규칙〉─

• △△배 씨름대회는 아래와 같은 대진표에 따라 진행되며, 11명의 참가자는 추첨을 통해 동일한 확률로 A부터 K까지의 자리 중에서 하나를 배정받아 대회에 참가한다.

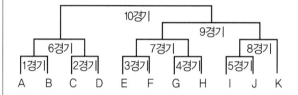

• 대회는 첫째 날에 1경기부터 시작되어 10경기까지 순서대로 매일 하루에 한 경기씩 쉬는 날 없이 진행되며, 매 경기에서는 무승부 없이 승자와 패자가 가려진다.

• 각 경기를 거듭할 때마다 패자는 제외시키면서 승자끼리 겨루어 최후에 남은 두 참가자 간에 우승을 가리는 승자 진출전 방식으로 대회를 진행한다.

─〈보기〉─

ㄱ. 이틀 연속 경기를 하지 않으면서 최소한의 경기로 우승할 수 있는 자리는 총 5개이다.

ㄴ. 첫 번째 경기에 승리한 경우 두 번째 경기 전까지 3일 이상을 경기 없이 쉴 수 있는 자리에 배정될 확률은 50% 미만이다.

ㄷ. 총 4번의 경기를 치러야 우승할 수 있는 자리에 배정될 확률이 총 3번의 경기를 치르고 우승할 수 있는 자리에 배정될 확률보다 높다.

① ㄱ

② ㄴ

③ ㄷ

④ ㄱ, ㄷ

⑤ ㄴ, ㄷ

회독 ☐☐☐ 난도 ★★☆ 소요시간 ☐☐☐☐☐

20 다음 글을 근거로 판단할 때, 〈보기〉에서 방정식 $x^3 + 4x + 2 = 0$의 표현으로 옳은 것만을 모두 고르면?

15 민경채 인책형 15번

과거에는 방정식을 현재의 표현 방식과는 다르게 표현하였다.

카르다노는 x를 reb^9라고 쓰고 x^3을 cub^9라고 했으며 $+$를 p:과 같이 써서 $x^3 + 6x = 18$을

$$\text{cub}^9\ \text{p:}\ 6\text{reb}^9\ \text{ae}\overline{\text{q}}\text{lis}\ 18$$

이라고 했다. 스테빈은 $x^3 + 3 = 2x + 6$을

$$1^{③} + 3\ \text{egales}\ \acute{\text{a}}\ 2^{①} + 6$$

이라고 썼다. 여기서 $\text{egales}\ \acute{\text{a}}$는 $=$를 나타낸다.

기랄드는 x를 (1), x^2을 (2), x^3을 (3)과 같이 사용했다. 즉, $x^3 + 21x^2 + 4 = 0$을

$$1(3) + 21(2) + 4 = 0$$

이라고 쓴 것이다.

헤리옷은 $x^3 + 3x = 0$을

$$xxx + 3 \cdot x = 0$$

과 같이 표현했다.

─〈보기〉─

ㄱ. 카르다노는 $\text{cub}^9\ \text{p:}\ 4\text{reb}^9\ \text{p:}\ 2\ \text{ae}\overline{\text{q}}\text{lis}\ 0$이라고 썼을 것이다.

ㄴ. 스테빈은 $1^{③} + 4^{①} + 2\ \text{egales}\ \acute{\text{a}}\ 0$이라고 썼을 것이다.

ㄷ. 기랄드는 $1(2) + 4(1) + 2 = 0$이라고 썼을 것이다.

ㄹ. 헤리옷은 $xxx + 4 \cdot x + 2 = 0$이라고 썼을 것이다.

① ㄱ, ㄷ

② ㄴ, ㄹ

③ ㄱ, ㄴ, ㄷ

④ ㄱ, ㄴ, ㄹ

⑤ ㄴ, ㄷ, ㄹ

회독 ☐☐☐ 난도 ★☆☆ 소요시간 ☐☐☐

21 다음 〈대화〉와 〈품질인증서번호 부여 규칙〉을 근거로 판단할 때, 乙이 발급받은 품질인증서번호는?

20 5급 공채 나책형 37번

〈대화〉

甲: 안녕하세요? '품질인증서' 발급을 신청하러 오셨나요?

乙: 토목분야로 예전에 품질인증서를 발급받은 적이 있어요. 재발급받으려 합니다.

甲: 인증서 유효기간은 발급일로부터 2년까지입니다. 선생님께선 2017년 11월 20일에 발급받으셨네요. 오늘 접수하시면 유효기간 만료일로부터 30일이 지난 겁니다.

乙: 그렇군요. 저희가 2019년 11월에 본사와 공장을 전부 이전해서 주소가 바뀌었어요. 본사는 대전으로 이전했고, 공장은 중동에서 베트남으로 이전해 있어요. 이러한 내용으로 발급해 주세요.

甲: 접수되었습니다. 품질인증서는 접수일로부터 3주 후에 발급됩니다.

〈품질인증서번호 부여 규칙〉

품질인증서번호는 부여 규칙(가 ~ 라)에 따라 아래와 같이 ㉠ ~ ㉣란에 숫자 또는 코드가 기재된다.

㉠	㉡	㉢	㉣

가. ㉠란에 발급연도의 3, 4번째 숫자를 기재한다.

나. ㉡란에 아래의 신청유형별 코드를 기재한다.

신청유형	코드	신청유형	코드
신규신청	1A	재발급(기간만료 후)	4B
연장신청 (기간만료 전)	2A	재발급(양도)	5C
규격확인 신청	3B	재발급(공장주소변경)	6C

※ 2개 이상의 신청유형에 해당되는 경우에는 해당 코드를 모두 기재하되, 각 코드에 포함된 숫자가 큰 코드를 먼저 기재한다.

다. ㉢란에 아래의 분야별 코드를 기재한다.

분야명	코드	분야명	코드
기계	AA	에너지	CC
전기 · 전자	AB	토목	CD
정보 · 통신	BB	의료기기	DD

라. ㉣란에 아래의 지역구분 코드를 기재한다. (단, 지역구분 코드는 발급연도를 기준으로 공장소재지에 따른다)

국내	코드	국외	코드
서울 · 인천 · 경기	DA	아시아	FA
대전 · 세종 · 충남 · 충북	DB	미주	FB
광주 · 전남 · 전북 · 제주	DC	유럽	FC
부산 · 울산 · 경남	DD	중동	FD
대구 · 경북	DE	아프리카	FE
강원	DF	기타지역	FF

① 196C4BCDFA
② 194B6CCCDB
③ 196C4BCDFD
④ 204B6CCDDB
⑤ 206C4BCDFA

22 다음 글을 근거로 판단할 때, 길동이가 오늘 아침에 수행한 아침 일과에 포함될 수 없는 것은?

19 5급 공채 가책형 30번

길동이는 오늘 아침 7시 20분에 기상하여, 25분 후인 7시 45분에 집을 나섰다. 길동이는 주어진 25분을 모두 아침 일과를 쉼없이 수행하는 데 사용했다.

아침 일과를 수행하는 데 정해진 순서는 없으며, 같은 아침 일과를 두 번 이상 수행하지 않는다.

단, 머리를 감았다면 반드시 말리며, 각 아침 일과 수행 중에 다른 아침 일과를 동시에 수행할 수는 없다. 각 아침 일과를 수행하는 데 소요되는 시간은 아래와 같다.

아침 일과	소요 시간
샤워	10분
세수	4분
머리 감기	3분
머리 말리기	5분
몸치장 하기	7분
구두 닦기	5분
주스 만들기	15분
양말 신기	2분

① 세수
② 머리 감기
③ 구두 닦기
④ 몸치장 하기
⑤ 주스 만들기

23 재적의원이 210명인 ○○국 의회에서 다음과 같은 〈규칙〉에 따라 안건 통과 여부를 결정한다고 할 때, 〈보기〉에서 옳은 것만을 모두 고르면?

16 5급 공채 4책형 13번

─〈규칙〉─
• 안건이 상정된 회의에서 기권표가 전체의 3분의 1 이상이면 안건은 부결된다.
• 기권표를 제외하고, 찬성 또는 반대의견을 던진 표 중에서 찬성표가 50%를 초과해야 안건이 가결된다.

※ 재적의원 전원이 참석하여 1인 1표를 행사하였고, 무효표는 없다.

─〈보기〉─
ㄱ. 70명이 기권하여도 71명이 찬성하면 안건이 가결된다.
ㄴ. 104명이 반대하면 기권표에 관계없이 안건이 부결된다.
ㄷ. 141명이 찬성하면 기권표에 관계없이 안건이 가결된다.
ㄹ. 안건이 가결될 수 있는 최소 찬성표는 71표이다.

① ㄱ, ㄴ
② ㄱ, ㄷ
③ ㄴ, ㄷ
④ ㄴ, ㄹ
⑤ ㄷ, ㄹ

회독 ☐☐☐ 난도 ★☆☆ 소요시간 ☐☐

24 우주센터는 화성 탐사 로봇(JK3)으로부터 다음의 〈수신 신호〉를 왼쪽부터 순서대로 받았다. 〈조건〉을 근거로 판단할 때, JK3의 이동경로로 옳은 것은?

15 5급 공채 인책형 15번

── 수신 신호 ──

010111, 000001, 111001, 100000

── 조건 ──

JK3은 출발 위치를 중심으로 주변을 격자 모양 평면으로 파악하고 있으며, 격자 모양의 경계를 넘어 한 칸 이동할 때마다 이동 방향을 나타내는 6자리 신호를 우주센터에 전송한다. 그 신호의 각 자리는 0 또는 1로 이루어진다. 전송 신호는 4개뿐이며, 각 전송 신호가 의미하는 이동 방향은 아래와 같다.

전송 신호	이동 방향
000000	북
000111	동
111000	서
111111	남

JK3이 보낸 6자리의 신호 중 한 자리는 우주잡음에 의해 오염된다. 이 경우 오염된 자리의 숫자 0은 1로, 1은 0으로 바뀐다.

※ JK3은 동서남북을 인식하고, 이 네 방향으로만 이동한다.

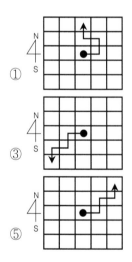

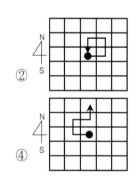

회독 ☐☐☐ 난도 ★★☆ 소요시간 ☐☐

25 다음 글을 근거로 판단할 때, 〈보기〉에서 옳은 것만을 모두 고르면? 15 5급 공채 인책형 35번

甲은 정육면체의 각 면에 점을 새겨 게임 도구를 만들려고 한다. 게임 도구는 다음의 규칙에 따라 만든다.

• 정육면체의 모든 면에는 반드시 점을 1개 이상 새겨야 한다.
• 한 면에 새기는 점의 수가 6개를 넘어서는 안 된다.
• 각 면에 새기는 점의 수가 반드시 달라야 할 필요는 없다.

── 보기 ──

ㄱ. 정육면체에 새긴 점의 총 수가 10개라면 점 6개를 새긴 면은 없다.
ㄴ. 정육면체에 새긴 점의 총 수가 21개인 방법은 1가지밖에 없다.
ㄷ. 정육면체에 새긴 점의 총 수가 24개라면 각 면에 새긴 점의 수는 모두 다르다.
ㄹ. 정육면체에 새긴 점의 총 수가 20개라면 3개 이하의 점을 새긴 면이 4개 이상이어야 한다.

① ㄱ
② ㄱ, ㄴ
③ ㄴ, ㄷ
④ ㄷ, ㄹ
⑤ ㄱ, ㄷ, ㄹ

🖹 조건판단형 핵심가이드

조건판단형의 유형은 상황조건을 통해 주로 (1) <배치결정형>(선정, 조합, 매칭, 순서 결정 등) (2) <의사결정형>(비교, 평가, 최선의 의사결정 등)으로 출제된다. 대체로 20%대의 출제율을 보여 온 만큼 다양한 상황과 구조를 띠고 있는 여러 난도의 문제를 풀어보면서 잘 대비해야 한다.

본 유형을 효율적으로 풀이하기 위해서는 조건 전개 순서와 빠른 수치 비교가 핵심 필수요소이다. 확정 조건(고정시킬 수 있는 조건)과 제한 조건(변동성 있는 조건: 표면적으로는 불확정적이나 다른 대상 등을 확정시키는 데 기준 역할을 하는 조건)등을 고려하여 문제에서 요구하는 답을 빠르게 찾는 것이 매우 중요하다. 이와 관련하여 본 유형은 대체로 선지 대상 중에 논외대상(기본 자격 기준을 충족하지 못하는 대상. 2가지 유형 모두 해당함)을 포함하는 경우가 많으므로 이를 우선 제거하는 것이 체크포인트라 할 수 있다. 즉, 선지소거법을 보다 적극적으로 활용해야 하는 유형 중 하나이고 필요하다면 도식화 등을 통해 주어진 상황 등을 임팩트 있게 정리하는 것이 효과적이다.

좀 더 구체적으로 살펴보면, (1) <배치결정형>의 경우 과거에는 주로 단순히 조건 내용에 따라 조건충족 여부를 따져서 위치나 대상 등을 선정하거나 적절한 조합을 찾는 형태였다면 최근에는 수치 계산이나 시간 경과 등의 자료(정보)를 분석하거나 해석한 후 어떤 일정한 선택이나 결정을 하는 유형으로 점차 복잡해지고 있는 추세라고 할 수 있다.(난도는 해마다 편차 존재함)

한편, 순위나 순서 등을 결정하는 유형은 최종 결과나 혹은 그 판단 과정에서 비롯되는 논리적·수리적 역량을 평가하는 방식으로 판단의 근거로 사용되는 조건 및 수치 자료에 대한 빠른 적용이 필요하다. 앞서 선정조합형에서와 같은 효율적 판정을 위한 조건의 적용 전개 순서를 빠르게 모색하는 것이 필요하고 ii) 계산이 수반되는 경우에는 상대적 비교법(기차 비교법) 등을 통해 수치 자료를 슬림화하여 가능한 한 암산으로 어느 정도 처리할 수 있도록 하는 것이 시간을 줄이는 데 중요한 필수 요소라 할 수 있다.

(2) <의사결정형>의 경우에는 주어진 상황에서 가능한 여러 가지 대안들을 비교·분석하여 가장 합리적이고 적절한 대안을 결정하는 형태로 선택 기준을 정확히 파악하는 것이 무엇보다 중요하다. 보통 수치자료를 통해 판단하는 경우가 많아 빠른 수리계산(상대적 비교법의 활용: 총합 비교X, 상대적 차이 비교O)이 요구된다.

문제 해결을 통하여 결과를 예측하는 유형의 문제가 주로 출제되지만 문제 해결 과정에서의 합리적인 추측이 판단 효율성을 높이는 데 큰 도움이 되므로 결과 예측치를 추정하는 합리적인 기준이나 방식을 빠르게 적용하는 관점에서 철저히 대비해야 한다.

조건판단 ─ 배치결정형(선정, 조합, 순서)

▶ 3.1 배치결정(선정, 조합, 순서)

회독 ☐☐☐ 난도 ★☆☆ 소요시간 ☐

01 다음 글을 근거로 판단할 때, 네 번째로 보고되는 개정안은? 22 7급 공채 가책형 11번

△△처에서 소관 법규 개정안 보고회를 개최하고자 한다. 보고회는 아래와 같은 기준에 따라 진행한다.
- 법규 체계 순위에 따라 법 ─ 시행령 ─ 시행규칙의 순서로 보고한다. 법규 체계 순위가 같은 개정안이 여러 개 있는 경우 소관 부서명의 가나다순으로 보고한다.
- 한 부서에서 보고해야 하는 개정안이 여럿인 경우, 해당 부서의 첫 번째 보고 이후 위 기준에도 불구하고 그 부서의 나머지 소관 개정안을 법규 체계 순위에 따라 연달아 보고한다.
- 이상의 모든 기준과 무관하게 보고자가 국장인 경우 가장 먼저 보고한다.

보고 예정인 개정안은 다음과 같다.

개정안명	소관 부서	보고자
A법 개정안	예산담당관	甲사무관
B법 개정안	기획담당관	乙과장
C법 시행령 개정안	기획담당관	乙과장
D법 시행령 개정안	국제화담당관	丙국장
E법 시행규칙 개정안	예산담당관	甲사무관

① A법 개정안
② B법 개정안
③ C법 시행령 개정안
④ D법 시행령 개정안
⑤ E법 시행규칙 개정안

회독 ☐☐☐ 난도 ★☆☆ 소요시간 ☐

02 다음 글과 〈상황〉을 근거로 판단할 때, 甲이 선택할 사업과 받을 수 있는 지원금을 옳게 짝지은 것은?

22 7급 공채 가책형 12번

○○군은 집수리지원사업인 A와 B를 운영하고 있다. 신청자는 하나의 사업을 선택하여 지원받을 수 있다. 수리항목은 외부(방수, 지붕, 담장, 쉼터)와 내부(단열, 설비, 창호)로 나누어진다.

〈사업 A의 지원기준〉
- 외부는 본인부담 10%를 제외한 나머지 소요비용을 1,250만 원 한도 내에서 전액 지원
- 내부는 지원하지 않음

〈사업 B의 지원기준〉
- 담장과 쉼터는 둘 중 하나의 항목만 지원하며, 각각 300만 원과 50만 원 한도 내에서 소요비용 전액 지원
- 담장과 쉼터를 제외한 나머지 항목은 내·외부와 관계없이 본인부담 50%를 제외한 나머지 소요비용을 1,200만 원 한도 내에서 전액 지원

─〈상황〉─
甲은 본인 집의 창호와 쉼터를 수리하고자 한다. 소요비용은 각각 500만 원과 900만 원이다. 甲은 사업 A와 B 중 지원금이 더 많은 사업을 선택하여 신청하려고 한다.

	사업	지원금
①	A	1,250만 원
②	A	810만 원
③	B	1,250만 원
④	B	810만 원
⑤	B	300만 원

회독 ☐☐☐ 난도 ★★☆ 소요시간

03 다음 글을 근거로 판단할 때 옳은 것은?

22 7급 공채 가책형 17번

甲부처 신입직원 선발시험은 전공, 영어, 적성 3개 과목으로 이루어진다. 3개 과목 합계 점수가 높은 사람순으로 정원까지 합격한다. 응시자는 7명(A ~ G)이며, 7명의 각 과목 성적에 대해서는 다음과 같은 사실이 알려졌다.

- 전공시험 점수: A는 B보다 높고, B는 E보다 높고, C는 D보다 높다.
- 영어시험 점수: E는 F보다 높고, F는 G보다 높다.
- 적성시험 점수: G는 B보다도 높고 C보다도 높다.

합격자 선발 결과, 전공시험 점수가 일정 점수 이상인 응시자는 모두 합격한 반면 그 점수에 달하지 않은 응시자는 모두 불합격한 것으로 밝혀졌고, 이는 영어시험과 적성시험에서도 마찬가지였다.

① A가 합격하였다면, B도 합격하였다.
② G가 합격하였다면, C도 합격하였다.
③ A와 B가 합격하였다면, C와 D도 합격하였다.
④ B와 E가 합격하였다면, F와 G도 합격하였다.
⑤ B가 합격하였다면, B를 포함하여 적어도 6명이 합격하였다.

회독 ☐☐☐ 난도 ★★☆ 소요시간

04 다음 글을 근거로 판단할 때, 아기 돼지 삼형제와 각각의 집을 옳게 짝지은 것은?

21 7급 공채 나책형 12번

- 아기 돼지 삼형제는 엄마 돼지로부터 독립하여 벽돌집, 나무집, 지푸라기집 중 각각 다른 한 채씩을 선택하여 짓는다.
- 벽돌집을 지을 때에는 벽돌만 필요하지만, 나무집은 나무와 지지대가, 지푸라기집은 지푸라기와 지지대가 재료로 필요하다. 지지대에 소요되는 비용은 집의 면적과 상관없이 나무집의 경우 20만 원, 지푸라기집의 경우 5만 원이다.
- 재료의 1개당 가격 및 집의 면적 1 m²당 필요 개수는 아래와 같다.

구 분	벽돌	나무	지푸라기
1개당 가격(원)	6,000	3,000	1,000
1 m²당 필요 개수	15	20	30

- 첫째 돼지 집의 면적은 둘째 돼지 집의 2배이고, 셋째 돼지 집의 3배이다. 삼형제 집의 면적의 총합은 11 m²이다.
- 모두 집을 짓고 나니, 둘째 돼지 집을 짓는 재료 비용이 가장 많이 들었다.

	첫째	둘째	셋째
①	벽돌집	나무집	지푸라기집
②	벽돌집	지푸라기집	나무집
③	나무집	벽돌집	지푸라기집
④	지푸라기집	벽돌집	나무집
⑤	지푸라기집	나무집	벽돌집

05 다음 글과 〈상황〉을 근거로 판단할 때, 甲 ~ 丁 가운데 근무계획이 승인될 수 있는 사람만을 모두 고르면?

20 7급 모의 7번

〈유연근무제〉

☐ 개념

• 주 40시간을 근무하되, 근무시간을 유연하게 관리하여 1주일에 5일 이하로 근무하는 제도

☐ 복무관리

• 점심 및 저녁시간 운영

– 근무 시작과 종료 시각에 관계없이 점심시간은 12:00 ~ 13:00, 저녁시간은 18:00 ~ 19:00의 각 1시간으로 하고 근무시간으로는 산정하지 않음

• 근무시간 제약

– 근무일의 경우, 1일 최대 근무시간은 12시간으로 하고 최소 근무시간은 4시간으로 함

– 하루 중 근무시간으로 인정하는 시간대는 06:00 ~ 24:00로 한정함

〈상황〉

다음은 甲 ~ 丁이 제출한 근무계획을 정리한 것이며 위의 〈유연근무제〉에 부합하는 근무계획만 승인된다.

요일 직원	월	화	수	목	금
甲	08:00 ~ 18:00	08:00 ~ 18:00	09:00 ~ 13:00	08:00 ~ 18:00	08:00 ~ 18:00
乙	08:00 ~ 22:00	08:00 ~ 22:00	—	08:00 ~ 22:00	08:00 ~ 12:00
丙	08:00 ~ 24:00	08:00 ~ 24:00	—	08:00 ~ 22:00	—
丁	06:00 ~ 16:00	08:00 ~ 22:00	—	09:00 ~ 21:00	09:00 ~ 18:00

① 乙
② 甲, 丙
③ 甲, 丁
④ 乙, 丙
⑤ 乙, 丁

06 다음 글과 〈상황〉을 근거로 판단할 때, 2021년 포획·채취 금지 고시의 대상이 되는 수산자원은?

20 7급 모의 17번

매년 A ~ H 지역에서 포획·채취 금지가 고시되는 수산자원은 아래 〈기준〉에 따른다.

〈기준〉

수산자원	금지기간	금지지역
대구	5월 1일 ~ 7월 31일	A, B
전어	9월 1일 ~ 12월 31일	E, F, G
꽃게	6월 1일 ~ 7월 31일	A, B, C
소라	3월 1일 ~ 5월 31일	E, F
소라	5월 1일 ~ 6월 30일	D, G
새조개	3월 1일 ~ 3월 31일	H

〈상황〉

정부는 경제상황을 고려해서 2021년에 한하여 다음 중 어느 하나에 해당하는 경우, 〈기준〉에 따른 포획·채취 금지 고시의 대상에서 제외한다.

• 소비장려 수산자원: 전어

• 소비촉진 기간: 4월 1일 ~ 7월 31일

• 지역경제활성화 지역: C, D, E, F

① 대구
② 전어
③ 꽃게
④ 소라
⑤ 새조개

회독 ☐☐☐ 난도 ★★☆ 소요시간 _____

07 다음 글과 〈대화〉를 근거로 판단할 때, 乙~丁의 소속 과와 과 총원을 옳게 짝지은 것은? 20 7급 모의 25번

- A부서는 제1과부터 제4과까지 4개 과, 총 35명으로 구성되어 있다.
- A부서 각 과 총원은 과장 1명을 포함하여 7명 이상이며, 그 수가 모두 다르다.
- A부서에 '부여'된 내선번호는 7001번부터 7045번이다.
- 제1과 ~ 제4과 순서대로 연속된 오름차순의 내선번호가 부여되는데, 각 과에는 해당 과 총원 이상의 내선번호가 부여된다.
- 모든 직원은 소속 과의 내선번호 중 서로 다른 번호 하나를 각자 '배정'받는다.
- 각 과 과장에게 배정된 내선번호는 해당 과에 부여된 내선번호 중에 제일 앞선다.
- 甲 ~ 丁은 모두 A부서의 서로 다른 과 소속이다.

〈대화〉

甲: 홈페이지에 내선번호 알림을 새로 해야겠네요. 저희 과는 9명이고, 부여된 내선번호는 7016 ~ 7024번입니다.

乙: 甲주무관님 과는 총원과 내선번호 개수가 같네요. 저희 과 총원이 제일 많은데, 내선번호는 그보다 4개 더 있어요.

丙: 저희 과는 총원보다 내선번호가 3개 더 많아요. 아, 丁주무관님! 제 내선번호는 7034번이고, 저희 과장님 내선번호는 7025번이에요.

丁: 저희 과장님 내선번호 끝자리와 丙주무관님 과의 과장님 내선번호 끝자리가 동일하네요.

직원	소속 과	과 총원
① 乙	제1과	10명
② 乙	제4과	11명
③ 丙	제3과	8명
④ 丁	제1과	7명
⑤ 丁	제4과	8명

회독 ☐☐☐ 난도 ★★☆ 소요시간 _____

08 다음 글과 〈상황〉을 근거로 판단할 때, 2022년에 건강검진을 받을 직원이 가장 많은 검진항목은?

22 5급 공채 나책형 18번

A기관은 직원들을 대상으로 건강검진 프로그램을 운영하고 있다. 직원들은 각 검진항목의 대상에 해당하는 경우 주기에 맞춰 반드시 검진을 받는다. 다만 검진주기가 2년인 검진항목은 최초 검진대상이 되는 해 또는 그다음 해에 검진을 받아야 한다. 예를 들어 2021년에 45세가 된 직원은 2021년 또는 2022년 중 한 번 심장 검진을 받고, 이후 2년마다 심장 검진을 받아야 한다.

〈A기관 건강검진 프로그램〉

검진항목	대상	주기
위	40세 이상	2년
대장	50세 이상	1년
심장	45세 이상	2년
자궁경부	30세 이상 45세 미만 여성	2년
간	40세 이상 간암 발생 고위험군	1년

〈상황〉

A기관 직원 甲 ~ 戊의 2020년 건강검진 기록은 다음과 같다. 2020년 검진 이후 A기관 직원 현황과 간암 발생 고위험군 직원은 변동이 없다.

〈2020년 A기관 직원 건강검진 기록〉

이름	나이(세)	성별	검진항목
甲	28	여	없음
乙	45	남	위
丙	40	여	간
丁	48	남	심장
戊	54	여	대장

① 위
② 대장
③ 심장
④ 자궁경부
⑤ 간

회독 ☐☐☐ 난도 ★★★ 소요시간 ☐

09 다음 글과 〈상황〉을 근거로 판단할 때, 일반하역사업 등록이 가능한 사업자만을 모두 고르면?

22 5급 공채 나책형 36번

〈일반하역사업의 최소 등록기준〉

구분	1급지 (부산항, 인천항, 포항항, 광양항)	2급지 (여수항, 마산항, 동해 · 묵호항)	3급지 (1급지와 2급지를 제외한 항)
총시설 평가액	10억 원	5억 원	1억 원
자본금	3억 원	1억 원	5천만 원

- 사업자의 시설 중 본인 소유 시설평가액 총액이 등록기준에서 정한 급지별 '총시설평가액'의 3분의 2 이상이어야 한다.
- 사업자의 하역시설 평가액 총액은 해당 사업자의 시설평가액 총액의 3분의 2 이상이어야 한다.
- 3급지 항에 대해서는 자본금이 1억 원 이상이면 등록기준에서 정한 급지별 '총시설평가액'을 2분의 1로 완화한다.

〈상황〉

- 시설 A ~ F 중 하역시설은 A, B, C이다.
- 사업자 甲 ~ 丁 현황은 다음과 같다.

사업자	항만	자본금	시설	시설 평가액	본인 소유여부
甲	부산항	2억 원	B	4억 원	○
			C	2억 원	○
			D	1억 원	×
			E	3억 원	×
乙	광양항	3억 원	C	8억 원	○
			E	1억 원	×
			F	2억 원	×
丙	동해 · 묵호항	4억 원	A	1억 원	○
			C	4억 원	○
			D	3억 원	×
丁	대산항	1억 원	A	6천만 원	○
			B	1천만 원	×
			C	1천만 원	×
			D	1천만 원	○

① 甲, 乙
② 甲, 丙
③ 乙, 丙
④ 乙, 丁
⑤ 丙, 丁

회독 ☐☐☐ 난도 ★★☆ 소요시간 ☐

10 다음 글과 〈대화〉를 근거로 판단할 때 옳지 않은 것은?

21 5급 공채 가책형 15번

- A부서의 소속 직원(甲 ~ 戊)은 법령집, 백서, 판례집, 민원 사례집을 각각 1권씩 보유하고 있었다.
- A부서는 소속 직원에게 다음의 기준에 따라 새로 발행된 도서(법령집 3권, 백서 3권, 판례집 1권, 민원 사례집 2권)를 나누어 주었다.
  - 법령집: 보유하고 있던 법령집의 발행연도가 빠른 사람부터 1권씩 나누어 주었다.
  - 백서: 근속연수가 짧은 사람부터 1권씩 나누어 주었다.
  - 판례집: 보유하고 있던 판례집의 발행연도가 가장 빠른 사람에게 주었다.
  - 민원 사례집: 민원업무가 많은 사람부터 1권씩 나누어 주었다.

※ 甲 ~ 戊는 근속연수, 민원업무량에 차이가 있고, 보유하고 있던 법령집, 판례집은 모두 발행연도가 다르다.

〈대화〉

甲: 나는 책을 1권만 받았어.
乙: 나는 4권의 책을 모두 받았어.
丙: 나는 법령집은 받았지만 판례집은 받지 못했어.
丁: 나는 책을 1권도 받지 못했어.
戊: 나는 丙이 받은 책은 모두 받았고, 丙이 받지 못한 책은 받지 못했어.

① 법령집을 받은 사람은 백서도 받았다.
② 甲은 丙보다 민원업무가 많다.
③ 甲은 戊보다 많은 도서를 받았다.
④ 丁은 乙보다 근속연수가 길다.
⑤ 乙이 보유하고 있던 법령집은 甲이 보유하고 있던 법령집보다 발행연도가 빠르다.

회독 ☐☐☐ 난도 ★★☆ 소요시간 ☐☐☐

11 다음 〈상황〉과 〈자기소개〉를 근거로 판단할 때 옳지 않은 것은? 20 5급 공채 나책형 34번

─〈상황〉─

5명의 직장인(甲 ~ 戊)이 커플 매칭 프로그램에 참여했다.

* 남성이 3명이고 여성이 2명이다.
* 5명의 나이는 34세, 32세, 30세, 28세, 26세이다.
* 5명의 직업은 의사, 간호사, TV드라마감독, 라디오작가, 요리사이다.
* 의사와 간호사는 성별이 같다.
* 라디오작가는 요리사와 매칭된다.
* 남성과 여성의 평균 나이는 같다.
* 한 사람당 한 명의 이성과 매칭이 가능하다.

─〈자기소개〉─

甲: 안녕하세요. 저는 32세이고 의료 관련 일을 합니다.

乙: 저는 방송업계에서 일하는 남성입니다.

丙: 저는 20대 남성입니다.

丁: 반갑습니다. 저는 방송업계에서 일하는 여성입니다.

戊: 제가 이 중 막내네요. 저는 요리사입니다.

① TV드라마감독은 乙보다 네 살이 많다.

② 의사와 간호사 나이의 평균은 30세이다.

③ 요리사와 라디오작가는 네 살 차이이다.

④ 甲의 나이는 방송업계에서 일하는 사람들 나이의 평균과 같다.

⑤ 丁은 의료계에서 일하는 두 사람 중 나이가 적은 사람보다 두 살 많다.

회독 ☐☐☐ 난도 ★★☆ 소요시간 ☐☐☐

12 다음 글과 〈표〉를 근거로 판단할 때, 〈보기〉에서 세 사람 사이의 관계가 '모호'한 것만을 모두 고르면?

18 5급 공채 나책형 35번

* 임의의 두 사람 사이의 관계는 '동갑'과 '위아래' 두 가지 경우로 나뉜다.
  - 두 사람이 태어난 연도가 같은 경우 초등학교 입학년도에 상관없이 '동갑' 관계가 된다.
  - 두 사람이 태어난 연도가 다른 경우 '위아래' 관계가 된다. 이때 생년이 더 빠른 사람이 '윗사람', 더 늦은 사람이 '아랫사람'이 된다.
  - 두 사람이 태어난 연도가 다르더라도 초등학교 입학년도가 같고 생년월일의 차이가 1년 미만이라면 '동갑' 관계가 된다.
* 두 사람 사이의 관계를 바탕으로 임의의 세 사람(A ~ C) 사이의 관계는 '명확'과 '모호' 두 가지 경우로 나뉜다.
  - A와 B, A와 C가 '동갑' 관계이고 B와 C 또한 '동갑' 관계인 경우 세 사람 사이의 관계는 '명확'하다.
  - A와 B가 '동갑' 관계이고 A가 C의 '윗사람', B가 C의 '윗사람'인 경우 세 사람 사이의 관계는 '명확'하다.
  - A와 B, A와 C가 '동갑' 관계이고 B와 C가 '위아래' 관계인 경우 세 사람 사이의 관계는 '모호'하다.

〈표〉

이름	생년월일	초등학교 입학년도
甲	1992. 4. 11.	1998
乙	1991. 10. 3.	1998
丙	1991. 3. 1.	1998
丁	1992. 2. 14.	1998
戊	1993. 1. 7.	1999

─〈보기〉─

ㄱ. 甲, 乙, 丙

ㄴ. 甲, 乙, 丁

ㄷ. 甲, 丙, 丁

ㄹ. 乙, 丁, 戊

① ㄱ, ㄴ

② ㄱ, ㄷ

③ ㄴ, ㄹ

④ ㄱ, ㄷ, ㄹ

⑤ ㄴ, ㄷ, ㄹ

회독 ☐☐☐ 난도 ★★☆ 소요시간 ☐☐☐

13 다음 글과 〈표〉를 근거로 〈상황〉을 판단할 때 기초지방자치단체 A~E 중 최종적으로 도시재생예비사업에 선정되는 지역은? 21 입법 가책형 5번

갑 기관 평가위원회는 '21년도 도시재생예비사업을 통한 주민역량 강화와 지역 거버넌스 구축을 위하여 기초지방자치단체를 대상으로 도시재생예비사업 지역을 선정하고자 한다. 구체적인 평가기준과 선정기준은 다음과 같다.

• 평가기준
 – 외부 전문가로 구성된 평가위원회에서 사업의 필요성(30점), 적절성(40점), 효과성(30점)을 기준으로 평가 후 각 점수를 합산하고 가점·감점을 고려하여 평가점수를 계산
• 가점부여 사항
 – 〈표 1〉에 해당하는 사항이 있는 경우 평가점수 외 최대 8점의 가점 부여
 – 가점은 중복하여 부여 가능
• 감점부여 사항여가능
 – 소규모재생사업 실집행 부진 지방자치단체는 5점 감점
 – 〈표 2〉에 해당하는 사항이 있는 경우 평가점수 외 추가 감점 부여
 – 감점은 중복하여 부여 가능
 ※ 소규모재생사업 실집행 부진 지방자치단체의 기준: '21년 3월 현재 기준 실집행률이 '18년 선정분의 경우 80% 미만, '19년 상반기 선정분의 경우 60% 미만, '19년 하반기 선정분의 경우 40% 미만
• 선정기준
 – 평가점수 70점 이상(가점 제외, 감점 포함)인 기초지방자치단체를 대상으로 사업 선정·지원(단, 70점 이상 사업들이 복수인 경우 고득점(가점·감점 포함)인 기초지방자치단체 하나만을 선정·지원)

〈표 1〉 추가 가점부여 사항

(단위: 점)

구분	가점항목	배점
주민의 참여의지	컨설팅 기관 또는 예비사회적기업이 지원기관과 컨소시엄 구성·참여	2
	주민조직에 기 구축된 주민공동체 또는 주민상인협의체가 참여	0.5
	도시재생대학 수료 주민의 사업 참여	0.5
	해당 지역의 주민참여프로젝트팀이 국토부 또는 지자체가 시행하는 사업에 참여(1회 참여당 1점)	최대 2
사업의 실현가능성	국비 지원 H/W 사업을 100% 공유지·건축물에 계획	1
뉴딜사업 연계성	국토부 사업점검 결과 양호사업의 비율 70% 이상('20년 11월 말 집계기준)	2

〈표 2〉 추가 감점부여 사항

(단위: 점)

구분	감점항목	배점
부진원인 파악	집행 부진이유 파악 부재	−2
부진원인 해소노력	사업 정상 추진을 위해 다각적으로 노력한 사항 부재	−3
향후 추진계획	향후 추진계획 부재	−2
노력에 따른 결과 및 성과	노력에 따른 여건 변화 등 긍정적 성과 부재	−3

〈상황〉

• '21년 도시재생예비사업에 기초지방자치단체 A~E가 신청하였고, '21년 3월 현재 각 지방자치단체의 평가항목 당 점수는 다음 〈표〉와 같다.

〈표〉 각 지역의 평가항목당 점수

(단위: 점)

구분		A	B	C	D	E
평가 항목	필요성	18	24	25	21	18
	적절성	30	28	30	30	27
	효과성	25	18	26	19	25

• 각 지방자치단체별 가점·감점부여 사항은 다음과 같다. (제시된 내용 외에 해당하는 사항은 없음)
 A: 예비사회적기업이 지원기관과 컨소시엄을 구성하여 참여하고 있으며, 기존 '18년 하반기에 선정된 소규모재생사업의 실집행률이 70%임.
 B: 도시재생대학 수료 주민이 사업에 참여하고 있으며, 국비 지원 H/W 사업을 100% 공유지·건축물에 계획하고 있음.
 C: 기존 '19년 하반기에 선정된 소규모재생사업의 실집행률이 20%이며 사업 정상 추진을 위하여 다각적으로 노력한사항이 없고, 노력에 따른 여건 변화 등 긍정적인 성과가 없었음.
 D: '20년 11월 말 집계된 국토부 사업점검 결과 양호사업의 비율이 80%로 밝혀졌음.
 E: '19년 상반기에 선정된 소규모재생사업의 실집행률이 60%이며, E 지역 주민참여프로젝트팀이 지자체가 시행하는 사업에 1회 참여한 바 있음.

① A
② B
③ C
④ D
⑤ E

회독 □□□ 난도 ★★☆ 소요시간 [   ]

14 다음 〈조건〉과 〈상황〉을 근거로 판단할 때 옳지 않은 것은? 17 5급 공채 가책형 17번

(조건)

민우의 스마트폰은 아래 사항 중 어느 하나라도 위배되면 자동으로 전원이 종료된다.

- 3개 이상의 메신저 애플리케이션이 동시에 실행 중일 수 없다.
- 총 메모리 사용량이 메모리의 용량을 초과할 수 없다. (단, 기본 메모리 용량은 1.5 GB이나, 1.6 GB로 확장할 수 있다)
- 실행 중인 애플리케이션 이름의 글자 수 합이 22자를 초과할 수 없다.
- 서로 종류(메신저, 게임, 지도, 뱅킹)가 다른 4가지의 애플리케이션이 동시에 실행 중일 수 없다.

(상황)

- 민우의 스마트폰에는 총 9개의 애플리케이션이 아래와 같이 설치되어 있다.

이름	종류	메모리 사용량(MB)
바나나톡	메신저	400
나인	메신저	300
모노그램	메신저	150
쿠키워크	게임	350
레일런	게임	150
녹색지도	지도	300
고글지도	지도	100
컨트리은행	뱅킹	90
구한은행	뱅킹	260

- 현재 민우의 스마트폰은 전원이 켜져 있다.
- 현재 민우의 스마트폰에서는 총 6개의 애플리케이션이 실행 중이다.
- 현재 민우의 스마트폰에서는 '바나나톡', '구한은행'이 실행 중이다.

※ 1GB는 1,024MB이다.
※ 총 메모리 사용량은 실행 중인 개별 애플리케이션 메모리 사용량의 합이다.

① 현재 '나인'은 실행 중이다.
② 현재 '컨트리은행'은 실행되지 않고 있다.
③ 현재 게임 애플리케이션은 모두 실행 중이다.
④ 현재 '고글지도'는 실행되지 않고 있다.
⑤ 민우의 스마트폰은 메모리가 확장되어 현재 1.6 GB인 상태이다.

회독 □□□ 난도 ★☆☆ 소요시간 [   ]

15 다음 글을 근거로 판단할 때 〈보기〉에서 옳은 것만을 모두 고르면? 19 입법 가책형 31번

행복도는 갑, 을, 병, 정, 무 5개 군으로 구성되어 있으며, 이들 5개 군은 서로 다른 지역을 관할하고 있다. 5개 군이 관할하는 지역은 산악지역, 초원지역, 해안지역, 평야지역, 구릉지역으로 분명하게 다른 특성을 보인다. 지난해 이들 5개 군에는 예년에 비해 많은 눈이 내렸다. 이들 5개 군의 지난해 강설량은 14cm, 23cm, 35cm, 48cm, 59cm이다. 행복도청에서 지난해 지역별 강설량과 관련해 조사한 내용은 다음과 같다.

(가) 을군에는 무군에 비해 많은 눈이 내렸지만, 병군에 비해서는 적은 눈이 내렸다.
(나) 정군에는 48cm의 눈이 내렸다.
(다) 평야지역에 위치한 군에는 가장 적은 눈이 내렸으며, 초원지역에 위치한 군에 가장 많은 눈이 내렸다.
(라) 산악지역에 위치한 군에는 35cm의 눈이 내렸으며, 해안지역에 위치한 군에는 23cm의 눈이 내렸다.
(마) 갑군에는 정군에 비해 많은 눈이 내렸다.
(바) 병군은 산악지역에 위치해 있다.

(보기)

ㄱ. 무군은 평야지역에 위치해 있다.
ㄴ. 가장 많은 눈이 내린 군은 갑군이다.
ㄷ. 을군에는 23cm의 눈이 내렸다.
ㄹ. 정군은 구릉지역에 위치해 있다.

① ㄴ, ㄷ
② ㄱ, ㄴ, ㄹ
③ ㄱ, ㄷ, ㄹ
④ ㄴ, ㄷ, ㄹ
⑤ ㄱ, ㄴ, ㄷ, ㄹ

16 다음 〈상황〉을 근거로 판단할 때 〈보기〉의 내용 중 옳은 것을 모두 고르면? 18 입법 가책형 33번

─(상황)─

라디오 음악 프로그램 진행자인 희망이는 오늘 방송에서 내보낼 6개 노래들을 다음과 같이 선정하였다. 청취자들을 위해 솔로 가수 노래와 남녀 그룹 노래를 동일하게 배분하였다.

솔로 가수 노래	남녀 그룹 노래
- 먼저 말해줘(태연)	- The War(EXO)
- 너였다면(정승환)	- 빨간 맛(레드벨벳)
- 답장(김동률)	- 뿜뿜(모모랜드)

※ 괄호 안은 가수명 또는 그룹명이다.

희망이는 PD의 요청으로 다음 조건에 따라 노래 순서를 결정해야 한다.

(가) '빨간 맛'과 '뿜뿜'은 연속으로 선곡되면 안 된다.
(나) '먼저 말해줘'는 1번째 곡으로 선곡되지 않는다.
(다) 3번째와 4번째 곡으로 선곡되는 노래는 솔로 가수의 노래이다.
(라) 'The War'는 '빨간 맛' 바로 앞 곡이며 또한 '너였다면'의 바로 다음 곡으로 선곡된다.
(마) '답장'과 '뿜뿜'은 연속으로 선곡되면 안 된다.

─(보기)─

ㄱ. '너였다면'은 1번째 곡이다.
ㄴ. '뿜뿜'은 6번째 곡이다.
ㄷ. '답장'은 3번째 곡이다.
ㄹ. '먼저 말해줘'는 2번째 곡이다.
ㅁ. '빨간 맛'은 5번째 곡이다.

① ㄱ, ㄴ
② ㄱ, ㅁ
③ ㄴ, ㄷ
④ ㄴ, ㄹ
⑤ ㄷ, ㄹ

17 다음으로부터 추론한 것으로 옳은 것은?

15 리트 추리논증 홀수형 19번

동물 애호가 A, B, C, D가 키우는 동물의 종류에 대해서 다음사실이 알려져 있다.

• A는 개, C는 고양이, D는 닭을 키운다.
• B는 토끼를 키우지 않는다.
• A가 키우는 동물은 B도 키운다.
• A와 C는 같은 동물을 키우지 않는다.
• A, B, C, D 각각은 2종류 이상의 동물을 키운다.
• A, B, C, D는 개, 고양이, 토끼, 닭 외의 동물은 키우지 않는다.

① B는 개를 키우지 않는다.
② B와 C가 공통으로 키우는 동물이 있다.
③ C는 키우지 않지만 D가 키우는 동물이 있다.
④ 3명이 공통으로 키우는 동물은 없다.
⑤ 3종류의 동물을 키우는 사람은 없다.

회독 ☐☐☐ 난도 ★★☆ 소요시간 ☐☐☐☐

18 다음으로부터 추론한 것으로 옳지 않은 것은?

17 리트 추리논증 홀수형 21번

아래 배치도에 나와 있는 10개의 방을 A, B, C, D, E, F, G 7명에게 하나씩 배정하고, 3개의 방은 비워두었다. 다음 〈정보〉가 알려져 있다.

1호		6호
2호		7호
3호		8호
4호		9호
5호		10호

〈정보〉

- 빈 방은 마주 보고 있지 않다.
- 5호와 10호는 비어 있지 않다.
- A의 방 양옆에는 B와 C의 방이 있다.
- B와 마주 보는 방은 비어 있다.
- C의 옆방 가운데 하나는 비어 있다.
- D의 방은 E의 방과 마주 보고 있다.
- G의 방은 6호이고 그 옆방은 비어 있다.

① 1호는 비어 있다.
② A의 방은 F의 방과 마주 보고 있다.
③ B의 방은 4호이다.
④ C와 마주 보는 방은 비어 있다.
⑤ D의 방은 10호이다.

회독 ☐☐☐ 난도 ★★☆ 소요시간 ☐☐☐☐

19 다음에서 추론한 것으로 옳은 것만을 〈보기〉에서 있는 대로 고른 것은?

18 리트 추리논증 홀수형 25번

컴퓨터 사용자 갑, 을, 병, 정의 아이디와 패스워드를 다음 규칙으로 정하고자 한다.

- 아이디는 apple, banana, cherry, durian 중 하나이다.
- 패스워드는 apple, banana, cherry, durian 중 하나이다.
- 하나의 아이디를 두 명 이상이 같이 쓸 수 없다.
- 하나의 패스워드를 두 명 이상이 같이 쓸 수 없다.
- 사용자의 아이디와 패스워드는 같을 수 없다.
- 을의 아이디는 cherry이다.
- 정의 패스워드는 durian이다.
- 병의 아이디는 아이디가 banana인 사용자의 패스워드와 같다.

〈보기〉

ㄱ. 정의 아이디는 apple이다.
ㄴ. 갑의 패스워드가 cherry라면 을과 병의 패스워드를 확정할 수 있다.
ㄷ. 아이디가 durian인 사용자의 패스워드로 banana를 쓸 수 있다.

① ㄱ
② ㄷ
③ ㄱ, ㄴ
④ ㄴ, ㄷ
⑤ ㄱ, ㄴ, ㄷ

20 다음에서 추론한 것으로 옳은 것만을 〈보기〉에서 있는 대로 고른 것은? 16 리트 추리논증 홀수형 33번

일렬로 위치한 5개 사무실에 회사 A, B, C, D, E가 입주해 있다. 각 회사는 로고 색이 한 가지 색으로 되어 있고, 음료와 과자를 하나씩 생산하며, 수출대상국이 한 국가씩 있다. 5개 회사의 로고 색, 음료, 과자, 수출대상국은 모두 다르다.

로고 색: 연두색, 회색, 보라색, 하늘색, 검정색
음료: 생수, 커피, 이온음료, 녹차, 주스
과자: 와플, 전병, 비스킷, 마카롱, 쌀과자
수출대상국: 싱가포르, 중국, 태국, 일본, 대만

- 생수를 생산하는 회사의 사무실은 정 가운데 위치한다.
- C회사의 사무실은 가장 왼쪽에 위치하고, 보라색 로고의 회사 사무실 옆에 위치한다.
- 연두색 로고의 회사는 커피를 생산하고, 그 사무실은 회색 로고의 회사 사무실 왼쪽에 붙어있다.
- A회사의 로고는 하늘색이다.
- 검정색 로고의 회사는 싱가포르로 수출하며, 와플을 생산하는 회사 사무실 옆에 위치한다.
- 태국에 수출하는 회사의 사무실은 주스를 생산하는 회사의 사무실 오른쪽에 붙어있다.

─〈보기〉─
ㄱ. A회사는 생수를 생산한다.
ㄴ. 싱가포르에 수출하는 회사는 주스를 생산한다.
ㄷ. 보라색 로고의 회사는 중국에 수출한다.

① ㄱ   ② ㄴ   ③ ㄷ
④ ㄱ, ㄴ   ⑤ ㄴ, ㄷ

21 다음으로부터 추론한 것으로 옳은 것만을 〈보기〉에서 있는 대로 고른 것은? 21 리트 추리논증 홀수형 21번

아래 그림과 같이 크기가 모두 같고 번호가 한 개씩 적혀 있는 빈 상자 12개가 일렬로 나열되어 있다.

1	2	3	4	5	6	7	8	9	10	11	12

이 중 5개의 상자에 5개의 구슬 A, B, C, D, E를 담는다. 한 개의 상자에는 한 개의 구슬만 담을 수 있고, 서로 다른 두 상자 사이에 놓여 있는 상자의 개수를 그 두 상자의 '거리'로 정의한다. 예를 들면 4번 상자와 8번 상자의 거리는 3이다.

이때 다음 정보가 알려져 있다.

- 구슬이 담겨 있는 임의의 두 상자의 거리는 모두 다르다.
- 구슬 A와 D가 각각 담겨 있는 두 상자 사이에 구슬이 담겨 있는 상자는 한 개뿐이다.
- 구슬 A와 E가 각각 담겨 있는 두 상자의 거리는 0이다.
- 구슬 B와 D가 각각 담겨 있는 두 상자의 거리는 1이다.
- 구슬 C와 E가 각각 담겨 있는 두 상자의 거리는 2이다.

─〈보기〉─
ㄱ. 구슬 A와 B가 각각 담겨 있는 두 상자 사이에는 구슬이 담겨 있는 상자가 없다.
ㄴ. 구슬 C가 담겨 있는 상자의 번호는 구슬 D가 담겨 있는 상자의 번호보다 크다.
ㄷ. 7번 상자와 8번 상자는 모두 비어 있다.

① ㄱ   ② ㄴ   ③ ㄱ, ㄷ
④ ㄴ, ㄷ   ⑤ ㄱ, ㄴ, ㄷ

22 다음 글과 〈상황〉을 근거로 판단할 때, 갑돌이가 할 수 없는 행위는? 20 민경채 가책형 25번

'AD카드'란 올림픽 및 패럴림픽에서 정해진 구역을 출입하거나 차량을 탑승하기 위한 권한을 증명하는 일종의 신분증이다. 모든 관계자들은 반드시 AD카드를 패용해야 해당 구역에 출입하거나 차량을 탑승할 수 있다. 아래는 AD카드에 담긴 정보에 대한 설명이다.

〈AD카드 예시〉

대회 구분	• 올림픽 AD카드에는 다섯 개의 원이 겹쳐진 '오륜기'가, 패럴림픽 AD카드에는 세 개의 반달이 나열된 '아지토스'가 부착된다. • 올림픽 기간 동안에는 올림픽 AD카드만이, 패럴림픽 기간 동안에는 패럴림픽 AD카드만이 유효하다. • 두 대회의 기간은 겹치지 않는다.

• AD카드 소지자가 탑승 가능한 교통서비스를 나타낸다. 탑승권한 코드는 복수로 부여될 수 있다.

탑승 권한	코드	탑승 가능 교통서비스
	T1	VIP용 지정차량
	TA	선수단 셔틀버스
	TM	미디어 셔틀버스

• AD카드 소지자가 입장 가능한 시설을 나타낸다. 시설입장권한 코드는 복수로 부여될 수 있다.

시설 입장 권한	코드	입장 가능 시설
	IBC	국제 방송센터
	HAL	알파인 경기장
	HCC	컬링센터
	OFH	올림픽 패밀리 호텔
	ALL	모든 시설

• AD카드 소지자가 시설 내부에서 접근 가능한 특수구역을 나타낸다. 특수구역 접근권한 코드는 복수로 부여될 수 있다.

특 수 구 역 접 근 권 한	코드	접근 가능 구역
	2	선수준비 구역
	4	프레스 구역
	6	VIP 구역

〈상황〉

갑돌이는 올림픽 및 패럴림픽 관계자이다. 다음은 갑돌이가 패용한 AD카드이다.

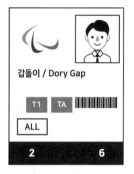

① 패럴림픽 기간 동안 알파인 경기장에 들어간다.
② 패럴림픽 기간 동안 VIP용 지정차량에 탑승한다.
③ 올림픽 기간 동안 올림픽 패밀리 호텔에 들어간다.
④ 올림픽 기간 동안 컬링센터 내부에 있는 선수준비 구역에 들어간다.
⑤ 올림픽 기간 동안 미디어 셔틀버스를 타고 이동한 후 국제 방송센터에 들어간다.

회독 □□□ 난도 ★☆☆ 소요시간 □□□□□

23 다음 글과 〈국내이전비 신청현황〉을 근거로 판단할 때, 국내이전비를 지급받는 공무원만을 모두 고르면?

20 민경채 가책형 16번

청사 소재지 이전에 따라 거주지를 이전하거나, 현 근무지 외의 지역으로 부임의 명을 받아 거주지를 이전하는 공무원은 다음 요건에 모두 부합하는 경우 국내이전비를 지급받는다.

첫째, 전임지에서 신임지로 거주지를 이전하고 이사화물도 옮겨야 한다. 다만 동일한 시(특별시, 광역시 및 특별자치시 포함)·군 및 섬(제주특별자치도 제외) 안에서 거주지를 이전하는 공무원에게는 국내이전비를 지급하지 않는다. 둘째, 거주지와 이사화물은 발령을 받은 후에 이전하여야 한다.

〈국내이전비 신청현황〉

공무원	전임지	신임지	발령일자	이전일자	이전여부 거주지	이전여부 이사화물
甲	울산광역시 중구	울산광역시 북구	'20.2.13.	'20.2.20.	○	○
乙	경기도 고양시	세종특별자치시	'19.12.3.	'19.12.5.	○	×
丙	광주광역시	대구광역시	'19.6.1.	'19.6.15.	×	○
丁	제주특별자치도 서귀포시	제주특별자치도 제주시	'20.1.2.	'20.1.13.	○	○
戊	서울특별시	충청북도 청주시	'19.9.3.	'19.9.8.	○	○
己	부산광역시	서울특별시	'20.4.25.	'20.4.1.	○	○

① 甲, 乙
② 乙, 丁
③ 丙, 己
④ 丁, 戊
⑤ 戊, 己

회독 □□□ 난도 ★★☆ 소요시간 □□□□□

24 다음 글을 근거로 판단할 때, 〈보기〉에서 옳은 것만을 모두 고르면? 19 민경채 나책형 19번

K국의 「영유아보육법」은 영유아가 안전하고 쾌적한 환경에서 건강하게 성장할 수 있도록 다음과 같이 어린이집의 보육교사 최소 배치 기준을 규정하고 있다.

연령	보육교사 대 영유아비율
(1) 만 1세 미만	1 : 3
(2) 만 1세 이상 만 2세 미만	1 : 5
(3) 만 2세 이상 만 3세 미만	1 : 7

위와 같이 각 연령별로 반을 편성하고 각 반마다 보육교사를 배치하되, 다음 기준에 따라 혼합반을 운영할 수 있다.

혼합반 편성	보육교사 대 영유아비율
(1)과 (2)	1 : 3
(2)와 (3)	1 : 5
(1)과 (3)	편성 불가능

보기

ㄱ. 만 1세 미만 영유아 4명, 만 1세 이상 만 2세 미만 영유아 5명을 보육하는 어린이집은 보육교사를 최소 3명 배치해야 한다.
ㄴ. 만 1세 이상 만 2세 미만 영유아 6명, 만 2세 이상 만 3세 미만 영유아 12명을 보육하는 어린이집은 보육교사를 최소 3명 배치해야 한다.
ㄷ. 만 1세 미만 영유아 1명, 만 2세 이상 만 3세 미만 영유아 2명을 보육하는 어린이집은 보육교사를 최소 1명 배치해야 한다.

① ㄱ
② ㄴ
③ ㄷ
④ ㄱ, ㄴ
⑤ ㄱ, ㄷ

회독 ☐☐☐ 난도 ★★☆ 소요시간 ☐☐☐

25 다음 글을 근거로 판단할 때 옳지 않은 것은?

16 민경채 5책형 25번

○○군에서는 관내 임업인 중 정부 보조금 지원 대상자를 선정하기 위하여 <평가기준>을 홈페이지에 게시하였다. 이에 임업인 甲, 乙, 丙, 丁이 관련 서류를 완비하여 보조금 지원을 신청하였으며, ○○군은 평가를 거쳐 <선정결과>를 발표하였다.

〈평가기준〉

구분	평가항목	배점기준		배점	평가자료
1	보조금 수급 이력	없음		40	정부 보유자료
		있음	3백만 원 미만	26	
			3백만 원 이상	10	
2	임산물 판매규모	2천만 원 이상		30	2015년 연간 판매액 증빙자료
		1천만 원 이상 2천만 원 미만		25	
		5백만 원 이상 1천만 원 미만		19	
		5백만 원 미만		12	
3	전문 임업인	해당		10	군청 보유자료
		해당 없음		5	
4	임산물 관련 교육 이수	해당		10	이수증, 수료증
		해당 없음		5	
5	2015년 산림청 통계조사 표본농가	해당		10	산림청 보유자료
		해당 없음		7	

☐ 선정기준: 평가기준에 따른 총점이 가장 높은 임업인 1인
☐ 임업인이 제출해야 할 서류
  • 2번 항목: 2015년 임산물 판매 영수증, 세금계산서
  • 4번 항목: 이수증 또는 수료증
☐ 선정제외 대상: 보조금을 부당하게 사용하였거나 관련 법령을 위반한 자
☐ 동점 시 우선 선정기준
  1. 보조금 수급 이력 점수가 높은 자
  2. 임산물 판매규모 점수가 높은 자
  3. 연령이 높은 자

〈선정결과〉

항목\임업인	1	2	3	4	5	총점	선정여부
甲	40	25	10	5	7	87	×
乙	40	19	5	10	10	84	×
丙	40	19	10	5	10	84	○
丁	26	30	5	10	7	78	×

① 甲은 관련 법령을 위반한 적이 있을 것이다.
② 甲과 丁은 2015년 산림청통계조사 표본농가에 포함되지 않았을 것이다.
③ 乙이 관련 법령위반 경력이 없다면, 丙은 乙보다 연령이 높을 것이다.
④ 丁은 300만 원 이상에 해당되는 보조금 수급 이력 서류를 제출하였을 것이다.
⑤ 乙과 丁은 임산물 관련 교육 이수 사실 증명을 위해 이수증이나 수료증을 제출하였을 것이다.

회독 ☐☐☐ 난도 ★★☆ 소요시간 ☐☐☐

26 다음 글을 근거로 판단할 때, 규칙 위반에 해당하는 것은? 21 5급 공채 가책형 36번

| 〈드론 비행 안전 규칙〉 |
| 드론을 비행하려면 다음 요건을 갖추어야 한다. |

구분		기체 검사	비행 승인	사업 등록
이륙 중량 25 kg 초과	사업자	○	○	○
	비사업자	○	○	×
이륙 중량 25 kg 이하	사업자	×	△	○
	비사업자	×	△	×

구분		장치 신고	조종 자격
자체 중량 12 kg 초과	사업자	○	○
	비사업자	○	×
자체 중량 12 kg 이하	사업자	○	×
	비사업자	×	×

※ ○ : 필요, × : 불필요
　△ : 공항 또는 비행장 중심 반경 5km 이내에서는 필요

① 비사업자인 甲은 이륙중량 20kg, 자체중량 10kg인 드론을 공항 중심으로부터 10km 떨어진 지역에서 비행승인 없이 비행하였다.

② 비사업자인 乙은 이륙중량 30kg, 자체중량 10kg인 드론을 기체검사, 비행승인을 받아 비행하였다.

③ 사업자인 丙은 이륙중량 25kg, 자체중량 12kg인 드론을 사업등록, 장치신고를 하고 비행승인 없이 비행장 중심으로부터 4km 떨어진 지역에서 비행하였다.

④ 사업자인 丁은 이륙중량 30kg, 자체중량 20kg인 드론을 기체검사, 사업등록, 장치신고, 조종자격을 갖추고 비행승인을 받아 비행하였다.

⑤ 사업자인 戊는 이륙중량 20kg, 자체중량 13kg인 드론을 사업등록, 장치신고, 조종자격을 갖추고 비행승인 없이 비행장 중심으로부터 20km 떨어진 지역에서 비행하였다.

회독 ☐☐☐ 난도 ★☆☆ 소요시간 ☐☐☐

27 다음 글과 〈대화〉를 근거로 판단할 때, 인영이가 현장답사 대상으로 선정한 기업은? 21 5급 공채 가책형 37번

- 인영은 기업 현장답사 계획안을 작성해야 한다.
- 현장답사 할 기업을 먼저 선정해야 하는데, 기업 후보를 5개 받았으며 이 가운데에서 한 기업을 골라야 한다. 현장답사 후보 기업 관련 정보는 다음과 같다.

기업	업종	직원수	실내/실외 여부	근접역 유무 및 역과의 거리
A	제조	80명	실외	있음, 20km
B	서비스	500명	실내	있음, 10km
C	서비스	70명	실외	있음, 12km
D	서비스	100명	실내	없음
E	제조	200명	실내	있음, 8km

- 인영은 서연에게 도움을 요청했고, 다음 〈대화〉를 바탕으로 현장답사 대상 기업을 선정하였다.

〈대화〉

인영: 서연아, 예전에 기업 현장답사 계획한 적 있었지? 나도 이번에 계획안을 작성해야 하는데, 현장답사 기업을 선정할 때 어떤 업종이 좋을까?

서연: 응, 했었지. 얼마 전 있었던 현장답사 기업이 제조기업이었으니, 이번에는 서비스기업에 가는 것이 좋겠어.

인영: 그렇구나, 기업의 위치는 어떤 곳이 좋을까?

서연: 아무래도 일정이 바쁜 사람이 많을 테니 근접역과의 거리가 15 km 이내면 좋겠어. 그리고 기업의 규모도 중요할텐데, 관련한 조건은 없었어?

인영: 그러고 보니 이번에는 직원수가 100명 이하인 곳이어야 해. 그런데 근접역이 없으면 아예 답사 대상에서 제외되는 거야?

서연: 아니야. 근접역이 없을 때는 차량지원이 나오기 때문에 답사 대상으로 선정 가능해.

인영: 그렇구나, 또 고려해야 할 것은 없어?

서연: 답사 예정 날짜를 보니 비 예보가 있네. 그러면 실외는 안 되겠다.

① A　　　　② B　　　　③ C
④ D　　　　⑤ E

회독 ☐☐☐ 난도 ★★☆ 소요시간 ☐

28 다음 글과 〈상황〉을 근거로 판단할 때 옳지 않은 것은?
20 5급 공채 나책형 36번

甲국은 국가혁신클러스터 지구를 선정하고자 한다. 산업단지를 대상으로 〈평가 기준〉에 따라 점수를 부여하고 이를 합산한다. 지방자치단체(이하 '지자체')의 육성 의지가 있는 곳 중 합산점수가 높은 4곳의 산업단지를 국가혁신클러스터 지구로 선정한다.

〈평가 기준〉

• 산업단지 내 기업 집적 정도

산업단지 내 기업 수	30개 이상	10 ~ 29개
점수	40점	30점
작업반 B	1	3

• 산업단지의 산업클러스터 연관성

업종	연관 업종	유사 업종	기타
점수	40점	20점	0점

※ 연관 업종: 자동차, 철강, 운송, 화학, IT
  유사 업종: 소재, 전기전자

• 신규투자기업 입주공간 확보 가능 여부

입주공간 확보	가능	불가
점수	20점	0점

• 합산점수가 동일할 경우 우선순위는 다음과 같은 순서로 정한다.
  1) 산업클러스터 연관성 점수가 높은 산업단지
  2) 기업 집적 정도 점수가 높은 산업단지
  3) 신규투자기업의 입주공간 확보 가능 여부 점수가 높은 산업단지

─〈상황〉─

산업단지(A ~ G)에 관한 정보는 다음과 같다.

산업단지	산업단지 내 기업 수	업종	입주공간 확보	지자체 육성 의지
A	58개	자동차	가능	있음
B	9개	자동차	가능	있음
C	14개	철강	가능	있음
D	10개	운송	가능	없음
E	44개	바이오	가능	있음
F	27개	화학	불가	있음
G	35개	전기전자	가능	있음

① B는 선정된다.
② A가 '소재'산업단지인 경우 F가 선정된다.
③ 3곳을 선정할 경우 G는 선정되지 않는다.
④ F는 산업단지 내에 기업이 3개 더 있다면 선정된다.
⑤ D가 소재한 지역의 지자체가 육성 의지가 있을 경우 D는 선정된다.

회독 ☐☐☐ 난도 ★☆☆ 소요시간 ☐☐☐

29 다음 글을 근거로 판단할 때 옳은 것은?
19 5급 공채 가책형 12번

전문가 6명(A~F)의 <회의 참여 가능 시간>과 <회의 장소 선호도>를 반영하여, <조건>을 충족하는 회의를 월~금요일 중 개최하려 한다.

〈회의 참여 가능 시간〉

요일 / 전문가	월	화	수	목	금
A	13:00 ~16:20	15:00 ~17:30	13:00 ~16:20	15:00 ~17:30	16:00 ~18:30
B	13:00 ~16:10	—	13:00 ~16:10	—	16:00 ~18:30
C	16:00 ~19:20	14:00 ~16:20	—	14:00 ~16:20	16:00 ~19:20
D	17:00 ~19:30	—	17:00 ~19:30	—	17:00 ~19:30
E	—	15:00 ~17:10	—	15:00 ~17:10	—
F	16:00 ~19:20	—	16:00 ~19:20	—	16:00 ~19:20

※ − : 참여 불가

〈회의 장소 선호도〉

(단위 : 점)

전문가 / 장소	A	B	C	D	E	F
가	5	4	5	6	7	5
나	6	6	8	6	8	8
다	7	8	5	6	3	4

조건
- 전문가 A ~ F 중 3명 이상이 참여할 수 있어야 회의 개최가 가능하다.
- 회의는 1시간 동안 진행되며, 회의 참여자는 회의 시작부터 종료까지 자리를 지켜야 한다.
- 회의 시간이 정해지면, 해당 일정에 참여 가능한 전문가들의 선호도를 합산하여 가장 높은 점수가 나온 곳을 회의 장소로 정한다.

① 월요일에는 회의를 개최할 수 없다.
② 금요일 16시에 회의를 개최할 경우 회의 장소는 '가'이다.
③ 금요일 18시에 회의를 개최할 경우 회의 장소는 '다'이다.
④ A가 반드시 참여해야 할 경우 목요일 16시에 회의를 개최할 수 있다.
⑤ C, D를 포함하여 4명 이상이 참여해야 할 경우 금요일 17시에 회의를 개최할 수 있다.

조건판단 ─ 의사결정형(비교, 평가, 최선)

▶ 3.2 의사결정(비교, 평가, 최선)

회독 ▢▢▢ 난도 ★☆☆ 소요시간 ▢▢▢▢▢

01 다음 글과 〈상황〉을 근거로 판단할 때, 〈사업 공모 지침 수정안〉의 밑줄 친 ㉮ ~ ㉯ 중 '관계부처 협의 결과'에 부합한 것만을 모두 고르면? 21 7급 공채 나책형 20번

• '대학 캠퍼스 혁신파크 사업'을 담당하는 A주무관은 신청 조건과 평가지표 및 배점을 포함한 〈사업 공모 지침 수정안〉을 작성하였다. 평가지표는 Ⅰ ~ Ⅳ의 지표와 그 하위 지표로 구성되어 있다.

┌─ 사업 공모 지침 수정안 ─┐

㉮▢ 신청 조건

최소 1만 m² 이상의 사업부지 확보. 단, 사업부지에는 건축물이 없어야 함

▢ 평가지표 및 배점

평가지표	배점	
	현행	수정
㉯ Ⅰ. 개발 타당성	20	25
─ 개발계획의 합리성	10	10
─ 관련 정부사업과의 연계가능성	5	10
─ 학습여건 보호 가능성	5	5
㉰ Ⅱ. 대학의 사업 추진 역량과 의지	10	15
─ 혁신파크 입주기업 지원 방안	5	5
─ 사업 전담조직 및 지원체계	5	5
─ 대학 내 주체 간 합의 정도	─	5
㉱ Ⅲ. 기업 유치 가능성	10	10
─ 기업의 참여 가능성	7	3
─ 참여 기업의 재무건전성	3	7
㉲ Ⅳ. 시범사업 조기 활성화 가능성	10	삭제
─ 대학 내 주체 간 합의 정도	5	이동
─ 부지 조기 확보 가능성	5	삭제
합계	50	50

〈상황〉

A주무관은 〈사업 공모 지침 수정안〉을 작성한 후 뒤늦게 '관계부처 협의 결과'를 전달받았다. 그 내용은 다음과 같다.

• 대학이 부지를 확보하는 것이 쉽지 않으므로 신청 사업부지 안에 건축물이 포함되어 있어도 신청 허용
• 도시재생뉴딜사업, 창업선도대학 등 '관련 정부사업과의 연계가능성' 평가비중 확대
• 시범사업 기간이 종료되었으므로 시범사업 조기 활성화와 관련된 평가지표를 삭제하되 '대학 내 주체 간 합의 정도'는 타 지표로 이동하여 계속 평가
• 논의된 내용 이외의 하위 지표의 항목과 배점은 사업의 안정성을 위해 현행 유지

① ㉮, ㉯
② ㉮, ㉱
③ ㉯, ㉱
④ ㉰, ㉲
⑤ ㉯, ㉰, ㉲

회독 ☐☐☐ 난도 ★☆☆ 소요시간 ☐☐☐

02 다음 글을 근거로 판단할 때, 〈보기〉에서 옳은 것만을 모두 고르면? 21 7급 공채 나책형 19번

> 2021년에 적용되는 ○○인재개발원의 분반 허용 기준은 아래와 같다.
> - 분반 허용 기준
>   - 일반강의: 직전 2년 수강인원의 평균이 100명 이상 이거나, 그 2년 중 1년의 수강인원이 120명 이상
>   - 토론강의: 직전 2년 수강인원의 평균이 60명 이상 이거나, 그 2년 중 1년의 수강인원이 80명 이상
>   - 영어강의: 직전 2년 수강인원의 평균이 30명 이상 이거나, 그 2년 중 1년의 수강인원이 50명 이상
>   - 실습강의: 직전 2년 수강인원의 평균이 20명 이상
> - 이상의 기준에도 불구하고 직전년도 강의만족도 평가점수가 90점 이상이었던 강의는 위에서 기준으로 제시한 수강인원의 90% 이상이면 분반을 허용한다.

〈보기〉

ㄱ. 2019년과 2020년의 수강인원이 각각 100명과 80명이고 2020년 강의만족도 평가점수가 85점인 일반강의 A는 분반이 허용된다.

ㄴ. 2019년과 2020년의 수강인원이 각각 10명과 45명인 영어강의 B의 분반이 허용되지 않는다면, 2020년 강의만족도 평가점수는 90점 미만이었을 것이다.

ㄷ. 2019년 수강인원이 20명이고 2020년 강의만족도 평가점수가 92점인 실습강의 C의 분반이 허용되지 않는다면, 2020년 강의의 수강인원은 15명을 넘지 않았을 것이다.

① ㄴ   ② ㄷ   ③ ㄱ, ㄴ
④ ㄱ, ㄷ   ⑤ ㄴ, ㄷ

회독 ☐☐☐ 난도 ★★☆ 소요시간 ☐☐☐

03 다음 글을 근거로 판단할 때, 〈보기〉에서 옳은 것만을 모두 고르면? 20 7급 모의 21번

> - △△부는 적극행정 UCC 공모전에 참가한 甲~戊의 영상을 심사한다.
> - 총 점수는 UCC 조회수 등급에 따른 점수와 심사위원 평가점수의 합이고, 총 점수가 높은 순위에 따라 3위까지 수상한다.
> - UCC 조회수 등급에 따른 점수는 조회수에 따라 5등급 (A, B, C, D, E)으로 나누어 부여된다. 최상위 A를 10점으로 하며 인접 등급 간의 점수 차이는 0.3점이다.
> - 심사위원 평가점수는 심사위원 (가)~(마)가 각각 부여한 점수(1 ~ 10의 자연수)에서 최고점 및 최저점을 제외한 3개 점수의 평균으로 계산한다. 이때 최고점이 복수인 경우에는 그중 한 점수만 제외하여 계산한다. 최저점이 복수인 경우에도 이와 동일하다.
> - 심사 결과는 다음과 같다.

참가자	조회수 등급	심사위원별 평가점수				
		(가)	(나)	(다)	(라)	(마)
甲	B	9	(㉠)	7	8	7
乙	B	9	8	7	7	7
丙	A	8	7	(㉡)	10	5
丁	B	5	6	7	7	7
戊	C	6	10	10	7	7

〈보기〉

ㄱ. ㉠이 5점이라면 乙의 총 점수가 甲의 총 점수보다 높다.

ㄴ. 丁은 ㉠과 ㉡에 상관없이 수상하지 못한다.

ㄷ. 戊는 조회수 등급을 D로 받았더라도 수상한다.

ㄹ. ㉠ > ㉡이면 甲의 총 점수가 丙의 총 점수보다 높다.

① ㄱ, ㄴ

② ㄱ, ㄷ

③ ㄴ, ㄷ

④ ㄴ, ㄹ

⑤ ㄷ, ㄹ

회독 ☐☐☐ 난도 ★★★ 소요시간 ☐☐☐

04 다음 글과 〈상황〉을 근거로 판단할 때, 〈보기〉에서 옳은 것만을 모두 고르면? 20 7급 모의 22번

甲국에서는 4개 기관(A ~ D)에 대해 전기, 후기 두 번의 평가를 실시하고 있다. 전기평가에서 낮은 점수를 받은 기관이 후기평가를 포기하는 것을 막기 위해 다음과 같은 최종평가점수 산정 방식을 사용하고 있다.

최종평가점수 = Max[0.5×전기평가점수 + 0.5×후기평가점수, 0.2×전기평가점수 + 0.8×후기평가점수]

여기서 사용한 Max[X, Y]는 X와 Y 중 큰 값을 의미한다. 즉, 전기평가점수와 후기평가점수의 가중치를 50:50으로 하여 산정한 점수와 20:80으로 하여 산정한 점수 중 더 높은 것이 해당 기관의 최종평가점수이다.

〈상황〉

4개 기관의 전기평가점수(100점 만점)는 다음과 같다.

기관	A	B	C	D
전기평가점수	60	70	90	80

4개 기관의 후기평가점수(100점 만점)는 모두 자연수이고, C기관의 후기평가점수는 70점이다. 최종평가점수를 통해 확인된 기관 순위는 1등부터 4등까지 A − B − D − C 순이며 동점인 기관은 없다.

〈보기〉

ㄱ. A기관의 후기평가점수는 B기관의 후기평가점수보다 최소 3점 높다.
ㄴ. B기관의 후기평가점수는 83점일 수 있다.
ㄷ. A기관과 D기관의 후기평가점수 차이는 5점일 수 있다.

① ㄱ
② ㄴ
③ ㄱ, ㄴ
④ ㄱ, ㄷ
⑤ ㄴ, ㄷ

회독 ☐☐☐ 난도 ★☆☆ 소요시간 ☐☐☐

05 다음 글을 근거로 판단할 때, 진로의 순위를 옳게 짝지은 것은? 22 5급 공채 나책형 29번

• 甲은 A, B, C 3가지 진로에 대해 비용편익분석(편익 − 비용)을 통하여 최종 결과값이 큰 순서대로 순위를 정하려고 한다.
• 각 진로별 예상되는 편익은 다음과 같다.
  − 편익 = 근속연수 × 평균연봉
  − 연금이 있는 경우 편익에 1.2를 곱한다.

구분	A	B	C
근속연수	25	35	30
평균연봉	1억 원	7천만 원	5천만 원
연금 여부	없음	없음	있음

• 각 진로별 예상되는 비용은 다음과 같다.
  − 비용 = 준비연수 × 연간 준비비용 × 준비난이도 계수
  − 준비난이도 계수는 상 2.0, 중 1.5, 하 1.0으로 한다.
  − 연고지가 아닌 경우 비용에 2억 원을 더한다.

구분	A	B	C
준비연수	3	1	4
연간 준비비용	6천만 원	1천만 원	3천만 원
준비난이도	중	하	상
연고지 여부	연고지	비연고지	비연고지

• 평판도가 1위인 경우, 비용편익분석 결과값에 2를 곱한다.

구분	A	B	C
평판도	2위	3위	1위

1순위	2순위	3순위
① A	B	C
② B	A	C
③ B	C	A
④ C	A	B
⑤ C	B	A

회독 ☐☐☐ 난도 ★★☆ 소요시간 ☐☐☐☐☐

06 다음 글과 〈상황〉을 근거로 판단할 때, 〈보기〉에서 옳은 것만을 모두 고르면? 17 5급 공채 가책형 16번

국가공무원인재개발원은 신임관리자과정 입교 예정자를 대상으로 사전 이러닝제도를 운영하고 있다. 이는 입교 예정자가 입교 전에 총 9개 과목을 온라인으로 수강하도록 하는 제도이다.

- 이러닝 교과목은 2017년 4월 10일부터 수강하며, 하루 최대 수강시간은 10시간이다.
- 필수Ⅰ 교과목은 교과목별로 정해진 시간의 강의를 모두 수강하는 것을 이수조건으로 한다.
- 필수Ⅱ 교과목은 교과목별로 정해진 시간의 강의를 모두 수강하고 온라인 시험에 응시하는 것을 이수조건으로 한다. 온라인 시험은 강의시간과 별도로 교과목당 반드시 1시간이 소요되며, 그 시험시간은 수강시간에 포함된다.
- 신임관리자과정 입교는 2017년 5월 1일이다.
- 2017년 4월 30일 24시까지 교과목 미이수시, 필수Ⅰ은 교과목당 3점, 필수Ⅱ는 교과목당 2점을 교육성적에서 감점한다.

교 과 목	강의시간	분류
• 사이버 청렴교육	15시간	필수 Ⅰ
• 행정업무 운영제도	7시간	
• 공문서 작성을 위한 한글맞춤법	8시간	
• 공무원 복무제도	6시간	
• 역사에서 배우는 공직자의 길	8시간	필수 Ⅱ
• 헌법정신에 기반한 공직윤리	5시간	
• 판례와 사례로 다가가는 헌법	6시간	
• 공무원이 알아야 할 행정법 사례	7시간	
• 쉽게 배우는 공무원 인사실무	5시간	
계	67시간	

※ 교과목은 순서에 상관없이 여러 날에 걸쳐 시간 단위로만 수강할 수 있다.

상황

신임관리자과정 입교를 앞둔 甲은 2017년 4월 13일에 출국하여 4월 27일에 귀국하는 해외여행을 계획하고 있다. 甲은 일정상 출·귀국일을 포함하여 여행기간에는 이러닝 교과목을 수강하거나 온라인 시험에 응시할 수 없는 상황이며, 여행기간을 제외한 시간에는 최대한 이러닝 교과목을 이수하려고 한다.

보기

ㄱ. 甲은 계획대로라면 교육성적에서 최소 3점 감점을 받을 것이다.

ㄴ. 甲이 하루 일찍 귀국하면 이러닝 교과목을 모두 이수할 수 있을 것이다.

ㄷ. '판례와 사례로 다가가는 헌법', '쉽게 배우는 공무원 인사실무'를 여행 중 이수할 수 있다면, 출·귀국일을 변경하지 않고도 교육성적에서 감점을 받지 않을 것이다.

① ㄱ 　② ㄴ 　③ ㄷ

④ ㄱ, ㄷ 　⑤ ㄴ, ㄷ

회독 □□□ 난도 ★★★ 소요시간 [   ]

07 다음 글을 근거로 판단할 때, 〈보기〉에서 옳은 것만을 모두 고르면? 20 5급 공채 나책형 16번

- A청은 업무능력 평가를 통해 3개 부서(甲 ~ 丙) 중 평가항목별 최종점수의 합계가 높은 2개 부서를 포상한다.
- 4명의 평가위원(가 ~ 라)은 문제인식, 실현가능성, 성장전략으로 구성된 평가항목을 5개 등급(최상, 상, 중, 하, 최하)으로 각각 평가하여 점수를 부여한다.
- 각 평가항목의 등급별 점수는 다음과 같다.

구분	최상	상	중	하	최하
문제인식	30	24	18	12	6
실현가능성	30	24	18	12	6
성장전략	40	32	24	16	8

- 평가항목별 최종점수는 아래의 식에 따라 산출한다. 단, 최고점수 또는 최저점수가 복수인 경우 각각 하나씩만 차감한다.

$$\frac{\text{평가항목에 대한 점수 합계} - (\text{최고점수} + \text{최저점수})}{\text{평가위원 수} - 2}$$

- 평가결과는 다음과 같다.

구분	평가위원	점수		
		문제인식	실현가능성	성장전략
甲	가	30	24	24
	나	24	30	24
	다	30	18	40
	라	ⓐ	12	32
乙	가	6	24	32
	나	12	24	ⓑ
	다	24	18	16
	라	24	18	32
丙	가	12	30	ⓒ
	나	24	24	24
	다	18	12	40
	라	30	6	24

〈보기〉

ㄱ. ⓐ값에 관계없이 문제인식 평가항목의 최종점수는 甲이 제일 높다.
ㄴ. ⓑ = ⓒ > 16이라면, 성장전략 평가항목의 최종점수는 乙이 丙보다 낮지 않다.
ㄷ. ⓐ = 18, ⓑ = 24, ⓒ = 24일 때, 포상을 받게 되는 부서는 甲과 丙이다.

① ㄴ   ② ㄷ   ③ ㄱ, ㄴ
④ ㄱ, ㄷ   ⑤ ㄱ, ㄴ, ㄷ

회독 □□□ 난도 ★★★ 소요시간 [   ]

08 다음 글을 근거로 판단할 때, 〈보기〉에서 옳은 것만을 모두 고르면? (단, 주어진 조건 외에 다른 조건은 고려하지 않는다) 16 5급 공채 4책형 10번

- 내전을 겪은 甲국은 2015년 1월 1일 평화협정을 통해 4개 국(A ~ D)으로 분할되었다. 평화협정으로 정한 영토분할 방식은 다음과 같다.
- 甲국의 영토는 정삼각형이다.
- 정삼각형의 한 꼭짓점에서 마주보는 변(이하 '밑변'이라 한다)까지 가상의 수직이등분선을 긋고, 그 선을 4등분하는 3개의 구분점을 정한다.
- 3개의 구분점을 각각 지나는 3개의 직선을 밑변과 평행하게 긋고, 이를 국경선으로 삼아 기존 甲국의 영토를 4개의 영역으로 나눈다.
- 나누어진 4개의 영역 중 가장 작은 영역부터 가장 큰 영역까지 차례로 각각 A국, B국, C국, D국의 영토로 한다.
- 모든 국가의 쌀 생산량은 영토의 면적에 비례하며, A국의 영토에서는 매년 10,000가마의 쌀이 생산된다.
- 각국은 영토가 작을수록 국력이 강하고, 국력이 약한 국가는 자국보다 국력이 강한 모든 국가에게 매년 연말에 각각 10,000가마의 쌀을 공물로 보낸다.
- 4개 국의 인구는 모두 동일하며, 변하지 않는다. 각국은 매년 10,000가마의 쌀을 소비한다.
- 각국의 쌀 생산량은 홍수 등 자연재해가 없는 한 변하지 않으며, 2015년 1월 1일 현재 각국은 10,000가마의 쌀을 보유하고 있다.

〈보기〉

ㄱ. 2016년 1월 1일에 1년 전보다 쌀 보유량이 줄어든 국가는 D국뿐이다.
ㄴ. 2017년 1월 1일에 4개 국 중 가장 많은 쌀을 보유한 국가는 A국이다.
ㄷ. 만약 2015년 여름 홍수로 인해 모든 국가의 2015년도 쌀 생산량이 반으로 줄어든다고 하여도, 2016년 1월 1일 기준 각 국가의 쌀 보유량은 0보다 크다.

① ㄱ
② ㄴ
③ ㄷ
④ ㄱ, ㄷ
⑤ ㄴ, ㄷ

09 다음 글과 〈3년간 인증대학 현황〉을 근거로 판단할 때, 〈보기〉에서 옳은 것만을 모두 고르면? (단, 다른 조건은 고려하지 않는다) 16 5급 공채 4책형 16번

- 대학의 외국인 유학생 관리·지원 체계 및 실적 등을 평가하여 인증을 부여하는 제도가 2013년에 처음 시행되었다.
- 신규 인증을 신청한 대학이 1단계 핵심지표평가 및 2단계 현장평가 결과 일정 기준을 충족할 경우, 신규 인증대학으로 선정되고 인증의 유효기간은 3년이다.
- 매년 2월 인증대학을 선정하며 인증은 당해 연도 3월 1일부터 유효하다.
- 기존 인증대학에 대해서는 매년 2월 핵심지표평가만을 실시하고, 기준을 충족하지 못하는 경우 당해 연도 3월 1일부터 인증이 취소된다.
- 인증이 취소된 대학은 그 다음 해부터 신규 인증을 신청하여 신규 인증대학으로 다시 선정될 수 있다.

〈3년간 인증대학 현황〉

구분	2013년 3월	2014년 3월	2015년 3월
신규 인증대학	12	18	21
기존 인증대학	–	10	25
합계	12	28	46

〈보기〉

ㄱ. 2013년에 신규 인증대학으로 선정된 A대학이 2016년에 핵심지표평가만을 받는 경우는 없다.

ㄴ. 2015년 3월까지 인증대학으로 1번 이상 선정된 대학은 최대 51개이다.

ㄷ. 2015년 3월까지 인증대학으로 1번 이상 선정된 대학은 최소 46개이다.

ㄹ. 2016년 2월 현재 23개월 이상 인증을 유지하고 있는 대학은 25개이다.

① ㄱ, ㄷ
② ㄴ, ㄷ
③ ㄴ, ㄹ
④ ㄱ, ㄴ, ㄹ
⑤ ㄴ, ㄷ, ㄹ

10 다음 글과 〈결과〉를 근거로 판단할 때, 〈보기〉에서 옳은 것만을 모두 고르면? 16 5급 공채 4책형 35번

- △△콩쿠르 결선 진출자 7명에게는 결선 순위에 따라 상금이 주어진다. 단, 공동 순위는 없다.
- 특별상은 순위와는 상관없이 결선 진출자 중에서 부문별로 한 명씩만 선정된다. 단, 수상자가 선정되지 않거나 한 명이 여러 부문에 선정될 수 있다.
- 결선 순위별 상금과 특별상 부문별 상금은 다음과 같다.

〈결선 순위별 상금〉
(단위: 천 원)

순위	상금
1위	30,000
2위	25,000
3위	20,000
4위	15,000
5위	10,000
6위	7,000
7위	7,000

〈특별상 부문별 상금〉
(단위: 천 원)

부문	상금
인기상	3,000
기교상	3,000
감동상	5,000
창의상	10,000

〈결과〉

결선 진출자들의 개인별 총 상금(내림차순)은 다음과 같다. C와 D가 받은 총 상금은 아래 목록에서 누락되었고, 이번 콩쿠르에서 7명의 결선 진출자에게 지급된 총 상금은 132,000천 원이다.

〈결선 진출자별 총 상금〉
(단위: 천 원)

결선 진출자	총 상금
A	35,000
B	33,000
C	?
D	?
E	10,000
F	7,000
G	7,000

〈보기〉

ㄱ. B가 기교상을 받았다면, 인기상 수상자는 없다.

ㄴ. 감동상을 받은 사람이 다른 특별상을 중복하여 수상한 경우는 없다.

ㄷ. C가 결선에서 4위를 했을 가능성은 없다.

ㄹ. 결선 2위는 A 또는 C 중에서 결정되었다.

① ㄱ, ㄴ　　　② ㄱ, ㄹ　　　③ ㄴ, ㄷ
④ ㄴ, ㄹ　　　⑤ ㄱ, ㄷ, ㄹ

11 다음 〈조건〉 및 〈상황〉을 근거로 판단할 때 옳은 것은?

20 입법 가책형 11번

─〈조건〉─

화진이는 발레 콩쿨에 나가기 위하여 발레 작품을 선정하려고 한다. 하나의 발레 작품은 여러 개의 발레 동작으로 구성되며, 각 발레 동작마다 취득할 수 있는 평가 점수가 다르다. 화진이가 발레 동작을 성공하면 해당 발레 동작의 평가 점수를 받을 수 있으며, 실패하는 경우 평가 점수를 받을 수 없다. 화진이가 발레 작품으로 취득하는 평가 점수는 해당 발레 작품에서 성공한 발레 동작 평가 점수를 합산한 값이다. 발레 동작별 평가 점수에 화진이가 성공할 확률을 곱한 것을 발레 동작별 기대 평가 점수라고 하며, 발레작품의 기대 평가 점수는 해당 발레 작품을 구성하는 발레 동작별 기대 평가 점수를 합산한 값이다.

발레 동작별 평가 점수와 화진이의 성공확률은 다음과 같다. 단, 쉐네를 연속해서 두 번 하는 경우 두 번째 쉐네는 평가 점수의 1.2배를 받을 수 있으며, 샹쥬망 다음 곧바로 빠드샤를 하는 경우 화진이의 빠드샤 성공확률은 기존 확률의 절반이 된다.

발레 동작	평가 점수	화진이의 성공확률(%)
그랑제떼(grand jeté)	3	50
글리싸드(glissade)	2	60
빠드샤(pas de chat)	3	60
샤쎄(chassé)	1	100
샹쥬망(changement)	2	80
쉐네(chaînés)	3	50
쑤쑤(sous-sus)	1	100
스트뉴(soutenu)	1	100
아라베스크(arabesque)	2	60
에티튜드(attitude)	3	50

─〈상황〉─

다음은 화진이가 선정 대상으로 고려하고 있는 발레 작품 A, B, C를 구성하는 발레 동작을 순서대로 적은 것이다.

- A작품: 쑤쑤(sous-sus), 샤쎄(chassé), 에티튜드(attitude), 그랑제떼(grand jeté), 스트뉴(soutenu), 쉐네(chaînés), 쉐네(chaînés)
- B작품: 아라베스크(arabesque), 에티튜드(attitude), 샤쎄(chassé), 그랑제떼(grand jeté), 그랑제떼(grand jeté), 빠드샤(pas de chat)
- C작품: 글리싸드(glissade), 샤쎄(chassé), 쑤쑤(sous-sus), 샹쥬망(changement), 빠드샤(pas de chat), 쉐네(chaînés), 쉐네(chaînés)

① 화진이가 기대 평가 점수가 가장 높은 작품을 선정하려고 할 때, 화진이는 B작품을 선정할 것이다.
② A작품과 C작품 중 화진이의 기대 평가 점수는 A작품이 더 높다.
③ A작품과 B작품 중 화진이의 기대 평가 점수는 B작품이 더 높다.
④ 화진이가 모든 동작을 성공했을 때, B작품의 취득 가능 점수는 A작품보다 높다.
⑤ 화진이가 모든 동작을 성공했을 때, B작품의 취득 가능 점수는 C작품보다 높다.

회독 ☐☐☐ 난도 ★★☆ 소요시간 ☐☐☐

12 〈여성권익사업 보조금 지급 기준〉과 〈여성폭력피해자 보호시설 현황〉을 근거로 판단할 때, 지급받을 수 있는 보조금의 총액이 큰 시설부터 작은 시설 순으로 바르게 나열된 것은? (단, 4개 보호시설의 종사자에는 각 1명의 시설장(長)이 포함되어 있다) 15 5급 공채 인책형 12번

┌─〈여성권익사업 보조금 지급 기준〉─┐

1. 여성폭력피해자 보호시설 운영비
   • 종사자 1 ~ 2인 시설: 240백만 원
   • 종사자 3 ~ 4인 시설: 320백만 원
   • 종사자 5인 이상 시설: 400백만 원
   ※ 단, 평가등급이 1등급인 보호시설에는 해당 지급액의 100%를 지급하지만, 2등급인 보호시설에는 80%, 3등급인 보호시설에는 60%를 지급한다.
2. 여성폭력피해자 보호시설 사업비
   • 종사자 1 ~ 3인 시설: 60백만 원
   • 종사자 4인 이상 시설: 80백만 원
3. 여성폭력피해자 보호시설 종사자 장려수당
   • 종사자 1인당 50백만 원
   ※ 단, 종사자가 5인 이상인 보호시설의 경우 시설장에게는 장려수당을 지급하지 않는다.
4. 여성폭력피해자 보호시설 입소자 간식비
   • 입소자 1인당 1백만 원

〈여성폭력피해자 보호시설 현황〉

보호시설	종사자 수(인)	입소자 수(인)	평가등급
A	4	7	1
B	2	8	1
C	4	10	2
D	5	12	3

① A − C − D − B
② A − D − C − B
③ C − A − B − D
④ D − A − C − B
⑤ D − C − A − B

회독 ☐☐☐ 난도 ★★★ 소요시간 ☐☐☐

13 다음 글을 근거로 판단할 때 옳은 것은?
20 입법 가책형 12번

이윤을 극대화하고자 하는 甲은 다음 분기에 A, B, C 중 하나의 플랫폼을 통해 크라우드 펀딩으로 자금을 모집하고자 한다. 각 플랫폼은 후원 목표금액 설정 요건, 프로젝트 게시 비용, 목표 달성 시 수수료, 목표 미달 시 프로젝트 진행 여부 및 수수료에 있어서 서로 다른 방침을 지니고 있다.

플랫폼	후원 목표금액 설정 요건	프로젝트 게시 비용	목표 달성시 수수료	목표 미달 시 프로젝트 진행 여부 및 수수료
A	최소 200만원, 최대 1,000만원의 목표금액을 설정하여야 함	없음	후원금액의 10%	프로젝트가 진행되지 않으며 후원 금액은 후원자에게 환불됨 (별도의 수수료는 발생하지 않음)
B	최소 100만원, 최대 500만원의 목표금액을 설정하여야 함	프로젝트 제안 시 20만원을 지불해야 함	후원 금액의 5%	프로젝트가 진행되며 후원 금액의 10%를 수수료로 지불해야 함
C	프로젝트 제안자가 자유롭게 설정	프로젝트 제안 시 30만원을 지불해야 함	후원 금액의 3%	프로젝트가 진행되며 후원 금액의 7%를 수수료로 지불해야 함

※ 甲의 이윤 = 후원금액 − (프로젝트 게시 비용 + 수수료)

다음 분기의 경기가 호황인 경우와 불황인 경우 甲이 후원받는 금액은 다음과 같이 달라지며, 甲은 다음 분기 경기에 따른 후원 금액은 알고 있다. 또한, 모든 플랫폼은 후원 금액이 목표금액에 도달하는 즉시 프로젝트가 완료되어 더 이상의 후원이 불가능하다.

다음 분기 경기	후원 금액
호황일 경우	600만원
불황일 경우	100만원

① 甲이 다음 분기 경기가 호황임을 알고 있는 경우 선택하는 플랫폼은 B이다.
② 甲이 다음 분기 경기가 불황임을 알고 있는 경우 선택하는 플랫폼은 C이다.
③ 甲이 다음 분기 경기가 호황임을 알고 있는 경우 얻게 되는 이윤과 다음 분기 경기가 불황임을 알고 있는 경우 얻게 되는 이윤의 차이가 가장 큰 플랫폼은 A이다.
④ 甲이 다음 분기 경기 호황을 예측하여 목표금액을 설정하였으나, 실제 경기가 불황일 경우에 얻게 되는 이윤이 큰 순서대로 플랫폼을 나열하면 C−B−A 순이다.
⑤ 甲이 후원 목표금액을 350만원으로 설정하는 경우, 다음 분기 경기가 호황일 때 얻게 되는 이윤이 가장 큰 플랫폼은 C이다.

회독 ☐☐☐ 난도 ★★☆ 소요시간 ☐☐☐

14 다음 글과 〈상황〉을 근거로 판단할 때 갑의 음용 순서로 옳은 것은? 19 입법 가책형 13번

맥주를 식별하기 위해서는 맥주의 특성, 즉 시각적으로 확인 가능한 요소(색, 거품)와 맥주를 음용하면서 확인 가능한 미각·후각적 요소(맛, 향)를 파악할 필요가 있다. 주의할 점은 특정 맛, 향의 경우 그 여운으로 인해 다음에 마시는 맥주의 맛과 향을 파악하기 어렵게 만든다는 것이다. 맥주의 색, 거품, 맛, 향의 유형은 아래 표와 같다.

판단요소	내용	특이 사항
색	짙은 색, 옅은 색	–
거품	많음, 적음	–
맛	쓴 맛, 신 맛, 단 맛	쓴 맛은 여운이 강하기 때문에 쓴 맛의 맥주를 마시고 바로 다음에 마시는 첫 번째 맥주는 쓴 맛으로 인식됨(쓴 맛의 여운은 두 번째 이후로는 미치지 않음)
향	과일 향, 캐러멜 향	캐러멜 향은 여운이 강하기 때문에 캐러멜 향의 맥주를 마시고 바로 다음에 마시는 첫 번째 맥주는 캐러멜 향으로 인식됨(캐러멜 향의 여운은 두 번째 이후로는 미치지 않음)

〈상황〉

갑은 A~E 다섯 가지 제품의 맥주를 마시며 색, 거품, 맛, 향을 기록했다. 다만 맛, 향의 여운 외에 갑이 맥주 특성을 기록하는 데 방해가 되는 요소는 없었다.

갑의 기록에는 서로 다른 두 가지 이상의 맥주가 색, 거품, 맛, 향이 모두 동일하게 기록된 경우는 없었다.

A~E 맥주의 특성은 아래와 같다.

A: 짙은 색, 거품 많음, 신 맛, 과일 향
B: 짙은 색, 거품 많음, 쓴 맛, 캐러멜 향
C: 옅은 색, 거품 적음, 쓴 맛, 캐러멜 향
D: 옅은 색, 거품 적음, 신 맛, 과일 향
E: 옅은 색, 거품 많음, 단 맛, 캐러멜 향

① A − B − D − C − E
② B − A − C − D − E
③ C − A − E − D − B
④ D − C − E − A − B
⑤ E − C − B − D − A

회독 ☐☐☐ 난도 ★★☆ 소요시간 ☐☐☐

15 다음 글과 〈표〉를 근거로 판단할 때 갑, 을, 병이 각각 선택할 최종 구매대안으로 옳은 것은? 19 입법 가책형 29번

갑, 을, 병 세 사람은 자동차를 구매하려고 한다. 세 사람 모두 자동차 구매대안을 탐색한 결과 A, B, C 3가지 자동차 모델들을 최종 구매후보군에 포함하였다. 갑, 을, 병 세 사람은 각자 자신들의 최종 자동차 구매대안을 결정하기 위해 차량가격, 브랜드, 안전성, 연비 등의 4가지 주요 속성을 고려한다.

아래 표는 A, B, C 3가지 자동차 모델들에 대한 차량가격, 브랜드, 안전성, 연비 등에 대한 상대적 속성값을 나타낸다. 상대적 속성값이란 해당 속성의 우수성 정도를 0~10 사이의 값으로 나타낸 것으로 상대적 속성값이 클수록 해당 속성이 우수함을 의미한다. 표에서 차량가격, 안전성, 연비에 대한 상대적 속성값은 객관적 속성으로 갑, 을, 병 모두 동일하게 인식된 값이고, 브랜드에 대한 상대적 속성값은 갑, 을, 병 세 사람의 브랜드 선호도가 반영되어 세 사람별로 구분되어 인식된 값이다.

갑과 을은 자동차를 구매할 때 차량가격, 브랜드, 안전성, 연비를 각각 4 : 3 : 2 : 1의 비중으로 중요하게 생각하며, 4가지 주요 속성값의 가중합을 구한 후 이를 비교하여 구매한다. 또한, 갑은 4가지 주요 속성을 종합적으로 비교함에 있어 특별한 제한을 두고 있지 않으나 을은 모든 주요 속성에 대한 상대적 속성값이 6 이상인 대안만을 고려한다. 한편, 병은 4가지 주요 속성들을 브랜드−차량가격−안전성−연비 순으로 고려한다. 우선순위가 높은 속성에서부터 상대적 속성값이 가장 큰 대안을 선택하고 우선순위가 높은 속성의 상대적 속성값이 같은 대안들에 대해서는 순차적으로 다음 우선순위가 높은 속성에서 비교하여 정한다.

〈표〉 자동차 구매대안별 주요 속성에 대한 상대적 속성값

구분	차량 가격	브랜드			안전성	연비
		갑	을	병		
대안A	5	10	10	9	8	10
대안B	6	9	9	9	8	6
대안C	9	6	6	7	7	6

① 갑 − 대안A, 을 − 대안B, 병 − 대안C
② 갑 − 대안A, 을 − 대안C, 병 − 대안B
③ 갑 − 대안B, 을 − 대안A, 병 − 대안C
④ 갑 − 대안B, 을 − 대안C, 병 − 대안A
⑤ 갑 − 대안C, 을 − 대안A, 병 − 대안B

16 다음 〈조건〉을 근거로 판단할 때 〈보기〉의 의사결정 기준에서 동일한 선택이 이루어지는 경우는?

18 입법 가책형 25번

조건

○○시는 자치단체장 취임 이후 새로운 지역 축제를 계획하고 있다. 이를 위해 연구소에 의뢰하여 3가지 규모의 지역축제(A, B, C)에 대한 수익성 예비분석을 실시하였다.

○○시 의뢰를 받은 연구소는 상황 변수인 축제 방문객 규모와 대안 변수인 축제 규모에 따라 지역 축제의 예상 수익을 다음과 같이 추정하였다. 구체적으로, 향후 10년간 축제 방문객 규모를 많음, 보통, 적음의 세 가지 상황으로 구분하고, 축제의 규모는 대규모 A, 중간규모 B, 소규모 C의 3가지 대안으로 구분하여 분석을 실시하였다. 다음은 각각의 경우 예상되는 수익을 정리한 것이다.

축제 방문객 규모	축제 규모		
	대규모 A	중간규모 B	소규모 C
많음	100억원	60억원	30억원
보통	50억원	30억원	20억원
적음	−80억원	−10억원	10억원

보기

ㄱ. 낙관주의(maximax) 기준: 선택의 결과에 대해 매우 낙관적이며, 최대 수익을 낼 수 있는 기회에 초점을 맞춘다. 따라서 각 대안마다 최상의 결과가 발생될 것이라고 가정하고, 대안별 최상의 결과들을 비교한 후, 가장 큰 수익을 내는 대안을 선택한다.

ㄴ. 비관주의(maximin) 기준: 선택의 결과에 대해 매우 비관적이며, 최악의 상황에 초점을 맞춘다. 따라서 최악의 상황을 가정한 위험 회피적인 선택을 한다. 즉, 각 대안마다 최악의 결과가 발생될 것이라고 가정하고, 대안별 최악의 결과들을 비교한 후, 가장 큰 수익을 내는 대안을 선택한다.

ㄷ. 후르위츠(Hurwicz) 기준: 낙관주의 기준과 비관주의 기준을 절충해서 적용한다. 이를 위해 후르위츠 계수로 불리는 가중치 α를 결정하고, 각 대안마다 가중 평균을 계산한다. 즉, 각 대안별 수익은 "α×(최상의 수익)+(1−α)×(최악의 수익)"으로 계산되며, 그 값이 가장 큰 대안이 선택된다. 사례의 경우 후르위츠 계수는 0.6으로 가정한다.

ㄹ. 라플라스(Laplace) 기준: 각 대안을 선택했을 때 발생될 수 있는 모든 가능한 결과들의 합을 모든 가능한 결과들의 수로 나눈 값을 선택 기준으로 삼는다. 즉, 대안별로 평균 수익을 계산한 후, 그 값이 가장 큰 대안을 선택한다.

① ㄱ, ㄴ ② ㄱ, ㄷ ③ ㄴ, ㄷ
④ ㄴ, ㄹ ⑤ ㄷ, ㄹ

17 다음 글을 근거로 판단할 때 옳지 않은 것은?

17 입법 가책형 36번

대도시인 Y시는 극심한 교통난에 시달리고 있어 시민들이 무엇인가 대책을 세울 것을 강력히 요구하고 있다. Y시는 교통 및 도시문제 전문가들로 교통대책위원회를 구성하고 해결방안을 제시하도록 위임하였다. 교통대책위원회는 브레인스토밍 과정과 실행가능성 검토를 통하여 다음과 같이 세 가지 해결대안을 제시하였다.

A안: 새로운 내부 및 외부 순환도로를 건설하는 방안
B안: 시에 몇 개의 위성커뮤니티를 건설하고, 그 사이를 경전철로 연결하는 방안
C안: 기업체 간에 출퇴근 시간을 서로 엇갈리게 정하여 매일 교통량을 시간대별로 분산시키는 방안

〈Y시의 교통난 해소를 위한 평가기준과 점수〉

평가기준	가중치	A안		B안		C안	
		평가 점수	결과 점수	평가 점수	결과 점수	평가 점수	결과 점수
비용	40	4		3		4	
단기적 효과	30	5		4		3	
장기적 효과	20	3		4		4	
정치적 수용성	10	2		3		3	
합계	100						

※ 평가기준별 가중치와 평가점수를 곱하여 결과 점수를 도출한다.
※ 정치적 수용성은 해당 지역시민 의견을 비롯하여 기업체 및 산업체의 의견이 반영될 수 있는 가능성을 말한다.

① 평가기준에서 비용의 가중치와 장기적 효과의 가중치를 모두 30으로 조정한다면 C안의 결과점수가 가장 높다.
② 현재의 결과 점수를 바탕으로 판단할 때, 새로운 내부 및 외부 순환도로를 건설하는 방안의 채택가능성이 가장 높다.
③ 기업체에서는 정치적 수용성과 단기적 효과의 가중치가 서로 바뀌어야 한다고 주장하고 있으며 이를 반영할 경우 C안의 점수가 가장 높다.
④ A안과 C안의 평가점수를 서로 바꿀 경우, 결과 점수는 C안, A안, B안 순서로 높다.
⑤ 단기적 효과의 가중치와 비용의 가중치를 서로 바꿀 경우, 결과 점수는 A안, B안, C안 순서로 높다.

회독 ▢▢▢ 난도 ★★☆ 소요시간 ▭▭▭

18 〈사례〉에 대해 판단한 것으로 옳은 것만을 〈보기〉에서 있는 대로 고른 것은? 21 리트 추리논증 홀수형 27번

어떤 개인이나 집단이 다른 개인이나 집단에 '기생'한다는 것과 '무임승차'한다는 것을 다음과 같이 정의한다.

- 갑이 을에게 기생한다는 것은, 갑이 자신의 어떤 행위를 통해 순이익을 얻지만 그 행위로 인해 을이 순손실을 입는다는 것이다.
- 갑이 을에게 무임승차한다는 것은, 갑이 병의 행위를 통해 순이익을 얻지만 그 행위로 인해 을이 순손실을 입는다는 것이다.

단, 순이익은 이익이 손실보다 큰 경우 발생하며 이익에서 손실을 뺀 값이다. 순손실은 그 반대이다.

〈보상원칙〉

갑이 기생이나 무임승차를 통해 순이익을 얻었고, 을이 그 순손실에 대해 어떤 보상도 받지 못했다면, 갑은 자신이 얻은 순이익과 을이 입은 순손실 중 적은 쪽에 해당하는 양만큼 을에게 보상해야 한다.

〈사례〉

X, Y, Z의 세 나라만이 있다. 각 나라에는 1901년부터 1980년까지 살았던 이전세대와 1981년부터 현재까지 살고 있는 현세대가 있다. 세 나라의 이전세대와 현세대를 통틀어 X의 이전세대만이 대기 중에 CO_2를 과다 배출하여 온실효과가 발생하는 A산업 행위를 했고 이로 인해 세 나라의 현세대가 손실을 입었다. A산업 행위로 인한 손실을 반영했을 때, 세 나라의 이전세대와 현세대가 A산업 행위로부터 얻은 순이익과 순손실은 다음과 같다.

	X	Y	Z
이전세대	순이익 10	순이익 6	순이익 0
현세대	순이익 7	순이익 3	순손실 4

──〈보기〉──

ㄱ. X의 이전세대는 Z의 현세대에 기생하며 Y의 이전세대는 Z의 현세대에 무임승차한다.

ㄴ. 〈보상원칙〉에 따르면, Z의 현세대가 A산업 행위로 인한 손실에 대해 어떤 보상도 받지 못했을 경우, Y의 현세대는 Z의 현세대에 4를 보상해야 한다.

ㄷ. 〈보상원칙〉을 '기생 또는 무임승차로 현세대가 얻은 순이익의 총합에서 순손실의 총합을 뺀 전체 순이익을 분배하여 각 나라의 현세대가 똑같은 순이익을 갖도록 해야 한다.'로 대체할 경우, X와 Y의 현세대가 Z의 현세대에 제공해야 할 순이익의 총합은 6이다.

① ㄱ   ② ㄴ   ③ ㄱ, ㄷ
④ ㄴ, ㄷ   ⑤ ㄱ, ㄴ, ㄷ

회독 ▢▢▢ 난도 ★★☆ 소요시간 ▭▭▭

19 〈이론〉에 따라 〈사례〉를 분석한 것으로 옳은 것만을 〈보기〉에서 있는 대로 고른 것은? 21 리트 추리논증 홀수형 32번

〈이론〉

복지 분배의 불평등이 최소화되어야 한다고 주장하는 평등주의 이론에는 두 사람 사이의 불평등 정도를 결정하는 방식과 관련하여 다음과 같은 견해들이 있다.

- 생애 전체 견해: 두 사람이 생애 전체에서 얻는 복지의 총량이 서로 다르면, 그 차이만큼 복지의 분배는 불평등하다.
- 동시대 부분 견해: 20년 단위로 동시대 부분들을 구분하여, 두 사람이 모두 생존해 있는 동시대 부분에서만 그들이 얻는 복지의 양을 서로 비교하여 차이를 구한다. 복지의 분배는 그 차이들을 모두 더한 만큼 불평등하다.
- 해당 부분 견해: 개인의 생애를 유년기, 청년기, 중년기, 노년기로 구분하여, 두 사람이 각 해당 기간마다 얻는 복지의 양을 서로 비교하여 차이를 구한다. 복지의 분배는 그 차이들을 모두 더한 만큼 불평등하다.

〈사례〉

갑과 을은 각각 1921년과 1941년에 태어나 80년 동안 살았다. 각 생애는 20년 단위로 유년기, 청년기, 중년기, 노년기로 나뉜다. 다음은 가설적인 두 상황에서 각 기간에 개인이 얻은 복지의 양을 숫자로 나타내었다.

(상황 1)

	1921~1940	1941~1960	1961~1980	1981~2000	2001~2020
갑	3	7	6	5	—
을	—	7	6	4	5

(상황 2)

	1921~1940	1941~1960	1961~1980	1981~2000	2001~2020
갑	2	8	6	5	—
을	—	7	6	4	5

──〈보기〉──

ㄱ. 해당 부분 견해에 따르면, (상황 1)의 불평등 정도와 (상황 2)의 불평등 정도는 2만큼의 차이를 보인다.

ㄴ. (상황 1)과 (상황 2)의 불평등 정도를 비교한다면, 생애 전체 견해만이 두 상황의 불평등 정도가 같다고 판단할 것이다.

ㄷ. (상황 2)의 갑과 을이 1941~1960년의 동시대 부분에서 얻은 복지의 양이 서로 바뀐 경우, 생애 전체 견해에 따르면 불평등 정도가 커지지만, 동시대 부분 견해에 따르면 그렇지 않다.

① ㄱ   ② ㄷ   ③ ㄱ, ㄴ
④ ㄴ, ㄷ   ⑤ ㄱ, ㄴ, ㄷ

20 마을 A, B, C가 부담할 비용에 대한 진술로 옳은 것은?

10 리트 추리논증 홀수형 35번

세 마을 A, B, C가 함께 사용할 수리 시설을 건설하려면 15억 원이 든다. 두 마을 또는 한 마을만 사용할 수 있는 수리 시설을 건설할 수도 있다. A와 B만 사용할 수 있는 수리 시설에는 12억 원이 들고, B와 C만 사용할 수 있는 수리 시설에는 10억 원이 들고, A와 C만 사용할 수 있는 수리 시설에는 11억 원이 든다. 그리고 어느 마을이든 한 마을만 사용할 수 있는 수리 시설에는 8억 원이 든다.

이런 사정을 고려하여 세 마을이 함께 사용할 수리 시설을 건설하기로 하고, 그 비용 15억 원을 세 마을이 나누어 부담하는 원칙에 관해 논의하여 왔다. 이제 다음 두 원칙 중 하나를 채택하여 적용하려 한다.

원칙 1 : 세 마을이 함께 사용할 수리 시설을 건설하면서 한 마을이 부담하는 비용(X)은 그 마을만을 위한 수리 시설을 건설하는 비용(Y)보다 적어야 하며, 그 차이(Y−X)는 어느 마을에 대해서나 같아야 한다.

원칙 2 : 세 마을이 함께 사용할 수리 시설을 건설하면서 두 마을이 부담하는 비용의 합(Z)은 그 두 마을만을 위한 수리 시설을 건설하는 비용(W)보다 적어야 하며, 그 차이(W−Z)는 어느 두 마을에 대해서나 같아야 한다.

① 원칙 1이 적용되면 A가 B나 C보다 적은 비용을 부담한다.
② 원칙 2가 적용되면 C가 A나 B보다 적은 비용을 부담한다.
③ 원칙 1 대신 2가 적용되면 A가 부담할 비용이 줄어든다.
④ 원칙 1 대신 2가 적용되면 B가 부담할 비용이 늘어난다.
⑤ 원칙 1 대신 2가 적용되어도 C가 부담할 비용은 달라지지 않는다.

21 다음 글을 근거로 판단할 때, 평가대상기관(A ~ D) 중 최종순위 최상위기관과 최하위기관을 고르면?

18 5급 공채 나책형 8번

〈공공시설물 내진보강대책 추진실적 평가기준〉

• 평가요소 및 점수부여

－ 내진성능평가지수 = $\dfrac{\text{내진성능평가실적건수}}{\text{내진보강대상건수}} \times 100$

－ 내진보강공사지수 = $\dfrac{\text{내진보강공사실적건수}}{\text{내진보강대상건수}} \times 100$

－ 산출된 지수 값에 따른 점수는 아래 표와 같이 부여한다.

구 분	지수 값 최상위 1개 기관	지수 값 중위 2개 기관	지수 값 최하위 1개 기관
내진성능평가점수	5점	3점	1점
내진보강공사점수	5점	3점	1점

• 최종순위 결정
－ 내진성능평가점수와 내진보강공사점수의 합이 큰 기관에 높은 순위를 부여한다.
－ 합산 점수가 동점인 경우에는 내진보강대상건수가 많은 기관을 높은 순위로 한다.

〈평가대상기관의 실적〉

(단위: 건)

구분	A	B	C
내진성능평가실적	82	72	72
내진보강공사실적	91	76	81
내진보강대상	100	80	90

	최상위기관	최하위기관
①	A	B
②	B	C
③	B	D
④	C	D
⑤	D	C

회독 ☐☐☐ 난도 ★★☆ 소요시간 ▭▭▭

22 다음 글을 근거로 판단할 때, 〈보기〉에서 옳은 것만을 모두 고르면? 18 5급 공채 나책형 9번

- 평가대상기관은 甲, 乙, 丙, 丁 4개 기관이다.
- 평가요소는 국정과제, 규제개혁, 정책성과, 홍보실적 총 4개이다. 평가요소별로 100점을 4개 평가대상기관에 배분하며, 평가대상기관이 받는 평가요소별 최소점수는 3점이다.
- 4개 평가요소의 점수를 기관별로 합산하여 총점이 높은 순서로 평가순위를 매긴다. 평가결과 2위 기관까지 인센티브가 주어진다.
- 4개 기관의 평가 결과는 아래와 같다.

(단위: 점)

평가요소 기관	국정 과제	규제 개혁	정책 성과	홍보 실적
甲	30	40	A	25
乙	20	B	30	25
丙	10	C	40	20
丁	40	30	D	30
합계	100	100	100	100

※ 특정 평가요소에 가중치를 n배 줄 경우 해당 평가요소점수는 n배가 된다.

─〈보기〉─

ㄱ. 丙은 인센티브를 받을 수 있다.
ㄴ. B가 27이고 D가 25 이상이면 乙이 2위가 된다.
ㄷ. 국정과제에 가중치를 2배 준다면 丁은 인센티브를 받을 수 없다.
ㄹ. 국정과제에 가중치를 3배 준다면 丁은 1위가 된다.

① ㄱ, ㄴ
② ㄱ, ㄹ
③ ㄴ, ㄷ
④ ㄴ, ㄹ
⑤ ㄴ, ㄷ, ㄹ

회독 ☐☐☐ 난도 ★☆☆ 소요시간 ▭▭▭

23 다음 〈복약설명서〉에 따라 甲이 두 약을 복용할 때 옳은 것은? 17 5급 공채 가책형 7번

〈복약설명서〉

1. 약품명: 가나다정
2. 복용법 및 주의사항
   - 식전 15분에 복용하는 것이 가장 좋으나 식전 30분부터 식사 직전까지 복용이 가능합니다.
   - 식사를 거르게 될 경우에 복용을 거릅니다.
   - 식이요법과 운동요법을 계속하고, 정기적으로 혈당(혈액 속에 섞여 있는 당분)을 측정해야 합니다.
   - 야뇨(夜尿)를 피하기 위해 최종 복용시간은 오후 6시까지로 합니다.
   - 저혈당을 예방하기 위해 사탕 등 혈당을 상승시킬 수 있는 것을 가지고 다닙니다.

1. 약품명: ABC정
2. 복용법 및 주의사항
   - 매 식사 도중 또는 식사 직후에 복용합니다.
   - 복용을 잊은 경우 식사 후 1시간 이내에 생각이 났다면 즉시 약을 복용하도록 합니다. 식사 후 1시간이 초과되었다면 다음 식사에 다음 번 분량만을 복용합니다.
   - 씹지 말고 그대로 삼켜서 복용합니다.
   - 정기적인 혈액검사를 통해서 혈중 칼슘, 인의 농도를 확인해야 합니다.

① 식사를 거르게 될 경우 가나다정만 복용한다.
② 두 약을 복용하는 기간 동안 정기적으로 혈액검사를 할 필요는 없다.
③ 저녁식사 전 가나다정을 복용하려면 저녁식사는 늦어도 오후 6시 30분에는 시작해야 한다.
④ ABC정은 식사 중에 다른 음식과 함께 씹어 복용할 수 있다.
⑤ 식사를 30분 동안 한다고 할 때, 두 약의 복용시간은 최대 1시간 30분 차이가 날 수 있다.

24 다음 〈지원계획〉과 〈연구모임 현황 및 평가결과〉를 근거로 판단할 때, 연구모임 A ~ E 중 두 번째로 많은 총 지원금을 받는 모임은? 17 5급 공채 가책형 8번

─ 지원계획 ─

• 지원을 받기 위해서는 한 모임당 6명 이상 9명 미만으로 구성되어야 한다.

• 기본지원금
한 모임당 1,500천 원을 기본으로 지원한다. 단, 상품개발을 위한 모임의 경우는 2,000천 원을 지원한다.

• 추가지원금
연구 계획 사전평가결과에 따라,
'상' 등급을 받은 모임에는 구성원 1인당 120천 원을,
'중' 등급을 받은 모임에는 구성원 1인당 100천 원을,
'하' 등급을 받은 모임에는 구성원 1인당 70천 원을 추가로 지원한다.

• 협업 장려를 위해 협업이 인정되는 모임에는 위의 두 지원금을 합한 금액의 30%를 별도로 지원한다.

〈연구모임 현황 및 평가결과〉

모임	상품개발 여부	구성원 수	연구 계획 사전평가 결과	협업 인정 여부
A	○	5	상	○
B	×	6	중	×
C	×	8	상	○
D	○	7	중	×
E	×	9	하	×

① A
② B
③ C
④ D
⑤ E

25 다음 글과 〈선거 결과〉를 근거로 판단할 때 옳은 것은? 17 5급 공채 가책형 9번

○○국 의회의원은 총 8명이며, 4개의 선거구에서 한 선거구당 2명씩 선출된다. 선거제도는 다음과 같이 운용된다.

각 정당은 선거구별로 두 명의 후보 이름이 적힌 명부를 작성한다. 유권자는 해당 선거구에서 모든 정당의 후보 중 한 명에게만 1표를 행사하며, 이를 통해 개별 후보자의 득표율이 집계된다.

특정 선거구에서 각 정당의 득표율은 그 정당의 해당 선거구 후보자 2명의 득표율의 합이다. 예를 들어 한 정당의 명부에 있는 두 후보가 각각 30%, 20% 득표를 했다면 해당 선거구에서 그 정당의 득표율은 50%가 된다. 그리고 각 후보의 득표율에 따라 소속 정당 명부에서의 순위(1번, 2번)가 결정된다.

다음으로 선거구별 2개의 의석은 다음과 같이 배분한다. 먼저 해당 선거구에서 득표율 1위 정당의 1번 후보에게 1석이 배분된다. 그리고 만약 1위 정당의 정당 득표율이 2위 정당의 정당 득표율의 2배 이상이라면, 정당 득표율 1위 정당의 2번 후보에게 나머지 1석이 돌아간다. 그러나 1위 정당의 정당 득표율이 2위 정당의 정당 득표율의 2배 미만이라면 정당 득표율 2위 정당의 1번 후보에게 나머지 1석을 배분한다.

─ 선거결과 ─

○○국의 의회의원선거 제1 ~ 4선거구의 선거 결과를 요약하면 다음과 같다. 수치는 선거구별 득표율(%)이다.

	제1선거구	제2선거구	제3선거구	제4선거구
A정당	41	50	16	39
1번 후보	30	30	12	20
2번 후보	11	20	4	19
B정당	39	30	57	28
1번 후보	22	18	40	26
2번 후보	17	12	17	2
C정당	20	20	27	33
1번 후보	11	11	20	18
2번 후보	9	9	7	15

① A정당은 모든 선거구에서 최소 1석을 차지했다.
② B정당은 모든 선거구에서 최소 1석을 차지했다.
③ C정당 후보가 당선된 곳은 제3선거구이다.
④ 각 선거구마다 최다 득표를 한 후보가 당선되었다.
⑤ 가장 많은 당선자를 낸 정당은 B정당이다.

회독 ☐☐☐ 난도 ★☆☆ 소요시간 ☐☐☐

26 다음 글을 근거로 판단할 때, A팀이 최종적으로 선택하게 될 이동수단의 종류와 그 비용으로 옳게 짝지은 것은? 17 5급 공채 가책형 10번

4명으로 구성된 A팀은 해외출장을 계획하고 있다. A팀은 출장지에서의 이동수단 한 가지를 결정하려 한다. 이때 A팀은 경제성, 용이성, 안전성의 총 3가지 요소를 고려하여 최종점수가 가장 높은 이동수단을 선택한다.

- 각 고려요소의 평가결과 '상' 등급을 받으면 3점을, '중' 등급을 받으면 2점을, '하' 등급을 받으면 1점을 부여한다. 단, 안전성을 중시하여 안전성 점수는 2배로 계산한다. (⑩ 안전성 '하' 등급 2점)
- 경제성은 각 이동수단별 최소비용이 적은 것부터 상, 중, 하로 평가한다.
- 각 고려요소의 평가점수를 합하여 최종점수를 구한다.

〈이동수단별 평가표〉

이동수단	경제성	용이성	안전성
렌터카	?	상	하
택시	?	중	중
대중교통	?	하	중

〈이동수단별 비용계산식〉

이동수단	비용계산식
렌터카	(렌트비 + 유류비) × 이용 일수 − 렌트비 = $50/1일(4인승 차량) − 유류비 = $10/1일(4인승 차량)
택시	거리당 가격($1/1마일) × 이동거리(마일) − 최대 4명까지 탑승가능
대중교통	대중교통패스 3일권($40/1인) × 인원수

〈해외출장 일정〉

출장 일정	이동거리(마일)
11월 1일	100
11월 2일	50
11월 3일	50

	이동수단	비용
①	렌터카	$180
②	택시	$200
③	택시	$400
④	대중교통	$140
⑤	대중교통	$160

회독 ☐☐☐ 난도 ★★☆ 소요시간 ☐☐☐

27 다음 〈조건〉과 〈2월 날씨〉를 근거로 판단할 때, 2월 8일과 16일의 실제 날씨로 가능한 것을 옳게 짝지은 것은? 17 5급 공채 가책형 15번

조건

- 날씨 예측 점수는 매일 다음과 같이 부여한다.

예측 실제	맑음	흐림	눈·비
맑음	10점	6점	0점
흐림	4점	10점	6점
눈·비	0점	2점	10점

- 한 주의 주중(월 ~ 금) 날씨 예측 점수의 평균은 매주 5점 이상이다.
- 2월 1일부터 19일까지 요일별 날씨 예측 점수의 평균은 다음과 같다.

요일	월	화	수	목	금
날씨 예측 점수 평균	7점 이하	5점 이상	7점 이하	5점 이상	7점 이하

〈2월 날씨〉

	월	화	수	목	금	토	일
날짜			1	2	3	4	5
예측			맑음	흐림	맑음	눈·비	흐림
실제			맑음	맑음	흐림	흐림	맑음
날짜	6	7	8	9	10	11	12
예측	맑음	흐림	맑음	맑음	맑음	흐림	흐림
실제	흐림	흐림	?	맑음	흐림	눈·비	흐림
날짜	13	14	15	16	17	18	19
예측	눈·비	눈·비	맑음	눈·비	눈·비	흐림	흐림
실제	맑음	맑음	맑음	?	눈·비	흐림	눈·비

※ 위 달력의 같은 줄을 한 주로 한다.

	2월 8일	2월 16일
①	맑음	흐림
②	맑음	눈·비
③	눈·비	흐림
④	눈·비	맑음
⑤	흐림	흐림

28 다음 글과 〈표〉를 근거로 판단할 때, 〈보기〉에서 옳은 것만을 모두 고르면? 17 5급 공채 가책형 27번

- 수현과 혜연은 결혼을 준비하는 예비부부이고, 결혼까지 준비해야 할 항목이 7가지 있다.
- 결혼 당사자인 수현과 혜연은 준비해야 할 항목들에 대해 선호를 가지고 있으며, 양가 부모 또한 선호를 가지고 있다. 이때 '선호도'가 높을수록 우선순위가 높다.
- '선호도'는 '투입 대비 만족도'로 산출한다.
- '종합 선호도'는 각 항목별로 다음과 같이 산출한다.

$$종합\ 선호도 = \frac{\{(결혼\ 당사자의\ 만족도) + (양가\ 부모의\ 만족도)\}}{\{(결혼\ 당사자의\ 투입) + (양가\ 부모의\ 투입)\}}$$

〈표〉

항목	결혼 당사자		양가 부모	
	만족도	투입	만족도	투입
예물	60	40	40	40
예단	60	60	80	40
폐백	40	40	30	20
스튜디오 촬영	90	50	10	10
신혼여행	120	60	20	40
예식장	50	50	100	50
신혼집	300	100	300	100

보기

ㄱ. 결혼 당사자와 양가 부모의 종합 선호도에 따른 우선순위 상위 3가지에는 '스튜디오 촬영'과 '신혼집'이 모두 포함된다.
ㄴ. 결혼 당사자의 우선순위 상위 3가지와 양가 부모의 우선순위 상위 3가지 중 일치하는 항목은 '신혼집'이다.
ㄷ. '예물'과 '폐백' 모두 결혼 당사자의 선호도보다 양가 부모의 선호도가 더 높다.
ㄹ. 양가 부모에게 우선순위가 가장 낮은 항목은 '스튜디오 촬영'이다.

① ㄱ, ㄴ
② ㄴ, ㄷ
③ ㄷ, ㄹ
④ ㄱ, ㄴ, ㄹ
⑤ ㄱ, ㄷ, ㄹ

29 다음 글과 〈반 편성 기준〉을 근거로 판단할 때, 〈보기〉에서 옳은 것만을 모두 고르면? 17 5급 공채 가책형 35번

- 학생 6명(A ~ F)의 외국어반 편성을 위해 쓰기, 읽기, 듣기, 말하기 등 4개 영역에 대해 시험을 실시한다.
- 영역별 점수는 시험 결과에 따라 1점 이상 10점 이하로 부여한다.
- 다음 〈반 편성 기준〉에 따라 등수를 매겨 상위 3명은 심화반에, 하위 3명은 기초반에 편성한다.
- 동점자가 발생할 경우, 듣기 점수가 더 높은 학생을 상위 등수로 간주하고, 듣기 점수도 같은 경우에는 말하기 점수, 말하기 점수도 같은 경우에는 읽기 점수, 읽기 점수도 같은 경우에는 쓰기 점수가 더 높은 학생을 상위 등수로 간주한다.
- A ~ F의 영역별 점수는 다음과 같고, F의 쓰기와 말하기 영역은 채점 중이다.

(단위 : 점)

학생	쓰기	읽기	듣기	말하기
A	10	10	6	3
B	7	8	7	8
C	5	4	4	3
D	5	4	4	6
E	8	7	6	5
F	?	6	5	?

반 편성 기준

아래 두 가지 기준 중 하나를 채택하여 반을 편성한다.

- (기준1) 종합적 외국어능력을 반영하기 위해 4개 영역의 점수를 합산한 총점을 기준으로 편성한다.
- (기준2) 수업 중 원어민 교사와의 원활한 소통을 위해 듣기와 말하기 점수의 합을 기준으로 편성한다.

보기

ㄱ. B와 D는 어떤 경우에도 같은 반이 될 수 없다.
ㄴ. 채점 결과 F의 말하기 점수가 5점 이하라면, 어떤 기준에 따라 반을 편성하더라도 F는 기초반에 편성된다.
ㄷ. 채점 결과 F의 말하기 점수가 6점 이상이라면, 어떤 기준에 따라 반을 편성하더라도 C와 D는 같은 반에 편성된다.

① ㄱ
② ㄷ
③ ㄱ, ㄴ
④ ㄱ, ㄷ
⑤ ㄴ, ㄷ

회독 ☐☐☐ 난도 ★★☆ 소요시간 ☐☐☐☐

30 다음 글을 근거로 판단할 때, 〈보기〉에서 인증이 가능한 경우만을 모두 고르면? 16 5급 공채 4책형 8번

○○국 친환경농산물의 종류는 3가지로, 인증기준에 부합하는 재배방법은 각각 다음과 같다. 1) 유기농산물의 경우 일정 기간(다년생 작물 3년, 그 외 작물 2년) 이상을 농약과 화학비료를 사용하지 않고 재배한다. 2) 무농약농산물의 경우 농약을 사용하지 않고, 화학비료는 권장량의 2분의 1 이하로 사용하여 재배한다. 3) 저농약농산물의 경우 화학비료는 권장량의 2분의 1 이하로 사용하고, 농약은 살포시기를 지켜 살포 최대횟수의 2분의 1 이하로 사용하여 재배한다.

〈농산물별 관련 기준〉

종류	재배기간 내 화학비료 권장량 (kg/ha)	재배기간 내 농약살포 최대횟수	농약 살포시기
사과	100	4	수확 30일 전까지
감귤	80	3	수확 30일 전까지
감	120	4	수확 14일 전까지
복숭아	50	5	수확 14일 전까지

※ 1ha = 10,000m², 1t = 1,000kg

〔보기〕

ㄱ. 甲은 5km²의 면적에서 재배기간 동안 농약을 전혀 사용하지 않고 20t의 화학비료를 사용하여 사과를 재배하였으며, 이 사과를 수확하여 무농약농산물 인증신청을 하였다.

ㄴ. 乙은 3ha의 면적에서 재배기간 동안 농약을 1회 살포하고 50kg의 화학비료를 사용하여 복숭아를 재배하였다. 하지만 수확시기가 다가오면서 병충해 피해가 나타나자 농약을 추가로 1회 살포하였고, 열흘 뒤 수확하여 저농약농산물 인증신청을 하였다.

ㄷ. 丙은 지름이 1km인 원 모양의 농장에서 작년부터 농약을 전혀 사용하지 않고 감귤을 재배하였다. 작년에는 5t의 화학비료를 사용하였으나, 올해는 전혀 사용하지 않고 감귤을 수확하여 유기농산물 인증신청을 하였다.

ㄹ. 丁은 가로와 세로가 각각 100m, 500m인 과수원에서 감을 재배하였다. 재배기간 동안 총 2회(올해 4월 말과 8월 초) 화학비료 100kg씩을 뿌리면서 병충해 방지를 위해 농약도 함께 살포하였다. 丁은 추석을 맞아 9월 말에 감을 수확하여 저농약농산물 인증신청을 하였다.

① ㄱ, ㄹ　　② ㄴ, ㄷ　　③ ㄱ, ㄴ, ㄹ
④ ㄱ, ㄷ, ㄹ　　⑤ ㄴ, ㄷ, ㄹ

目 자료판정형 핵심가이드

　자료판정형의 문제는 주로 i) 수치 자료들을 단순 합산하여 총합 등을 비교·판정하거나 어떤 특정값을 산출하는 일정한 기준식을 제시한 후 결과값을 도출하여 확인·판정하는 <단순수치계산형>과 ii) 수치자료 및 상황조건을 통해 최적의 솔루션(소위 최댓값 또는 최솟값 주된 형태)을 요구하는 형태인 <최적수치계산형>으로 구분할 수 있다.

　본 유형에서 제시되는 기준식은 일정한 산식의 형태가 일반적이지만 때로는 문장 안에서 일련의 계산 방식을 포함하여 제시하기도 하는 등 여러 방식으로 자료판정의 기준이 주어지기도 한다. 또한 단위환산 등을 포함해 수치의 변환 작업도 종종 등장하고, 일정한 항목에 가중치를 부여하거나 대상에서 제외되는 예외 조건이 추가되는 등 일정한 제한을 두는 경우에는 주의해야 하는데 이 경우에도 가능한 한 차이가 부각되는 경우라면 직접 계산을 다하여 총합을 산출하는 것보다는 가중치를 감안한 원점수 차이를 상대비교한 후 우열을 가리는 것이 보다 효과적인 비교 방법이 될 수 있으므로 많은 훈련과 연습으로 자기만의 판정법을 구축해 놓는 것이 필요하다.

　한편, 표나 그래프의 경우에는 행과 열에 적용된 기준값, 범례, 각주 등에 주목하고 단위의 환산 등에 주의하면서 빠르게 정보를 추출하여 판정해야 하는데 이 경우 어쩔 수없이 원래대로 계산하여 결과를 도출해야만 하는 지극히 예외적인 경우를 제외하고는 판정 기준과 자료의 구조 등을 고려하여 시간을 최소로 쓰면서 답을 도출할 수 있는 관점이나 방법은 없는지 주의 깊게 살펴봐야 한다.
　예를 들면 비교 대상 간 상대비교를 통해 우열을 가린다든지 혹은 수치자료의 유효숫자만 비교하든지 아니면 어림값을 이용하든지 등을 들 수 있다. 이 방식들은 고정적인 것이 아니라 문제에 따라 유동적으로 유연하게 활용할 수 있는 것이므로 충분한 연습을 통해 본인에게 유용한 부분이 있다면 반드시 체화하는 것이 중요하다.

　또한, ii)유형은 단순수치계산형보다는 조금 더 복잡한 구조를 갖는 형태로 주로 최적화(최댓값 혹은 최솟값 등)와 관련되어 출제되는 편인데 문제에서 요구하는 조건에 따라 다소 많은 경우를 따져야 할 때 합리적인 직관을 통해서 판정범위를 어떻게 줄일 수 있는지가 관건이라고 할 수 있다. 조금 추상적인 성질의 것으로 다양한 문제를 통해서 경험하고 안목을 키우는 것이 필요하다.
　비교 대상 및 소재의 활용 방식에 따라 일정 기준을 충족하는지 여부를 판정하는 유형의 경우에는 TYPE 2-2(수 추리형)와 TYPE 3-2(의사결정형)의 구조를 띠는 경우가 많으므로 앞선 유형을 통해 문제해결을 위한 연관성을 높이는 것도 좋을 것이다.

PART

04

자료판정편

자료판정 ― 단순수치계산(개별, 합산, 순위)

4.1 단순수치계산(개별, 합산, 순위)

회독 □□□ 난도 ★☆☆ 소요시간

01 다음 글을 근거로 판단할 때, 예약할 펜션과 워크숍 비용을 옳게 짝지은 것은? 20 7급 모의 11번

甲은 팀 워크숍을 추진하기 위해 펜션을 예약하려 한다. 팀원은 총 8명으로 한 대의 렌터카로 모두 같이 이동하여 워크숍에 참석한다. 워크숍 기간은 1박 2일이며, 甲은 워크숍 비용을 최소화하고자 한다.

- 워크숍 비용은 아래와 같다.

  워크숍 비용 = 왕복 교통비 + 숙박요금

- 교통비는 렌터카 비용을 의미하며, 렌터카 비용은 거리 10 km당 1,500원이다.
- 甲은 다음 펜션 중 한 곳을 1박 예약한다.

구분	A 펜션	B 펜션	C 펜션
펜션까지 거리(km)	100	150	200
1박당 숙박요금(원)	100,000	150,000	120,000
숙박기준인원(인)	4	6	8

- 숙박인원이 숙박기준인원을 초과할 경우, A ~ C 펜션 모두 초과 인원 1인당 1박 기준 10,000원씩 요금이 추가된다.

	예약할 펜션	워크숍 비용
①	A	155,000원
②	A	170,000원
③	B	215,000원
④	C	150,000원
⑤	C	180,000원

회독 □□□ 난도 ★★☆ 소요시간

02 다음 글을 근거로 판단할 때, 〈보기〉에서 옳은 것만을 모두 고르면? 18 민경채 가책형 22번

- 甲 시청은 관내 도장업체(A ~ C)에 청사 바닥(면적: $60 \, m^2$) 도장공사를 의뢰하려 한다.

〈관내 도장업체 정보〉

업체	1 m^2당 작업시간	시간당 비용
A	30분	10만 원
B	1시간	8만 원
C	40분	9만 원

- 개별 업체의 작업속도는 항상 일정하다.
- 여러 업체가 참여하는 경우, 각 참여 업체는 언제나 동시에 작업하며 업체당 작업시간은 동일하다. 이때 각 참여 업체가 작업하는 면은 겹치지 않는다.
- 모든 업체는 시간당 비용에 비례하여 분당 비용을 받는다. (예 A가 6분 동안 작업한 경우 1만 원을 받는다)

보기

ㄱ. 작업을 가장 빠르게 끝내기 위해서는 A와 C에게만 작업을 맡겨야 한다.

ㄴ. B와 C에게 작업을 맡기는 경우, 작업 완료까지 24시간이 소요된다.

ㄷ. A, B, C에게 작업을 맡기는 경우, B와 C에게 작업을 맡기는 경우보다 많은 비용이 든다.

① ㄱ

② ㄴ

③ ㄷ

④ ㄱ, ㄴ

⑤ ㄴ, ㄷ

회독 ☐☐☐ 난도 ★★☆ 소요시간 ☐☐☐☐

03 다음 글과 〈상황〉을 근거로 판단할 때, 甲과 乙의 최대 배상금액으로 모두 옳은 것은? 15 민경채 인책형 9번

A국의 층간소음 배상에 대한 기준은 아래와 같다.
- 층간소음 수인(受忍)한도
  - 주간 최고소음도: 55dB(A)
  - 야간 최고소음도: 50dB(A)
  - 주간 등가소음도: 40dB(A)
  - 야간 등가소음도: 35dB(A)
- 층간소음 배상 기준금액: 수인한도 중 하나라도 초과 시

피해기간	피해자 1인당 배상 기준금액
6개월 이내	500,000원
6개월 초과 ~ 1년 이내	650,000원
1년 초과 ~ 2년 이내	800,000원

- 배상금액 가산기준
  (1) 주간 혹은 야간에 최고소음도와 등가소음도가 모두 수인한도를 초과한 경우에는 30% 이내에서 가산
  (2) 최고소음도 혹은 등가소음도가 주간과 야간에 모두 수인한도를 초과한 경우에는 30% 이내에서 가산
  (3) 피해자가 환자, 1세 미만 유아, 수험생인 경우에는 해당 피해자 개인에게 20% 이내에서 가산
- 둘 이상의 가산기준에 해당하는 경우 기준금액을 기준으로 각각의 가산금액을 산출한 후 합산
- 예 피해기간은 3개월이고, 주간의 최고소음도와 등가소음도가 수인한도를 모두 초과하였고, 피해자가 1인이며 환자인 경우 최대 배상금액: 500,000원 + (500,000원 × 0.3) + (500,000원 × 0.2)

※ 등가소음도: 변동하는 소음의 평균치

〈상황〉
- 아파트 위층에 사는 甲이 10개월 전부터 지속적으로 소음을 발생시키자, 아래층 부부는 문제를 제기하였다. 소음을 측정한 결과 주간과 야간 모두 최고소음도는 수인한도를 초과하지 않았으나, 주간 등가소음도는 45dB(A)였으며, 야간 등가소음도는 38dB(A)였다. 아래층 피해자 부부는 모두 가산기준 (3)에 해당되지 않는다.
- 아파트 위층에 사는 乙이 1년 6개월 전부터 야간에만 지속적으로 소음을 발생시키자, 아래층에 사는 가족은 문제를 제기하였다. 야간에 소음을 측정한 결과 등가소음도는 42dB(A)였으며, 최고소음도는 52dB(A)이었다. 아래층 피해자 가족은 4명이며, 그중 수험생 1명만 가산기준 (3)에 해당된다.

	甲	乙
①	1,690,000원	4,320,000원
②	1,690,000원	4,160,000원
③	1,690,000원	3,840,000원
④	1,300,000원	4,320,000원
⑤	1,300,000원	4,160,000원

04 다음 글을 근거로 판단할 때, 〈보기〉에서 옳은 것만을 모두 고르면? 13 민경채 인책형 25번

전 세계 벼 재배면적의 90%가 아시아에 분포한다. 현재 벼를 재배하는 면적을 나라별로 보면, 인도가 4,300헥타르로 가장 넓고, 중국이 3,300헥타르로 그 다음을 잇고 있으며, 인도네시아, 방글라데시, 베트남, 타이, 미얀마, 일본의 순으로 이어지고 있다. A국은 일본 다음이다.

반면 쌀을 가장 많이 생산하고 있는 나라는 중국으로 전 세계 생산량의 30%를 차지하고 있으며, 그 다음이 20%를 생산하는 인도이다. 단위면적 당 쌀 생산량을 보면 A국이 헥타르 당 5.0톤으로 가장 많고 일본이 헥타르 당 4.5톤이다. A국의 단위면적 당 쌀 생산량은 인도의 3배에 달하는 수치로 현재 A국의 단위면적 당 쌀 생산능력은 세계에서 제일 높다.

〈보기〉
ㄱ. 중국의 단위면적 당 쌀 생산량은 인도의 약 2배이다.
ㄴ. 일본의 벼 재배면적이 A국보다 400헥타르가 크다면, 일본의 연간 쌀 생산량은 A국보다 많다.
ㄷ. 인도의 연간 쌀 생산량은 11,000톤 이상이다.

① ㄱ
② ㄴ
③ ㄷ
④ ㄱ, ㄴ
⑤ ㄴ, ㄷ

회독 ☐☐☐ 난도 ★★☆ 소요시간 ☐

※ 다음 글을 읽고 물음에 답하시오. [문 5~6]
22 5급 공채 나책형 39~40번

하드디스크는 플래터와 헤드 등으로 구성되어 있다. '플래터'는 원반 모양이고 같은 크기의 플래터가 위아래로 여러 개 나란히 정렬되어 있다. 플래터의 양면은 각각 '표면'이라 불리는데, 데이터를 저장하기 위해 자기물질로 덮여 있다. '헤드'는 데이터를 표면에 저장하거나 저장된 데이터를 인식한다. 이를 위해 헤드는 회전하는 플래터의 중심부와 바깥 사이를 플래터 반지름 선을 따라 일정한 속도로 이동한다.

플래터의 표면은 폭이 일정한 여러 개의 '트랙'이 동심원을 이룬다. 플래터마다 트랙 수는 같으며, 트랙은 여러 개의 '섹터'로 나누어진다. 이 구분은 하드디스크상의 위치를 나타내고 파일(데이터)을 디스크 공간에 할당하기 위해 사용된다. 예를 들어 어떤 특정한 데이터는 '표면 3, 트랙 5, 섹터 7'에 위치하게 된다. 이때 표면은 위에서부터 차례로 번호가 부여된다. 트랙은 바깥쪽에서 안쪽으로 순서대로 번호가 부여되며, 섹터는 반시계방향으로 번호가 부여된다.

섹터는 하드디스크의 최소 저장 단위로 하나의 섹터에는 파일을 1개만 저장한다. 한 섹터는 512바이트까지 저장할 수 있지만, 10바이트 파일을 저장해도 섹터 한 개를 전부 차지한다. 초기 하드디스크는 모든 트랙마다 동일한 섹터 수를 가졌지만, 현재의 하드디스크에는 바깥쪽 트랙에 좀 더 많은 섹터가 있다. 섹터의 크기가 클수록 섹터의 저장 공간이 커지기 때문에 크기를 똑같이 하여 섹터당 저장 공간을 일정하게 유지하고 있다.

플래터 표면 중심에서 거리가 같은 모든 트랙을 수직으로 묶어 하나의 '실린더'라 한다. 표면마다 하나씩 있는 여러 개의 헤드가 동시에 이동하는데, 헤드가 한 트랙(실린더)에서 다른 트랙(실린더)으로 움직이는 데는 시간이 걸린다. 따라서 동시에 호출되는 데이터를 동일한 실린더 안에 있게 하면, 헤드의 추가 이동이 필요 없어져서 탐색 시간을 단축시킬 수 있다. 하지만 이런 저장 방식이 항상 가능한 것은 아니며, 하드디스크의 여러 곳(트랙과 섹터)에 분산되어 파일이 저장되기도 한다.

데이터 탐색 속도는 플래터 바깥쪽에 있던 헤드가 데이터를 읽고 쓴 후 다시 플래터 바깥쪽에 정확히 정렬하는 데까지 걸리는 시간을 가리킨다. 하드디스크가 성능이 좋을수록 플래터는 빠른 속도로 회전하는데, 일반적으로 회전속도는 5,400rpm(분당 5,400회전) 혹은 7,200rpm이다. 플래터 위를 이동하는 헤드의 속도는 1번 트랙의 바깥쪽 끝과 마지막 트랙의 안쪽 끝 사이를 초당 몇 번 왕복하는지를 나타내며, Hz로 표현된다. 예를 들어 1Hz는 1초에 헤드가 1번 왕복하는 것을 의미한다.

05 윗글을 근거로 판단할 때 옳은 것은?

① 플래터가 5개라면 표면의 개수는 최대 5개이다.
② 플래터가 5개, 플래터당 트랙이 10개, 트랙당 섹터가 20개라면, 실린더의 개수는 10개이다.
③ 플래터 안의 모든 섹터의 크기가 같다면, 각 트랙의 섹터 수는 같다.
④ 10바이트 파일 10개 저장에 필요한 최소 섹터 수와 100바이트 파일 1개 저장에 필요한 최소 섹터 수는 같다.
⑤ 파일 크기가 트랙 1개의 저장용량보다 작다면, 해당 파일은 항상 하나의 트랙에 저장된다.

06 윗글을 근거로 판단할 때, 〈상황〉의 ㉠과 ㉡을 옳게 짝지은 것은?

〈상황〉
A하드디스크는 표면 10개, 표면당 트랙 20개, 트랙당 섹터 20~50개로 이루어져 있다. 현재 헤드의 위치는 1번 트랙의 바깥쪽 끝이며 헤드 이동경로에 처음 위치한 섹터는 1번이다. 플래터의 회전속도는 7,200rpm, 헤드의 이동속도는 5Hz이다. 플래터 1회전에 걸리는 시간은 (㉠)초이고, 헤드가 트랙 하나를 이동하는 데 걸리는 시간은 평균 (㉡)초이다.

	㉠	㉡
①	$\frac{1}{12}$	$\frac{1}{10}$
②	$\frac{1}{12}$	$\frac{1}{100}$
③	$\frac{1}{120}$	$\frac{1}{100}$
④	$\frac{1}{120}$	$\frac{1}{200}$
⑤	$\frac{1}{720}$	$\frac{1}{200}$

07 다음 글과 〈상황〉을 근거로 판단할 때, 올해 말 A검사국이 인사부서에 증원을 요청할 인원은?

22 7급 공채 가책형 21번

농식품 품질 검사를 수행하는 A검사국은 매년 말 다음과 같은 기준에 따라 인사부서에 인력 증원을 요청한다.

• 다음 해 A검사국의 예상 검사 건수를 모두 검사하는 데 필요한 최소 직원 수에서 올해 직원 수를 뺀 인원을 증원 요청한다.

• 직원별로 한 해 동안 수행할 수 있는 최대 검사 건수는 매년 정해지는 '기준 검사 건수'에서 아래와 같이 차감하여 정해진다.

– 국장은 '기준 검사 건수'의 100%를 차감한다.

– 사무 처리 직원은 '기준 검사 건수'의 100%를 차감한다.

– 국장 및 사무 처리 직원을 제외한 모든 직원은 매년 근무시간 중에 품질 검사 교육을 이수해야 하므로, '기준 검사 건수'의 10%를 차감한다.

– 과장은 '기준 검사 건수'의 50%를 추가 차감한다.

〈상황〉

• 올해 A검사국에는 국장 1명, 과장 9명, 사무 처리 직원 10명을 포함하여 총 100명의 직원이 있다.

• 내년에도 국장, 과장, 사무 처리 직원의 수는 올해와 동일하다.

• 올해 '기준 검사 건수'는 100건이나, 내년부터는 검사 품질 향상을 위해 90건으로 하향 조정한다.

• A검사국의 올해 검사 건수는 현 직원 모두가 한 해 동안 수행할 수 있는 최대 검사 건수와 같다.

• 내년 A검사국의 예상 검사 건수는 올해 검사 건수의 120%이다.

① 10명
② 14명
③ 18명
④ 21명
⑤ 28명

08 다음 글을 근거로 판단할 때, ㉠과 ㉡을 옳게 짝지은 것은? 21 5급 공채 가책형 8번

동물로봇공학에서는 다양한 형태의 동물 로봇을 개발한다. 로봇 연구자들이 가장 본뜨고 싶어 하는 곤충은 미국바퀴벌레이다. 이 바퀴벌레는 초당 150cm의 속력으로 달린다. 이는 1초에 몸길이의 50배가 되는 거리를 간다는 뜻이다. 신장이 180cm인 육상선수가 1초에 신장의 50배가 되는 거리를 가려면 시속 (㉠)km로 달려야 한다. 이 바퀴벌레의 걸음걸이를 관찰한 결과, 모양이 서로 다른 세 쌍의 다리를 달아주면 로봇의 보행 속력을 끌어올릴 수 있는 것으로 밝혀졌다.

한편 동물로봇공학에서는 수중 로봇에 대한 연구도 활발하다. 바닷가재나 칠성장어의 운동 능력을 본뜬 수중 로봇도 연구되고 있다. 미국에서 개발된 바닷가재 로봇은 높이 20cm, 길이 61cm, 무게 2.9kg으로, 물속의 기뢰제거에 사용될 계획이다. 2005년 10월에는 세계 최초의 물고기 로봇이 영국 런던의 수족관에 출현했다. 길이 (㉡)cm, 두께 12cm인 이 물고기 로봇은 미국바퀴벌레의 1/3 속력으로 헤엄칠 수 있다. 수중에서의 속력이라는 점을 감안하면 엄청난 수준이다. 이는 1분에 몸길이의 200배가 되는 거리를 간다는 뜻이다. 이 물고기 로봇은 해저탐사나 기름 유출의 탐지 등에 활용될 것으로 전망되었다.

	㉠	㉡
①	81	5
②	162	10
③	162	15
④	324	10
⑤	324	15

회독 ☐☐☐ 난도 ★★☆ 소요시간 ☐☐☐

09 다음 글과 〈상황〉을 근거로 판단할 때, 수질 개선 설비 설치에 필요한 최소 비용은? 21 5급 공채 가책형 38번

- 용도에 따른 필요 수질은 다음과 같다.
  - 농업용수: 중금속이 제거되고 3급 이상인 담수
  - 공업용수: 중금속이 제거되고 2급 이상인 담수
  - 생활용수: 중금속이 제거되고 음용이 가능하며 1급 인 담수
- 수질 개선에 사용하는 설비의 용량과 설치 비용은 다음 과 같다.

수질 개선 설비	기능	처리 용량 (대당)	설치 비용 (대당)
1차 정수기	5 ~ 4급수를 3급수로 정수	5톤	5천만 원
2차 정수기	3 ~ 2급수를 1급수로 정수	1톤	1억 6천만 원
3차 정수기	음용 가능 처리	1톤	5억 원
응집 침전기	중금속 성분 제거	3톤	5천만 원
해수담수화기	염분 제거	10톤	1억 원

- 3차 정수기에는 2차 정수기의 기능이 포함되어 있다.
- 모든 수질 개선 설비는 필요 용량 이상으로 설치되어 야 한다. 예를 들어 18톤의 해수를 담수로 개선하기 위해 해수담수화기가 최소 2대 설치되어야 한다.
- 수질 개선 전후 수량 변화는 없는 것으로 간주한다.

〈상황〉

○○기관은 중금속이 포함된 4급에 해당하는 해수 3톤 을 정수 처리하여 생활용수 3톤을 확보하려 한다. 이를 위해 필요한 설비를 갖추어 수질을 개선하여야 한다.

① 16억 원
② 16억 5천만 원
③ 17억 원
④ 18억 6천만 원
⑤ 21억 8천만 원

회독 ☐☐☐ 난도 ★★☆ 소요시간 ☐☐☐

10 다음 글을 근거로 판단할 때, 하이디와 페터가 키우는 양의 총 마리 수와 ㉠ ~ ㉣ 중 옳게 기록된 것만을 짝지은 것은? 18 5급 공채 나책형 15번

- 하이디와 페터는 알프스의 목장에서 양을 키우는데, 목장은 4개의 구역(A ~ D)으로 이루어져 있다. 양들은 자유롭게 다른 구역을 넘나들 수 있지만 목장을 벗어나지 않는다.
- 하이디와 페터는 양을 잘 관리하기 위해 구역별 양의 수를 파악하고 있어야 하는데, 양들이 계속 구역을 넘나들기 때문에 양의 수를 정확히 헤아리는 데 어려움을 겪고 있다. 고민 끝에 하이디와 페터는 시간별로 양의 수를 기록하되, 하이디는 특정 시간 특정 구역의 양의 수만을 기록하고, 페터는 양이 구역을 넘나들 때마다 그 시간과 그때 이동한 양의 수를 기록하기로 하였다.
- 하이디와 페터가 같은 날 오전 9시부터 오전 10시 15분까지 작성한 기록표는 다음과 같으며, ㉠ ~ ㉣을 제외한 모든 기록은 정확하다.

하이디의 기록표			페터의 기록표		
시간	구역	마리 수	시간	구역 이동	마리 수
09:10	A	17마리	09:08	B → A	3마리
09:22	D	21마리	09:15	B → D	2마리
09:30	B	8마리	09:18	C → A	5마리
09:45	C	11마리	09:32	D → C	1마리
09:58	D	㉠ 21마리	09:48	A → C	4마리
10:04	A	㉡ 18마리	09:50	D → B	1마리
10:10	B	㉢ 12마리	09:52	C → D	3마리
10:15	C	㉣ 10마리	10:05	C → B	2마리

※ 구역 이동 외의 양의 수 변화는 고려하지 않는다.

① 59마리, ㉡, ㉣
② 59마리, ㉢, ㉣
③ 60마리, ㉠, ㉢
④ 61마리, ㉠, ㉡
⑤ 61마리, ㉡, ㉣

11 다음 글과 〈상황〉을 근거로 판단할 때, A가 지급하여야 하는 총액은? 15 5급 공채 인책형 11번

중세 초기 아일랜드 법체계에는 자유의 몸인 사람을 모욕할 경우 모욕한 사람이 모욕당한 사람에게 지급해야 하는 배상인 '명예가격'이 존재했고, 액수도 천차만별이었다. 예를 들어 영주의 명예가격은 5쿠말이었다. 이는 주교의 명예가격과 동일했다. 주교를 모욕했을 경우 젖소 10마리나 은 20온스를 지급해야 했다. 부유한 농민의 명예가격은 젖소 2.5마리에 그 사람에게 딸린 하인 한 사람 당 젖소 0.5마리를 더한 것이었다.

명예가격은 사람 목숨에 대한 배상금과 별도로 지급했다. 만일 누군가 사람을 죽였다면, 그 범죄자는 살해에 대한 배상인 10쿠말 외에 명예가격을 따로 얹어 지급해야 했다. 그를 죽임으로써 그의 존엄을 짓밟았기 때문이다. 부상에 대한 배상도 마찬가지였다. 다른 사람에게 어떤 종류이든 상처나 부상을 입히면 그 상해에 대한 가격에 명예가격까지 지급해야 했다. 왕이나 영주 또는 주교에게 상해를 가했을 경우 2쿠말, 부유한 농민의 경우는 젖소 2마리, 소작농이나 다른 남자의 경우는 젖소 1마리, 그리고 여성이나 아이의 경우 은 1온스를 상해에 대한 배상으로 지급해야 했다. 이와 비슷하게 어떤 사람이 다른 사람의 재물을 훔치거나 손해를 끼쳤을 경우, 훔치거나 손해를 끼친 재산 가치의 세 배의 배상액에 소유자의 명예가격을 더하여 지급해야 했다.

영주의 보호를 받는 소작농이나 영주의 아내 또는 딸을 다치게 하거나 죽이는 행위는 피해자의 명예를 훼손한 것이 아니라 그 피해자를 보호하는 사람의 명예를 훼손하는 것이었다. 따라서 이러한 살해, 부상 또는 손해 등에 대한 영주의 명예가격도 해당 사안 각각에 따로 청구되었다.

〈상황〉

A는 자신이 살고 있는 지역의 주교를 죽이고, 영주의 얼굴에 상처를 입히고, 영주의 아내의 다리를 부러뜨리고, 각각 하인을 10명씩 거느리고 있는 부유한 농민 2명을 죽이는 큰 사고를 냈다.

① 은 209온스
② 은 219온스
③ 은 229온스
④ 은 239온스
⑤ 은 249온스

12 다음 글을 근거로 판단할 때 〈상황〉의 '세종대왕함'의 항해 기간 동안 평균속력은? 22 입법 가책형 12번

노트(knot)는 선박이나 조류, 바람, 비행기의 빠르기를 나타내는 단위이다. 시속은 물체가 1시간 동안 움직인 거리를 m나 km 등으로 표시하지만, 노트는 바다 위의 거리를 나타내는 '해리'라는 단위를 쓴다. 1해리는 1,852m로, 1시간 동안 1해리를 움직인 속도를 1노트라고 한다. 1해리는 항해, 항공 등에서 사용되는 길이의 단위로 위도에서 1분(1′)의 거리를 의미한다. 참고로, 위도는 적도로부터 남극점, 북극점까지 90°로 나누어져 있는데, 1도(1°)는 60분(60′), 1분(1′)은 60초(60″)이다.

〈상황〉

세종대왕함은 2007년 진수한 한국 최초의 이지스함으로 강력한 레이더를 사용해 적 항공기나 미사일을 장거리에서 발견해 요격하는 함정이다. 최근 실전 훈련에 투입되어 3월 2일 06:00부터 3월 13일 22:00까지 동일 경도 상에서 북위 14° 48′ 40″에서 북위 56° 48′ 40″으로 멈추지 않고 최단거리로 이동하였다.

① 5노트
② 7노트
③ 9노트
④ 11노트
⑤ 13노트

회독 ☐☐☐ 난도 ★☆☆ 소요시간 ☐☐☐

13 다음 〈표〉와 〈평가 기준〉을 근거로 판단할 때 관광지 비대면 지수의 총점이 가장 높은 관광지로 옳은 것은?

21 입법 가책형 26번

〈표〉 관광지 정보

평가항목 / 관광지명	방문객 혼잡도 지수	교통 트래픽량 지수	소셜 관심도 지수	코로나 확진자 지수
엔젤 아일랜드	1,290	201	42	0
하이드로시티	3,459	364	88	36
마블 가든	23,452	264	7	9
머쉬룸 힐	288	10	240	1
샌도폴리스	8,362	319	78	5

─ 평가 기준 ─

• 평가항목 중 방문객 혼잡도 지수, 교통 트래픽량 지수, 소셜 관심도 지수, 코로나 확진자 지수에 대해 각 항목별 지수의 값이 낮은 순으로 5, 4, 3, 2, 1점을 각각의 관광지에 부여한다.

• 평가항목의 가중치는 다음과 같다.

방문객 혼잡도 지수	교통 트래픽량 지수	소셜 관심도 지수	코로나 확진자 지수
0.147	0.353	0.302	0.198

• 관광지 비대면 지수의 총점은 4가지 평가항목에서 부여받은 각각의 점수에 가중치를 곱한 점수를 모두 더하여 산출한다.

① 엔젤 아일랜드
② 하이드로시티
③ 마블 가든
④ 머쉬룸 힐
⑤ 샌도폴리스

회독 ☐☐☐ 난도 ★★☆ 소요시간 ☐☐☐

14 다음 글을 근거로 판단할 때 〈상황〉에서 X, Y, Z의 합은? (단, 〈상황〉의 계산과정 중 값이 정수가 아니어서 발생하는 문제는 없다.) 20 입법 가책형 16번

K국의 선거제도는 한 지역구에서 가장 많이 득표한 후보가 당선되는 소선거구제와 정당득표율에 따라 배분되는 비례 대표제가 함께 운용되고 있으며 이는 甲 방식으로 불린다. 이 소선거구제와 비례대표제는 서로 연동되지 않고, 지역구와 비례대표 의석이 따로 계산된다. 즉, 비례대표는 정당이 미리 정한 명부의 순서에 따라 배분하고 정당득표율이 지역구 의석수에 영향을 주지 않기 때문에 병립식이라고도 한다. 예컨대 지역구 의석수가 100석, 비례대표 의석수가 50석이라고 가정할 때 A당이 지역구에서 20석을 얻고, 정당득표율 30%를 기록했다고 하자. 그렇다면 A당은 지역구 20석에, 비례대표 15석(비례대표 의석수 50석 × 정당득표율 30%)을 더한 35석을 차지하게 된다.

반면 乙 방식의 경우 소선거구에서의 당선 숫자와 무관하게 정당득표율에 의해 의석수가 결정된다는 차이가 있다. 만약 총 의석이 100석일 때 乙 방식을 적용해 보도록 하자. A당이 30%의 정당득표율을 기록하고 지역구에서 20석을 얻었을 경우, A당의 최종 의석수는 지역구 숫자에 상관 없이 정당득표율에 따라 30석(총 의석수 100석 × 정당득표율 30%)이 된다. 다만 지역구 의석수와 연동해서 비례대표 의석수가 결정되므로, 최종 30석에서 지역구에서 얻은 20석을 제외한 10석이 비례대표가 된다. 즉, 총 의석수는 정당득표율로 정해지고, 지역구에서 몇 명이 당선됐느냐에 따라 비례대표 의석수를 조정하는 것이다. 단, 지역구 의석수가 정당득표율에 따라 계산된 의석수보다 많은 경우에는 그 차이만큼 지역구 의석수를 확보하지 못한다.

─ 상황 ─

• 전체 지역구 의석수가 250석, 비례대표 의석수가 50석이며, C당의 지역구 의석수가 75석일 때 정당득표율이 X%이면 C당은 甲 방식과 乙 방식하에서 동일한 의석수를 확보한다.

• 전체 지역구 의석수가 50석, 비례대표 의석수가 250석, D당의 정당득표율이 20%이며, D당의 지역구 의석수가 Y석일 때 D당은 甲 방식과 乙 방식 하에서 동일한 의석수를 확보한다.

• 전체 지역구 의석수가 Z석, 비례대표 의석수가 100석, E당의 지역구 의석수가 30석, E당의 정당득표율이 40%일 때 E당은 甲 방식과 乙 방식하에서 동일한 의석수를 확보한다.

① 95   ② 100   ③ 105
④ 110   ⑤ 115

회독 ☐☐☐ 난도 ★★☆ 소요시간 ☐☐☐

15 다음 〈조건〉과 〈일정〉을 근거로 판단할 때 유미가 선택할 쿠폰은? 20 입법 가책형 10번

〈조건〉
- 유미는 유럽 어느 한 나라의 '가'~'바'도시를 기차를 통해 여행할 계획으로 기차 쿠폰을 구매하려 한다.
- 유미의 경비는 기차 쿠폰의 금액과 기차 구간별 금액의 합이다.
- 유미는 일정대로 움직이며 경비를 최소화하고자 한다.
- 기차 쿠폰은 일주일 동안 사용할 수 있다.

〈기차 구간별 금액〉

가 —25유로— 라
가 —15유로— 나
라 —10유로— 다
라 —30유로— 바
나 —15유로— 다
다 —15유로— 마
마 —5유로— 바

〈기차 쿠폰〉

구분	A 쿠폰	B 쿠폰	C 쿠폰	D 쿠폰	E 쿠폰
가격	2유로	5유로	23유로	31유로	105유로
평일 (러시아워 시간 제외)	할인 없음	40% 할인	40% 할인	40% 할인	무료
평일 (러시아워 시간)	할인 없음	할인 없음	20% 할인	할인 없음	할인 없음
주말 (토요일, 일요일)	40% 할인	40% 할인	40% 할인	무료	무료

〈일정〉
- 월요일
  - '가'도시에서 '나'도시로 이동
  - '나'도시에서 러시아워 시간에 '다'도시로 이동
  - '다'도시에서 다시 출발지인 '가'도시로 이동
- 화요일
  - '가'도시에서 '나'도시로 이동
- 수요일
  - '나'도시에서 '마'도시로 이동
  - '마'도시에서 러시아워 시간에 '라'도시로 이동
- 목요일
  - '라'도시에서 러시아워 시간에 '다'도시로 이동
- 금요일
  - '다'도시에서 러시아워 시간에 '바'도시로 이동
  - '바'도시에서 러시아워 시간에 '라'도시로 이동
- 토요일
  - '라'도시에서 '가'도시로 이동
  - '가'도시에서 다시 '라'도시로 이동
- 일요일
  - '라'도시에서 출발지인 '가'도시로 이동

※ 러시아워 시간으로 표시된 경우에만 러시아워 시간으로 간주한다.

① A 쿠폰
② B 쿠폰
③ C 쿠폰
④ D 쿠폰
⑤ E 쿠폰

16 다음 글과 〈상황〉을 근거로 판단할 때 갑이 2019년 2월 1일에 지불한 택시요금 총액으로 옳은 것은?

19 입법 가책형 15번

택시요금이 2019년 2월 1일 18시부터 인상되어 적용될 예정이다. 주간 기본요금은 800원, 심야 기본요금은 1,000원씩 인상되고, 거리요금도 대폭 상승되었다.

구분		현행	조정
주간 (04시~21시)	기본요금	3,000원	3,800원
	초과요금 기준거리	12m	10m
심야 (21시~익일04시)	기본요금	3,600원	4,600원
	초과요금 기준거리	10m	5m

※ 택시요금은 최초 2km까지의 기본요금과 2km를 초과한 후 기준거리에 도달할 때마다 매번 10원씩 가산되는 초과요금의 합임
※ 단, 주간 / 심야요금의 구분은 출발지에서 택시에 탑승한 시각을 기준으로 함. 택시의 속력은 50km/h로 일정하다고 가정

〈상황〉

갑은 매일 집에서 회사까지 택시를 이용하여 출퇴근한다. 갑은 출퇴근길 외에는 모두 업무차량으로 이동한다. 갑은 2019년 2월 1일 09시에 집에서 출발하였고 22시에 회사에서 퇴근하였다. 갑의 집에서 회사까지의 거리는 2.6km이다.

① 8,000원
② 8,800원
③ 9,100원
④ 9,300원
⑤ 9,600원

17 A지역에서 수험생활을 하고 있는 병호는 설연휴를 맞이하여 고향인 B지역으로 이동하려고 한다. 다음 〈표〉와 〈조건〉을 근거로 판단할 때 병호가 선택할 교통수단의 우선순위는? 18 입법 가책형 18번

〈표〉

교통수단		소요시간	비용	화장실
KTX	일반	2.5	6.5	○
	특실		8	○
고속버스		5	4.5	×
택시		4	11.5	×
비행기		1	8.5	○

〈조건〉

ㄱ. 병호의 효용 계산식은 다음과 같다.
  • 효용 = 50 − 소요시간 가중치 × (소요시간 × 2) − 비용 가중치 × (비용 × 2)
  • 소요시간 가중치 = 0.3, 비용 가중치 = 0.7
ㄴ. 고소공포증이 있는 병호는 비행기 탑승 시 효용에서 5만큼 차감한다.
ㄷ. 교통수단 내에 화장실이 있는 경우 효용에서 2만큼 가산한다.
ㄹ. 다수의 승객이 이용하는 것을 불편해하는 병호는 KTX 특실과 택시 이용 시 효용에서 10%를 가산한다. 단, 10% 가산은 ㄱ~ㄷ의 계산을 모두 마친 후 이루어진다.
ㅁ. 병호는 ㄱ~ㄹ의 계산을 모두 마친 후의 최종효용을 기준으로 효용이 높은 순으로 교통수단 우선순위를 정한다.

	1순위	2순위	3순위	4순위	5순위
①	KTX특실	KTX일반	고속버스	택시	비행기
②	KTX특실	고속버스	KTX일반	택시	비행기
③	KTX특실	KTX일반	택시	비행기	고속버스
④	KTX일반	KTX특실	고속버스	비행기	택시
⑤	KTX일반	고속버스	KTX특실	비행기	택시

18 다음으로부터 추론한 것으로 옳은 것만을 〈보기〉에서 있는 대로 고른 것은? 20 리트 추리논증 홀수형 12번

X국 코인거래소에서는 A, B, C 3개 종류의 코인이 24시간 거래되고 있다.

구분	A 코인	B 코인	C 코인
가격	1,000원	2,000원	2,500원

코인거래소는 코인의 구매 및 사용에 대해 다음과 같은 〈규정〉을 두고 있다.

〈규정〉

(1) 코인은 원화 또는 다른 종류의 코인으로 구매할 수 있다. 코인의 최소 거래단위는 1개이다.
(2) 원화로 구매할 수 있는 코인의 1개월간 총한도는 1인당 1,000만 원(이하 구매한도액이라 한다)을 초과할 수 없다.
(3) 코인을 다른 코인으로 구매할 경우 거래자 1명이 1회의 거래에서 그 지급대가로 사용할 수 있는 코인 개수는 구매한도액으로 취득할 수 있는 최대 코인 개수의 10분의 1을 초과할 수 없다. 단, 이때의 최대 코인 개수는 코인 종류별로 구매한도액 내에서 취득할 수 있는 최대 코인 개수를 비교하여 그중 최저치로 한다. 이 기준은 (4)에도 적용된다.
(4) 거래자 1명이 코인을 구매하거나 지급에 사용한 결과, 1일 동안(같은 날 0시부터 24시 사이를 말한다) 그 거래자의 총보유량이 같은 날 0시 총보유량과 비교하여 구매한도액으로 취득할 수 있는 최대 코인 개수의 5분의 1을 초과해서 감소한 경우 그 시점부터 24시간 동안 거래가 정지된다.

┌─〈보기〉─

ㄱ. 1명의 거래자가 2개의 코인 계정을 가지고 1개월간 원화로 각각 600만 원의 코인을 구매하는 것은 허용된다.
ㄴ. 2019년 6월 26일 19시에 코인 1,000개를 보유한 채 그 날의 거래를 시작한 자가 첫 거래에서 현금으로 200개를 구매하고 이후 3번의 거래에서 코인을 지급에 사용한 결과 마지막 거래의 종료 시점인 같은 날 20시에 총보유량이 300개가 된 경우 그 시점부터 24시간 동안 코인 사용이 정지된다.
ㄷ. 거래자가 1회의 거래에서 코인 구매에 사용할 수 있는 코인은 400개를 초과할 수 없다.
ㄹ. 2019년 6월 26일 23시 40분에 코인 1,500개를 보유한 채 그날의 거래를 시작한 자가 자정 전까지 몇 차례의 거래로 600개를 지급에 사용하고 자정 이후 300개를 추가로 지급에 사용하더라도, 그 시점에 코인 사용은 정지되지 않는다.

① ㄱ, ㄴ   ② ㄱ, ㄷ   ③ ㄴ, ㄷ
④ ㄴ, ㄹ   ⑤ ㄷ, ㄹ

19 다음 글과 〈상황〉을 근거로 판단할 때, A사무관이 3월 출장여비로 받을 수 있는 총액은? 17 민경채 나책형 9번

• 출장여비 기준
 - 출장여비는 출장수당과 교통비의 합이다.
 1) 세종시 출장
   - 출장수당: 1만 원
   - 교통비: 2만 원
 2) 세종시 이외 출장
   - 출장수당: 2만 원(13시 이후 출장 시작 또는 15시 이전 출장 종료 시 1만 원 차감)
   - 교통비: 3만 원
• 출장수당의 경우 업무추진비 사용 시 1만 원이 차감되며, 교통비의 경우 관용차량 사용 시 1만 원이 차감된다.

〈상황〉

A사무관 3월 출장내역	출장지	출장 시작 및 종료 시각	비고
출장 1	세종시	14시 ~ 16시	관용차량 사용
출장 2	인천시	14시 ~ 18시	
출장 3	서울시	09시 ~ 16시	업무추진비 사용

① 6만 원
② 7만 원
③ 8만 원
④ 9만 원
⑤ 10만 원

20 다음 글을 근거로 판단할 때, 신장 180cm, 체중 85kg인 甲의 비만 정도를 옳게 짝지은 것은? 14 민경채 A책형 21번

과다한 영양소 섭취와 적은 체내 에너지 소비로 인한 에너지 대사의 불균형으로 지방이 체내에 지나치게 축적되어 체중이 과다해지는 것을 비만이라 한다.

비만 정도를 측정하는 방법은 Broca 보정식과 체질량지수를 이용하는 것이 대표적이다. Broca 보정식은 신장과 체중을 이용하여 비만 정도를 측정하는 간단한 방법이다. 이 방법에 의하면 신장(cm)에서 100을 뺀 수치에 0.9를 곱한 수치가 '표준체중(kg)'이며, 표준체중의 110% 이상 120% 미만의 체중을 '체중과잉', 120% 이상의 체중을 '비만'이라고 한다.

한편 체질량 지수는 체중(kg)을 '신장(m)'의 제곱으로 나눈 값을 의미한다. 체질량 지수에 따른 비만 정도는 다음 <표>와 같다.

〈표〉

체질량 지수	비만 정도
18.5 미만	저체중
18.5 이상 ~ 23.0 미만	정상
23.0 이상 ~ 25.0 미만	과체중
25.0 이상 ~ 30.0 미만	경도비만
30.0 이상 ~ 35.0 미만	중등도비만
35.0 이상	고도비만

	Broca 보정식	체질량 지수
①	체중과잉	경도비만
②	표준체중	정상
③	비만	과체중
④	체중과잉	정상
⑤	비만	경도비만

21 다음 〈규칙〉과 〈결과〉에 근거하여 판단할 때, 甲과 乙 중 승리한 사람과 甲이 사냥한 동물의 종류 및 수량으로 가능한 조합은? 13 민경채 인책형 9번

〈규칙〉
- 이동한 거리, 채집한 과일, 사냥한 동물 각각에 점수를 부여하여 합계 점수가 높은 사람이 승리하는 게임이다.
- 게임시간은 1시간이며, 주어진 시간 동안 이동을 하면서 과일을 채집하거나 사냥을 한다.
- 이동거리 1미터당 1점을 부여한다.
- 사과는 1개당 5점, 복숭아는 1개당 10점을 부여한다.
- 토끼는 1마리당 30점, 여우는 1마리당 50점, 사슴은 1마리당 100점을 부여한다.

〈보기〉
- 甲의 합계점수는 1,590점이다. 甲은 과일을 채집하지 않고 사냥에만 집중하였으며, 총 1,400미터를 이동하는 동안 모두 4마리의 동물을 잡았다.
- 乙은 총 1,250미터를 이동했으며, 사과 2개와 복숭아 5개를 채집하였다. 또한 여우를 1마리 잡고 사슴을 2마리 잡았다.

	승리한 사람	甲이 사냥한 동물의 종류 및 수량
①	甲	토끼 3마리와 사슴 1마리
②	甲	토끼 2마리와 여우 2마리
③	乙	토끼 3마리와 여우 1마리
④	乙	토끼 2마리와 여우 2마리
⑤	乙	토끼 1마리와 사슴 3마리

22 다음 〈상황〉에서 기존의 승점제와 새로운 승점제를 적용할 때, A팀의 순위로 옳게 짝지어진 것은?

13 민경채 인책형 20번

〈상황〉

- 대회에 참가하는 팀은 총 13팀이다.
- 각 팀은 다른 모든 팀과 한 번씩 경기를 한다.
- A팀의 최종성적은 5승 7패이다.
- A팀과의 경기를 제외한 12팀 간의 경기는 모두 무승부이다.
- 기존의 승점제는 승리시 2점, 무승부시 1점, 패배시 0점을 부여한다.
- 새로운 승점제는 승리시 3점, 무승부시 1점, 패배시 0점을 부여한다.

기존의 승점제	새로운 승점제
① 8위	1위
② 8위	8위
③ 13위	1위
④ 13위	5위
⑤ 13위	13위

23 다음 〈규칙〉을 근거로 판단할 때, '도토리'와 '하트'를 각각 가장 많이 획득할 수 있는 꽃은? 13 민경채 인책형 10번

〈규칙〉

- 게임 시작과 동시에 주어지는 12개의 물방울을 가지고 1시간 동안 한 종류만의 꽃을 선택하여 재배·수확을 반복한다.
- 12개의 물방울은 재배·수확이 끝나면 자동 충전된다.
- 꽃을 1회 재배·수확하기 위해서는 꽃 종류별로 각각 일정한 '재배·수확시간'과 '물방울'이 필요하다.
- 재배·수확된 꽃은 '도토리'나 '하트' 중 어느 하나를 선택하여 교환할 수 있다.
- 이외의 조건은 고려하지 않는다.

구분	재배·수확시간 (회 당)	물방울 (송이 당)	도토리 (송이 당)	하트 (송이 당)
나팔꽃	3분	2개	2개	1개
무궁화	5분	4개	3개	5개
수선화	10분	2개	5개	10개
장미	12분	6개	10개	15개
해바라기	20분	4개	25개	20개

예 나팔꽃 1송이를 재배·수확하는데 필요한 물방울은 2개이므로 12개의 물방울로 3분 동안 6송이의 나팔꽃을 재배·수확하여 도토리 12개 또는 하트 6개로 교환할 수 있다.

	도토리	하트
①	해바라기	수선화
②	해바라기	해바라기
③	무궁화	장미
④	나팔꽃	해바라기
⑤	나팔꽃	수선화

회독 ☐☐☐ 난도 ★☆☆ 소요시간 ☐☐☐

24 두 개의 직육면체 건물이 아래와 같다고 할 때, (나) 건물을 페인트칠 하는 작업에 필요한 페인트는 최소 몇 통 인가? (단, 사용되는 페인트 통의 용량은 동일하다)

11 민경채(1차 실험) 인책형 6번

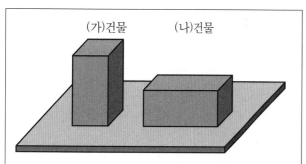

(가)건물   (나)건물

- (가)건물 밑면은 정사각형이며, 높이는 밑면 한 변 길이 의 2배이다.
- (나)건물은 (가)건물을 그대로 눕혀놓은 것이다.
- 페인트는 각 건물의 옆면 4개와 윗면에 (가)와 (나)건 물 모두 같은 방식으로 칠한다.
- (가)건물을 페인트칠 하는 작업에는 최소 36통의 페인 트가 필요했다.

① 30통
② 32통
③ 36통
④ 42통
⑤ 45통

25 A국에서는 부동산을 매매·상속 등의 방법으로 취득 하는 사람은 취득세, 농어촌특별세, 등록세, 지방교육세를 납 부하여야 한다. 다음 글을 근거로 할 때, 자경농민인 甲이 공 시지가 3억 5천만 원의 농지를 상속받아 주변농지의 시가 5 억 원으로 신고한 경우, 甲이 납부하여야 할 세금액은? (단, 신고불성실가산세, 상속세, 증여세 등은 고려하지 않는다)

11 민경채(1차 실험) 인책형 20번

┌─ 부동산 취득시 납부하여야 할 세금의 산출방법 ─┐

- 취득세는 부동산 취득 당시 가액에 2%의 세율을 곱하여 산정한다. 다만 자경농민이 농지를 상속으로 취득하는 경우에는 취득세가 비과세된다. 그리고 농어촌특별세는 결정된 취득세액에 10%의 세율을 곱하여 산정한다.
- 등록세는 부동산 취득 당시 가액에 0.8%의 세율을 곱 하여 산정한다. 다만 자경농민이 농지를 취득하는 때 등록세의 세율은 상속의 경우 취득가액의 0.3%, 매매 의 경우 1%이다. 그리고 지방교육세는 결정된 등록세 액에 20%의 세율을 곱하여 산정한다.
- 부동산 취득 당시 가액은 취득자가 신고한 가액과 공시 지가(시가표준액) 중 큰 금액으로 하며, 신고 또는 신 고가액의 표시가 없는 때에는 공시지가를 과세표준으 로 한다.

① 75만 원
② 126만 원
③ 180만 원
④ 280만 원
⑤ 1,280만 원

회독 □□□ 난도 ★★☆ 소요시간 [   ]

26 다음 〈관세 관련 규정〉에 따를 때, 甲이 전자기기의 구입으로 지출한 총 금액은? 11 민경채(1차 실험) 인책형 25번

┌─ 관세 관련 규정 ─
- 물품을 수입할 경우 과세표준에 품목별 관세율을 곱한 금액을 관세로 납부해야 한다. 단, 과세표준이 15만 원 미만이고, 개인이 사용할 목적으로 수입하는 물건에 대해서는 관세를 면제한다.
- 과세표준은 판매자에게 지급한 물품가격, 미국에 납부한 세금, 미국 내 운송료, 미국에서 한국까지의 운송료를 합한 금액을 원화로 환산한 금액으로 한다. 단, 미국에서 한국까지의 운송료는 실제 지불한 운송료가 아닌 다음의 〈국제선편요금〉을 적용한다.

〈국제선편요금〉

중량	0.5kg ~ 1kg 미만	1kg ~ 1.5kg 미만
금액(원)	10,000	15,000

- 과세표준 환산 시 환율은 관세청장이 정한 '고시환율'에 따른다. (현재 고시환율: ₩1,100 / $)

┌─ 甲의 구매 내역 ─
한국에서 甲은 개인이 사용할 목적으로 미국 소재 인터넷 쇼핑몰에서 물품가격과 운송료를 지불하고 전자기기를 구입했다.
- 전자기기 가격: $120
- 미국에서 한국까지의 운송료: $30
- 지불시 적용된 환율: ₩1,200 / $
- 전자기기 중량: 0.9kg
- 전자기기에 적용되는 관세율: 10%
- 미국 내 세금 및 미국 내 운송료는 없다.

① 142,000원
② 156,200원
③ 180,000원
④ 181,500원
⑤ 198,000원

자료판정 — 최적수치계산(경우, 제한, 최적)

4.2 최적수치계산(경우, 제한, 최적)

회독 ☐☐☐ 난도 ★★☆ 소요시간

01 다음 글을 근거로 판단할 때 옳은 것은?

15 민경채 인책형 23번

○○리그는 10개의 경기장에서 진행되는데, 각 경기장은 서로 다른 도시에 있다. 또 이 10개 도시 중 5개는 대도시이고 5개는 중소도시이다. 매일 5개 경기장에서 각각 한 경기가 열리며 한 시즌 당 각 경기장에서 열리는 경기의 횟수는 10개 경기장 모두 동일하다.

대도시의 경기장은 최대수용인원이 3만 명이고, 중소도시의 경기장은 최대수용인원이 2만 명이다. 대도시 경기장의 경우는 매 경기 60%의 좌석 점유율을 나타내고 있는 반면 중소도시 경기장의 경우는 매 경기 70%의 좌석 점유율을 보이고 있다. 특정 경기장의 관중수는 그 경기장의 좌석 점유율에 최대수용인원을 곱하여 구한다.

① ○○리그의 1일 최대 관중수는 16만 명이다.
② 중소도시 경기장의 좌석 점유율이 10%p 높아진다면 대도시 경기장 한 곳의 관중수보다 중소도시 경기장 한 곳의 관중수가 더 많아진다.
③ 내년 시즌부터 4개의 대도시와 6개의 중소도시에서 경기가 열린다면 ○○리그의 한 시즌 전체 누적 관중수는 올 시즌 대비 2.5% 줄어든다.
④ 대도시 경기장의 좌석 점유율이 중소도시 경기장과 같고 최대수용인원은 그대로라면, ○○리그의 1일 평균 관중수는 11만 명을 초과하게 된다.
⑤ 중소도시 경기장의 최대수용인원이 대도시 경기장과 같고 좌석 점유율은 그대로라면, ○○리그의 1일 평균 관중수는 11만 명을 초과하게 된다.

회독 ☐☐☐ 난도 ★★★ 소요시간

02 다음 글과 〈상황〉을 근거로 판단할 때, X의 범위는?

22 5급 공채 나책형 30번

A국은 다음과 같은 원칙에 따라 소득에 대해 과세한다.

• 근로소득자나 사업자 모두 원칙적으로 과세대상소득의 20%를 세금으로 납부한다.
• 근로소득자의 과세대상소득은 근로소득이고, 사업자의 과세대상소득은 매출액에서 생산비용을 공제한 값이다.
• 근로소득자의 경우 신용카드 지출금액의 5%는 과세대상소득에서 공제한다. 예를 들어 원래 과세대상소득이 1천만 원인 사람이 10만 원을 신용카드로 지출하면 이 사람의 실제 과세대상소득은 5천 원 감소하여 999만 5천 원이 된다.
• 사업자는 신용카드로 취득한 매출액의 1%를 수수료로 카드회사에 지불한다. 수수료는 생산비용에 포함되지 않는다.
• 지역상권 활성화를 위해 2021년 한시적으로 지역상권부흥상품권을 통한 거래는 사업자의 과세대상에서 제외하기로 했다.

〈상황〉

2021년 A국의 근로소득자 甲은 가구를 제작·판매하는 사업자 乙로부터 100만 원에 판매되는 식탁을 신용카드로 구입하려고 하였다. 乙이 이 식탁을 제작하는 데 드는 생산비용은 80만 원이다. 그런데 乙은 지역상권부흥상품권으로 자신이 판매하는 가구를 구매하는 고객에게 (X)만 원을 할인하는 행사를 진행하였고, 甲은 이 사실을 알게 되었다. 이에 甲은 지역상권부흥상품권으로 이 식탁을 구매하였으며, 결과적으로 신용카드로 거래하는 것보다 甲과 乙 모두 금전적으로 이득을 보았다.

① $0 < X < 5$
② $1 < X < 5$
③ $1 < X < 6$
④ $3 < X < 6$
⑤ $3 < X < 10$

회독 ☐☐☐ 난도 ★★☆ 소요시간 ☐☐☐

03 다음 글을 근거로 판단할 때, 〈보기〉에서 옳은 것만을 모두 고르면? 21 5급 공채 가책형 30번

아르키메데스는 대장장이가 만든 왕관이 순금인지 알아내기 위해 질량 1kg인 왕관을 물이 가득 찬 용기에 완전히 잠기도록 넣었을 때 넘친 물의 부피를 측정하였다.

이 왕관은 금, 은, 구리, 철 중 1개 이상의 금속으로 만들어졌고, 밀도는 각각 20, 10, 9, 8 g/cm³이다.

밀도와 질량, 부피 사이의 관계는 아래 식과 같다.

$$밀도(g/cm^3) = \frac{질량(g)}{부피(cm^3)}$$

※ 각 금속의 밀도, 질량, 부피 변화나 금속 간의 반응은 없고, 둘 이상의 금속을 합해 만든 왕관의 질량(또는 부피)은 각 금속의 질량(또는 부피)의 합과 같다.

─〔보기〕─

ㄱ. 대장장이가 왕관을 금으로만 만들었다면, 넘친 물의 부피는 50cm³이다.

ㄴ. 넘친 물의 부피가 80cm³이고 왕관이 금과 은으로만 만들어졌다면, 왕관에 포함된 은의 부피는 왕관에 포함된 금 부피의 3배이다.

ㄷ. 넘친 물의 부피가 80cm³이고 왕관이 금과 구리로만 만들어졌다면, 왕관에 포함된 구리의 부피는 왕관에 포함된 금 부피의 3배 이상이다.

ㄹ. 넘친 물의 부피가 120cm³보다 크다면, 왕관은 철을 포함하고 있다.

① ㄱ, ㄴ
② ㄴ, ㄷ
③ ㄷ, ㄹ
④ ㄱ, ㄴ, ㄹ
⑤ ㄱ, ㄷ, ㄹ

회독 ☐☐☐ 난도 ★★★ 소요시간 ☐☐☐

04 다음 글과 〈상황〉을 근거로 판단할 때, 〈보기〉에서 옳은 것만을 모두 고르면? 22 5급 공채 나책형 9번

甲 : 수면무호흡증으로 고생하고 있는데 양압기를 사용하면 많이 개선된다고 들었어요. 건강보험 급여 적용을 받으면 양압기 대여료가 많이 저렴해진다던데 설명 좀 들을 수 있을까요?

乙 : 급여 대상이 되려면 수면다원검사를 받으시고, 검사 결과 무호흡·저호흡 지수가 15 이상이면 돼요. 무호흡·저호흡 지수가 10 이상 15 미만이면 불면증·주간졸음·인지기능저하·기분장애 중 적어도 하나에 해당하면 돼요.

甲 : 그러면 제가 부담하는 대여료는 얼마인가요?

乙 : 일단 수면다원검사 결과 급여 대상에 해당하면 양압기 처방을 받으실 수 있어요. 양압기는 자동형과 수동형이 있는데 둘 중 하나를 선택해야 하고 중간에 바꿀 수는 없어요. 자동형의 기준금액은 하루에 3,000원이고 수동형은 하루에 2,000원이에요. 대여기간 중에는 사용 여부와 관계없이 대여료가 부과돼요. 처방일부터 최대 90일간 순응기간이 주어져요. 순응기간에는 기준금액 중 50%만 고객님이 부담하시면 되고, 나머지는 건강보험공단에서 저희 회사로 지급해요. 90일 기간 내에 연이은 30일 중 하루 4시간 이상 사용한 일수가 21일이 되면 그날로 순응기간이 종료돼요. 그러면 바로 그다음 날부터는 정식사용기간이 시작되어 기준금액의 20%만 고객님이 부담하시면 됩니다.

─〔상황〕─

수면다원검사 결과 甲의 무호흡·저호흡 지수는 16이었다. 甲은 2021년 4월 1일 양압기 처방을 받고 그날 양압기를 대여받았다.

─〔보기〕─

ㄱ. 甲은 불면증·주간졸음·인지기능저하·기분장애 증상이 없었더라도 양압기 처방을 받았을 것이다.

ㄴ. 甲이 2021년 4월 한 달 동안 부담한 양압기 대여료가 30,000원이라면, 甲은 수동형 양압기를 대여받았을 것이다.

ㄷ. 甲의 순응기간이 2021년 5월 21일에 종료되었다면, 甲은 해당 월에 양압기를 최소한 48시간 이상 사용하였을 것이다.

ㄹ. 甲이 자동형 양압기를 대여받았고 2021년 6월에 부담한 대여료가 36,000원이라면, 甲이 처방일부터 3개월간 부담한 총 대여료는 126,000원일 것이다.

① ㄱ, ㄷ ② ㄴ, ㄹ ③ ㄷ, ㄹ
④ ㄱ, ㄴ, ㄷ ⑤ ㄱ, ㄴ, ㄹ

회독 □□□ 난도 ★★★ 소요시간 ☐

05 다음 글을 근거로 판단할 때, 甲 ~ 丁 4명이 모두 외출 준비를 끝내는 데 소요되는 최소 시간은?

20 5급 공채 나책형 33번

甲 ~ 丁 4명은 화장실 1개, 세면대 1개, 샤워실 2개를 갖춘 숙소에 묵었다. 다음날 아침 이들은 화장실, 세면대, 샤워실을 이용한 후 외출을 하려고 한다.
- 화장실, 세면대, 샤워실 이용을 마치면 외출 준비가 끝난다.
- 화장실, 세면대, 샤워실 순서로 1번씩 이용한다.
- 화장실, 세면대, 각 샤워실은 한 번에 한 명씩 이용한다.

〈개인별 이용시간〉

(단위 : 분)

구분	화장실	세면대	샤워실
甲	5	3	20
乙	5	5	10
丙	10	5	5
丁	10	3	15

① 40분
② 42분
③ 45분
④ 48분
⑤ 50분

회독 □□□ 난도 ★★★ 소요시간 ☐

06 다음 글과 〈상황〉을 근거로 판단할 때, 〈보기〉에서 옳은 것만을 모두 고르면? 20 5급 공채 나책형 38번

여러 가지 성분으로 구성된 물질을 조성물이라고 한다. 조성물을 구성하는 각 성분의 양은 일정한 범위 내에 있고, 이는 각 성분의 '중량%' 범위로 표현할 수 있다. 중량% 범위의 최솟값을 최소성분량, 최댓값을 최대성분량이라고 한다.

다음 중 어느 하나에라도 해당되는 조성물을 '불명확'하다고 한다.
- 모든 성분의 최소성분량의 합이 100 중량%를 초과하는 경우
- 모든 성분의 최대성분량의 합이 100 중량%에 미달하는 경우
- 어느 한 성분의 최소성분량과 나머지 모든 성분의 최대성분량의 합이 100 중량%에 미달하는 경우
- 어느 한 성분의 최대성분량과 나머지 모든 성분의 최소성분량의 합이 100 중량%를 초과하는 경우

〈상황〉

조성물 甲은 성분 A, B, C, D, E만으로 구성되어 있고, 각각의 최소성분량과 최대성분량은 다음과 같다.

(단위 : 중량%)

성분	최소성분량	최대성분량
A	5	10
B	25	30
C	10	20
D	20	40
E	x	y

〈보기〉

ㄱ. x가 4이고 y가 10인 경우, 조성물 甲은 불명확하다.
ㄴ. x가 10이고 y가 20인 경우, 조성물 甲은 불명확하다.
ㄷ. x가 25이고 y가 26인 경우, 조성물 甲은 불명확하다.
ㄹ. x가 20이고 y가 x보다 크고 40보다 작은 경우, 조성물 甲은 불명확하지 않다.

① ㄱ, ㄴ
② ㄱ, ㄷ
③ ㄴ, ㄹ
④ ㄱ, ㄷ, ㄹ
⑤ ㄴ, ㄷ, ㄹ

회독 □□□ 난도 ★★☆ 소요시간

07 다음 글을 근거로 판단할 때, 서연이가 구매할 가전제품과 구매할 상점을 옳게 연결한 것은?

20 5급 공채 나책형 28번

- 서연이는 가전제품 A ~ E를 1대씩 구매하기 위하여 상점 甲, 乙, 丙의 가전제품 판매가격을 알아보았다.

〈상점별 가전제품 판매가격〉

(단위 : 만 원)

구분	A	B	C	D	E
甲	150	50	50	20	20
乙	130	45	60	20	10
丙	140	40	50	25	15

- 서연이는 각각의 가전제품을 세 상점 중 어느 곳에서나 구매할 수 있으며, 아래의 〈혜택〉을 이용하여 총 구매액을 최소화하고자 한다.

〈혜 택〉

- 甲 : 200만 원 이상 구매 시 전품목 10 % 할인
- 乙 : A를 구매한 고객에게는 C, D를 20 % 할인
- 丙 : C, D를 모두 구매한 고객에게는 E를 5만 원에 판매

① A – 甲
② B – 乙
③ C – 丙
④ D – 甲
⑤ E – 乙

회독 □□□ 난도 ★★☆ 소요시간

08 다음 글을 근거로 판단할 때 옳지 않은 것은?

19 5급 공채 가책형 16번

A구와 B구로 이루어진 신도시 甲시에는 어린이집과 복지회관이 없다. 이에 甲시는 60억 원의 건축 예산을 사용하여 아래 〈건축비와 만족도〉와 〈조건〉하에서 시민 만족도가 가장 높도록 어린이집과 복지회관을 신축하려고 한다.

〈건축비와 만족도〉

지역	시설 종류	건축비(억 원)	만족도
A구	어린이집	20	35
	복지회관	15	30
B구	어린이집	15	40
	복지회관	20	50

〈조 건〉

1) 예산 범위 내에서 시설을 신축한다.
2) 시민 만족도는 각 시설에 대한 만족도의 합으로 계산한다.
3) 각 구에는 최소 1개의 시설을 신축해야 한다.
4) 하나의 구에 동일 종류의 시설을 3개 이상 신축할 수 없다.
5) 하나의 구에 동일 종류의 시설을 2개 신축할 경우, 그 시설 중 한 시설에 대한 만족도는 20 % 하락한다.

① 예산은 모두 사용될 것이다.
② A구에는 어린이집이 신축될 것이다.
③ B구에는 2개의 시설이 신축될 것이다.
④ 甲시에 신축되는 시설의 수는 4개일 것이다.
⑤ 〈조건〉 5)가 없더라도 신축되는 시설의 수는 달라지지 않을 것이다.

회독 □□□ 난도 ★★★ 소요시간 [   ]

09 다음 글과 〈상황〉에 근거할 때, 〈보기〉에서 옳은 것만을 모두 고르면? 14 5급 공채 A책형 10번

A시에서는 친환경 건축물 인증제도를 시행하고 있다. 이는 건축물의 설계, 시공 등의 건설과정이 쾌적한 거주환경과 자연환경에 미치는 영향을 점수로 평가하여 인증하는 제도로, 건축물에 다음 〈표〉와 같이 인증등급을 부여한다.

〈표〉 평가점수별 인증등급

평가점수	인증등급
80점 이상	최우수
70점 ~ 80점 미만	우수
60점 ~ 70점 미만	우량
50점 ~ 60점 미만	일반

또한 친환경 건축물 최우수, 우수 등급이면서 건축물 에너지효율 1등급 또는 2등급을 추가로 취득한 경우, 다음 〈표〉와 같은 취·등록세액 감면 혜택을 얻게 된다.

〈표〉 취·등록세액 감면 비율

	최우수 등급	우수 등급
에너지효율 1등급	12 %	8 %
에너지효율 2등급	8 %	4 %

〈상황〉
- 甲은 A시에 건물을 신축하고 있다. 현재 이 건물의 예상되는 친환경 건축물 평가점수는 63점이고 에너지효율은 3등급이다.
- 친환경 건축물 평가점수를 1점 높이기 위해서는 1,000만 원, 에너지효율 등급을 한 등급 높이기 위해서는 2,000만 원의 추가 투자비용이 든다.
- 甲이 신축하고 있는 건물의 감면 전 취·등록세 예상액은 총 20억 원이다.
- 甲은 경제적 이익을 극대화하고자 한다.

※ 경제적 이익 또는 손실 = 취·등록세 감면액 − 추가 투자액.
※ 기타 비용과 이익은 고려하지 않는다.

〈보기〉
ㄱ. 추가 투자함으로써 경제적 이익을 얻을 수 있는 최소 투자금액은 1억 1,000만 원이다.
ㄴ. 친환경 건축물 우수 등급, 에너지효율 1등급을 받기 위해 추가 투자할 경우 경제적 이익이 가장 크다.
ㄷ. 에너지효율 2등급을 받기 위해 추가 투자하는 것이 3등급을 받는 것보다 甲에게 경제적으로 더 이익이다.

① ㄱ   ② ㄷ   ③ ㄱ, ㄴ
④ ㄴ, ㄷ   ⑤ ㄱ, ㄴ, ㄷ

회독 □□□ 난도 ★★☆ 소요시간 [   ]

10 다음 글과 〈조건〉을 근거로 판단할 때, 처리공정 1회 가동 후 바로 생산된 물에는 A균과 B균이 리터(L)당 각각 몇 마리인가? (단, 다른 조건은 고려하지 않는다)

14 5급 공채 A책형 14번

보란이와 예슬이는 주스를 제조하는 공장을 운영하고 있으며, 甲회사의 물과 乙회사의 물을 정화한 후 섞어서 사용한다. 甲회사의 물에는 A균이, 乙회사의 물에는 B균이 리터(L)당 1,000마리씩 균일하게 존재한다. A균은 70 °C 이상에서 10분간 가열하면 90 %가 죽지만, B균은 40°C 이상이 되면 즉시 10 % 증식한다. 필터를 이용해 10분간 거르면 A균은 30 %, B균은 80 %가 걸러진다. 또한 자외선을 이용해 물을 10분간 살균하면 A균은 90 %, B균은 80 %가 죽는다.

〈물 처리공정〉
공정 (1)   甲회사의 물과 乙회사의 물을 각각 자외선을 이용하여 10분간 살균한다.
공정 (2-1) 甲회사의 물을 100 °C 이상에서 10분간 가열한다.
공정 (2-2) 乙회사의 물을 10분간 필터로 거른다.
공정 (3)   甲회사의 물과 乙회사의 물을 1 : 1의 비율로 배합한다.

〈조건〉
- 물 처리공정 1회 가동시 (1) ~ (3)의 공정이 20분 동안 연속으로 이루어진다.
- 각각의 공정은 독립적이며, 서로 영향을 미치지 않는다.
- 공정 (2-1)과 공정 (2-2)는 동시에 이루어진다.
- 공정 (3)을 거친 물의 온도는 60 °C이다.
- 모든 공정에서 물의 양은 줄어들지 않는다.
- 모든 공정에 소요되는 시간은 물의 양과는 상관관계가 없다.

	A균	B균
①	10	44
②	10	40
③	5	44
④	5	22
⑤	5	20

11 다음 글을 근거로 판단할 때 〈보기〉중 옳은 것만을 모두 고른 것은? 22 입법 가책형 33번

- 러시아는 가스관을 설치하여 유럽 지역에 천연가스를 공급한다. 가스관으로 연결되어 있는 국가는 아래와 같다. 예를 들어 이탈리아가 천연가스를 공급받기 위해선 독일 혹은 스위스를 거친 후 프랑스를 거쳐야만 하고, 네덜란드가 천연가스를 공급받기 위해선 독일을 거쳐야만 한다.

〈그림〉

러시아	→	폴란드	→	독일	→	네덜란드	→	벨기에
	→	→	→		→		→	영국
	→	오스트리아	→	스위스	→	프랑스	→	이탈리아
	→	핀란드	→	스웨덴	→	노르웨이		

- 러시아는 자국의 이익을 극대화하기 위하여 국가별로 보급 가격을 차별하여 설정한다고 한다. 현재 러시아가 책정한 L당 보급가격(단위 : 달러)은 다음과 같다. (단, 보급 가격은 최종목적지를 기준으로 함)

국가명	폴란드	오스트리아	독일	핀란드	스위스	스웨덴
보급 가격	20	15	10	10	20	10
국가명	네덜란드	노르웨이	프랑스	벨기에	영국	이탈리아
보급 가격	20	10	30	20	30	15

- 천연가스의 최종 가격은 러시아가 국가별로 책정한 보급 가격에 운송 비용을 더한 값으로 계산한다. 위의 그림에서 '→'를 한 번 거칠 때마다 L당 10달러의 운송 비용이 소요된다. 다만 하나의 국가를 거칠 때마다 그 국가를 거치기 전 가격의 1.5배가 된다. 예를 들어 독일이 폴란드를 거친 천연가스를 공급받고자 하는 경우 그 가격은 러시아에서 출발할 때 책정한 독일의 L당 보급 가격 10달러에 폴란드까지 운송 비용 10달러를 더한 후, 폴란드를 거치면서 그 1.5배가 되어 30달러, 그리고 폴란드에서독일까지의 운송 비용 10달러를 추가로 계산해 40달러가 된다.
- 각 국가는 천연가스를 가장 저렴한 가격으로 받을 수 있는 길을 선택하여 운송하고자 한다. 러시아를 제외한 다른 국가들은 서로 천연가스를 사고 팔 수 없다고 가정한다.

〈보기〉

ㄱ. 독일이 자국을 거쳐 나가는 가스관을 닫는다면, 영국은러시아의 천연가스를 받을 수 없을 것이다.

ㄴ. 러시아를 제외한 〈그림〉의 국가 중 러시아의 천연가스 최종 가격이 가장 저렴한 국가는 핀란드, 가장 비싼 국가는 영국이다.

ㄷ. 만약 스위스가 자국을 지나 프랑스로 가는 가스관을 닫는다면, 프랑스는 기존에 비해 더 높은 최종 가격에 천연가스를 구하게 된다.

① ㄱ
② ㄴ
③ ㄷ
④ ㄴ, ㄷ
⑤ ㄱ, ㄴ, ㄷ

12 다음 글을 근거로 판단할 때, 〈상황〉의 (㉠)에 해당되는 수는? 14 5급 공채 A책형 30번

〈양성평등채용목표제〉

1. 채용목표인원
   • 성별 최소 채용목표인원(이하 '목표인원')은 시험실시 단계별 합격예정인원에 30％(다만 검찰사무직렬은 20％)를 곱한 인원수로 함
2. 합격자 결정방법
   가. 제1차시험
   • 각 과목 만점의 40％ 이상, 전 과목 총점의 60％ 이상 득점한 자 중에서 전 과목 총득점에 의한 고득점자 순으로 선발예정인원의 150％를 합격자로 결정함
   • 상기 합격자 중 어느 한 성(性)의 합격자가 목표인원에 미달하는 경우에는 각 과목 만점의 40％ 이상, 전 과목 총점의 60％ 이상 득점하고, 전 과목 평균득점이 합격선 －3점 이상인 해당 성의 응시자 중에서 고득점자 순으로 목표미달인원만큼 당초 합격예정인원을 초과하여 추가합격 처리함
   나. 제2차시험 및 최종합격자 결정
   • 제1차시험에서 어느 한 성을 추가합격시킨 경우 일정 인원을 선발예정인원에 초과하여 최종합격자로 결정함

〈7급 국가공무원 공개경쟁채용시험 공고〉
• 선발예정인원

직렬(직류)	선발예정인원
검찰사무직(검찰사무)	30명

※ 7급 국가공무원 공개경쟁채용시험은 양성평등채용목표제가 적용됨.

─ 상황 ─

검찰사무직 제1차시험에서 남성이 39명 합격하였다면, 제1차시험의 합격자 수는 최대 (㉠)명이다.

① 42
② 45
③ 48
④ 52
⑤ 53

13 다음 〈상황〉을 근거로 판단할 때 (A－B)로 가능한 값의 수는? 22 입법 가책형 18번

─ 상황 ─

• A와 B는 10이상 100미만의 정수이다.
• A에서 십의 자리수는 일의 자리수보다 크다.
• B에서 십의 자리수는 일의 자리수보다 크다.
• B의 십의 자리수는 A의 십의 자리수보다 작다.
• B의 일의 자리수는 A의 일의 자리수보다 크다.

① 25개
② 26개
③ 27개
④ 28개
⑤ 29개

14 다음 〈상황〉을 근거로 판단할 때 운전을 해야 하는 여행객의 최소 숫자는? 20 입법 가책형 35번

─〈상황〉─

- 60명의 여행객이 자동차를 빌려서 모두 한 번에 이동하여야 한다.
- 빌릴 수 있는 자동차는 3인승, 7인승, 17인승의 3종류가 있다.
- 각 자동차에 정원을 채워서 탑승해야 하고, 3종류의 자동차를 종류별로 한 대 이상씩 빌려야 한다. 자동차의 정원에는 운전자가 포함되며, 운전자 없이 자동차만 빌려 여행객이 직접 운전을 하여야 한다.

① 7

② 8

③ 9

④ 10

⑤ 11

15 다음 〈상황〉을 근거로 판단할 때 甲이 단백질과 칼슘의 1일 최소 필요량을 충족하면서 제품의 구입비용을 최소화 하는 달걀과 닭 가슴살의 개수는? (단위 : 개) 18 입법 가책형 6번

─〈상황〉─

다이어트를 위한 근육강화를 위해 달걀과 닭 가슴살을 구입하여 섭취하고자 한다. 달걀과 닭 가슴살에는 각각 단백질과 칼슘이 포함되어 있다. 제품별 개당 영양분 함유량(mg)과 1일 최소 필요량(mg)은 다음과 같다(단, 달걀의 개당 구입비용은 3, 닭 가슴살의 개당 구입비용은 4임).

제품 / 영양분	개당 영양분 함유량(mg)		1일 최소 필요량(mg)
	달걀	닭 가슴살	
단백질	2	4	42
칼슘	4	3	44

① 달걀 2, 닭 가슴살 11

② 달걀 3, 닭 가슴살 10

③ 달걀 4, 닭 가슴살 9

④ 달걀 5, 닭 가슴살 8

⑤ 달걀 6, 닭 가슴살 7

회독 ☐☐☐ 난도 ★★☆ 소요시간 ☐☐☐

16 〈그림〉의 라우터에서 입력포트에 대기 중인 패킷들이 모두 출력포트로 전달되는 데 걸리는 최소 시간은?

16 리트 추리논증 35번

라우터는 입력포트로 들어오는 패킷을 목적지 방향에 연결된 출력포트로 전달하는 역할을 한다. 〈그림〉의 라우터는 어떤 패킷이 입력포트 A, B, C, D 중 하나로 들어와서 X, Y, Z 출력포트 중 하나로 나가는 구조를 가지고 있다. 입력포트 A, B, C, D에는 각각 4개의 패킷이 도착해 있고, 각각의 패킷은 자신의 출력포트인 X, Y, Z로 나가기 위해 대기 중이다.

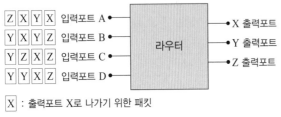

X : 출력포트 X로 나가기 위한 패킷

〈그림〉

라우터는 출력포트만 겹치지 않으면 서로 다른 입력포트에서 서로 다른 출력포트로 동시에 패킷을 전달할 수 있다. 예를 들어, 〈그림〉에서 입력포트 A, B의 첫 번째 패킷은 출력 포트가 각각 X, Z이므로 동시에 전달될 수 있다. 그러나 입력포트 B, C, D의 첫 번째 패킷과 같이 출력포트가 같으면동시에 전달되지 못하고 이들 중 하나만 무작위로 선택되어 출력포트로 전달되고 나머지 두 패킷은 앞선 패킷의 출력이 완료될 때까지 기다려야 한다. 그리고 한 입력 포트에 대기 중인 패킷들은 입력포트에 들어온 순서에 따라 출력포트로 전달된다. 모든 패킷의 길이는 동일하고, 입력포트에 있는 하나의 패킷이 출력포트로 전달되는 데 걸리는 시간은 1ms(1/1000초)이다.

① 9ms
② 8ms
③ 7ms
④ 6ms
⑤ 5ms

회독 ☐☐☐ 난도 ★★★ 소요시간 ☐☐☐

17 어느 거리에 두 개의 가게만 존재하는데, 주당 거리청소 횟수가 늘어날 때 고객 수 증가에 따라 각 가게가 추가로 얻게 되는 수익은 〈표〉와 같다.

〈표〉 주당 거리청소 횟수에 따른 각 가게의 추가 수익

구 분	가게 A	가게 B
0회 → 1회	12만원	6만원
1회 → 2회	8만원	4만원
2회 → 3회	4만원	2만원
3회 → 4회 이상	0원	0원

거리청소에 드는 비용은 회당 10만원으로 일정하다. 거리청소의 횟수 선택과 관련하여 각 가게는 자신의 순수익(= 수익－비용)을 극대화시키는 데에만 관심이 있으며, 두 가게 사이의 협상은 불가능하다고 하자. 한편, 시청은 두 가게에 대한 보조금 지급을 통하여 다음과 같은 목표를 달성하고자 한다.

목표 1. 두 가게의 보조금을 제외한 순수익(= 보조금을 제외한 수익 － 비용)의 합을 극대화시키는 횟수의 거리청소가 실시되도록 한다.
목표 2. 목표 1을 달성한다는 전제 하에 최소의 보조금 총액을 지출한다.

다음 중 시청이 선택할 보조금 정책으로 가장 적절한 것은?(단, 거리청소는 두 가게만 할 수 있다) 11 입법 가책형 26번

① 모든 거리청소에 대하여 청소를 실시한 가게에 회당 3만 원을 지급한다.
② 두 번째 거리청소부터 청소를 실시한 가게에 회당 3만 원을 지급한다.
③ 매주 그 주의 첫 번째 거리청소를 실시한 가게에 정액 5만 원을 지급한다.
④ 매주 그 주에 1회 이상 거리를 청소한 가게에 정액 5만 원을 지급한다.
⑤ 매주 그 주에 2회 이상 거리를 청소한 가게에 정액 5만 원 을 지급한다.

회독 ☐☐☐ 난도 ★★☆ 소요시간

18 다음 글을 근거로 판단할 때, 〈보기〉에서 옳은 것만을 모두 고르면? 18 5급 공채 나책형 17번

- 甲회사는 A기차역에 도착한 전체 관객을 B공연장까지 버스로 수송해야 한다.
- 이때 甲회사는 아래 표와 같이 콘서트 시작 4시간 전부터 1시간 단위로 전체 관객 대비 A기차역에 도착하는 관객의 비율을 예측하여 버스를 운행하고자 한다. 단, 콘서트 시작 시간까지 관객을 모두 수송해야 한다.

시각	전체 관객 대비 비율(%)
콘서트 시작 4시간 전	a
콘서트 시작 3시간 전	b
콘서트 시작 2시간 전	c
콘서트 시작 1시간 전	d
계	100

- 전체 관객 수는 40,000명이다.
- 버스는 한 번에 대당 최대 40명의 관객을 수송한다.
- 버스가 A기차역과 B공연장 사이를 왕복하는 데 걸리는 시간은 6분이다.

※ 관객의 버스 승·하차 및 공연장 입·퇴장에 소요되는 시간은 고려하지 않는다.

┌ 보기 ┐

ㄱ. a = b = c = d = 25라면, 甲회사가 전체 관객을 A기차역에서 B공연장으로 수송하는 데 필요한 버스는 최소 20대이다.

ㄴ. a = 10, b = 20, c = 30, d = 40이라면, 甲회사가 전체 관객을 A기차역에서 B공연장으로 수송하는 데 필요한 버스는 최소 40대이다.

ㄷ. 만일 콘서트가 끝난 후 2시간 이내에 전체 관객을 B공연장에서 A기차역까지 버스로 수송해야 한다면, 이때 甲회사에게 필요한 버스는 최소 50대이다.

① ㄱ
② ㄴ
③ ㄱ, ㄴ
④ ㄱ, ㄷ
⑤ ㄴ, ㄷ

회독 ☐☐☐ 난도 ★★☆ 소요시간

19 다음 글을 근거로 판단할 때, 〈보기〉에서 옳은 것만을 모두 고르면? 15 민경채 인책형 22번

거짓말 탐지기는 진술 내용의 참, 거짓을 판단하는 장치이다. 거짓말 탐지기의 정확도(%)는 탐지 대상이 되는 진술이 참인 것을 참으로, 거짓인 것을 거짓으로 옳은 판단을 내릴 확률을 의미하며, 참인 진술과 거짓인 진술 각각에 대하여 동일한 정확도를 나타낸다. 甲이 사용하는 거짓말 탐지기의 정확도는 80%이다.

┌ 보기 ┐

ㄱ. 탐지 대상이 되는 진술이 총 100건이라면, 甲의 거짓말 탐지기는 20건에 대하여 옳지 않은 판단을 내릴 가능성이 가장 높다.

ㄴ. 탐지 대상이 되는 진술 100건 가운데 참인 진술이 20건이라면, 甲의 거짓말 탐지기가 이 100건 중 참으로 판단하는 것은 총 32건일 가능성이 가장 높다.

ㄷ. 탐지 대상이 되는 진술 100건 가운데 참인 진술이 10건인 경우, 甲이 사용하는 거짓말 탐지기의 정확도가 높아진다면 이 100건 중 참으로 판단하는 진술이 많아진다.

ㄹ. 거짓말 탐지기의 정확도가 90%이고 탐지 대상이 되는 진술 100건 가운데 참인 진술이 10건인 경우, 탐지기가 18건을 참으로 판단했다면 그 중 거짓인 진술이 9건일 가능성이 가장 높다.

① ㄱ, ㄴ
② ㄱ, ㄷ
③ ㄱ, ㄴ, ㄹ
④ ㄱ, ㄷ, ㄹ
⑤ ㄴ, ㄷ, ㄹ

회독 ☐☐☐ 　난도 ★★☆　소요시간 ☐☐☐☐

20 다음 글과 〈상황〉을 근거로 판단할 때, 〈보기〉에서 옳은 것만을 모두 고르면? 19 민경채 나책형 20번

K대학교 교과목 성적 평정(학점)은 총점을 기준으로 상위 점수부터 하위 점수까지 A^+, A^0, B^+ ~ F 순으로 한다. 각 등급별 비율은 아래 〈성적 평정 기준표〉를 따르되, 상위 등급의 비율을 최대 기준보다 낮게 배정할 경우에는 잔여 비율을 하위 등급 비율에 가산하여 배정할 수 있다. 예컨대 A등급 배정 비율은 10 ~ 30 %이나, 만일 25 %로 배정한 경우에는 잔여 비율인 5 %를 하위 등급 하나에 배정하거나 여러 하위 등급에 나누어 배정할 수 있다. 한편 A, B, C, D 각 등급 내에서 +와 0의 비율은 교수 재량으로 정할 수 있다.

〈성적 평정 기준표〉

등급	A		B		C		D		F
학점	A^+	A^0	B^+	B^0	C^+	C^0	D^+	D^0	F
비율 (%)	10 ~ 30		20 ~ 35		20 ~ 40		0 ~ 40		0~40

※ 평정대상 총원 중 해당 등급 인원 비율

〈상황〉

〈△△교과목 성적산출 자료〉

성명	총점	순위	성명	총점	순위
양다경	99	1	양대원	74	11
이지후	97	2	권치원	72	12
이태연	93	3	김도윤	68	13
남소연	89	4	권세연	66	14
김윤채	86	5	남원중	65	15
엄선민	84	6	권수진	64	16
이태근	79	7	양호정	61	17
김경민	78	8	정호채	59	18
이연후	77	9	이신영	57	19
엄주용	75	10	전희연	57	19

※ 평정대상은 총 20명임

〈보기〉

ㄱ. 평정대상 전원에게 C^+ 이상의 학점을 부여할 수 있다.

ㄴ. 79점을 받은 학생이 받을 수 있는 가장 낮은 학점은 B^0이다.

ㄷ. 5명에게 A등급을 부여하면, 최대 8명의 학생에게 B^+ 학점을 부여할 수 있다.

ㄹ. 59점을 받은 학생에게 부여할 수 있는 학점은 C^+, C^0, D^+, D^0, F 중 하나이다.

① ㄱ, ㄴ
② ㄱ, ㄹ
③ ㄷ, ㄹ
④ ㄱ, ㄷ, ㄹ
⑤ ㄴ, ㄷ, ㄹ

회독 ☐☐☐ 난도 ★☆☆ 소요시간 ▭

21 다음 〈그림〉처럼 **P**가 1회 이동할 때는 선을 따라 한 칸 움직인 지점에서 우측으로 45도 꺾어서 한 칸 더 나아가는 방식으로 움직인다. 하지만 **P**가 이동하려는 경로상에 장애물(⊠)이 있으면 움직이지 못한다. 〈보기〉 A ~ E 에서 **P**가 3회 이하로 이동해서 위치할 수 있는 곳만을 옳게 묶은 것은? 13 민경채 인책형 22번

〈그 림〉

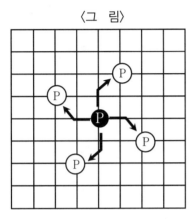

〈보 기〉

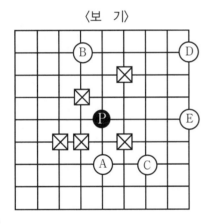

① A, B
② B, D
③ A, C, E
④ B, D, E
⑤ C, D, E

회독 ☐☐☐ 난도 ★★☆ 소요시간 ▭

22 다음 글과 〈상황〉을 근거로 판단할 때, 甲관할구역 소방서에 배치되어야 하는 소방자동차의 최소 대수는?

21 5급 공채 가책형 17번

〈소방서에 두는 소방자동차 배치기준〉

가. 소방사다리차
  1) 관할구역에 층수가 11층 이상인 아파트가 20동 이상 있거나 11층 이상 건축물(아파트 제외)이 20개소 이상 있는 경우에는 고가사다리차를 1대 이상 배치한다.
  2) 관할구역에 층수가 5층 이상인 아파트가 50동 이상 있거나 5층 이상 백화점, 복합상영관 등 대형 화재의 우려가 있는 건물이 있는 경우에는 굴절사다리차를 1대 이상 배치한다.
  3) 고가사다리차 또는 굴절사다리차가 배치되어 있는 119안전센터와의 거리가 20km 이내인 경우에는 배치하지 않을 수 있다.
나. 화학차(내폭화학차 또는 고성능화학차): 위험물을 저장·취급하는 제조소·옥내저장소·옥외탱크저장소·옥외저장소·암반탱크저장소 및 일반취급소(이하 '제조소 등'이라 한다)의 수에 따라 화학차를 설치한다. 관할구역 내 제조소 등이 50개소 이상 500개소 미만인 경우는 1대를 배치한다. 500개소 이상인 경우는 2대를 배치하며, 1,000개소 이상인 경우는 다음 계산식에 따라 산출(소수점 이하 첫째자리에서 올림)된 수만큼 추가 배치한다.
  화학차 대수 = (제조소 등의 수 − 1,000) ÷ 1,000
다. 지휘차 및 순찰차: 각각 1대 이상 배치한다.
라. 그 밖의 차량: 소방활동을 원활하게 추진하기 위하여 소방서장이 필요하다고 판단하는 경우 배연차, 조명차, 화재조사차, 중장비, 견인차, 진단차, 행정업무용 차량 등을 추가로 배치할 수 있다.

〈상황〉

甲관할구역 내에는 소방서 한 곳이 설치되어 있으며, 이 소방서와 가장 가까운 119안전센터(乙관할구역)는 소방서로부터 25km 떨어져 있다. 甲관할구역 내에는 층수가 11층 이상인 아파트가 30동 있고, 3층 백화점 건물이 하나 있으며, 위험물을 저장·취급하는 제조소 등이 1,200개소 있다.

① 3
② 4
③ 5
④ 6
⑤ 7

PSAT 김영진 상황판단
유형 완성 [심화편]

정답 및
해설

CHAPTER 01 이해추론 ─ 법령제시형

▶ 1.1 법령제시

01 ··· p.14

정답 ③

Point up

제시문의 각 조항의 단서에 유의해서 파악하고 행위의 내용에 따른 주체를 명확히 구분하여 정오를 판정한다.

제시문의 각 조문을 위에서부터 순서대로 <제1조>와 <제2조>로 설명하기로 한다.

① (○) 甲이 건축하려는 건축물은 제1조 제1항 본문에 해당하므로 B구청장의 허가를 받아야 한다.

② (○) 제2조 제2항에 따라 A광역시장은 지역계획에 특히 필요하다고 인정하면 동조 제3항의 절차(주민의견을 청취한 후 건축위원회의 심의를 거쳐)를 거쳐 甲의 건축물 착공을 제한할 수 있다.

③ (×) 제2조 제2항에 따라 건축물 착공에 제한을 할 수 있는 자는 '시·도지사'이므로 B구청장이 아니라 A광역시장이다.

④ (○) 제1조 제2항에 따라 정당한 사유 없이 허가를 받은 날부터 2년 이내에 공사에 착수하지 않은 경우(제1호) 허가권자인 A광역시장은 허가를 취소하여야 한다.

Power up 乙의 건축물은 제1조 제1항 단서에 해당하므로 허가권자는 A광역시장이다.

⑤ (○) 제2조 제4항 본문에 따라 착공을 제한하는 최대 기간은 2년이지만 동조 동항 단서에 따라 1회에 한하여 1년 이내 기간을 연장할 수 있으므로 최대 총 3년간 착공을 제한할 수 있게 된다.

02 ··· p.15

정답 ④

Point up

정보공개심의회 위원 구성과 관련하여 내부위원과 외부위원의 요건을 구분하고 의결정족수 및 출석간주 사유 등을 토대로 정오를 판정한다.

① (○) 제3항 후단에서 외부위원의 임기는 2년으로 하되 2회에 한하여 연임할 수 있으므로 최대 임기는 6년이다.

② (○) 제1항 제1호에 따라 심의회는 내부위원을 4인으로 고정적으로 구성하며 동항 제2호에 따라 외부위원을 총 위원수의 3분의 1 이상 위촉하도록 규정하고 있으므로 외부위원은 최소 2인 이상이어야 한다. 따라서 심의회는 최소 6명의 위원으로 구성할 수 있다.

Power up 총 위원수를 고정적인 내부위원수인 4인을 기준으로 하더라도 4×1/3≒1.3이므로 외부위원은 2인 이상이어야 한다.

③ (○) 제2항에 따라 특정 성별이 다른 성별의 2분의 1 이하가 되지 않도록 해야 하므로 심의회의 내부위원 4인이 모두 여성인 경우에 남성이 2명 이하가 되어서는 안되므로 남성인 외부위원 3인을 포함한다면 총 7명의 위원으로 심의회를 구성할 수 있다.

④ (×) 제4항에 따라 재적위원(8명)의 3분의 2 이상인 6명 이상의 출석으로 개의하고 최소 출석위원 6명을 가정하더라도 출석위원 3분의 2 이상인 4명의 찬성이 필요하므로 위원 3명의 찬성으로 의결되는 경우는 없다.

⑤ (○) 제5항에 따라 서면 의견을 제출한 2명의 경우 출석으로 간주되어 총 7명이 출석한 경우이므로 제1항에 규정된 심의회의 위원수를 최대인 10명으로 가정하더라도 10명의 3분의 2 이상을 충족하므로 출석 개의가 가능하고 출석위원 7명의 3분의 2 이상인 5명이 이미 직접 출석하여 찬성하였으므로 서면 의견에 상관없이 해당 안건은 찬성으로 의결된다.

03 ··· p.15

정답 ④

Point up

<상황>에 등장하는 'A박람회'가 제시문의 법령에 적용이 되는 대상인지 혹은 국제행사에 해당하는지 여부등을 파악하여 정오를 판정한다.

제시문의 각 조문을 위에서부터 순서대로 <제1조>부터 <제4조>로 설명하기로 한다.

① (×) 제2조의 괄호 규정에 따라 총 참여자가 200만 명 이상인 경우에는 외국인 참여자 비율이 3% 이상이어야 한다. 따라서 2021년에 총 참여자가 250만 명인 경우 외국인 참여자는 7.5만 명 이상이어야 국제행사에 해당하므로 외국인 참여자가 6만 명으로 감소한 A박람회는 국제행사에 해당하지 않는다.

② (×) 2021년에 6번째로 국고지원을 받아 A박람회가 개최된다면 제3조 제1호에 따라 A박람회는 2022년 7번째로 국고지원을 받아 개최한 이후 도래하는 2023년 개최 시부터 국고지원의 대상에서 제외된다.

③ (×) 제1조에서 본 규정은 10원 이상의 국고지원을 요청하는 국제행사 개최 시 적용되는 것으로서 국고지원이 8억 원에 불과한 A박람회는 본 규정이 적용되지 않는다.

제4조 제1항에 따라 총 사업비가 50억 원 이상이고 동조 제3항에 따라 국고지원 비율이 총 사업비의 20% 이내에 해당하여 타당성조사를 전문위원회 검토로 대체할 수 있어 옳지 않다는 근거는 타당하지 않으므로 주의를 요한다.

④ (○) 총 사업비가 60억 원으로 증가하더라도 국고지원은 여전히 10억 원을 요청하는 경우에는 제4조 제3항에 따라 국고지원 비율이 총 사업비의 20% 이내인 경우에 해당하므로 타당성조사를 전문위원회 검토로 대체할 수 있다.

⑤ (×) 총 사업비가 전년과 동일한 40억 원인 경우 제4조 제2항에 따라 A박람회는 전문위원회 검토 대상이 된다.

04 •• p.16

정답 ⑤

Point up

영화위원회가 영화상영관 경영자에게 징수하는 진흥기금과 체납 시 부과하는 가산금, 위탁수수료 등을 구분하여 정오를 판정한다.

제시문의 각 조문을 위에서부터 순서대로 <제1조>와 <제2조>로 설명하기로 한다.

① (×) 제1조 제1항 단서에 따라 제3조 제1호에 해당하는 애니메이션영화를 연간 상영일수의 60% 이상 상영한 영화상영관에 대해서는 진흥기금을 징수하지 않는다.

② (×) 제1조 제2항에 따라 영화상영관 경영자가 부담하는 8월분 진흥기금의 납부기한은 9월 20일까지이므로 가산금이 부과되지 않는다.

③ (×) 제1조 제1항에 따라 입장권 가액의 5%를 진흥기금으로 징수하므로 입장권 가액을 x라 하면 진흥기금은 $0.05x$이고 그 둘의 합이 12,000원인 경우이므로 지불 금액 중 진흥기금은 대략 571원이 된다.

입장권 가액이 12,000원일 때 진흥기금이 600원인 것이므로 입장권 가격과 진흥기금을 합한 금액이 12,000원이라면 진흥기금은 600원보다는 작을 것이라고 추론할 수 있으면 그것으로 충분하다.

④ (×) 단편영화와 독립영화는 모두 제2조 제1호에 해당하지만 제1조 제1항 단서에 규정된 연간 상영일수의 60%를 충족하지 못하므로 본문에 따라 입장권 가액의 5%의 진흥기금을 징수한다.

⑤ (○) 제1조 제2항과 동조 제3항에 따라 영화상영관 경영자 E가 7월분 진흥기금과 그 가산금을 합한 금액이 103만 원인 경우에는 체납금액이 100만 원이고 가산금이 3만 원이다. 한편 동조 제4항에 따라 위탁 수수료는 진흥기금 징수액의 3%를 초과할 수 없으므로 위원회가 E에게 최대 지급할 수 있는 수수료는 3만 원이다.

05 •• p.16

정답 ②

Point up

지역개발 신청 동의자 수를 산정하는 기준을 <상황>에 적용하여 선지의 정오를 판정한다.

> (상황)
> • X지역은 100개의 토지로 이루어져 있고, 토지면적 합계가 총 6 km²이다.
>   → 4km² 이상에 해당하는 토지 소유자의 동의 필요(제1항)
> • 동의자 수 산정 기준에 따라 산정된 X지역 토지의 소유자는 모두 82인(이하 "동의대상자"라 한다)이고, 이 중에는 국유지 재산관리청 2인이 포함되어 있다.
>   → 41인 이상의 동의 필요(제1항)
> • 甲은 X지역에 토지 2개를 소유하고 있고, 해당 토지면적 합계는 X지역 총 토지면적의 4분의 1이다.
>   → 1인으로 간주(제2항 제3호), 토지면적 1.5km²
> • 乙은 X지역에 토지 10개를 소유하고 있고, 해당 토지면적 합계는 총 2 km²이다.
>   → 1인으로 간주(제2항 제3호)
> • 丙, 丁, 戊, 己는 X지역에 토지 1개를 공동소유하고 있고, 해당 토지면적은 1km²이다.
>   → 1인으로 간주(제2항 제2호)

① (×) 乙은 제2항 제3호에 따라 1인의 동의로 보게 되므로 최소 40명의 동의를 얻어야 소유자 총수의 2분의 1 이상의 동의 조건을 갖추게 된다.

② (○) 甲의 총 토지면적은 1.5km², 乙의 총 토지면적은 2km²이고 丙, 丁, 戊, 己가 공동소유하고 있는 토지의 면적이 1km²이므로 합계 4.5km²로 X지역의 총 토지면적의 3분의 2 이상에 해당하고, 甲과 乙이 각각 1인, 丙, 丁, 戊, 己의 경우에도 대표 공동소유자 1인만을 토지의 소유자로 보므로 총 3인의 동의가 있는 것으로 38인의 동의를 얻으면 제1항의 조건을 충족하여 X지역에 대한 지역개발을 신청할 수 있다.

③ (×) <상황>에서 X지역은 100개의 토지로 이루어져 있고, 토지의 소유자는 모두 82인이다. 만약 甲과 乙만이 2개 이상의 토지를 소유하고 있는 경우(나머지 사람은 모두 1인이 1개의 토지만을 소유)라면 동의대상자는 모두 90인이 되어야 하므로 옳지 않다.

④ (×) 乙의 경우 10개의 토지를 소유하고 있지만 해당 토지면적 합계는 총 2 km²이므로 X지역의 1필(1개)의 토지면적이 0.06km²로 동일하다고 볼 수 없다.

⑤ (×) ②번 선지에서 확인한 바와 같이 甲~己가 소유한 토지면적이 총 4.5km²인데 동의대상자 중에 국유지 재산관리청이 2인이 포함되어 있을 뿐이므로 나머지 토지가 모두 국유지로 볼 수 없다.

06 ·· p.17

정답 ①

Point up

폐교 재산을 활용하고자 하는 주체와 그 용도에 대한 내용을 정확히 확인하고, 연간 임대료의 최저액 산정 기준(폐교재산평정가격의 1%)과 감액 대상에 해당하는 경우에 감액분의 상한액 기준 등을 통해 <보기>의 구체적인 상황을 판단한다.

ㄱ. (○) 제△△조 제1항에서 '시·도 교육감은 폐교재산을 교육용시설, 사회복지시설, 문화시설, 공공체육시설 또는 소득증대시설로 활용하는 자에게 그 폐교재산의 용도와 사용기간을 정하여 임대할 수 있다.'라고 명시하고 있으므로 폐교시설의 임대가능여부는 해당지역의 거주여부와는 무관하다.

ㄴ. (○) 연간 임대료의 하한액은 제△△조 제2항에 따라 폐교재산평정가격의 $\frac{10}{1,000}$ 이 원칙(1%)이지만, 지방자치단체가 문화시설로 사용하려는 경우에는 제□□조 제1항 제1호에 해당하여 연간 임대료를 감액하여 임대할 수 있고, 그 임대료 감액분의 상한액은 동조 제2항 제1호에 따라 $\frac{500}{1,000}$ 을 적용(50%)하여 결과적으로 폐교재산평정가격이 5억 원인 폐교재산의 연간 임대료 최저액은 500,000,000원 × 0.01 × 0.5 = 2,500,000원이다.

ㄷ. (×) 제□□조 제1항 제3호에서 '폐교가 소재한 시·군·구에 주민등록이 되어 있고, 실제 거주하는 지역주민이 공동으로 폐교재산을 소득증대시설로 사용하려는 경우'에는 동조 제2항 제2호에 해당하여 연간 임대료의 감액분의 상한액인 $\frac{300}{1,000}$, 즉 30%를 적용 받아 연간 임대료의 최저액은 폐교재산평정가격의 0.7%로 계산되겠지만, 공동이 아닌 단독으로 사용하는 경우에는 감액대상 조건에 해당하지 않아 원칙인 임대료 하한액 1%만이 적용된다.

Power up 지문 앞부분의 내용 중 감액대상을 교묘하게 회피하는 단어(공동→단독)를 빠르게 찾았다면 복잡한 계산은 아닐지라도 굳이 연간 임대료의 최저액을 확인할 필요는 없다.

ㄹ. (×) 제□□조 제1항 제2호의 '단체 또는 사인(私人)이 폐교재산을 교육용시설, 사회복지시설, 문화시설 또는 공공체육시설로 사용하려는 경우'에 해당하므로 소재 지역주민인지 여부와 상관없이 임대료 감액을 받을 수 있다.

Speed up

보기나 선지에서 판단이 수월한 것부터 판정하는 것이 효과적이다. <보기ㄴ>처럼 어느정도 계산을 요구하는 경우에는 뒤로 미루고 단순사실 확인만으로 판정이 가능한 <보기ㄷ>이나 <보기ㄹ>을 먼저 판단하여 틀린 보기임을 확인한 후 정답을 가려본다.(선택지 소거법)

07 ·· p.17

정답 ③

Point up

인접한 토지 소유자들이 부담해야 하는 비용을 산정함에 있어 비용의 종류에 따라 차이가 있는 점을 확인하고, 甲과 乙이 행하고자 하는 행위에 대한 의무사항과 제한 조치 등에 집중하여 선택지의 정오를 판단한다.

제시문의 각 조항을 위에서부터 순서대로 제1조부터 제4조로 설명하기로 한다.

① (×) 제1조 제2항에서 '~토지의 경계를 정하기 위한 측량비용은 토지의 면적에 비례하여 부담한다.'고 하였으므로 토지의 경계를 정하기 위해 측량을 하는 데 비용이 100만 원이 든다면 甲과 乙은 각각의 소유면적에 비례(6∶4)하여 甲은 60만 원, 乙은 40만 원을 부담한다.

② (×) 제1조 제1항에서 '인접하여 토지를 소유한 자는 공동비용으로 통상의 경계표나 담을 설치할 수 있다. 이 경우 그 비용은 쌍방이 절반하여 부담한다.'고 하였으므로 통상의 담을 설치하는 비용이 100만 원이라면 甲과 乙이 각각 50만 원씩 부담한다.

③ (○) 제2조 제2항을 보면 '인접지소유자는 전항의 규정(건물 축조 시 경계로부터 반미터 이상의 거리를 두는 것)에 위반한 자에 대하여 건물의 변경이나 철거를 청구할 수 있다. 그러나 건축에 착수한 후 1년을 경과하거나 건물이 완성된 후에는 손해배상만을 청구할 수 있다.'라고 되어 있으므로 甲이 B토지와의 경계로부터 반미터 이상의 거리를 두지 않았다 하더라도, C건물을 완성한 경우에 乙은 그 건물의 철거를 청구할 수 없고 손해배상만을 청구할 수 있다.

④ (×) 제3조에 따라 C건물을 B토지와의 경계로부터 2미터 이내의 거리에 축조한다면, 甲은 C건물에 B토지를 향한 창을 설치하는 경우에는 적당한 차면(遮面)시설을 하여야 하므로, 甲이 적당한 차면시설을 하는 것을 전제로 C건물에 B토지를 향한 창을 설치할 수 있다.

⑤ (×) 제4조 제2항에서 '~지하실공사를 하는 때에는 경계로부터 그 깊이의 반 이상의 거리를 두어야 한다.'고 하였으므로 甲이 C건물에 지하 깊이 2미터의 지하실공사를 하는 경우, B토지와의 경계로부터 2미터 이상이 아니라 그 깊이의 반인 1미터 이상의 거리를 두어야 한다.

08 ·· p.18

정답 ①

Point up

해당 법령의 적용 대상으로서의 '구조행위'를 확인하고 필요한 조치 등에 대해 ⅰ) 주체, ⅱ) 대상, ⅲ) 내용을 기준으로 선지의 정오를 판정한다.

제시문의 각 조문을 위에서부터 순서대로 <제1조>와 <제2조>로 설명하기로 한다.

① (○) 제2조 제3항 제2호에 따라 의사자의 경우 보상금은 배우자, 자녀 순으로 지급하도록 규정하고 있으므로 우선 순위인 배우자에게 보상금이 전액 지급된다.

② (×) 전단은 제2조 제1항에 따라 의상자에게 서훈을 수여하는 주체가 '지방자치단체'가 아닌 '국가'이므로 옳지 않고, 후단은 제2조 제2항에 따라 동상을 설치하는 기념사업은 의상자가 아닌 의사자를 추모하고 기리기 위한 사업으로서 옳지 않다.

③ (×) 제1조 제3항에 따라 의상자란 직무 외의 행위로서 구조행위를 한 경우에 해당하므로 소방관 丙이 화재를 진압하는 일은 직무 수행에 해당하므로 丙은 의상자로 인정될 수 없다.

④ (×) 제1조 제1항 제4호에 따라 물놀이 등을 하다가 위해에 처한 다른 사람의 생명 또는 신체를 구하다가 부상을 입은 경우를 구조행위로 규정하고 있으므로 사람이 아닌 애완동물을 구조하다가 부상을 입은 丁은 의상자로 인정될 수 없다.

⑤ (×) 제1조 제1항 단서에 따라 자신의 행위로 인하여 위해에 처한 사람을 구조하다가 부상당한 경우는 구조행위에서 제외하고 있으므로 戊는 의상자로 인정될 수 없다.

09 .... p.18

정답 ②

Point up

대상자별로 신고 여부에 따라 과태료 부과기준금액의 가중 혹은 경감액을 파악하여 초과분을 산정한다.

제시문의 각 조문을 위에서부터 순서대로 <제1조>와 <제2조>로 설명하기로 한다.

1) 甲의 경우
甲은 사실조사기간 중 A시장으로부터 신고 촉구를 받았으나 사실대로 신고하였으므로 제1조 제4항 본문의 적용을 받는다. 따라서 신고기간이 지난 후 6개월을 초과한 상황이므로 동조 동항 제3호에 따라 5만 원의 과태료를 부과받았어야 한다. 결국 甲에게는 5만 원이 초과로 잘못 부과되었다.

2) 乙의 경우
乙도 甲과 마찬가지로 사실조사기간 중 A시장으로부터 신고 촉구를 받았으나 甲과는 달리 부실하게 신고하였으므로 제1조 제2항에 따라 신고하지 않은 것으로 간주되고 동조 제4항 단서 (2배 부과)를 적용받는다. 따라서 신고기간이 지난 후 1개월을 초과 6개월 이내의 상황이므로 동조 동항 제2호에 따라 3만 원의 과태료의 2배인 6만 원을 부과받게 된다.

3) 丙의 경우
丙은 사실조사기간 중 자진신고를 하였고 「장애인복지법」상 장애인이므로 제2조의 각 호에 모두 해당한다. 다만 동조 단서에 따라 경감비율이 높은 제1호만(2분의 1 경감)을 한 차례 적용받게 된다. 따라서 신고기간이 지난 후 1개월 이내의 상황에서 제1조 제4항 제1호에 따라 부과되어야 할 1만 원의 과태료에서 1/2을 경감받아 5천 원만 부과받았어야 한다. 결국 丙에게는 1만 원이 초과로 잘못 부과되었다.

그러므로 A시장이 잘못 부과한 과태료 초과분은 총 6만 원이다.

10 .... p.19

정답 ②

Point up

플랫폼운송사업자의 매출액, 허가대수 또는 운행횟수를 고려한 기여금을 중심으로 <보기>의 정오를 판정한다.

제시문이 단일조문으로 되어 있으므로 조문은 생략하고 각 조항만을 언급하여 설명하기로 한다.

ㄱ. (○) 제3항에 따라 국토교통부장관은 플랫폼운송사업을 허가하는 경우, 30년 이내에서 기간을 한정하여 허가할 수 있으므로 옳은 내용이다.

ㄴ. (×) 제4항 제1호에 따라 기여금은 월 단위로 산정하여 해당 월의 차차 월(다음다음 달) 말일까지 납부해야 하므로 2020년 12월 15일부터 사업을 시작한 乙은 첫 기여금을 2021년 2월 말일까지 납부하여야 한다.

ㄷ. (○) 제4항 제2호에 따라 기여금의 산정 방식 중 하나를 사업자가 선택할 수 있고, 丙의 경우에는 단서에 따라 200대 미만에 해당하는 완화기준을 적용하여 기여금을 산정한다. ⅰ) 허가대수를 기준으로 하면 100대×10만 원=1,000만 원이 되고 ⅱ) 운행횟수를 기준으로 하면 20,000회×200원=400만 원, ⅲ) 매출액을 기준으로 하면 3억 원×0.0125=375만 원이 된다. 따라서 丙이 ⅲ) 매출액을 기준으로 산정된 금액을 선택한다면 납부해야 할 해당 월의 기여금은 400만 원 미만이 될 수 있다.

ㄹ. (×) 허가대수가 300대인 경우에는 제4항 제2호 본문에 따라 매출액의 5%에 해당하는 금액, 운행횟수당 800원 또는 허가대수당 40만 원 중에서 선택하여 기여금을 납부할 수 있다.

11 ·· p.19

정답 ④

Point up

제시문에 주어진 두 조문의 관계(제1조: 민원 종류에 따른 처리기간, 제2조: 처리기간 산정방식)를 파악하고 <보기>의 정오를 판정하도록 한다. 특히, 처리기한을 산정하는 경우 민원 종류별 처리방식의 차이를 정확히 구분하여 적용하되, 산입하지 않는 공휴일과 토요일도 포함시켜 일수를 더하는 방식으로 처리하는 것이 효과적이다.

☑ 민원 종류별 처리기간과 산정방식의 정리
(1) 접수시각부터 '시간' 단위로 산정
  ① 기타민원 → 3근무시간 내
  ② 질의(제도, 절차)민원 → 4일 이내
  ☞ **처리기한 계산 방식: 접수일 및 시각＋처리기간(1일 8시간 고려)＋★ 해당 일수**
       → 해당 일수에 ★기간 포함 시 추가 합산
(2) 접수 첫날 산입 후 '일' 단위로 산정
  ③ 질의(법령)민원 → 7일 이내
  ④ 건의민원 → 10일 이내
  ⑤ 고충민원 → 7일 이내(단, ☆실지조사 기간 산입×)
  ☞ **처리기한 계산 방식: ｛접수일＋(처리기간 −1)＋★(☆)해당 일수｝날의 업무 종료 시간(18:00)**
       → 해당 일수에 ★기간 포함 시 추가 합산
  ★ 기간에 산입×: 토요일, 공휴일(광복절, 일요일)

ㄱ. (○) (2)-④에 해당하는 민원으로 처리기한은 7일(월) ＋ 9일 ＋★(3일 ＋2일)＝21일이 된다. 따라서, 8.21(월) 18:00까지 처리가 가능하다.
ㄴ. (×) (2)-⑤에 해당하는 민원으로 처리기한은 14일(월)＋(7−1)일＋☆(10일)＋★(5일＋2일)＝37일이 된다. 따라서, 9.6(수) 18:00까지 처리가 가능하다.
ㄷ. (○) (1)-①에 해당하는 민원으로 처리기한은 8.17(목) 11시까지이다.
ㄹ. (○) (1)-②에 해당하는 민원으로 처리기한은 17일(목)＋4일＋★(2일)＝23일이 된다. 따라서, 8.23(수) 11시까지 처리가 가능하다.

12 ·· p.20

정답 ③

Point up

임금피크제 지원금을 받을 수 있는 사람을 결정하는 데 있어, 제1항 각호의 해당 여부와 제2항 각호의 임금비율을 연관 지어 함께 검토하는 것이 중요하고, (　) 혹은 '다만' 등 예외사항에 주의하면서 임금피크제 지원금을 받을 수 있는 대상자를 선정한다.

상황

- ⅰ) 甲(56세)은 사업주가 ⅱ) 근로자 대표의 동의를 받아 정년을 60세로 연장하면서 ⅲ) 임금피크제를 실시하고 있는 ⅳ) 사업장(상시 사용하는 근로자 320명)에 고용되어
  → ⅰ)~ⅳ)에 따라 제1항 제1호에 해당(제2항 단서(상시 근로자가 300명 미만)에 해당×)
  ⅴ) 3년간 계속 근무하고 있다. 甲의 ⅵ) 피크임금은 4,000만 원이었고, 올해 임금은 3,500만 원이다.
  → ⅴ)＋ⅵ)에 따라 제2항 제1호에 해당(4,000만 원의 10/100인 400만 원 이상 낮아졌으므로 해당)

- ⅰ) 乙(56세)은 사업주가 정년을 ⅱ) 55세로 정한 사업장(ⅲ) 상시 사용하는 근로자 200명)에서 ⅳ) 1년간 계속 근무하다 작년 12월 31일 정년에 이르렀다.
  → (참고) ⅲ)에 따라 제2항 단서(상시 근로자가 300명 미만)에 해당하여 임금이 낮아진 비율은 10/100으로 적용해야 하므로 ⅶ)과 관련하여 3,000만 원의 10/100인 300만 원 이상 낮아져 조건을 충족하나, **ⅳ)의 기간은 제2항 본문의 지원기준 근무기간인 18개월을 충족하지 못하므로 해당하지 않음**
  乙은 올해 1월 1일 ⅴ) 근무기간 10개월, 주당 근로시간은 동일한 조건으로 ⅵ) 재고용되었다.
  → ⅰ)＋ⅱ)＋ⅵ)에 따라 제1항 제2호에 해당하나, **ⅴ)의 경우 제1항 제2호 괄호의 예외 규정에 따라 재고용 기간이 1년 미만이므로 제외됨**
  乙의 ⅶ) 피크임금은 3,000만 원이었고, 올해 임금은 2,500만 원이다.

- ⅰ) 丙(56세)은 사업주가 ⅱ) 정년을 55세로 정한 사업장(상시 사용하는 근로자 400명)에서 ⅲ) 2년간 계속 근무하다 작년 12월 31일 정년에 이르렀다. 丙은 올해 1월 1일 근무기간 1년, ⅳ) 주당 근로시간을 40시간에서 30시간으로 단축하는 조건으로 재고용되었다.
  → ⅰ)~ⅲ)에 따라 제1항 제3호에 해당(제2항 단서(상시 근로자가 300명 미만)에 해당×)
  丙의 ⅴ) 피크임금은 2,000만 원이었고, 올해 임금은 1,200만 원이다.
  → ⅴ)에 따라 제2항 제3호에 해당(2,000만 원의 30/100인 600만 원 이상 낮아졌으므로 해당)

따라서, 甲~丙중에서 임금피크제지원금을 받을 수 있는 사람은 甲과 丙이다.

13 ····································· p.20

정답 ⑤

Point up

주어진 <상황>에 해당하는 조항을 빠르게 연관 지어 정오를
판단하는 것이 중요하다. 다만, 세율과 세액 등 계산이 수반되
는 선택지의 경우(②번)에는 판단을 유보하고 나머지 선택지의
정오로 정답을 가려내는 것이 효과적이다.

제시문의 각 조문을 위에서부터 순서대로 <제1조>에서 <제5조>
로 설명하기로 한다.

> ─(상황)─
>
> 투자자 甲은 금융투자업자 乙을 통해 다음 3건의 주권을
> 양도하였다.
> → 제2조에 해당(乙이 증권거래세를 납부해야)
>
> • A회사의 주권 100주를 주당 15,000원에 양수하였다가
>   이를 주당 30,000원에 X 증권시장에서 전량 양도하였다.
>   → 제5조 제1호에 해당(양도가액의 1.5/1000 탄력세율
>   적용)
>
> • B회사의 주권 200주를 주당 10,000원에 Y증권시장에서
>   양도하였다.
>   → 제5조 제2호에 해당(양도가액의 3/1000 탄력세율 적용)
>
> • C회사의 주권 200주를 X 및 Y증권시장을 통하지 않고
>   주당 50,000원에 양도하였다.
>   → 제4조에 해당(양도가액의 5/1000 일반세율 적용)

① (×) 증권거래세는 乙이 납부하여야 한다.

② (×) A회사는 100주×30,000원×1.5/1,000=4,500원이고, B
회사는 200주×10,000원×3/1,000=6,000원이며, C회사는 200
주×50,000원×5/1,000=50,000원이다. 따라서, 납부되어야 할
증권거래세액의 총합은 총 60,500원으로 6만 원 이상이다.

③ (×) 甲의 3건의 주권 양도 중 X증권시장 및 Y증권시장을
통하지 않고 양도한 C회사의 주권은 탄력세율을 적용받지
않는다.

④ (×) 제3조에 따라 과세표준은 주권의 양도가액(주당 양도
금액에 양도 주권수를 곱한 금액)이고, 甲은 A회사 주권
100주를 주당 30,000원에 양도하였으므로 과세표준은 300
만 원이다.

⑤ (○) Y증권시장에서 양도하는 경우에는 제5조 제2호의 탄
력세율을 적용받게 되므로 일반세율에 비해 2/1,000만큼의
차이가 난다. 따라서, C회사의 과세표준인 1천만 원(200주×5
만 원)에 대한 증권거래세액의 감소분은 2만 원이다.(1천만
원×2/1,000)

14 ····································· p.21

정답 ①

Point up

제시문에 주어진 <상황>을 먼저 확인하여 각 내용에 해당하는
조항을 찾고, <상황>에 따른 취득 학점이 인정되는지 여부(제
◇◇조(학점의 인정 등) 제1항) 혹은 인정되더라도 인정하는
범위는 어느 정도인지(제◇◇조(학점의 인정 등) 제2항) 등을
검토한 후 甲이 A대학을 졸업하기 위해 필요한 최소 취득학점
을 기준으로 부족한 학점을 판단하도록 한다. 특히, 제□□조
(편입학 등)는 문제 해결과 상관없는 조항이므로 집중을 분산
시키지 않는 것도 중요하다.

제시문의 각 조문을 위에서부터 순서대로 <제1조>와 <제2조>
로 설명하기로 한다.

> ─(상황)─
>
> • A대학은 학칙을 통해 학점인정의 범위를 △△법에서
>   허용하는 최대 수준으로 정하고 있다.
> • 졸업에 필요한 최소 취득학점은 A대학 120학점, B전문
>   대학 63학점이다.
> • 甲은 B전문대학에서 졸업에 필요한 최소 취득학점만으
>   로 전문학사학위를 취득하였다.
>   → 제1조 제1항 제1호에 해당하여 B전문대학에서 졸업
>   에 필요한 최소 취득학점인 63학점을 동조 제2항
>   제1호에 따라 취득한 학점 전부를 인정받음.
> • 甲은 B전문대학 졸업 후 A대학 3학년에 편입하였고 군
>   복무로 인한 휴학 기간에 원격수업을 수강하여 총 6학점
>   을 취득하였다.
>   → 제1조 제1항 제3호에 해당하고, 동조 제2항 제3호에
>   따라 연(年) 12학점 이내에서 인정받을 수 있으므로
>   취득한 학점 전부를 인정받음.
> • 甲은 A대학에 복학한 이후 총 30학점을 취득하였고,
>   1년 동안 미국의 C대학에 교환학생으로 파견되어 총 12
>   학점을 취득하였다.
>   → 제1조 제1항 제1호와 동조 제2항 1호에 해당하여 복
>   학한 이후 취득한 학점 전부와 교환학생 파견 시 취
>   득한 12학점 전부를 인정받음

Power up

제1조 제1항 제1호에서 '국내외의 다른 전문학사학위과정 ~'
국내뿐만 아니라 국외의 대학도 해당하는 부분을 놓치지
않도록 주의해야 한다.

따라서, 甲이 A대학을 졸업하기 위해 추가로 필요한 최소 취득
학점은 졸업에 필요한 최소 취득학점인 120학점에서 기 취득
한 총 학점인 111학점(63+6+30+12=111)을 뺀 9학점이다.

15 ·· p.21

정답 ④

Point up

제시문에 주어진 〈과태료 부과기준〉에 대한 파악이 선행되어야 〈상황〉 분석이 용이해지므로 각 조항 및 각 호의 앞부분의 내용을 토대로 부과기준의 틀을 정리하는 것이 필요하다. 또한, 기간의 계산이나 거래 가격의 기준을 결정하는 데 사용되는 '초과', '이상', '미만', '이하' 등의 경곗값 포함여부를 나타내는 단어에도 주의해서 판단한다.

☑ A국의 〈과태료 부과기준〉에 대한 핵심 정리
(1) 신고의무 해태: ○○법 제00조 제1항 관련
ⅰ) 해태기간이 1개월 이하
  − 실제 거래가격이 3억 원 미만 → 50만 원
  − 실제 거래가격이 3억 원 이상 → 100만 원
ⅱ) 해태기간이 1개월 초과
  − 실제 거래가격이 3억 원 미만 → 100만 원
  − 실제 거래가격이 3억 원 이상 → 200만 원
(2-1) 부동산의 실제 거래가격을 거짓 신고: ○○법 제00조 제2항 제1호 관련(단, 과태료 산정 취득세는 매수인 기준)
ⅰ) 실제 거래가격과 신고가격 차액이 실제 거래가격의 20% 미만
  − 실제 거래가격이 5억 원 이하 → 취득세 2배
  − 실제 거래가격이 5억 원 초과 → 취득세 1배
ⅱ) 실제 거래가격과 신고가격 차액이 실제 거래가격의 20% 이상
  − 실제 거래가격이 5억 원 이하 → 취득세 3배
  − 실제 거래가격이 5억 원 초과 → 취득세 2배
(2-2) 부동산을 취득할 수 있는 권리의 실제 거래가격을 거짓 신고: ○○법 제00조 제2항 제2호 관련
ⅰ) 실제 거래가격과 신고가격 차액이 실제 거래가격의 20% 미만 → 실제 거래가격의 2/100
ⅱ) 실제 거래가격과 신고가격 차액이 실제 거래가격의 20% 이상 → 실제 거래가격의 4/100
★ 매도인은 거래계약 체결일로부터 60일 이내에 관할관청에 신고해야(본문) 함. 동시에 위반한 경우 과태료 병과(제3항)

제시문이 단일조문으로 되어 있으므로 조문은 생략하고 각 조항만을 언급하여 설명하기로 한다.

상황

• 매수인의 취득세는 실제 거래가격의 100분의 1이다.
  → 제2항 제1호 과태료 부과기준

• 甲은 X토지를 2018. 1. 15. 丙에게 5억 원에 매도하였으나, 2018. 4. 2. 거래가격을
  → 매도인 甲은 계약체결일로부터 60일 이내인 3월 15일까지 관할관청에 신고해야 함에도 18일이 경과한 4.2.에 신고한 것으로 해태기간이 1개월 이하이고 실제 거래가격이 5억 원이므로 제1항 제1호 나목에 해당하여 100만 원의 과태료가 부과됨

Power up 1.15~31.(17일)+2.1~28(28일)+3.15(15일) 계약체결일로부터 60일이 되는 날인 3.15.이 신고 마감일임

3억 원으로 신고하였다가 적발되어 과태료가 부과되었다.
  → 신고가격과 실제 거래가격의 차액이 실제 거래가격인 5억 원의 20%인 1억 원 이상이므로 제2항 제1호 나목에 해당. 한편, 매수인의 취득세는 실제 거래가격의 1/100로 500만 원이므로 이에 3배에 해당하는 1,500만 원의 과태료가 부과됨

• 乙은 공사 중인 Y아파트를 취득할 권리인 입주권을 2018. 2. 1. 丁에게 2억 원에 매도하였으나, 2018. 2. 5. 거래가격을 1억 원으로 신고하였다가 적발되어 과태료가 부과되었다.
  → 신고가 계약체결일로부터 5일 만에 이루어졌으므로 신고의무 해태와 관련된 제1항은 적용되지 않으나, 신고가격과 실제 거래가격의 차액이 실제 거래가격인 2억 원의 20%인 4000만 원 이상이므로 제2항 제2호 나목에 해당함. 따라서, 실제 거래가격인 2억 원의 4/100인 800만 원의 과태료가 부과됨

따라서, 甲에게 부과된 과태료 1,600만 원과 乙에게 부과된 과태료 800만 원을 더하면 2,400만 원이다.

16 ·· p.22

정답 ①

Point up

선택지가 전부 '~감사를 청구할 수 있다.'로 되어 있어 청구 가능성의 판정이 핵심 포인트임을 알아채고, 제시문에 주어진 자료에서 ⅰ) 감사를 청구할 수 있는 청구인 적격 여부(제1조 관련)와 ⅱ) 그 대상 적격 여부(제2조 관련)를 기준으로 원칙과 예외를 명확히 구분하여 선택지별로 해당하는 규정을 찾아 비교·판정하도록 한다. 특히, 청구인과 관련해서는 각주에서 제시한 공공기관에 해당하는 기관 및 단체를 놓쳐서는 안 된다. 제시문의 각 조문을 위에서부터 순서대로 〈제1조〉와 〈제2조〉로 설명하기로 한다.

① (○) <u>A시 지방의회는 A시가 주요 사업으로 시행하는</u>
　　　　　→ 제1조 제4호에 해당
　　<u>노후수도설비교체사업 중 발생한 예산낭비 사항에 대하여</u>
　　　　　→ 제2조 제1항 제1호에 해당
　　감사를 청구할 수 있다.
② (×) <u>B정당의 사무총장은 C시청 별관신축공사 입찰 시</u>
　　　　→ 제1조 제2호 단서에 해당하여 청구인 적격 인정×
　　<u>담당공무원의 부당한 업무처리에 대하여 단독으로 감사를</u>
　　청구할 수 있다.
③ (×) <u>D정부투자기관의 장은 해당 기관 직원과 특정 기업 간</u>
　　<u>유착관계에 대하여 자체감사기구에서 직접 처리할 수 있더</u>
　　<u>라도 감사를 청구할 수 있다.</u>
　　→ 제1조 제3호에 해당하나, 단서에 따라 직접 처리할 수
　　없는 부득이한 사유×
④ (×) <u>E시 지방의회는 E시 시장의 위법한 사무처리에 대하여</u>
　　→ 제1조 제4호 해당 → 제2조 제1항 제4호에 해당 but
　　<u>판결이 확정되었더라도 감사를 청구할 수 있다.</u>
　　→ 제2조 제2항 제2호에 해당하여 감사청구 대상에서 제외
⑤ (×) <u>민간 유통업체 F마트 사장은 농산물의 납품대가로</u>
　　→ 제1조에 해당×, 청구인 적격 인정×
　　과도한 향응을 받은 담당직원의 위법행위에 대하여 감사를
　　청구할 수 있다.

17 .... p.22

정답 ⑤

Point up

제시문에 주어진 '선거공보' 조문과 관련하여 각 조항마다 규정
하는 내용을 키워드 중심으로 정리하고, 특히, 선거공보의 규격
과 게재 내용 등에 주의해서 선택지의 정오를 판정한다.

제시문이 단일조문으로 되어 있으므로 조문은 생략하고 각 조
항만을 언급하여 설명하기로 한다.
① (×) 제2항에 따라 지역구지방의회의원선거에 있어서는 <u>8</u>
　　<u>면 이내로 작성한다.</u>
② (×) 제3항 단서에 따라 지역구국회의원선거의 후보자는
　　책자형 선거공보 제작 시 <u>점자형 선거공보를 함께 작성·</u>
　　<u>제출하여야 한다.</u>
③ (×) 제4항 제1호에 따라 지역구지방의회의원선거에서 책
　　자형 선거공보(점자형 선거공보를 포함한다)를 제출하는
　　경우에는 후보자의 직계존·비속(외손자녀는 제외)의 각
　　재산총액을 게재하여야 하므로 <u>친손녀의 재산총액은 표시</u>
　　<u>하여야 한다.</u>
④ (×) 제4항 제2호에 따라 지역구국회의원선거에서 책자형
　　선거공보에는 후보자 및 후보자의 직계비속의 병역사항을
　　표시하여야 하므로 D본인과 아들, 손자의 병역사항을 표시
　　하되 <u>직계존속에 해당하는 아버지는 포함하지 않는다.</u>

⑤ (○) 제1항을 보면 '후보자는 선거운동을 위하여 책자형 선
　　거공보 1종을 작성할 수 있다'라고 하여 선거공보 제작을
　　의무사항으로 규정하고 있지 않으므로 책자형 선거공보를
　　제작하지 않고 선거운동을 할 수 있다.

18 .... p.23

정답 ④

Point up

선택지별 키워드를 중심으로 하여 제시문에 주어진 조문의 각
호에 해당하는지 여부를 검토한다.

제시문이 단일조문으로 되어 있으므로 조문은 생략하고 각 호
만을 언급하여 설명하기로 한다.
① (○) <u>외국인 A의 귀화 허가</u>를 위하여 A의 범죄경력을 조회
　　하는 행위 → 제5호에 해당함
② (○) 회사원 B에 대한 <u>사회봉사명령 집행</u>을 위하여 B에 대
　　한 수사경력을 조회하는 행위 → 제2호에 해당함
③ (○) 퇴직공무원 C의 <u>공무원연금 지급 제한 사유</u>를 확인하
　　기 위해 C의 범죄경력을 조회하는 행위 → 제8호에 해당함
④ (×) 취업준비생 D의 채용에 참고하기 위하여 해당 사기업
　　의 요청을 받아 D의 범죄경력을 조회하는 행위 → 사기업의
　　요청으로 범죄경력을 조회하는 경우는 규정되어 있지 않음
⑤ (○) <u>징계절차가 개시된 공무원 E의 구체적인 징계 사유를</u>
　　<u>확인</u>하기 위하여 E의 범죄경력을 조회하는 행위 → 제8호
　　에 해당함

19 .... p.23

정답 ④

Point up

군 공항의 이전과 관련된 법 규정으로 각 조문의 표제를 핵심
키워드로 하여 간략히 정보를 확인한 후 선택지별로 해당 조문
을 빠르게 찾아 정오를 판정한다.

제시문의 각 조문을 위에서부터 순서대로 <제1조>부터 <제4조>
로 설명하기로 한다.
① (○) 제3조 제2항 제2호에 따라 종전부지 지방자치단체의 장은 군
　　공항 이전부지 선정위원회의 당연직위원으로 심의에 참여한다.
② (○) 제1조 제2항에 따라 이전 건의를 받은 국방부장관은
　　군사작전 및 군 공항 입지의 적합성 등을 고려하여 군 공항
　　예비이전후보지를 선정할 수 있다.
③ (○) 제3조 제3항 제2호에 따라 선정위원회는 종전부지 활
　　용방안에 대하여도 심의한다.
④ (×) 제1조 제1항에 따라 종전부지 지방자치단체의 장은 군
　　공항을 이전하고자 하는 경우 국방부장관에게 이전을 건의
　　할 수 있다.

Power up 주민투표는 제4조 제1항에서 국방부장관이 이전후 보지 지방자치단체의 장에게 「주민투표법」에 따라 주민투표를 요구할 수 있고, 동조 제2항에 따라 (이전후보지) 지방자치단체의 장은 주민투표 결과를 충실히 반영하여 국방부장관에게 군 공항 이전 유치를 신청한다고 규정하고 있으므로 혼동해서는 안 된다.

⑤ (○) 제2항에 따라 한 곳 이상의 예비이전후보지 중에서 군 공항 이전후보지를 선정함에 있어서 군 공항 이전부지 선정위원회의 심의를 거쳐야 한다고 규정하고 있다.

20 ··· p.24

정답 ⑤

Point up

국고보조금의 계상과 관련하여 '경상보조금(제1항)'과 '선거보조금(제2항)'의 계산 구조를 파악하고 <상황>에 따른 국가보조금을 계산하도록 한다. 이때, 보조금 계상단가의 증감 부분(제3항)을 놓치지 않도록 주의한다.

제시문이 단일조문으로 되어 있으므로 조문은 생략하고 각 조항만을 언급하고, <상황>을 위에서부터 순서대로 <상황1>부터 <상황5>로 설명하기로 한다.

☑ **경상보조금 지급 방식에 따른 금액(제1항)**

<u>선거권자 총수</u> × <u>보조금 계상단가</u>
<상황1> 3천만 명   <상황2> 1,000원 +<상황3> **30원**
　　　　　　　　　　　　　　　　→ 제3항에 따른
　　　　　　　　　　　　　　　　전국소비자물가
　　　　　　　　　　　　　　　　변동률을 적용

☑ **선거보조금 지급 방식에 따른 금액(제2항)**
각 선거마다 보조금 계상단가를 추가한 금액을 제1항의 기준에 의하여 계상
<상황4>에서 대통령 선거(2016. 5.), 임기 만료에 의한 동시지방선거(2016. 8.)로 총 **2건**의 선거가 있음
따라서, 2016년 정당에 지급할 국고보조금의 총액은 3,000만 명 ×1,030원×3=**927억 원**이다.

21 ··· p.24

정답 ③

Point up

제□□조에 규정된 중복수혜규정의 이중지급의 대상과 유리지급의 대상을 구분하여 <상황>에 적용하는 것이 핵심이다.

제시문의 각 조문을 위에서부터 순서대로 <제1조>와 <제2조>로 설명하기로 한다.

ㄱ. (×) <상황>에서 등록금 300만 원의 50%인 150만 원을 지원하는 코로나 학업장학금의 수혜대상이 80명이므로 단순히 계산하면 총 1억 2천만 원이 소요될 것으로 예상할 수 있으나, 그 수혜대상자 중에 최우수장학생이 있는 경우에는 제2조 제1호에 따라 등록금 한도 내에서 이중지급할 수 있는 것이므로 최우수장학생은 코로나 학업장학금을 받을 수 없다. 따라서 최소로 지급되는 코로나 학업장학금의 총 금액은 1억 1천 850만 원이다.

Power up

코로나 학업장학금의 수혜대상자에 우수장학생이 포함되어 있다 하더라도 상기에 언급한 제2조 제1호에 따라 등록금 한도 내에서 이중지급이 가능하고 설사 해당 학생들이 코로나생활바우처를 신청한 학생이라 하더라도 제2조 제2호에 따라 수혜자에게 유리한 코로나학업장학금으로 지급될 것이므로 등록금의 한도를 초과하지 않게 된다.

ㄴ. (×) 장학금의 종류별로 지급총액을 계산해보면

(120명 ＋ 80명) × 150만 원 ＋1명 × 300만 원 ＋200명× 10만원
(성적장학금) (특별장학금) (성적장학금) (특별장학금)
우수장학생 코로나학업장학금수혜자 최우수장학생 코로나생활바우처

으로 총 3억 2천 3백만 원이 사용된다.

Power up 원래 사용되는 예산 총액을 정확하게 계산하기 위해서는 (성적장학금)의 우수장학생 수를 120명이 아닌 최우수장학생 1명을 뺀 119명으로 계산해야 한다. 하지만, (계산의 편의성을 위해) 120명으로 계산해도 집행 예산이 4억 미만이라는 점만 확인하면 그것으로 충분하다.

ㄷ. (○) 우수장학생이 성적장학금으로 150만 원을 받고 코로나 생활바우처만을 신청하여 10만 원을 추가로 받는 경우에만 총 160만 원의 장학금을 받을 수 있다. 따라서 우수장학생이 모두 코로나 생활바우처만 신청했다고 하였으므로 최우수장학생 1명을 제외한 119명이 최소 인원이 된다.

22 ··· p.25

정답 ⑤

Point up

제1호의 일반기준을 파악하고 제2호의 과징금 산정방법에 따라 과징금 부과금액을 결정한다. 특히, 제1호 다.규정에 따른 1일 평균매출금액의 원칙적 산정방식과 예외적 적용사례를 잘 구분하여 적용한다.

상황의 분석

- 甲은 2018년 10월 3일부터 영업을 개시(신규 개설)하여 2018년에 총 9억 원의 매출액을 달성했다. 그런데 고용노동부장관은 위반행위를 한 甲에게 위 <규정>에 따라 2019년 2월 1일에 2019년 3월부터 5월까지 3개월간 업무정지 처분을 하였다.
  - → 1) 1일 평균매출금액 : 제1호 다.에 따라 행정처분일이 속한 연도(2019년)의 전년도인 2018년도의 총 매출금액(9억 원)을 기준으로 하되 신규 개설로 인해 1년간의 총 매출금액을 산출할 수 없는 경우에 해당하므로 2018년 10월 3일부터 2018년 12월 31일까지 총 90일로 나누어 산정함.
  - 2) 업무정지기간 : 90일(제1호 가.에 따라 1개월은 30일로 봄)
  - ∴ 9억 원÷90일×90일×0.1=9천만 원
- 乙은 2016년부터 영업을 개시하여 2016년에 365억 원, 2017년에 730억 원, 2018년에는 1,095억 원의 매출을 달성하였다.(단, 乙은 영업 개시 이후 휴업하지 않았다.) 그런데 고용노동부장관은 위반행위를 한 乙에게 위 <규정>에 따라 2019년 3월 2일에 2019년 5월 한 달간 업무정지 처분을 하였다.
  - → 1) 1일 평균매출금액 : 제1호 다.에 따라 행정처분일이 속한 연도(2019년)의 전년도인 2018년도의 총 매출금액(1,095억 원)을 365로 나눈 금액.
  - 2) 업무정지기간 : 30일(제1호 가.에 따라 1개월은 30일로 봄)
  - ∴ 1,095억 원÷365일×30일×0.1=9억 원
- 고용노동부장관은 甲과 乙에게 위 <규정>에 따라 업무정지 처분에 갈음하는 과징금을 부과하고자 한다.

① (○) 제1호 라.에 따라 甲에게는 <상황의 분석>에서 산정한 9천만 원의 과징금이 부과될 수 있다.

② (○) 제1호 마.에 따라 고용노동부장관은 제2호에 따른 과징금 부과금액의 2분의 1 범위에서 늘릴 수 있으므로 1억 원의 과징금을 부과할 수도 있다.

Power up 고용노동부장관은 甲에게 4천 5백만 원에서 1억 3천 5백만 원까지의 범위 내에서 과징금을 부과할 수 있다.

③ (○) <상황의 분석>에서 산정한 乙의 과징금이 9억 원인데 제1호 마.에 따라 과징금 부과금액의 2분의 1 범위에서 줄일 수 있다. 따라서 고용노동부장관이 乙에게 부과할 수 있는 최소과징금은 4억 5천만 원이다.

④ (○) 제1호 마. 단서에 따라 과징금 부과금액의 총액은 10억 원을 넘을 수 없으므로 乙에게는 최대 10억 원까지만 과징금을 부과할 수 있다.

⑤ (×) <상황의 분석>에 따라 乙의 1일 평균매출금액은 乙에 대한 행정처분일이 속한 연도의 전년도인 2018년도의 총 매출금액을 기준으로 한다. 2018년도에 6개월간 휴업기간이 있더라도 제1호 다. 단서에 따라 2018년도에 휴업기간을 제외한 영업기간에 포함된 일수로 나누어 1일 평균매출금액을 산정하면 된다.

23 p.26

정답 ④

Point up

'공유지분의 처분'과 '공유물의 처분'과 같은 대상의 차이로 인한 행위의 제한 조건 등에 주의해서 판단하도록 한다.

ㄱ. (○) 제1조에서 물건이 여러 사람의 소유로 된 때에는 공유로 하고, 공유자의 지분은 균등한 것으로 추정하므로 甲, 乙, 丙은 X에 대해 각자 1/3씩 지분을 갖는 것으로 추정된다.

ㄴ. (○) 제4조에 따라 공유물의 관리에 관한 사항은 공유자의 지분의 과반수로써 결정한다. 그러나 보존행위는 각자가 할 수 있으므로 甲은 단독으로 X에 대한 보존행위를 할 수 있다.

ㄷ. (×) 제2조를 보면 '공유자는 자신의 지분을 다른 공유자의 동의 없이 처분할 수 있고,~' 라고 되어 있으므로, 甲이 X에 대한 자신의 지분을 乙과 丙의 동의 없이 처분할 수 있다.

ㄹ. (○) 제5조에서 '공유자가 그 지분을 포기하거나 상속인 없이 사망한 때에는 그 지분은 다른 공유자에게 각 지분의 비율로 귀속한다.'고 하였으므로 甲이 상속인 없이 사망한 경우, X에 대한 甲의 지분은 乙과 丙에게 각 지분의 비율에 따라 귀속된다.

24 p.26

정답 ②

① (×) 제4조 제4항에 따라 비밀 취급의 인가 및 해제는 문서로 하여야 한다.

② (○) 제3조 제1항에서 법원행정처장은 Ⅰ급비밀에 대한 취급 인가권을 갖고, 동조 제2항 제1호에 따라 Ⅰ급비밀 취급 인가권자는 Ⅱ급비밀과 Ⅲ급비밀에 대한 취급 인가권을 갖는다고 규정하고 있으므로 옳은 내용이다.

③ (×) 제4조 제2항에서 비밀 취급 인가는 대상자의 직책에 따라 필요한 최소한의 인원으로 제한하여야 한다고 규정하고 있다.

④ (×) 제4조 제3항 제1호에 따라 비밀 취급 인가를 받은 자가 고의가 없었다고 하더라도 중대한 과실로 중대한 보안 사고를 범한 경우에는 그 취급의 인가를 해제하여야 한다.

⑤ (×) 제5조 제2항 단서에 따라 Ⅰ급비밀 취급을 인가하는 때에는 새로 신원조사를 실시하여야 한다.

25 ・・・・・・・・・・・・・・・・・・・・・・・・・・・・・・・・・・ p.27

정답 ⑤

① (×) 제2조 제1호에 따라 중앙관서의 장이 행정목적으로 사용하기 위하여 국유재산을 행정재산으로 사용 승인한 경우에는 그 국유재산은 매각할 수 없다.

② (×) 제1조 제2항 단서에서 지명경쟁은 필요한 경우에 진행할 수 있는 매각방법의 하나일 뿐 제3조 제2항에 따라 총괄청의 승인을 요하지 않는 사유에는 해당하지 않으므로 옳지 않다.

③ (×) 제3조 제2항 제3호에 따라 법원의 확정판결로 국유일반재산의 소유권을 변경하려는 경우에는 총괄청의 승인을 요하지 않는다.

④ (×) 광역시에 소재하는 국유일반재산이 1,000제곱미터를 초과하는 경우에는 원칙적으로 제3조 제1항에 따라 총괄청의 승인을 받아야 하지만 동조 제2항 제1호에서 수의계약의 방법으로 매각하는 경우에는 예외적으로 총괄청의 승인을 받지 않아도 된다고 규정하고 있다.

⑤ (○) 제2조 제2호 단서 후단에서 행정재산의 용도로 사용하던 소유자 없는 부동산을 행정재산으로 취득하였으나 그 행정재산을 당해 용도로 사용하지 아니하게 된 경우에는 매각할 수 없는 사유에 해당하지 않으므로 취득한 때로부터 10년이 지나지 않았다 하더라도 매각할 수 있다.

26 ・・・・・・・・・・・・・・・・・・・・・・・・・・・・・・・・・・ p.27

정답 ⑤

ㄱ. (×) 제△△조 제1항에서 '공정거래위원회는 상품 등이나 거래 분야의 성질에 비추어 소비자 보호 또는 공정한 거래질서 유지를 위하여 필요한 경우에는 중요정보와 표시·광고의 방법을 고시할 수 있다'라고 되어 있으므로 상품 등이나 거래분야는 고려대상에 해당한다.

ㄴ. (×) 공정한 거래질서를 해칠 우려가 있는 비방적인 표시·광고를 한 사업자 B의 행위는 제○○조 제1항 제4호에 해당하고, 이는 사업자 A가 사업자 B에게 하게 한 것으로서 사업자 A의 행위는 동조 제2항에 해당되어 사업자 A는 과태료가 아닌 2년 이하의 징역이나 1억 5천만 원 이하의 벌금에 처한다.

ㄷ. (○) 제□□조에 제1항 및 제2항에 따라 사업자가 표시·광고 행위를 하면서 고시된 중요정보를 표시·광고하지 않은 경우, 공정거래위원회는 1억 원 이하의 과태료를 부과할 수 있으므로 5천만 원의 과태료를 부과하는 것은 가능하다.

ㄹ. (○) 제△△조 제1항에 따라 공정거래위원회는 소비자 보호를 위해 필요한 경우, 사업자가 표시·광고에 포함하여야 하는 사항과 함께 그 표시·광고의 방법도 고시할 수 있다.

27 ・・・・・・・・・・・・・・・・・・・・・・・・・・・・・・・・・・ p.28

정답 ②

Point up

혈중알코올농도에 따른 처벌에 관한 제3항과 제4항을 중점적으로 확인

ㄱ. (×) 혈중알코올농도 0.05퍼센트의 상태에서 운전하여 1회 적발된 행위는 제○○조 제3항 제3호에 해당되어 '6개월 이하의 징역이나 300만 원 이하의 벌금'에 처하게 되고, 술에 취한 상태에서 운전을 하고 있다고 인정할 만한 상당한 이유가 있는 사람이 경찰공무원의 음주측정을 거부하는 행위는 제○○조 제4항 제2호에 해당하여 '1년 이상 3년 이하의 징역이나 500만 원 이상 1천만 원 이하의 벌금'에 처하게 되므로 전자의 행위는 후자의 행위보다 불법의 정도가 크지 않다.

ㄴ. (○) 제○○조 제3항 각호에 따라 혈중알코올농도에 따라 처벌의 정도를 달리하고, 제○○조 제4항 제1호에서는 '제3항에도 불구하고 제1항을 2회 이상 위반한 사람으로서 다시 술에 취한 상태에서 자동차를 운전한 사람'의 경우에는 처벌의 정도를 강화하는 것으로 볼 때, 술에 취한 상태에서 자동차를 운전하는 행위는 혈중알코올농도 또는 적발된 횟수에 따라 처벌의 정도가 달라질 수 있다.

ㄷ. (×) 술에 취한 상태에서의 자동차 운전으로 2회 적발된 자가 다시 혈중알코올농도 0.15퍼센트 상태의 운전으로 적발된 경우에는 제○○조 제3항 제2호에 해당되는 것이 아니라, 제○○조 제4항 제1호에 해당되므로 1년 이상 3년 이하의 징역이나 500만 원 이상 1천만 원 이하의 벌금에 처해진다.

28 ・・・・・・・・・・・・・・・・・・・・・・・・・・・・・・・・・・ p.28

정답 ②

Point up

성년후견인의 법률행위의 제한(제○○조(성년후견) 제3항)과 가정법원의 직권사항(제○○조(성년후견인의 선임) 제1항) 등에 주의

① (×) 제3조 제2항에서 '가정법원은 성년후견인이 선임된 경우에도 필요하다고 인정하면 직권으로 또는 청구권자의 청구에 의하여 추가로 성년후견인을 선임할 수 있다.'라고 하였으므로 성년후견인의 수는 1인으로 제한되지 않는다.

② (○) 제1조 제1항에서 '가정법원은 ~ 또는 지방자치단체의 장의 청구에 의하여 성년후견 개시의 심판을 한다.'고 되어 있으므로 지방자치단체의 장은 가정법원에 성년후견개시의 심판을 청구할 수 있다.

③ (×) 제1조 제3항에서 '제2항에도 불구하고 일용품의 구입 등 일상생활에 필요하고 그 대가가 과도하지 아니한 법률행위는 성년후견인이 취소할 수 없다.'라고 하였으므로 성년후견인은 피성년후견인이 행한 일용품 구입행위를 그 대가의 정도와 관계없이 취소할 수 없는 것은 아니다. 즉, 그 대가가 과도한 경우에는 취소할 수 있다.

④ (×) 제3조 제1항에 따라 가정법원은 성년후견개시의 심판 절차에서 직권으로 성년후견인을 선임한다.

⑤ (×) 제2조 제2항에서 '성년후견인이 피성년후견인을 치료 등의 목적으로 정신병원이나 그 밖의 다른 장소에 격리하려는 경우에는 가정법원의 허가를 받아야 한다.'라고 되어 있으므로 성년후견인은 가정법원의 허가 없이 단독으로 결정하여 피성년후견인을 치료하기 위해 정신병원에 격리할 수 없다.

29 .... p.29

정답 ①

① (○) 시설기준 <마>에서 임의시설인 식당·목욕시설·매점 등의 편의시설을 설치할 수 있는 업종에서 무도장업은 제외하고 있으므로 무도장을 운영할 때 목욕시설과 매점을 설치하는 경우 시설기준에 위반된다.

② (×) 시설기준 <나>에서 원칙적으로 필수시설인 탈의실과 급수시설을 갖추어야 하나, 수영장업을 제외한 신고 체육시설업의 경우에는 탈의실을 대신하여 세면실을 설치할 수도 있다고 규정되어 있다. 따라서, 수영장업의 경우에는 원칙으로 돌아가 수용인원에 적합한 탈의실과 급수시설을 모두 갖추어야 한다.

③ (×) 체력단련장은 제1항 제2호에서 신고 체육시설업으로 규정하고 있고, 시설기준 <바>의 단서에 따라 신고 체육시설업은 해당 체육시설을 이용하는 데에 지장이 없는 범위에서라도 그 체육시설 외에 다른 종류의 체육시설을 설치할 수 없다.

④ (×) 골프연습장은 제1항 제2호에서 신고 체육시설업으로 규정하고 있고, 시설기준 <가>의 본문 및 단서에 따라 다른 시설물과 공동으로 사용하는 주차장이 없을 때 수용인원에 적합한 주차장을 반드시 갖추어야 하는 업종은 등록 체육시설업만으로 한정하고 있으므로 신고 체육시설업에 해당하는 골프연습장은 주차장을 반드시 갖추어야 할 필요는 없다.

⑤ (×) 수영장은 제1항 제2호에서 신고 체육시설업으로 규정하고 있고, 시설기준 <다>에서 원칙적으로 필수시설인 응급실 및 구급약품을 갖추어야 하나, 수영장업을 제외한 신고 체육시설업의 경우에는 응급실을 갖추지 않을 수 있다고 규정되어 있다. 따라서, 수영장업의 경우에는 원칙으로 돌아가 부상자 및 환자의 구호를 위한 응급실 및 구급약품을 갖추어야 한다.

30 .... p.29

정답 ①

① (○) 제2조 제5항에 따라 특별한 사유가 없는 경우, 원칙적으로 문서에 '2018년 7월 18일 오후 11시 30분'을 표기해야 할 때에는 '2018. 7. 18. 23:30'으로 표기한다.

② (×) 제1조 제3항에 따라 공고문서는 그 문서에서 효력발생 시기를 구체적으로 밝히고 있지 않은 경우에는 공고가 있은 날부터 5일이 경과한 때에 효력이 발생한다.

③ (×) 제1조 제2항에 따라 보통의 문서와는 달리 전자문서의 경우에는 해당 수신자가 지정한 전자적 시스템에 입력되는 때부터 효력이 발생한다.

④ (×) 제2조 제2항에 따라 문서 작성 시 이해를 쉽게 하기 위해 일반화되지 않은 약어와 전문 용어 등의 사용을 피하여 작성하여야 한다.

⑤ (×) 제2조 제3항에 따라 연계된 바코드는 문서에 함께 표기할 수 있다.

31 .... p.30

정답 ④

ㄱ. (×) 제2조 제2항 단서에 따라 지방보조사업자가 모든 경비배분이나 내용의 변경에 대해서 ○○도 도지사의 승인을 얻어야 하는 것은 아니다. 즉, 경미한 경비배분변경의 경우에는 예외로 규정하고 있다.

Power up 선택지의 내용 중에 '모든' 혹은 '언제나' 등의 단어가 사용되는 경우에는 예외사항이 있는지 여부에 집중하여 제시문을 파악하는 것이 중요하다.

ㄴ. (○) 제2조 제3항에 따라 지방보조사업자가 수익성 악화를 이유로 다른 사업자에게 인계하기 위해서는 미리 도지사의 승인을 얻어야 하므로 옳은 내용이다.

ㄷ. (×) 제4조에서 시장·군수는 도비보조사업에 대한 시·군비 부담액을 다른 사업에 우선하여 해당연도 시·군 예산에 반영하여야 하므로 ○○도 A시 시장은 도비보조사업과 무관한 자신의 공약사업 예산을 도비보조사업에 대한 시비 부담액보다 우선적으로 해당연도 A시 예산에 반영할 수 없다.

ㄹ. (○) 제3조 제2호에 따라 상하수·치수 분야의 경우 총사업비의 30% 이상 50% 이하의 범위 내에서 예산을 정하게 되므로, 총사업비가 40억 원에 해당하는 상하수도 정비사업의 경우 최대 20억 원을 지방보조금 예산으로 정할 수 있다.

32 .... p.30

정답 ②

Point up

'기본계획 vs 종합계획'을 구분하여 각각의 시행주체를 명확히 파악해야 함. 또한 기속(~하여야 한다)과 재량(~할 수 있다)에 관한 행위의 성질에 주의할 것

① (×) '재원의 확보계획'은 기본계획에 포함되지 않아도 된다.
  → 제2조 제3항 제7호에 해당 → 동조 동항 본문에 따라 기본계획에 포함되어야

② (○) 제2조 제1항에 따라 환경부장관은 A도 도지사가 제출한 기본계획을 승인하거나 변경하는 경우에는 관계 중앙행정기관의 장과 협의하여야 한다.

③ (×) <u>환경부장관은 국가 폐기물을 적정하게 관리하기 위하여</u>
→ 제3조 제1항
<u>10년마다 기본계획을 수립하여야 한다.</u>
→ 종합계획을 수립

④ (×) <u>B군 군수는 5년마다 종합계획을 세워 환경부장관에게 제출하여야 한다.</u> → 제2조 제2항에 따라 '10년마다' '기본계획'을 '도지사에게 제출'하여야

⑤ (×) <u>기본계획 수립</u> 이후 5년이 경과하였다면,
→ 제3조 제2항에 따라 '종합계획' 수립
<u>환경부장관은 계획의 타당성을 재검토하여 계획을 변경하여야 한다.</u>
→ 변경할 수 있다.

33 .... p.31

정답 ④

① (×) 제2조 제1항에 따라 신속처리안건지정동의는 국회 재적위원 또는 안건의 소관 위원회 재적위원의 3/5 이상의 찬성으로 표결하므로 국회의원은 180명 이상 또는 지식경제위원회 위원은 18명 이상이 필요하다.

② (×) 제2조 제3항에 따라 신속처리대상안건에 대한 심사는 지정일로부터 180일 이내에 마쳐야 하므로 3월 2일 지식경제위원회에 회부된 안건 X의 경우에는 회부된 날부터 180일 이후인 8월 29일까지 심사를 마쳐야 한다.

③ (×) 제2조 제4항에 따라 심사 기간 내에 신속처리대상안건의 심사를 마치지 아니한 때에는 그 기간이 종료된 다음 날에 소관 위원회에서 심사를 마치고 체계·자구심사를 위하여 법제사법위원회로 회부된 것으로 보게 되므로 연장하여 재심사할 수 있는 것은 아니다.

④ (○) 제2조 제3항 단서를 보면 법제사법위원회는 제3조에 따라 위원회에서 심사를 마치고 법제사법위원에 회부한 날부터 90일 이내에 심사를 마쳐야 한다고 규정하고 있으므로 7월 1일에 회부된 날부터 90일 이후인 9월 29일까지 심사를 마쳐야 한다.

Power up 문제의 단서 내용인 '초일불산입의 원칙'에 따라 7월 2일부터 기간에 산입해야 한다.

⑤ (×) 당해연도 8월 1일에 법제사법위원회로 회부된 안건 X에 대해서는 제2조 제3항 단서에 따라 회부된 날부터 90일 이내에 심사를 마쳐야 하는데, 그 기간 내에 심사를 마치지 못했다면, 제2조 제5항에 따라 심사 기간이 종료한 다음 날에 법제사법위원회에서 심사를 마치고 바로 본회의에 부의된 것으로 보게 되므로 당해연도 10월 31일이 된다.(심사 종료일은 10월 30일)

CHAPTER 02 이해추론 - 비문학독해 및 추론

1.2 비문학독해 및 추론

01 .... p.32

정답 ④

Point up

<상황>에서 甲의 민원(불편 해결 요구 : 기타민원)과 乙의 민원(영업허가 신청 : 법정민원)의 종류를 파악한 후 선지의 정오를 판정한다.

① (×) <민원의 신청>의 후단에 따라 甲의 기타민원은 구술 또는 전화로 가능하다.
② (×) <민원의 신청>의 전단에 따라 민원의 신청은 (민원의 종류와 상관없이) 문서로 해야 하는데 전자문서를 포함하고 있으므로 乙은 전자문서로 민원을 신청할 수 있다.
③ (×) <민원의 이송>에서 접수한 민원이 다른 행정기관의 소관인 경우에는 민원문서를 지체 없이 소관 기관에 이송하여야 한다.
④ (○) <처리결과의 통지>의 단서에 따라 기타민원의 경우에는 민원에 대한 처리결과를 민원인에게 구술 또는 전화로 통지할 수 있다.
⑤ (×) <반복 및 중복 민원의 처리>에서 법정 민원을 제외하고 있으므로 규정 내용이 적용되지 않는다.

02 .... p.33

정답 ①

Point up

제시문의 각 문단별 전자와 후자의 내용 중에 A국이 선택한 부분을 중심으로 선택지의 정오를 판정한다.

① (○) A국은 (3)문단 후자를 선택하여 새로운 기술에 의한 발명인지에 대한 판단은 국내에서의 새로운 기술을 기준으로 하므로 A국에서 알려지지 않은 새로운 기술에 대해서는 특허권을 부여받을 수 있다.
② (×) A국은 (5)문단 전자를 선택하여 특허권의 보호기간을 한정하고 있는데 그 보호기간은 특허권을 부여받은 날로부터 10년으로 하고 있다. 따라서 특허권을 부여받은 날로부터 11년이 지난 손전등에 대해서는 특허권이 만료되었으므로 발명자로부터 허락을 받지 아니하고 제조・판매 등 자유롭게 이용이 가능하다.
③ (×) A국은 (1)문단 전자를 선택하여 새로운 기술에 의한 발명을 한 사람에게 특허권이라는 독점권을 주는 제도를 운영하고 있으므로 금전적 보상을 받을 수 없다.

④ (×) A국은 (2)문단 후자를 선택하여 신청에 의한 특허심사 절차를 통해 특허권을 부여하는 방식을 도입하고 있으므로 특허심사절차를 밟지 않아 특허권을 부여받지 못한 경우에는 타인이 무단으로 제조・판매하는 것을 금지시킬 수 없다.
⑤ (×) A국은 (4)문단 전자를 선택하여 특허권의 효력발생범위를 A국 영토 내로 한정하고 있으므로 다른 나라에서 무단으로 제조 및 판매한 자에게 손해배상을 받을 수 없다.

03 .... p.33

정답 ⑤

Point up

각 문단의 핵심 내용을 파악(제1문단 : 매도인의 하자담보책임, 제2문단 : 계약의 중요 부분의 착오로 인한 취소)하고 <상황>에 적용되는 내용을 빠르게 찾아 선택지의 정오를 판정하도록 한다. 특히, 각 청구권의 성립 요건과 행사 주체 및 시기 등에 주의한다.

☑ 〈상황〉의 분석

> 상황
>
> 2018년 3월 10일 매수인 甲은 매도인 乙 소유의 '나루터그림'을 과실 없이 진품으로 믿고 1,000만 원에 매매계약을
> → 계약일 : (착오 취소만) 10년 이내에 甲이 행사
> → 하자 담보, 착오 취소 모두 성립
> 체결한 당일 그림을 넘겨받았다. 그 후 2018년 6월 20일 甲은 나루터그림이 위작이라는 사실을 알게 되었다.
> → 하자(착오) 안 날 : 하자 담보 6개월 내
> 　　　　　　　　　　　　착오 취소 3년 이내

① (×) 제1문단에서 매매 목적물의 하자를 이유로 매매계약을 해제할 수 있는 자는 乙이 아닌 甲임을 알 수 있다.
② (×) 제1문단에서 매매목적물에 하자가 있는 경우 그 하자를 안 날(2018년 6월 20일)로부터 6개월 이내에 손해배상청구권을 행사하여야 하므로 청구시기를 도과한 매수인 甲은 매도인 乙에게 손해배상을 청구할 수 없다.
③ (×) 제2문단에서 착오로 인한 취소권은 하자 담보책임(계약해제권, 손해배상청구권)과는 별개로 행사가 가능하고, 취소권을 행사하는 시점인 2019년 6월 20일은 '계약일로부터 3년 이내+착오를 안 날로부터 10년 이내'를 모두 충족하므로 매수인 甲은 乙과의 매매계약을 취소할 수 있다.

④ (×) 제1문단에서 하자담보 책임은 매도인이 하자를 알았는지 여부나 그의 과실 유무에 상관없이 발생하는 것이지만, 매수인 甲은 하자가 있는 사실을 안 날로부터 6개월 이내에 행사하여야 하는 기간을 도과한 2019년 6월 20일에는 매매계약을 해제할 수 없다.

⑤ (○) 제1문단에서 乙이 위작임을 알았는지 여부와 상관없이 청구권 행사시기를 도과한 점에서 甲은 매매계약을 해제할 수는 없지만, 제2문단에서 하자담보책임과는 별개로 취소권을 행사하는 시점인 2019년 6월 20일은 '계약일로부터 3년 이내＋착오를 안 날로부터 10년 이내'를 모두 충족하므로 매수인 甲은 乙과의 매매계약을 취소할 수 있다.

04 ...... p.34

정답 ⑤

Point up

<상황>의 A청구(원·피고의 주소지를 관할하는 시·군법원의 전속관할)와 B청구(피고의 주소지를 관할하는 지방법원 또는 지원)의 소송 유형에 따른 관할권을 제시문을 근거로 하여 판단한다.

┌─상황─────────────────────
• 甲은 乙에게 빌려준 돈을 돌려받기 위해 소송물가액 3,000만 원의 금전지급청구의 소(이하 "A청구"라 한다)와
  → 원·피고의 주소지를 관할하는 시·군 법원 전담
  乙에게서 구입한 소송물가액 1억 원의 고려청자 인도청구의 소(이하 "B청구"라 한다)를 각각 1심 법원에
  → 피고 주소지를 관할하는 지방법원 또는 지원
  제기하려고 한다.

• 甲(원고)의 주소지는 김포시이고 乙(피고)의 주소지는 양산시이다. 이들 주소지와 관련된 법원명과 그 관할구역은 다음과 같다.
└──────────────────────────

따라서 A청구는 김포시를 관할하는 김포시법원이나 양산시를 관할하는 양산시법원이 재판할 수 있고, B청구는 양산시를 관할하는 울산지방법원이 재판할 수 있다.

05 ...... p.34

정답 ⑤

Point up

특허권이 부여되기 위한 두 가지 요건의 판단 기준(원칙: 출원일 기준, 예외: 신규성 간주)을 파악하고 <상황>의 각 발명자들의 행위 일자에 따라 요건 충족 여부를 판정한다.

┌─상황─────────────────────
• 발명자 甲, 乙, 丙은 각각 독자적인 연구개발을 수행하여 동일한 A발명을 완성하였다.
• 甲은 2020. 3. 1. A발명을 완성하였지만 그 발명 내용을 비밀로 유지하다가 2020. 9. 2. 특허출원을 하였다.
  → 乙의 논문 게재로 인해 신규성이 상실되었고, 丙의 선출원이 신규성 상실로 특허권이 부여받지 못한 경우라도 甲의 출원은 후출원이므로 선출원주의에 의해서도 특허권을 부여받지 못함.
• 乙은 2020. 4. 1. A발명을 완성하자 2020. 6. 1. 간행되어 반포된 학술지에 그 발명 내용을 논문으로 게재한 후, 2020. 8. 1. 특허출원을 하였다.
  → 乙의 논문 게재 행위로 인해서 乙이 출원한 시점에는 신규성이 상실되었으나 신규성을 상실시키는 행위일로부터 1년 이내 발명자 본인이 직접 출원한 것이므로 신규성이 상실되지 않은 것으로 취급됨(신규성의 간주) but 丙의 선출원이 신규성 상실로 특허권이 부여받지 못한 경우라도 乙의 출원 또한 후출원이므로 선출원주의에 의해서 특허권을 부여받지 못함.
• 丙은 2020. 7. 1. A발명을 완성하자마자 바로 당일에 특허출원을 하였다.
  → 출원일이 가장 빠르지만 乙의 논문 게재로 인해 신규성이 상실되어 특허권을 부여받지 못함.
└──────────────────────────

따라서 甲, 乙, 丙 중 어느 누구도 특허권을 부여받지 못한다.

06 ...... p.35

정답 ⑤

Point up

제1문단: 민사소송의 처분권주의(원고가 청구한 금액의 한도 내에서만 판결을 해야 함)
제2문단: 손해배상청구의 소송물 이론(A견해: 손해 3분설, B견해: 손해 1분설, C견해: 손해 2분설)

① (×) 乙이 청구한 6천만 원의 한도 내에서 법원이 심리한 결과 乙의 재산상 손해는 5천만 원으로 판단하였으므로 5천만 원을 지급하라고 판결해야 한다.

② (×) 乙이 청구금액을 8천만 원으로 변경하였다 하더라도 그 한도 내에서만 판결을 해야 하는 것이므로 법원이 심리 결과 손해액을 5천만 원으로 판단했다면 甲이 乙에게 5천만 원을 지급하라고 판결해야 한다.

③ (×) A견해에 따르면 손해항목별로 금액의 상한을 초과하는 판결을 할 수 없으므로 적극적 손해(치료비)는 5백만 원, 소극적 손해(일실이익)는 1억 원, 위자료는 3천 5백만 원으로 총 1억 4천만 원을 지급하라고 판결해야 한다.

④ (×) B견해에 따르면 손해배상 총액의 상한만 넘지 않으면 손해항목별 상한 금액을 넘더라도 무방하므로 1억 6천만 원을 지급하라고 판결해야 한다.

⑤ (○) C견해에 따르면 재산상 손해와 위자료 두 개의 손해항목으로 나누고 그 항목별 상한 금액을 넘지 않으면 되므로 재산상 손해는 1억 1천만 원, 위자료는 3천 5백만 원으로 총 1억 4천 5백만 원을 지급하라고 판결해야 한다.

07 ·· p.36

정답 ②

Point up

제시문의 각 문단의 키워드(제1문단: 조례의 제정·개정 및 폐지의 청구 요건, 제2문단: 지방자치단체의 장의 행정 절차, 제3문단: 지방의회의 의결정족수)를 중심으로 <상황>에 따라 각 요건을 파악하여 정오를 판정한다. 특히, 주민 총수의 의미(19세 이상 주민)를 놓치지 않도록 주의해야 한다.

┌─── 상황 ───────────────────────────────┐

• □□도 A시의 인구는 30만 명이며, 19세 이상 주민은 총 20만 명이다.
  → 제1문단에 따라 A시는 시·군 및 자치구에 해당하므로 주민 총수인 20만 명의 50분의 1(=4천 명)의 연서로 조례의 제정 등을 청구할 수 있음.

• A시 주민 甲은 청구인 대표자로 2022. 1. 3. ○○조례에 대한 개정을 청구했고, 이에 A시 시장 B는 같은 해 1. 5. 이를 공표하였다.
  → 제1문단에서 열람기간은 공표한 날을 포함하여 10일간이므로 2022. 1. 5.에서 9일 후인 2022. 1. 14.까지이고 이의 신청에 대한 결과는 열람기간이 끝난 날의 다음 날부터 14일 이내가 되는 2022. 1. 28.까지 당사자에게 알려야 함.

• A시 의회 재적의원은 12명이다.
  → 제3문단에서 4명 이상의 의원 출석으로 개의하고 재적의원 과반수의 출석과 출석의원 과반수의 찬성으로 의결함.

└──────────────────────────────────────┘

① (×) A시에서 주민이 조례 개정을 청구하기 위해서는 최소 4,000명 이상의 연서가 필요하다.

② (○) 제1문단에서 청구인명부의 서명에 관하여 이의가 있는 주민은 열람기간 동안 해당 지방자치단체의 장에게 이의를 제기할 수 있으므로 옳은 내용이다.

③ (×) 이의 신청에 대한 결과 통보는 2022. 1. 28.까지이다.

④ (×) 제2문단에서 지방자치단체의 장은 청구를 수리한 날을 포함하여 60일 이내에 주민청구조례안을 지방의회에 부의하여야 하므로 2022. 2. 1. 수리된 경우 2022. 4. 1.까지(28 +31+1) ○○조례 개정안을 A시 의회에 부의해야 한다.

⑤ (×) A시 의회는 의원 4명 이상의 참석으로 ○○조례 개정안에 대해 개의할 수 있다.

08 ·· p.36

정답 ⑤

Point up

제정 저작권법이 규정한 저작재산권 보호기간의 기산일(사망한 다음 해의 1월 1일)을 파악하여 각 개정 저작권법의 시행일을 기준으로 보호기간이 연장될 수 있는지 여부를 판정한다.

┌─── 상황 ───────────────────────────────┐

'저작물 Y'를 창작한 저작자 乙은 1963. 1. 1. 사망하였다.
→ 1964. 1. 1.(저작재산권 보호기간 기산일)
저작물 Y의 보호기간은 1957년 제정 저작권법에 따르면 (㉠)이고,
→ 사후 30년이므로 ㉠ 1993. 12. 31.까지
1987년 개정 저작권법에 따르면 (㉡)이며,
→ 시행일 87. 7. 1.보호기간이 존속 중이므로 20년이 연장되어 ㉡ 2013. 12. 31.까지
2011년 개정 저작권법에 따르면 (㉢)이다.
→ 2013. 7. 1.보호기간이 존속중이므로 20년이 연장되어 ㉢ 2033. 12. 31.까지

└──────────────────────────────────────┘

09 ·· p.37

정답 ③

Point up

제시문의 각 문단의 키워드(제1문단: 공소제기, 제2문단: 공소시효의 계산, 제3문단: 공소시효의 정지)를 중심으로 <상황>에 따라 각 요건을 파악하여 정오를 판정한다. 특히, 제3문단의 공소시효 정지와 관련하여 <공범>이 있는 경우를 주의해서 판단한다.

┌─── 상황 ───────────────────────────────┐

• 甲은 2015년 5월 1일 피해자를 불법으로 감금하였는데, 피해자는 2016년 5월 2일에 구조되어 감금에서 풀려났다.
  → 공소시효 기산일(∵감금에서 벗어나는 날 기준)
  甲은 피해자를 감금 후 수사망이 좁혀오자 2개월간 국외로 도피하였다가 2016년 5월 1일에 귀국하였다.
  → 공소시효 정지×(∵기산일 전에 발생한 사유)
  ∴ 甲의 경우 2023년 5월 1일 24시에 공소시효 완성

• 乙, 丙, 丁이 공동으로 행한 A죄의 범죄행위가 2015년 2월 1일 종료되었다. 그 후 乙은 국내에서 도피 중
  → 공소시효 기산일(∵범죄행위 종료된 때 기준)
  2016년 1월 1일 공소제기 되어 2016년 6월 30일 범죄혐의 없음을 이유로 무죄 확정판결을 받았다.
  → 丙, 丁의 공소시효 정지×
  한편 丙은 범죄행위 종료 후 형사처벌을 면할 목적으로 1년간 국외에서 도피 생활을 하다가 귀국한 뒤
  → 공소시효 1년 정지

└──────────────────────────────────────┘

2020년 1월 1일 공소가 제기되어 2020년 12월 31일 유죄 확정판결을 받았다.
→ 공범인 丁의 공소시효 1년 정지○
丁은 범죄행위 종료 후 계속 국내에서 도피중이다.
　　　　　　　　　　　　　　→ 공소시효 정지×
∴ 丁의 경우 2021년 1월 31일 24시에 공소시효 완성

① (×) 甲이 2개월간 국외로 도피했던 기간은 공소시효 기산일 전에 발생한 사유이므로 공소시효가 정지되지 않는다.
② (×) 甲의 공소시효는 범죄행위가 종료된 때(감금에서 벗어난 때)인 2016년 5월 2일부터 기산하여 7년이 도래하는 시점인 2023년 5월 1일 24시에 공소시효가 완성되므로 2023년 5월 1일 甲에 대한 공소는 적법하다.
③ (○) 제3문단 본문에 따르면 丙이 범죄행위 종료 후 형사처벌을 면할 목적으로 1년간 국외에서 도피 생활을 한 기간은 공소시효 계산에서 제외된다. 따라서 옳은 내용이다.
④ (×) 제3문단 단서에 따르면 국외로 출국하지 않은 공범인 丁의 공소시효는 정지되지 않는다.
⑤ (×) 제4문단 첫 번째 문장을 보면 丙에게 공소가 제기되어 유죄확정판결을 받을 때까지의 기간은 공범인 丁에게도 공소시효도 정지되므로 丁은 2021년 1월 31일 24시에 공소시효가 완성된다. 따라서 2022년 1월 31일 丁에 대해 공소가 제기된다면 위법한 공소제기이다.

10 .... p.38

정답 ①

Point up

A협회의 '협회장 선출'과 관련하여 '찬반투표'(제2문단)와 '선거'(제3문단)에 참여할 수 있는 회원자격요건을 각각 구분하여 정오를 판정한다. 특히, 당해연도 협회장 선출은 전년도 말에 진행된다는 사실에 주의한다.

① (×) 제1문단을 보면 '2020년 협회장'은 2019년 12월에 열리는 정기총회에서 선출하는데 제3문단 첫 번째 문장에서 '선거'에 참여할 수 있는 회원의 자격을 '선거일을 기준으로 정회원 자격을 얻은 후 만 1년을 경과한 정회원'으로 한정하고 있다. 따라서 2019년 10월 A협회 정회원 자격을 얻은 甲은 2020년 10월이 지난 후에야 '선거'에 참여할 수 있으므로 2020년 협회장 선출을 위한 2019년 12월 정기총회에서 甲은 '선거'에 참여할 수 없다.

Power up

제1문단에서 '매년 12월에 열리는 정기총회에서 다음해 협회장을 선출한다.'는 사실을 놓치지 않는 것이 중요하다.

② (○) 제2문단에서 '찬반투표'에 참여할 수 있는 회원의 자격이 투표일 현재까지 A협회의 정회원인 사람으로 한정하므로 2018년 10월 정회원 자격을 얻은 乙은 '2019년 협회장'을 선출하는 2018년 12월 정기총회 투표일까지는 정회원으로 유지되므로 2019년 연회비 납부 여부와 관계없이 '찬반투표'에 참여할 수 있다.
③ (○) 제3문단 두 번째 문장에서 연회비 미납부로 정회원 자격이 유보된 사람은 정회원 자격을 회복한 후 만 1년을 경과하여야 '선거'에 참여할 수 있으므로 丙이 2019년 ○○월에 정회원 자격을 회복하였다 하더라도 2020년 ○○월을 경과하여 만 1년이 지난 시점부터 '선거'에 참여할 수 있다. 따라서 丙은 '2020년 협회장' 선출을 위한 2019년 12월 정기총회에서는 '선거'에 참여할 수 없다.
④ (○) 제2문단 두 번째 문장에서 정회원 자격을 얻기 위해서는 준회원으로 만 1년 이상의 활동을 요구하고 있다. 따라서, 2017년 10월 A협회 준회원 활동을 시작한 丁이 최소 요구 연한인 만 1년이 되는 2018년 10월을 지나 정회원 자격을 획득했다면 丁은 '2019년 협회장' 선출을 위해 2018년 12월에 열리는 정기총회에서 '찬반투표'에 참여할 수 있는 회원의 자격을 유지하고 있으므로 투표에 참여할 수 있다.
⑤ (○) 제3문단에서 '선거'에 참여할 수 있는 회원의 자격을 선거일을 기준으로 정회원 자격을 얻은 후 만 1년을 경과한 정회원으로 한정하고 있으므로 2016년 10월 최초로 A협회 정회원 자격을 얻은 戊는 회원자격을 유지하는 것을 전제로 '2018년 협회장'을 선출하기 위한 2017년 12월 정기총회에서 처음으로 투표할 자격을 가질 수 있게 된다. 따라서 2017년부터 연회비를 계속 납부하지 않은 戊의 경우에는 제2문단의 네 번째 문장의 내용을 통해 정회원 자격이 유보되어 권리를 행사할 수 없으므로 협회장 선출을 위한 '선거'에 한 번도 참여할 수 없게 된다.

11 .... p.38

정답 ⑤

Point up

제시문의 각 문단의 키워드를 중심으로 선지의 정오를 판정한다. 특히, 상속인과 유류분 권리자의 구분에 주의하면서 판단한다.

① (×) 제4문단 두 번째 문장에서 피상속인의 직계비속인 그의 자녀는 유류분 권리자가 된다.
② (×) 제4문단 세 번째 문장에서 피상속인의 자녀는 법정상속분의 2분의 1의 유류분이 인정되나, 제2문단 두 번째 문장을 보면 피상속인의 배우자의 상속분은 직계비속과 공동으로 상속하는 때에는 직계비속 상속분의 5할을 가산하기 때문에 유류분 산정액은 피상속인의 배우자와 같지 않다.

③ (×) 제1문단 두 번째 문장과 세 번째 문장을 통해 피상속인의 직계비속이 직계존속보다 선순위이고 후순위 상속인은 선순위 상속인이 없는 경우에 한해 상속재산을 상속할 수 있으므로 피상속인의 <u>부모는</u> 피상속인의 <u>자녀가 있는 경우에 상속재산을 상속할 수 없다.</u>

④ (×) 제5문단 마지막 문장에서 상속이 개시된 때부터 10년이 경과한 경우에는 유류분반환청구권은 시효로 소멸하여 소에 의한 방법으로도 그 권리를 행사할 수 없다.

⑤ (○) 제1문단에서 피상속인의 방계혈족은 제4순위 상속인으로 명시되어 상속인이 될 수 있지만 제4문단에서 유류분 권리자는 피상속인의 직계비속, 배우자, 직계존속 및 형제자매로 한정하고 있으므로 피상속인의 방계혈족은 유류분 권리자가 될 수 없다.

12 .... p.39

정답 ②

Point up

제시문에 주어진 '주주총회의 결의취소의 소'와 관련하여 각 문단의 핵심 키워드(제1문단 : 원고적격, 제2문단 : 피고적격)를 확인한 후 <상황>을 분석하여 선택지의 정오를 판정하도록 한다. 특히, <상황>에서 등장하는 인물들의 지위(자격)를 잘 체크하는 것이 중요하다.

┌─ <상황>의 분석 ─┐
- A회사 주주총회의 소집절차는 법령에 위반
  → 결의취소의 소 제기 가능
- 결의취소의 소 원고 적격 → 戊(이사), 丙과 丁(주주), 己(감사) (단, 변론종결 시까지 자격 유지)
- 결의취소의 소 피고 적격 → A회사(대표이사 乙이 소송 수행함. 단, 戊(이사)가 원고인 경우 己(감사)가 소송 수행)
- ★ 원고 및 <u>피고 적격</u> 부적합 → 소 각하(본안 판단×) (회사 아닌 사람을 공동피고로 한 경우 사람에 대한 소 포함)

① (×) <u>甲은</u> 대표이사 해임결의로 이사의 지위를 상실하였기 때문에 <u>원고 적격이 없어</u> 법원은 결의를 취소하는 것이 정당한지에 관한 판단 없이 <u>소를 부적법 각하한다.</u>

② (○) 丙은 A회사의 주주로서 원고 적격이 있으며 A회사를 피고로 한 소송에서 乙은 결의취소의 소의 대상이 된 주주총회 결의로 선임된 대표이사라 하더라도 회사를 대표하여 소송을 수행한다.

③ (×) 丁은 A회사의 주주로서 원고 적격이 있으며 A회사만을 피고로 하지 않고 사람을 포함하여 공동피고로 하여 소를 제기한 경우에 모두가 부적법 각하되는 것이 아니고, <u>乙에 대한 소만 부적법 각하되고, A회사에 대한 소송만</u> 진행된다.

④ (×) 戊는 A회사의 이사로서 원고 적격이 있으며 이사가 소를 제기하는 경우에는 <u>감사인 己가</u> 회사를 대표하여 <u>소송을 수행한다.</u>

⑤ (×) 己는 A회사의 감사로서 원고 적격이 있으며 <u>변론이 종결될 때까지 원고의 자격을 유지한 경우</u>에는 설령 변론이 종결된 후에 임기가 만료되어 감사의 자격을 잃게 되었다 해도 <u>법원은 소를 부적법 각하하지 않고</u> 결의를 취소하는 것이 정당한지에 관한 판단을 하여 판결을 하게 된다.

13 .... p.39

정답 ④

Point up

저작권과 소유권이 충돌하는 <상황>을 검토하고, 각각의 상황에 해당하는 선택지를 구분(「군마」 회화 : ①, ②, ③, 초상화 : ④, ⑤)하여 판단하도록 한다. 특히, 저작자 혹은 위탁자의 '허락'이 있어야 가능한 복제·전시 유형에 해당하는지 여부를 파악하는 것이 중요하다.

① (×) '첫째' 문단에서 미술저작물 원본의 소유자는 <u>외벽 등 공중에게 개방된 장소에 항시 전시하는 경우</u>에는 <u>저작자의 허락을 얻어야</u> 하므로, 외벽에 잠시 전시하는 경우에는 허락을 얻을 필요는 없다.

② (×) '첫째' 문단에서 미술저작물 원본의 소유자는 개방된 장소에서 항시 전시하는 경우가 아니면 자유로이 그 원본을 전시할 수 있으므로 저작자인 甲의 허락을 얻을 필요는 없다.

③ (×) '둘째' 문단에서 개방된 장소에 항시 전시되어 있는 미술저작물 등은 제3자가 (어떠한 방법으로든지) 이를 복제하여 이용할 수 있으나, 동일 저작물로 복제하는 경우(회화를 회화로)에는 저작자의 허락을 얻어야 하므로 A는 원본의 소유자인 乙이 아닌 <u>저작자인 甲의 허락을 얻어야 한다.</u>

④ (○) '셋째' 문단에서 화가 丙은 丁의 초상화를 전시하고자 하는 경우에는 위탁자인 丁의 허락이 있어야 가능하다.

⑤ (×) '둘째' 문단의 단서에서 미술저작물 등을 판매목적으로 복제하는 경우에는 저작자의 허락을 얻어야 하므로 B는 초상화의 <u>저작자인 丙의 허락을 얻어야 한다.</u>

14 .... p.40

정답 ⑤

Point up

공동저당권을 설정한 경우에 ⅰ) 동시 배당 시 경매대가에 비례하여 배당 받는 원칙과 ⅱ) 하나 먼저 배당 시 차순위저당권자의 우선 배당의 예외를 파악하여 <보기>의 각 사례에 적용한다.

ㄱ. (×) X토지와 Y토지를 모두 경매하여 동시에 배당하는 경우에는 각 부동산의 경매대가에 비례하여 배당을 받게 되므로 甲의 채권 1억 2천만 원 중 X토지의 경매대가에서 8천만 원(1억 2천만 원×2/3)을 배당받게 된다. → 제시문2)-(ⅰ) : X토지 1억 2천만 원, Y토지 6천만 원이므로 2:1

ㄴ. (○) X토지를 먼저 경매하여 배당하는 경우 1순위 공동저당권자인 甲은 X토지의 경매대가로 본인의 채권 전부에 대해 배당받을 수 있다. 이 경우 X토지의 차순위저당권자인 丙이 전혀 배당받지 못했으므로 동시배당하였다면 丙이 받을 수 있었던 금액 4천만 원(경매대가 1억 2천만 원에서 동시배당하였다면 甲이 배당받았을 8천만 원을 뺀 금액)을 Y토지의 차순위저당권자인 丁보다 우선하여 배당받을 수 있다. → 제시문2)-(ii)

ㄷ. (○) Y토지를 먼저 경매하여 배당하는 경우 1순위 공동저당권자인 甲은 Y토지의 경매대가가 전부로 본인의 채권 1억 2천만 원 중에 6천만 원에 대해 배당받을 수 있다. 이 경우 Y토지의 차순위저당권자인 丁이 전혀 배당받지 못했으므로 동시배당하였다면 丁이 받을 수 있었던 금액 2천만 원(경매대가 6천만 원에서 동시배당하였다면 甲이 배당받았을 4천만 원을 뺀 금액)을 X토지의 차순위저당권자인 丙보다 우선하여 배당받을 수 있다. → 제시문2)-(ii)

15 ···································· p.40

정답 ①

Point up

긍정적(혹은 부정적) 상관관계의 정의(제1문단)와 대칭적 성질(제2문단), 마지막으로 인과관계와 상관관계의 상관성(제3문단)을 파악하여 <보기>의 정오를 판정한다.

ㄱ. (○) 흡연이 비만과 부정적으로 상관되어 있다면 비만인 사람 중 흡연자의 비율(흡연/비만)이 비만이 아닌 사람 중 흡연자의 비율(흡연/~비만)보다 작다.

ㄴ. (×) 흡연과 비만 사이에 긍정적 상관관계가 있다면 흡연자 중에 비만인 사람의 비율(비만/흡연)이 비흡연자 중에 비만인 사람의 비율(비만/~흡연)보다 많다. 따라서 비만인 사람 중 흡연자의 수가 비흡연자의 수보다 적다.

Power up

긍정적 상관관계의 대소관계에서 양변의 역수를 취하면 결론의 내용을 얻을 수 있다.

ㄷ. (×) 흡연이 고혈압의 원인이고 고혈압이 심장 발작과 긍정적 상관관계를 갖는 경우 고혈압이 심장 발작과 긍정적 상관관계를 갖는다 하더라도 흡연과 고혈압의 인과관계가 둘 사이에 (긍정적)상관관계를 보장하는 것은 아니므로 흡연과 심장 발작이 긍정적 상관관계를 갖는다고 단정할 수 없다.

16 ···································· p.41

정답 ②

Point up

Z국의 인구수가 최대가 되는 지점을 출생률에서 사망률을 뺀 값이 최대가 되는 지점으로 오인하지 않는 것이 중요하다.

ㄱ. (×) Z국의 인구는 출생률과 사망률이 처음으로 같아지는 A까지는 사망률이 출생률보다 높기 때문에 인구가 감소하고 있지만 그 감소폭이 점점 작아서 감소 둔화가 이루어지다 A에 이르러 비로소 증감률이 '0'이 된다. 이후 B까지는 인구 증가가 가속화되고(B에서 인구 증가폭이 최대) C까지도 인구 증가가 둔화되기는 하지만 여전히 계속 증가하다 C에 이르러 또다시 증감률이 '0'이 된다. C 이후부터는 인구 감소가 시작되어 점차 그 감소폭이 커질 것으로 예측할 수 있는 상황이다. 따라서 Z국의 인구는 C에서 최대가 된다.

ㄴ. (○) ㄱ에서 설명한 바와 같이 B를 지나면서부터 증가폭은 다소 둔화되지만 A와 C 사이 구간에서는 인구가 꾸준히 증가한다.

ㄷ. (×) A와 C 사이에는 인구가 증가하는 구간이므로 Z국 전체의 실질 소득은 증가(∵1인당 실질 소득이 꾸준히 증가)하지만 A 이전이나 C 이후에는 1인 실질 소득의 증가율에 따라 전체 소득이 증가할 수도 감소할 수도 있으므로 Z국 전체의 실질 소득이 꾸준히 증가했다고 단정할 수 없다.

17 ···································· p.41

정답 ②

Point up

대화형 추론으로 선생님의 생신의 월과 일자를 특정할 수 있도록 하는 추가 조건을 찾는다. 대화 순서대로 판단하여 가능한 월과 일자를 우선 추려내는 것이 포인트이다.

甲 : 혹시 담임 선생님 생신이 몇 월 며칠인지 기억나?
乙 : 응, 기억하지. 근데 그건 왜?
甲 : 내가 그날(월일)로 네 자리 일련번호를 설정했는데, 맨 앞자리가 0이 아니었다는 것 말고는 도저히 기억이 나질 않아서 말이야. → 10월, 11월, 12월이 가능
乙 : 그럼 내가 몇 가지 힌트를 줄게. 맞혀볼래?
甲 : 좋아.
乙 : 선생님 생신은 31일까지 있는 달에 있어.→ 10월, 12월만이 가능
甲 : 고마워. 그다음 힌트는 뭐야?
乙 : 선생님 생신의 일은 8의 배수야. → 8일, 16일, 24일 중에서 가능
甲 : 그래도 기억이 나질 않네. 힌트 하나만 더 줄 수 있어?
乙 : 알았어. ┌──── ㉠ ────┐
甲 : 아! 이제 알았다. 고마워.

① (×) 선생님 생신 일은 8일로 특정할 수 있지만 월을 특정할 수 없으므로 옳지 않다.

Power up 선생님 생신은 10월 8일, 12월 8일 2가지가 가능하다.

② (○) 10월의 배수가 되는 일은 없으므로 12월의 배수가 되는 24일만이 가능하므로 선생님의 생신은 12월 24일이다.

③ (×) 10월과 12월 각각 16일과 24일이 모두 가능하므로 옳지 않다.

④ (×) 선생님의 생신의 네 자리 수가 모두 다른 경우는 10월 24일과 12월 08일로 2가지가 가능하므로 옳지 않다.

⑤ (×) 선생님의 생신의 네 자리 수를 모두 더해 9가 되는 경우는 10월 08일과 12월 24일로 2가지가 가능하므로 옳지 않다.

---

18 ·· p.42

정답 ②

Point up

우선 ⅰ) 모순되는 진술을 찾고 ⅱ) 비교할 수 있는 내용이 언급된 진술을 (참 또는 거짓)으로 가정하여 모순이 생기는지 여부를 통해 진실인 2명의 진술을 찾는 것이 필요하다. 이후 진실로 확정된 진술을 통해 甲이 조립한 상자의 개수를 판단한다.

1) 2명의 진실 진술 찾기

甲: 나는 乙보다 1분당 3개 더 조립했는데, 乙과 조립한 상자 개수는 같아. 丙보다 10분 적게 일했어.

乙: 나는 甲보다 40분 오래 일했어. ⅰ) 丙보다 10개 적게 조립했고 1분당 2개 적게 조립했어.

丙: 나는 甲보다 1분당 1개 더 조립했어. 조립한 시간은 乙과 같은데 ⅰ) 乙보다 10개 적게 조립했어.

乙과 丙의 진술 ⅰ)이 모순되는 관계이므로 거짓만을 말한 사람은 그들 중에 1명이고 甲의 진술은 참으로 확정할 수 있다. 만약 ⅱ) 丙의 진술을 참이라고 가정했을 때 丙은 乙보다 1분당 4개 더 조립(甲의 진술 반영)했고 조립한 시간도 동일한데 오히려 乙보다 10개 적게 조립한 결과가 생기므로 모순이 생긴다. 따라서 丙의 진술이 거짓이고 甲과 乙의 진술이 진실이다.

Power up

참/거짓 유형의 문제는 '모순 진술 찾기 → (진술 or 상황) 가정하여 모순 여부 확인'의 <2단의 논리>를 적용하도록 한다.

2) 甲이 조립한 상자의 개수 구하기

丙이 1분당 조립한 상자의 개수를 x라 하고 丙이 조립한 시간을 y분이라 하면,

甲: 나는 乙보다 1분당 3개 더 조립했는데, 乙과 조립한 상자 개수는 같아. → $x+1$
丙보다 10분 적게 일했어. → $y-10$

乙: 나는 甲보다 40분 오래 일했어. → $y+30$
丙보다 10개 적게 조립했고 1분당 2개 적게 조립했어.
→ $x-2$

① 甲이 조립한 상자의 개수(=丙보다 10개 적음):
$(x+1)(y-10)=xy-10$

② 乙이 조립한 상자의 개수(=丙보다 10개 적음):
$(x-2)(y+30)=xy-10$

두 식을 연립하여 풀면 $x=5$, $y=50$이다. 따라서 甲이 조립한 상자의 개수는 **240개**이다.

Speed up

본 해설에서는 甲과 乙의 진술을 참인 것으로 확정한 후 그들의 진술 내용 중 丙과의 비교 부분을 토대로 丙의 일정한 항목을 미지수로 잡아 방정식으로 풀이하였으나 실전에서는 丙과의 비교 부분을 제외하고 순수히 甲과 乙의 상대적 관계를 나타낸 표현(甲이 乙보다 1분당 3개 더 작업 + 乙은 甲보다 40분 더 오래 작업)에 한정하여 수를 짐작해본다. 즉, 1분당 조립한 상자 개수와 조립한 시간이 서로에게 비율이 같은 배수와 약수의 관계라면 다시 말해 甲의 1분당 조립한 상자의 개수가 乙의 개수의 배수가 되고, 甲의 조립한 시간은 乙의 시간의 약수가 되는 상황을 가정해보는 것이다. 선택지의 수를 감안할 때 3을 더해 2배가 되는 수는 3과 6, 40을 더해 2배가 되는 수는 40과 80이므로 이 수들을 크로스 곱하여 조립한 총 상자의 개수가 甲과 乙이 240개로 같게 되고 1분당 개수와 시간의 관계도 만족하는 것으로 보아 정답에 아주 가깝지 않을까 합리적인 의심을 해봐도 무방하다.(물론 丙의 개수를 검산하여 조건에 부합한다면 합리적인 의심은 확신으로 바뀔 수 있다.)

이러한 합리적인 직관이나 추측이 항상 통하지는 않을 수 있고 오답이 되어 배신을 당할 수도 있지만 시간 안배를 전략적으로 운용해야 하는 본 시험의 특성상 절대적으로 필요한 부분이라고 본다.

---

19 ·· p.42

정답 ②

Point up

대화형 추론으로 주무관 3명의 식당 방문 일정을 특정할 수 있는 조건을 파악하는 것이 핵심이다. 대화 순서대로 확정되는 조건을 파악한 후 추가 조건을 고려하여 판단하되 甲은 乙보다 나중에 방문했어야 하는 조건 외에는 요일 및 시간대(점심 혹은 저녁)의 제한 조건이 없으므로 甲의 일정을 제한할 수 있는 내용의 丙의 진술에 주목한다.

─〈대화〉─
甲: 나는 이번 주 乙의 방문후기를 보고 예약했어. 음식이 정말 훌륭하더라! → 乙 < 甲

乙: 그렇지? 나도 나중에 들었는데 丙은 점심 할인도 받았대.
→ 丙(점심)

나도 다음에는 점심에 가야겠어.
→ 乙(저녁) < 甲

丙: 월요일은 개업일이라 사람이 많을 것 같아서 피했어.
→ 丙: 월요일×

┌─────────⊙─────────┐
└───────────────────┘

丁: 너희 모두의 말을 다 들어보니, 각자 식당에 언제 갔는지를 정확하게 알겠다!

---

① (×) 乙이 월요일 저녁이라면 丙은 화요일 점심에 또는 乙이 화요일 저녁이라면 丙은 수요일 점심에 다녀왔을 수 있고 각각의 경우에 甲의 방문 일정도 특정할 수 없으므로 옳지 않다.

Power up

	丙	
乙	甲	

,

	丙	甲
乙		

,

	丙	
乙		甲

,

		丙
乙	甲	

으로 4가지 방문 일정이 가능하다.

② (○) 甲이 점심에 갔고 丙보다 먼저 방문한 사실을 고려하면 乙(저녁)<甲(점심)<丙(점심) 순으로 정해지므로 옳은 내용이다.

Power up

	甲	丙
乙		

으로 3명의 주무관의 A식당 방문 일정이 특정된다.

③ (×) ①의 경우와 마찬가지이다.

④ (×) 화요일에 丙(점심)과 乙(저녁)이 모두 다녀왔거나 화요일은 乙(저녁), 수요일에는 丙(점심)이 다녀왔을 수도 있으므로 옳지 않다.

Power up

	丙	甲
乙		

,

	丙	
	乙	甲

,

		丙
	乙	甲

으로 3가지 방문 일정이 가능하다.

⑤ (×) 월요일에 乙(저녁)이 다녀왔고 수요일에 丙(점심)이 방문했다고 하면 甲은 화요일 점심이나 저녁에 모두 방문했을 수 있으므로 옳지 않다.

Power up

	甲	丙
乙		

,

		丙
乙	甲	

으로 2가지 방문 일정이 가능하다.

20 .... p.43

정답 ④

Point up

지원자들의 진술 간에 일치하거나 모순되는 내용을 포착하여 거짓인 1명의 진술을 빠르게 파악하는 것이 중요하다. 연언(∧)과 선언(∨)에 따른 진위판정에 주의한다.

우선, 1) 지원자 4의 진술과 지원자 5의 전단부 진술이 일치하므로 지원자 4의 진술은 진실이다.(∵지원자 4의 진술이 거짓이라면 지원자 5의 후단부 진술의 진위와는 상관없이 지원자 4의 진술이 거짓이므로 1명의 진술만이 거짓이라는 상황을 충족하지 못함)

2) 지원자 4의 진술이 진실이므로 지원자 2의 진술내용 중에 '지원자 3이 D부서에 선발되었다.'는 사실은 거짓이 되어 지원자2의 진술은 지원자 3이 A부서에 선발되었는지에 따라 진위 여부가 결정된다.

따라서, 지원자 1의 진술과 지원자 2의 진술이 모순이 되어 거짓 진술을 한 지원자는 이들 중에 존재한다. 그러므로 나머지 지원자 3, 4, 5의 진술은 진실임을 확정할 수 있다.

(i) 지원자 1이 거짓인 경우 각 부서에서 선발한 지원자는 다음과 같다.

A	B	C	D
3	4	2	5

(ii) 지원자 2가 거짓인 경우 각 부서에서 선발한 지원자는 다음과 같다.

A	B	C	D
2	4	3	5

① (×) 지원자 1은 선발되지 않았다.

② (×) 지원자 2는 (ii)의 경우에는 A부서에 선발되겠지만, (i)의 경우에는 C부서에 선발되므로 옳지 않다.

③ (×) 지원자 3은 어떠한 경우에도 D부서에 선발될 수 없으므로 옳지 않다.

④ (○) 지원자 4는 어떠한 경우에도 B부서에 선발되므로 옳은 내용이다.

⑤ (×) 지원자 5는 어떠한 경우에도 D부서에 선발되므로 C부서에 선발될 수 없으므로 옳지 않다.

21 .... p.43

정답 ④

Point up

정부의 저출산 문제 해소를 위한 제도에 대해 각 문단별(제2문단: 모성보호시간, 제3문단: 육아시간과 배우자 출산휴가, 제4문단: 자녀돌봄휴가)로 제도의 정비 전과 후의 내용을 비교 설명하고 있는 점에 주목할 것. 이때, 같은 제도에 관한 선택지(육아시간 관련: ①번과 ⑤, 자녀돌봄휴가: ②번과 ④번)를 세트로 판단하는 것이 유리함

① (○) 제3문단 첫 번째 문장을 보면 적용대상은 (생후 1년 미만의 영아를 자녀로 둔 공무원 → 만 5세 이하의 자녀를 둔 공무원)으로 확대되었고 적용시간은 (1주일에 2일에 한해 1일에 1시간씩 → 1주일에 2일에 한해 1일에 2시간 범위)로 확대되었다.

② (○) 제4문단에서 '자녀가 3명 이상일 경우 1일을 가산할 수 있도록 하였다.'를 통해 연간 최대 2일이었던 '자녀돌봄휴가'는 1일 가산으로 3일이 된다.

③ (○) 제2문단에서 '모성보호시간'을 임신 기간 전체로 확대하였으므로 임신 5개월인 여성 공무원도 산부인과 진료를 위한 '모성보호시간'을 사용할 수 있다.

④ (×) 제4문단을 보면 변경 전 제도에서는 '어린이집, 유치원, 초·중·고등학교에서 공식적으로 주최하는 행사와 공식적인 상담에만' 허용되었고 변경 후에야 '병원진료·검진·예방접종 등'에도 사용할 수 있도록 하였으므로 변경 전 제도에서는 자녀의 병원진료를 위해 '자녀돌봄휴가'를 사용할 수 없다.

⑤ (○) 제3문단 첫 번째 문장을 보면 변경 후의 육아시간은 '1주일에 2일에 한해 1일에 2시간 범위 내에서' 사용할 수 있으므로 1주일에 총 4시간을 단축할 수 있다.

22 ··· p.44

정답 ①

Point up

제시문 각 문단의 핵심 키워드를 중심(제2문단 : 소송절차의 중단-소송대리인의 선임 여부, 제3문단 : 소송절차의 중지-당연중지와 재판중지의 구분)으로 판정

ㄱ. (×) 제2문단에서 '사망한 당사자에게 이미 변호사가 소송대리인으로 선임되어 있을 때는 변호사가 소송을 대리하는 데 지장이 없으므로 절차는 중단되지 않는다.'고 하였으므로 소송대리인 丙을 선임한 원고 甲이 사망하여도 소송절차는 중단되지 않는다.

ㄴ. (×) 제2문단에서 '소송대리인인 변호사의 사망은 당사자가 절차를 진행할 수 있기 때문에 중단사유가 아니다.'라고 하였으므로 甲의 소송대리인인 변호사 丙이 사망하여도 소송절차는 중단되지 않는다.

ㄷ. (×) 제3문단에서 '당연중지는 천재지변이나 그 밖의 사고로 법원이 직무수행을 할 수 없게 된 경우에 법원의 재판 없이 당연히 절차진행이 정지되는 것을 말하고, 이 경우 법원의 직무수행불능 상태가 소멸함과 동시에 중지도 해소되고 절차는 진행된다.'라고 하였으므로 A법원 건물이 전소되어 직무수행이 불가능한 상태는 소송 절차의 중단이 아닌 당연중지에 해당하고 직무수행불능 상태가 소멸함과 동시에 중지가 해소되고 절차는 진행되므로 A법원의 속행명령으로 절차가 진행되는 것이 아니다.

ㄹ. (○) 제3문단에서 '재판중지는 법원이 직무수행을 할 수는 있지만 당사자가 법원에 출석하여 소송을 진행할 수 없는 장애사유가 발생한 경우를 의미하고, 재판중지의 경우 법원의 취소재판에 의하여 중지가 해소되고 절차는 진행된다.'는 사실을 확인할 수 있다. 따라서 乙이 지진으로 교통이 두절되어 A법원에 출석할 수 없는 경우는 재판중지 사유에 해당하여 절차진행이 중지되고 이때는 취소재판에 의해 중지가 해소되고 절차가 진행되어야 하므로 옳은 내용이다.

23 ··· p.45

정답 ②

① (×) 나.목록 작성의 내용을 보면 사서가 폐기심의대상 목록을 작성하는 것은 맞지만 다.폐기심의위원회 운영 세 번째 문장에서 '폐기심의위원회는 폐기 여부만을 판정하며 폐기 방법의 결정은 사서에게 위임한다.'라고 하였으므로 자료의 폐기 방법도 사서가 결정한다.

② (○) 다.폐기심의위원회 운영 첫 번째 문장에서 '회의는 연 2회 정기적으로 개최한다'고 하였고, 네 번째 문장에서 '폐기 대상 판정 시 위원들 사이에 이견(異見)이 있는 자료는 당해 연도의 폐기 대상에서 제외하고 다음 연도의 회의에서 재결정한다.'라고 되어 있으므로 이견이 있었던 회의가 당해연도 1차 회의였다면 바로 다음 회의는 그 해 2차 회의이므로 재결정하지 않고 논의되지 않게 되기 때문에 옳은 설명이다.

③ (×) 다.폐기심의위원회 운영 두 번째 문장 뒷부분에 '위원들은 실물과 목록을 대조하여 확인하여야 한다.'라고 되어 있으므로, 자료의 실물을 확인하지 않고 폐기 여부를 판정할 수 없다.

④ (×) 마.기록 보존 및 목록 최신화의 내용을 보면, '연도별로 폐기한 자료의 목록과 폐기 경위에 관한 기록을 보존하되, 폐기(매각과 소각 포함(라.(3))한 자료에 대한 내용을 도서관의 현행자료 목록에서 삭제하여 목록을 최신화한다.'고 되어 있으므로 폐기 자료의 목록 삭제는 타당하나, 폐기 경위에 관한 기록은 제거해서는 안되고 보존하여야 한다.

⑤ (×) 가.자료 선정의 내용을 보면 도서관 직원은 누구든지 이용하기 곤란하다고 생각되는 자료는 즉시 회수하여 사무실로 옮겨야 하고, 나.목록 작성에서는 사무실에 회수된 자료는 사서들이 일차적으로 갱신하거나 폐기심의대상 목록을 작성하도록 규정하고 있으므로 사서가 아닌 도서관 직원은 목록 작성의 주체가 될 수 없다.

24 ··· p.45

정답 ④

① (×) 제3문단 세 번째 문장에서 '진술보조인에 의한 중개 또는 설명의 정확성을 확인하기 위해 진술보조인에게 질문할 수 있는데 그 질문은 법원만이 한다.'고 하였으므로 甲은 재판에서 직접 丙에게 질문할 수 없다.

② (×) 제3문단 두 번째 문장에서 '당사자 본인은 진술보조인의 중개 또는 설명을 즉시 취소할 수 있다.'고 하였으므로 변론기일에 丙이 한 설명에 대해 乙은 즉시 그 설명을 취소할 수 있다.

③ (×) 제2문단 마지막 문장을 보면 '법원은 이(진술보조인에 대한 허가신청)를 허가한 이후에도 언제든지 그 허가를 취소할 수 있다.'라고 되어 있으므로 1심 법원은 丙을 진술보조인으로 한 허가를 취소할 수 있다.

④ (○) 제3문단 마지막 문장에서 '진술보조인은 당사자를 대신해서 출석하여 진술할 수 없고, 상소의 제기와 같이 당사자만이 할 수 있는 행위도 할 수 없다.'고 하였으므로 1심 법원이 乙에게 패소판결을 선고한 경우 이 판결에 대해 丙은 상소를 제기할 수 없다.

⑤ (×) 제2문단 두 번째 문장에서 '이 제도를 이용하려는 당사자는 1심, 2심, 3심의 각 법원마다 서면으로 진술보조인에 대한 허가신청을 해야 한다.'고 하였으므로 2심이 진행되는 경우, 丙의 진술보조인 자격을 유지하기 위해서는 별도로 2심 법원에 진술보조인에 대한 허가신청을 해야 한다.

25 .... p.46
정답 ①

ㄱ. (○) 제1문단 두 번째 문장에서 '주민투표법에서는 주민투표를 실시할 수 있는 권한을 지방자치단체장에게만 부여하고 있다.'라고 하였으므로 주민투표를 실시할 수 있는 권한은 지방자치단체장만이 가지고 있다.

ㄴ. (×) 제2문단 네 번째 문장을 보면 '청구에 필요한 주민의 수는 지방자치단체의 조례로 정하되 인구가 50만 명 이상인 대도시에서는 19세 이상 주민 총수의 100분의 1 이상 70분의 1 이하의 범위 내에서,~'라고 되어 있으므로, 인구 70만 명인 甲시에서 주민발의 청구를 위해서는 19세 이상 주민 총수의 50분의 1 이상 20분의 1 이하가 아닌 100분의 1 이상 70분의 1 이하의 범위에서 서명을 받아야 한다.

ㄷ. (○) 제2문단 두 번째 문장에서 '주민발의는 지방자치단체장에게 청구하도록 되어 있는데, 지방자치단체장은 청구를 수리한 날로부터 60일 이내에 조례의 제정 또는 개폐안을 작성하여 지방의회에 부의하여야 한다.'라고 하였으므로 주민은 조례의 제정 및 개폐에 관한 사항을 지방의회에 대해 직접 청구할 수 없다.

ㄹ. (×) 제3문단 마지막 문장을 보면 '~(주민소환의 경우)기초자치단체장 대해서는 100분의 15 이상,~'을 요건으로 하고 있으므로 기초자치단체인 乙시의 丙시장에 대한 주민소환 실시의 청구를 위해서는 선거권이 있는 19세 이상 주민의 100분의 20 이상이 아닌 100분의 15 이상의 서명을 받아야 한다.

26 .... p.46
정답 ②

① (×) 제1문단 마지막 문장을 보면 '감사원장'은 「국가공무원법」상 정무직 공무원에 해당하고 제3문단에서 두 번째 문장에서 '「국가공무원법」상 정무직 공무원은 국가공무원의 총정원에 포함되지 않는다.'고 하였으므로 옳지 않다.

② (○) 제2문단 ③내용을 보면 「지방공무원법」상 정무직 공무원을 법령 또는 조례에서 정무직으로 지정하는 공무원으로 규정하고 있으므로 조례로 정무직 공무원을 지정하는 것이 가능하다.

③ (×) 「제1문단을 보면 「국가공무원법」상 정무직 공무원을 임명하는 경우를 3가지(①, ②, ③)로 언급하고 있고, ②의 경우를 제외한 ①, ③의 경우에는 국회의 동의가 필요한 것은 아니다.

④ (×) 제1문단 마지막 문장을 보면 '대통령비서실 수석비서관'은 「국가공무원법」상 정무직 공무원에 해당하고 제3문단 첫 번째 문장에서 정무직 공무원은 재산등록의무와 함께 병역사항 신고의무도 명시하고 있다.

⑤ (×) 제4문단에서 정부부처의 차관급 이상 공무원은 행정기관 소속 정무직 공무원에 해당하지만 좁은 의미의 공무원을 지칭하는 정부관료집단에는 포함되지 않는 것이 보통이라 일원으로 보기 어렵고, 해당 공무원은 정책개발뿐만 아니라 정책집행의 법적 책임도 지게 되어 있으므로 옳지 않다.

27 .... p.47
정답 ⑤

Point up

제시문에 주어진 <가뭄 예·경보 발령 기준>에서 '농업용수'와 '생활 및 공업용수'로 나누고 '주의→심함→매우심함'의 순으로 정보를 분리·구분하여 자료를 활용하는 것이 중요함. 또한, 선택지에 날짜 등 일시가 구체적으로 포함되어 있는 경우에는 '가뭄 예·경보의 발령 시기'에 따라 확인하는 것이 필요하고, 표 하단에 언급되어 있는 단서 기준에 유의해서 각 선택지의 정오를 판단할 것

① (×) 영농기에 저수지 저수율이 평년의 50%라면 농업용수 가뭄 예·경보 기준의 심함에 해당한다. → '매우심함'에 해당함

Power up

영농기에 저수지 저수율이 평년의 50%에 해당하는 수치는 농업용수에 대해서 '주의', 심함', '매우심함'의 3단계 발령에 모두 포함되지만, <가뭄 예·경보 발령 기준> 하단에 있는 단서 내용에서 상황이 여러 기준에 모두 해당되는 경우에는 더 심각한 단계에 해당되는 것으로 판단한다는 기준에 따라 '매우심함' 단계로 보아야 한다.

② (×) 영농기에 밭 토양 유효수분율이 70%일 경우 농업용수 가뭄 예·경보를 그 달 10일에 발령한다.→ 농업용수와 관련 밭 토양 유효수분율의 가장 약한 단계인 '주의'의 기준치가 60% 이하이므로 밭 토양 유효수분율이 70%인 경우에는 어느 단계에도 해당하지 않는다.

③ (×) 하천유지유량을 감량 공급하는 상황에서 현재 하천 및 댐 등에서 농업용수 공급이 부족한 경우, 농업용수 가뭄 예·경보 기준의 심함에 해당한다. → 농업용수 가뭄이 아닌 생활 및 공업용수 가뭄 기준에 해당한다.

④ (×) <u>12월 23일 금요일</u>에 저수지 저수율이 평년의 60 % 이하이거나 밭 토양 유효수분율이 40 % 이하이면 농업용수 가뭄 예·경보가 발령될 것이다. → 농업용수와 관련된 가뭄 예·경보 발령을 위한 기간은 영농기(4월~9월)에만 적용가능하므로 12월 23일은 이에 해당하지 않아 발령 기준을 충족한다 해도 어떠한 단계의 발령도 되지 않는다.

⑤ (○) <u>5월 19일 목요일</u>에 생활 및 공업용수 가뭄 예·경보가 <u>발령</u>되었다면, 현재 하천 및 댐 → 가뭄 예·경보 발령시기와 관련된 조건에서 10일도 아니고, 금요일도 아니므로 '매우심함' 단계의 발령이 되었음을 추론할 수 있고, 아래 내용은 발령 기준에 적합하므로 옳은 내용이다.

28 .... p.48

정답 ①

☑ 각 질문에 대한 철수의 답변 결과

	〈질문1〉	〈질문2〉	〈질문3〉	〈질문4〉
A	4	○ (1.8kg)	○	×
B	5	× (0.85kg)	○	×
C	5	○ (1.1kg)	×	×
D	3	× (0.5kg)	○	×
E	4	× (0.75kg)	×	○

① 〈질문1〉을 포함하여 〈질문2〉 또는 〈질문3〉을 추가하여 질문한 甲과 乙의 경우

ⅰ) 〈질문1〉의 답변이 3개인 경우는 비구니 D로 확정되고,

ⅱ) 〈질문1〉의 답변이 4개인 경우에는 바구니 A와 E 중에서 〈질문2〉 또는 〈질문3〉의 답변 결과가 다르므로 바구니를 특정할 수 있고,

Power up

1kg 이상이면 바구니 A, 1kg 미만이면 바구니 E로 결정되고 마찬가지로 같은 색깔의 과일이 포함되어 있으면 바구니 A, 포함되어 있지 않으면 바구니 E로 결정됨

ⅲ) 〈질문1〉의 답변이 5개인 경우에는 바구니 B와 C 중에서 마찬가지로 〈질문2〉 또는 〈질문3〉의 답변 결과가 다르므로 바구니를 특정할 수 있으므로 甲과 乙의 경우에는 철수가 구매한 과일 바구니를 확실히 맞힐 수 있다.

② 〈질문4〉를 포함하여 〈질문1〉 또는 〈질문2〉를 추가하여 질문한 丙과 丁의 경우

ⅰ) 〈질문4〉의 답변이 '그렇다'인 경우에는 바구니 E로 확정되나,

ⅱ) 〈질문4〉의 답변이 '아니다'인 경우에는 바구니 A~D 중에서 추가 질문으로 가려내야 하는 상황인데, 〈질문1〉의 답변이 5개인 경우에는 바구니 B와 C가 해당하여 바구니를 특정할 수 없고, **Power up** 3개이면 바구니 D, 4개이면 바구니 A로 결정됨

〈질문2〉의 답변이 1kg 이상인 경우에는 바구니 A와 C로, 1kg 미만인 경우에는 바구니 B와 D로 남게 되어 바구니를 특정할 수 없다. 따라서, 丙과 丁의 경우에는 철수가 구매한 과일 바구니를 확실히 맞힐 수 없다.

Speed up

시험장에서 〈질문1〉~〈질문4〉 중에 그 질문의 답변으로 대상을 가장 많이 추려내지 못하는 〈질문4〉를 포함하는 경우에는 추가 질문이 하나밖에 없는 상황에서 바구니를 특정하기 곤란하지 않을까? 라는 느낌이 든다면 그것으로 충분함.

29 .... p.48

정답 ④

① (×) 제3문단을 보면 상소는 패소한 당사자가 제기할 수 있<u>으므로</u> 승소한 乙은 상소할 수 없다.

② (×) 제3문단을 보면 상소는 판결문을 송달받은 날부터 2주 이내에 제기해야 하므로 2016년 11월 10일에 판결문을 송달 받은 甲은 2016년 11월 24일까지 상소하지 않으면, 같은 날 판결은 확정된다.

③ (×) 제3문단을 보면 상소를 취하하면 상소기간 만료 시에 판결은 확정되므로 판결이 확정되는 때는 甲이 상소를 취하한 2016년 12월 1일이 아닌 상소기간 만료 시인 2016년 11월 24일이다.

④ (○) 제2문단을 보면 하급심 판결이라도 선고 전에 당사자들이 상소하지 않기로 합의하고 이 합의서를 법원에 제출할 경우, 판결은 선고 시에 확정된다.

⑤ (×) 제4문단을 보면 패소한 당사자가 법원에 상소포기서를 제출하면, 제출 시에 판결은 확정되므로 甲이 상소포기서를 제출한 2016년 11월 21일에 판결은 확정이 된다.

CHAPTER 01 추리분석 - 게임 · 퍼즐 · 퀴즈형

2.1 게임 · 퍼즐 · 퀴즈

01 ·· p.52

정답 ②

Point up

제시문에 주어진 자물쇠 비밀번호의 힌트를 통해 비밀번호의 둘째 자리 숫자와 넷째 자리의 숫자의 합을 빠르게 확정하도록 한다. 특히, 자물쇠 비밀번호를 전부 확정할 필요 없이 문제에서 요구하는 자리의 숫자만을 빠르게 추론하는 것이 효과적이다.

제시문의 각 힌트를 위에서부터 순서대로 <힌트1>에서 <힌트6>으로 설명하기로 한다.

ⅰ) <힌트1>에서 <힌트3>까지는 제한 조건으로 빠르게 숙지하는 것이 좋다.
→ 모두 다른 숫자, 현재 숫자 사용×, 홀수자리→짝수(짝수자리→홀수)

ⅱ) ⅰ)의 힌트로부터 둘째 자리부터 넷째 자리까지는 홀수가 쓰였음을 확인할 수 있고 현재 표시되어 있는 '3'과 <힌트4>를 통해 사용이 불가능한 '9'를 제외하면 비밀번호로 구성이 가능한 홀수는 7, 5, 1뿐임을 확정할 수 있다.

ⅲ) <힌트5>와 <힌트6>을 통해 둘째 자리와 넷째 자리에는 각각 '7'과 '1'이 쓰였음을 확정할 수 있다.

따라서 비밀번호의 둘째 자리 숫자와 넷째 자리의 숫자의 합은 8이다.

02 ·· p.52

정답 ③

Point up

제시문에 주어진 조건을 통해 학생 1명이 10분마다 발생시키는 미세먼지의 양(+5)과 공기청정기가 10분마다 제거시키는 미세먼지의 양(−15)을 조합하여 학생이 1명씩 추가되는 경우에 10분마다 미세먼지의 양이 어떻게 변화하는지 그 변화량(1명: −10, 2명: −5, 3명: 0, 4명: +5, …)을 추론하여 확정하는 것이 중요하다.

상황

15시 50분 현재, A학교의 교실에는 아무도 없었고 켜져 있는 공기청정기가 나타내는 교실 내 미세먼지 양은 90이었다. 16시 정각에 학생 두 명이 교실에 들어와 공부를 시작하였고,
→ 10분 경과되어 16시 정각에 미세먼지 양은 75
40분 후 학생 세 명이 더 들어와
→ 2명을 기준으로 미세먼지 양은 10분당 −5가 되므로 16시 40분에 미세먼지 양은 75−20=55
공부를 시작하였다. 학생들은 모두 18시 정각에 교실에서 나왔다.
→ 5명을 기준으로 미세먼지 양은 10분당 +10가 되므로 18시 정각에 미세먼지 양은 55+80=135

18시 이후에는 공기청정기만 작동하게 되므로 미세먼지 양이 10분마다 15만큼 감소하게 되므로 미세먼지 양이 30이 되는데까지 걸리는 시간은 총 70분이 소요된다. 따라서 공기청정기가 자동으로 꺼지는 시각은 19시 10분이다.

03 ·· p.53

정답 ①

Point up

경우의 수와 확률 계산에 관한 유형으로 확률의 기본 성질들을 사용하면 보다 쉽게 <보기>의 정오를 판정할 수 있지만, 가짓수가 그리 많지 않은 경우에는 직접 나열하면서 카운팅하는 것도 실수를 줄일 수 있는 좋은 방법이 된다. 이때, 중복되거나 빠트리는 경우가 없도록 주의한다.

제시문의 주어진 <사냥게임>의 규칙에 따라 甲과 乙이 선택할 수 있는 경우의 수는

(1) 甲: $\boxed{1}\boxed{2}$, $\boxed{2}\boxed{3}$, $\boxed{3}\boxed{4}$ 총 3가지

(2) 乙: $\boxed{1}$, $\boxed{2}$, $\boxed{3}$, $\boxed{4}$ 총 4가지로 <사냥게임>의 결과로 나올 수 있는 모든 경우의 수는 총 3가지×4가지=12가지이다.

ㄱ. (○) 乙이 $\boxed{1}$을 선택하는 경우, 甲에게 승리하는 경우는 ($\boxed{1}\boxed{2}$, $\boxed{1}$)로 1가지이므로 승리할 확률은 $\frac{1}{12}$이고, 乙이 $\boxed{2}$를 선택하는 경우에는 ($\boxed{1}\boxed{2}$, $\boxed{2}$), ($\boxed{2}\boxed{3}$, $\boxed{2}$)로 2가지이므로 승리할 확률은 $\frac{2}{12}$가 된다. 따라서 乙은 $\boxed{1}$ 보다는 $\boxed{2}$를 선택하는 것이 승리할 확률이 높다.

ㄴ. (×) 甲이 2 3 을 선택하는 경우, 乙에게 승리하는 경우는 (2 3 , 1), (2 3 , 4), 로 2가지이므로 승리할 확률은 $\frac{2}{12}=\frac{1}{6}$ 이고, 甲이 3 4 를 선택하는 경우에는 (3 4 , 1), (3 4 , 2)로 2가지이므로 마찬가지로 승리할 확률은 $\frac{1}{6}$ 이다. 따라서, 화살이 명중할 칸을 乙이 무작위로 정할 경우 甲은 2 3 을 선택하든 3 4 를 선택하든 승리할 확률은 같다.

ㄷ. (×) 甲과 乙이 선택할 수 모든 경우의 수 12가지 중에 乙이 이기는 경우는, (1 2 , 1), (1 2 , 2), (2 3 , 2), (2 3 , 3), (3 4 , 3), (3 4 , 4)로 6가지이므로 甲과 乙이 이기는 경우의 수는 같다.

Power up

ㄷ에서와 같이 乙이 승리할 확률(이기는 경우가 많으면 확률도 높으므로)은 甲이 무작위로 선택할 확률은 1이고, 甲이 선택한 조합이 어떤 것이든 간에 乙이 선택하는 숫자 중에 2개의 숫자는 명중 가능하고, 다른 2개의 숫자는 명중하지 않게 되므로 $1 \times \frac{1}{2} = \frac{1}{2}$ 이 된다.

04 .... p.53

정답 ④

Point up

다음에 풀어야 할 문제를 결정하는 규칙에 따르되 제한조건(25번 문항 초과 시 진행×)과 7회차까지의 진행상황에 주의하여 판정한다. 특히, 해당 조건에 비추어 볼 때 乙의 4회차 풀이 결과가 오답이어야 함을 빠르게 간파하는 것이 중요하다.

〈규칙에 따른 풀이문항과 정오답 개수의 파악〉

(정답: ○, 오답: ×)

구분	1	2	3	4	5	6	7
甲	○	○ 3번 (1×2+1)	× 7번 (3×2+1)			○	×
乙	○	○ 3번 (1×2+1)	○ 7번 (3×2+1)	15번 (7×2+1) ×	8번 ([15÷2]+1) ?	×	○
丙	○	× 3번 (1×2+1)	○ 2번 ([3÷2]+1)			○	×

※ ( ) 안의 [ ]기호는 [ ] 안의 값을 넘지 않는 최대 정수를 뜻하는 가우스 기호임

우선, 세 사람이 맞힌 정답의 개수가 같아야 하므로 4회차와 5회차에서 1) 乙이 모두 오답이고 甲과 丙이 각각 1문제씩 오답인 경우이거나 2) 乙이 둘 중 1문제만 오답이고 甲과 丙이 모두 정답인 경우이어야 한다. 그런데 乙은 4회차에 15번 문제를 풀었는데 만약 정답이었다면 6회차에서 25번 문제를 넘어가게 되므로 7회차까지 문제 풀이가 진행되지 않아 상황에 부합하지 않는다. 따라서 乙의 4회차 풀이 결과는 오답임을 확정할 수 있다.

만약 乙의 5회차 풀이 결과가 오답인 경우라면 6회차에서 5번 문제([8÷2]+1)를 풀게 되고 7회차에서는 3번 문제([5÷2]+1)를 풀게 되므로 2회차 때 푼 문제 번호와 동일한 번호의 문제를 풀게 되어 조건에 부합하지 않는다. 따라서 세 사람의 4회차, 5회차의 풀이 결과는 2)의 경우임을 알 수 있다.

ㄱ. (×) 甲은 4회차에 4번 문제([7÷2]+1)를 풀었고 丙은 5번 문제(2×2+1)를 풀었으므로 옳지 않다.

ㄴ. (○) 앞서 살펴본 바와 같이 4회차에 甲과 丙만이 정답이므로 옳은 내용이다.

ㄷ. (×) 5회차에는 세 명 모두가 정답이므로 옳지 않다.

ㄹ. (○) 乙은 6회차에 17번 문제(2×2+1)를 풀었고 7회차에는 9번 문제([17÷2]+1)를 풀었다.

05 .... p.54

정답 ④

Point up

甲이 마중 나온 乙을 복도 중간에서 만난 후 복귀했을 때 원래 예상했던 시각보다 단축된 2분이 어떠한 시간을 의미하는지 파악하는 것이 중요하다.

우선 乙이 출발한 지 4분 뒤에 甲을 만났으므로 甲이 도착하기로 약속한 시간보다는 최소한 4분을 넘게 일찍 출발한 것으로 예상할 수 있다. 이때 甲이 乙을 만난 후 사무실로 복귀했을 때 원래 예상했던 시각보다 2분 일찍 도착했다는 사실로 미루어 볼 때 그 단축된 2분의 시간은 甲이 乙을 만난 지점에서 乙의 사무실까지 갔다가 다시 그 지점까지 돌아오는데 소요되는 시간이었음을 알 수 있고 편도로 이동하는데 소요되는 시간은 그 절반인 1분이 된다.(속력이 일정하고 같은 거리를 왕복하는 상황이므로 편도로 이동하는데 소요되는 시간은 동일함) 따라서 乙은 甲이 도착하기로 약속한 시간보다 5분 일찍 사무실을 나섰다.

Power up

을이 복도에서 갑을 만난 시각을 '기준시각'이라 하면 을이 출발한 시간은 기준시각 이전의 4분이고, 갑이 예정대로 을의 사무실에 도착했을 시간은 기준시각 이후의 1분이 된다.

www.pmg.co.kr

06 .... p.54

정답 ③

Point up

오늘 해야 하는 일의 총량을 '1'로 가정하고 각 주무관의 작업량을 비율로 따져서 판단한다. 특히, 본인 자신의 작업률을 언급한 丙을 시작으로 판정의 순서를 빠르게 결정하는 것이 포인트이다.

> A부서 주무관 5명(甲 ~ 戊)은 오늘 해야 하는 일의 양이 같다. 오늘 업무 개시 후 현재까지 한 일을 비교해 보면 다음과 같다. → 일의 총량을 '1'로 함.
> (2) 甲은 丙이 아직 하지 못한 일의 절반에 해당하는 양의 일을 했다. (4) 乙은 丁이 남겨 놓고 있는 일의 2배에 해당하는 양의 일을 했다. (1) 丙은 자신이 현재까지 했던 일의 절반에 해당하는 일을 남겨 놓고 있다. (3) 丁은 甲이 남겨 놓고 있는 일과 동일한 양의 일을 했다. (5) 戊는 乙이 남겨 놓은 일의 절반에 해당하는 양의 일을 했다.

(1) 丙은 2/3만큼 일을 했다.
(2) 甲은 1/6만큼 일을 했다.
(3) 丁은 5/6만큼 일을 했다.
(4) 乙은 2/6만큼 일을 했다.
(5) 戊는 2/6만큼 일을 했다.

따라서 작업량이 많은 주무관을 순서대로 나타내면 丁 > 丙 > 乙 = 戊 > 甲이다.

07 .... p.55

정답 ⑤

Point up

퍼스널컬러와 관련하여 천을 대보는 규칙을 파악하고 진단 결과(4명 모두 각기 다른 타입)와 대화 내용을 추론하여 판정한다. 특히, <웜톤>과 <쿨톤>을 어떤 순서로 교대로 대보았는지 결정하는 것이 중요하다.

> 대화 내용
>
> 甲: 나는 가을타입이었어. 마지막 색상 천에서는 형광등이 켜지지 않았어.
>   → 마지막 8번째에는 <웜톤-봄>이거나 <쿨톤>이 가능하다. 그런데 만약 <쿨톤>이었다면 乙과 丙이 모두 <웜톤>이 되어 4명 모두 서로 다른 타입이라는 결과에 부합하지 않으므로 마지막 8번째는 <웜톤-봄>으로 확정할 수 있고 홀수번째에 <쿨톤>의 천을 대보았음을 알 수 있다.
> 乙: 나는 짝수 번째 천에서는 형광등이 켜진 적이 없어.
> 丙: 나는 乙이랑 타입은 다르지만 톤은 같아. 그리고 나한테 형광등이 켜진 색상 천 순서에 해당하는 숫자를 합해보니까 6이야.
>   → 丙타입의 색상 천의 순서는 1번째와 5번째이고 乙타입의 색상 천의 순서는 남은 홀수번째인 3번째와 7번째가 된다.
> 丁: 나는 밝은 색 천을 대보았을 때, 乙보다 먼저 형광등이 켜졌어.
>   → 乙이 밝은 색 천 3번째에 형광등이 켜졌으므로 丁은 2번째에 켜졌고 甲은 형광등이 켜지지 않았던 8번째 어두운 천이 丁의 타입임을 알 수 있다.

ㄱ. (×) 甲과 丁은 각각 <웜톤-가을>, <웜톤-봄>으로 타입을 알 수 있지만 乙과 丙은 같은 <쿨톤>이라는 사실만 확인할 수 있을 뿐 타입은 알 수 없다.
ㄴ. (○) 丙타입의 색상 천은 1번째와 5번째이므로 옳은 내용이다.
ㄷ. (○) 甲이 4번째 6번째, 乙이 2번째 8번째, 丙이 1번째 5번째, 丁이 3번째 7번째에 형광등이 켜졌다.
ㄹ. (○) ㄷ에서 살펴본 바와 같이 형광등이 켜진 색상 천 순서에 해당하는 숫자의 합은 丙을 제외하고는 모두 10으로 같다.

08 .... p.55

정답 ⑤

Point up

제시문에 주어진 카드 게임의 규칙을 이해하고, 마지막에 3인이 진술한 내용을 바탕으로 각자 가지고 있는 카드를 추론하여 <보기>의 정오를 판정하도록 한다.

☑ 게임 시작 후 나누어 가진 카드 분배 상황
- 甲: 겨울 3장+(봄 or 여름 or 가을) 1장
- 乙: 봄 1장+여름 3장 or 봄 2장+여름 2장 or 봄 3장+여름 1장
- 丙: 봄 2장+가을 2장 or 봄 1장+가을 3장 (乙은 가을 카드가 없고, 甲도 없거나 많아야 1장을 갖는 경우가 전부이므로 丙이 가을 1장을 갖는 경우는 불가능)
ㄱ. (×) 위의 정리된 내용대로 3가지 종류의 계절 카드를 받은 사람은 없다.

174 Part 02 추리분석편

ㄴ. (○) 甲이 겨울 카드 외 1장의 카드가 봄 카드라면, 乙은 가을 카드를 안 갖고 있어 가을 카드는 모두 丙이 갖고 있게 된다.

ㄷ. (○) 甲이 겨울 카드 2장을 乙로부터 봄 카드와 여름 카드 각각 1장씩 맞바꾼 경우에 우승했다면, 처음에 가지고 있던 겨울 카드 외 1장은 가을 카드였음을 추론할 수 있고, 남은 가을 카드 2장은 모두 丙이 가지고 있어야 하므로 丙의 나머지 2장의 카드는 봄 카드임을 예측할 수 있다.

09 •• p.56

정답 ④

Point up

제시문에 주어진 9개의 지역을 점령하는 게임의 규칙을 이해 (상대방의 진로를 막는 것이 최선의 선택)하고, <보기>의 상황을 판단하도록 한다. <선택지 소거법>을 통해 ㄷ의 판정 없이 정답을 결정할 수 있는 상황도 활용하는 것이 좋다.

ㄱ. (○) 乙이 2번 연속해서 이기는 경우, 5번 구역과 2번 구역을 순차적으로 점령할 것이고, 그렇게 되면 乙은 최소 6개 구역의 점령을 확보하는 셈이므로 이후 결과에 상관없이 乙이 승리한다.

甲	乙	3
4	乙	6
7	乙	9

ㄴ. (×) ⅰ) 네 번째 가위바위보에서 甲이 이기는 경우에 甲은 6구역을 점령하여 5개 구역을 확보할 것이고, 이후 결과에 상관없이 甲이 승리한다.

甲	甲	3
4	甲	甲
7	乙	乙

ⅰ) 네 번째 가위바위보에서 乙이 이기는 경우에 乙은 6구역을 점령(乙의 최선은 다섯 번째에서 甲이 이겨서 6번 구역을 점령하는 것을 막는 것임)할 것이고, 이후 가위바위보에서 모두 甲이 이긴다면, 여전히 甲이 승리하게 된다.(乙이 승리하기 위해서는 6구역과 7구역을 모두 확보하고 한 번 더 이겨야 승리할 수 있음)

ㄷ. (○) 둘 다 1번의 가위바위보로 승리를 결정할 수는 없고, 甲의 경우 최소한 2번을 이겨 3구역과 7구역을 점령해야 승리할 수 있고, 乙의 경우에도 최소 2번을 이겨서 6구역과 3구역을 확보해야 승리할 수 있으므로 최소 2번 이상의 가위바위보를 해야 한다.

甲	甲	甲
甲	乙	6
甲	乙	9

(甲의 경우)

甲	甲	乙
甲	乙	乙
7	乙	9

(乙의 경우)

10 •• p.56

정답 ⑤

Point up

제시문에 주어진 사물함의 행과 열을 따라 우측과 하단에 쓰인 숫자를 만족하도록 가능한 경우의 수를 따져 보아야 한다. 특히, '200원이 든 사물함이 4개뿐'이라는 제한 조건에 따라 200원이 들어 있는 사물함의 위치를 특정하는 것이 매우 중요하다. 우선, 300원이 들어있는 25번 사물함을 기준으로 5행과 5열의 총액이 모두 500원이므로 각각 200원이 1개씩 들어 있어야 한다. 또한, 2행의 총액은 700원으로 200원이 2개, 2열의 총액은 400원으로 역시 200원 2개가 반드시 필요하므로 <u>200원은 7번, 10번, 22번</u>의 사물함에 각각 들어 있어야 한다.

Power up

총액이 600원이나 900원인 경우에도 200원이 사용될 수 있으나, 반드시 3개가 필요하고 그 금액이 표시된 1행과 3열과 4열을 동시에 만족시킬 수는 없으므로 불가능하다.

행\열	1	2	3	4	5	
1	1	2	3	4	5	900
2	6	200원	8	9	200원	700
3	200원	12	13	14	15	500
4	16	17	18	19	20	300
5	21	200원	23	24	300원	500
	500	400	900	600	500	

한편, 남은 모든 사물함에는 300원이 들어 있거나 혹은 비어 있거나 둘 중 하나의 경우만 가능하므로 대각선으로 색칠된 사물함의 총액으로 가능한 금액은 500원, 800원, 1,100원, <u>1,400원</u>이다. (단, 실제로 1번 사물함에는 300원이 반드시 들어있게 되어 500원은 불가능하다.)

11 •• p.57

정답 ①

Point up

제시문에 주어진 조건 중에 과녁의 표시 점수를 그대로 얻지 못하는 경우(색깔 일치 : +1점, 노란색 화살 → 파란색 칸 : −1점)에 주의하여 <보기>의 정오를 판정하기로 한다. 특히, 4명이 각각 보유한 화살이 모두 2개뿐이므로 최종 점수의 계산은 홀짝성을 고려해서 판단하는 것이 유리하다.

ㄱ. (○) 乙과 丁 어느 누구도 빨간색 화살을 보유하고 있지 않고, 최종 점수의 최댓값은 모두 과녁의 표시 점수가 제일 높은 빨간색 칸(10점)에 명중하는 경우이므로 둘다 20점으로 동일하다.

ㄴ. (×) 빨간색과 노란색 화살(각 1개)을 보유한 甲의 경우 최종 점수가 10점이기 위해서는 빨간색 화살은 파란색 칸(4점)에 노란색 화살은 초록색 칸(6점)에 명중해야만 가능하고, 노란색과 초록색 화살(각 1개)을 보유한 丙의 경우에는 ⅰ) (짝수＋짝수) 노란색 화살이 초록색 칸(6점)에 초록색 화살은 파란색 칸(4점)을 명중하거나 ⅱ) (홀수＋홀수) 노란색 화살이 파란색 칸(4−1＝3점)에 초록색 화살이 초록색 칸(6+1=7점)에 명중해야 한다. 따라서, 옳지 않다.

ㄷ. (○) 乙의 최종 점수의 최솟값은 보유한 초록색 화살 2개가 모두 과녁 표시 점수가 제일 낮은 파란색 칸(4점)에 명중하는 경우로 8점이고, 甲의 경우에는 乙과 동일하게 명중하게 되면 노란색 화살로 인해 1점을 덜 받게 되어 7점이 되고, 그 이외의 경우에는 어떠한 경우에도 8점이 나올 수 없다.(8점 초과) 따라서, 乙의 최종 점수의 최솟값과 甲의 최종 점수는 같을 수가 없다.

ㄹ. (×) 파란색 칸에 모두 명중한 경우에 노란색 화살을 보유한 丙의 경우에는 1점을 덜 받게 되므로 최종 점수가 같을 수는 없다.

Power up

파란색 칸을 모두 명중하여 최종 점수가 같으려면 보유한 노란색 화살의 개수가 같아야 한다.

12 ··· p.57

정답 ③

Point up

우선, 제시문에 주어진 <대회 종료 후 대화>에 등장한 乙과 丙의 대화내용의 의미를 파악하여 둘을 기준으로 5명의 승점을 확인하는 것이 중요하다. 이때, 게임의 규칙에 따라 5명이 치른 ⅰ) 게임의 총 횟수나 ⅱ) 승점의 총합 등을 토대로 5명의 순위에 맞는 승점을 결정하여 비긴 카드 게임의 총 수를 판단하도록 한다. 특히, 5명 각각의 상대전적에 집착하지 않도록 하는 것이 중요하다.

☑ <대화 종료 후 대화>의 의미

┌─ 대회 종료 후 대화 ─┐
乙 : 난 한 게임도 안 진 유일한 사람이야. → 乙을 제외한 나머지 4명은 최소한 1패 이상

戊 : 난 한 게임도 못 이긴 유일한 사람이야. → 戊를 제외한 나머지 4명은 최소한 1승 이상

☑ <게임의 총 횟수 & 승점의 총합>

－5명이 모든 참가 선수들과 일대일로 한 번씩 카드 게임을 하는 것이므로 5명 중에 2명을 선택하는 경우의 수인

$$_5C_2 = \frac{5 \times 4}{2 \times 1} = 10번$$ 을 진행한다.

－1게임 당 2점의 승점이 발생하므로(비기면 각 1점씩, 승패가 결정되면 승자 2점, 패자 0점) 게임을 종료한 후 5명 선수들의 승점의 총합은 20점이다.

☑ 순위에 맞는 승점의 분석

순위\구분	甲	ⅰ) 乙	丙	丁	ⅱ) 戊
승리 횟수	1번 이상	1번 이상	1번 이상	1번 이상	0번 확정
비긴 횟수					
패한 횟수	1번 이상	0번 확정	1번 이상	1번 이상	1번 이상
승점의 총합					

ⅰ) 乙이 승점을 최소로 얻는 경우는 1승 3무로 승점의 총합은 5점이다. 따라서, 甲이 1위가 되기 위해서는 甲은 3승 1패로 승점이 6점이 되어야 한다.

ⅱ) 5위인 戊의 가능한 승점의 총합을 판단하면
  － 1무 3패로 승점의 총합이 1점인 경우에는 3위인 丙과 4위인 丁의 승점을 합하여 8점이 되어야 하는데, 순위에 맞도록 승점을 얻는 것이 불가능하다.
  － 3무 1패로 승점의 총합이 3점인 경우에도 3위인 丙과 4위인 丁의 승점을 합하여 6점이 되어야 하는데, 순위에 맞도록 승점을 얻는 것이 불가능하다.

따라서, 5위인 戊는 2무 2패로 승점의 총합은 2점이 되어야 하고, 3위인 丙은 1승 2무 1패로 승점의 총합이 4점, 4위인 丁은 1승 1무 2패로 승점의 총합이 3점이 된다. 이상을 정리하면 다음과 같다.

Power up

3위인 丙의 경우, 단순하게는 2승 2패의 전적으로도 승점 4점을 만들 수는 있지만, 甲과 乙의 전적(甲이 0회 비기고 乙이 3회 비겼으므로 丙은 최소한 1무 이상이어야 함)에서는 불가능하므로 1승 2무 1패로 확정할 수 있다.

순위\구분	甲	乙	丙	丁	戊
최종 전적	3승 1패	1승 3무	1승 2무 1패	1승 1무 2패	2무 2패
승점의 총합	6	5	4	3	2

그러므로 카드 게임을 종료한 후 비긴 카드 게임의 총 횟수는 4번이다.

13 ··· p.58

정답 ②

Point up

제시문에 주어진 <상황>을 토대로 가장 빠른 1위와 2위의 로봇을 선발하기 위한 최소의 게임 수를 추론하도록 한다. 특히, 어떠한 결과가 나오더라도 항상 경기 결과에 의해서만 순위를 결정할 수 있어야 한다는 점에 주의해야 한다.

우선, 36개의 로봇을 임의로 6개씩 6개의 조로 나누어 총 6번의 경기를 치른다.(예선전) 이후 각 조별로 1위인 로봇 6개가 경기를 치러서 1위를 한 로봇을 최종 1위로 선발한다.(결승전) 마지막으로 최종 1위 로봇이 속해 있는 조의 2위 로봇과 앞서 치른 조별 1위들의 경기에서 2위를 한 로봇이 경기를 치러서 승리한 로봇을 최종 2위 로봇으로 선발하면 된다.(2위 결정전)

Power up

두 번째 <상황>에 따라 모든 레인을 사용할 필요는 없으므로 2개의 로봇이 경기를 치를 수 있다.
따라서, 36개의 로봇 중 가장 빠른 로봇 1위, 2위를 선발하기 위해 필요한 최소 경기 수는 8번이다.

14 ··· p.58

정답 ②

Point up

제시문에 주어진 구슬놀이의 규칙을 파악하여 <보기>의 정오를 판정하도록 한다. 특히, 출제하는 순서가 승패에 영향을 줄 수 있음을 이해하는 것이 중요하다.

ㄱ. (○) 첫 번째 경기에서 5개를 쥐어 이기면 바로 최종 우승자가 되고, 구슬 4개를 쥐어 이기면 두 번째 경기에서 乙은 1개의 구슬을 쥐어 출제할 수밖에 없으므로 甲은 당연히 이길 수 있다. 따라서 어떠한 경우에도 甲이 최종 우승자가 된다.

ㄴ. (×) 甲이 첫 번째 경기를 통해 8개의 구슬을 갖게 되고, 두 번째 경기에서 乙이 2개의 구슬 중에 1개만 쥐어 출제한 경우에는 甲이 이기더라도 乙에게는 구슬이 1개 남게 된다. 이 상황에서 세 번째 출제자가 甲이므로 이후 승패에 따라 甲의 최종 우승은 보장되지 않는다.

ㄷ. (×) 甲 또는 乙 중에 임의의 한 사람이 계속하여 이긴다고 가정해 볼 때, 회차별 보유 구슬의 개수를 판단하면, 6(1회), 7(2회), 8(3회), 9(4회), 10(5회)이 된다. 따라서, 최종 우승자가 되기 위한 최소의 경기 횟수는 5회이다.

ㄹ. (○) ㄷ과 마찬가지로 한 사람만 계속 이긴다고 가정해 볼 때, 7(1회), 9(2회), 10(3회)로 최종 우승자를 결정하기 위한 최소 경기 횟수는 3회이다.

15 ··· p.59

정답 ③

Point up

숫자게임에서 승리하려면 어떤 전략을 구사해야 하는지 파악하는 것이 중요하다. 즉, 승리조건을 바로 간파할 수 있는지 혹은 승리를 위한 거점으로 어떤 숫자를 만들어 내야 하는지를 추리하는 것이 핵심 포인트이다.

ㄱ. (○) 시작 수가 87인 경우 甲이 먼저 88로 바꾸고 나면 乙이 어떤 자릿수를 선택하든 상관없이 甲이 99를 만들 수 있게 되므로 甲이 무조건 승리하게 된다.

ㄴ. (○) 시작 수가 23인 경우 甲이 먼저 33으로 바꾸고 나면 다음 차례에서 乙이 어떤 자릿수의 숫자를 바꾸더라도 甲이 乙이 바꾼 숫자와 같은 숫자로 다른 자릿수의 숫자를 계속 바꿔간다면 먼저 88을 만들 수 있게 된다. 이후에는 ㄱ에서와 같은 이치로 甲이 무조건 승리하게 된다.

Power up 乙이 처음부터 단박에 어떤 자릿수의 숫자를 9로 바꿀 리는 없을 것이기 때문에 甲은 乙이 바꾼 숫자를 계속 같은 숫자로 맞춰가면 된다.

ㄷ. (×) 시작 수가 292인 경우 십의 자릿수를 제외하면 결국 두 자릿수와 같은 상황이다. 甲이 먼저 시작하여 백의 자리나 혹은 일의 자리의 숫자를 바꾸게 되면 乙은 甲이 바꾼 숫자와 같은 숫자로 다른 자릿수의 숫자를 계속 바꿀 것이기 때문에 乙이 먼저 백의 자리와 일의 자리의 숫자를 각각 8로 만들 수 있게 된다. 따라서 이 경우에는 甲이 무조건 패배하게 된다.

ㄹ. (○) 시작 수가 18191인 경우 십의 자릿수를 제외하면 네 자릿수와 같은 상황이다. 甲이 먼저 시작하여 만 자리 또는 백 자리 또는 일의 자리 중에서 임의로 한 자릿수를 1에서 8로 바꾸게 되면 1이 2개 8이 2개로 같은 숫자의 조합 세트로 구성할 수 있게 된다. 위와 마찬가지로 다음 차례에서 乙이 어떤 자릿수의 숫자를 바꾼다 하더라도 甲이 자신의 차례에서 원래 같은 숫자였던 나머지 자릿수의 숫자를 같은 숫자로 바꿔간다면 8888을 먼저 만들 수 있게 된다. 따라서 甲이 무조건 승리하게 된다.

Power up

본 숫자게임에서 같은 숫자의 구성을 먼저 만드는 쪽이 승리한다는 사실을 간파하는 것이 핵심이다. 즉, 두 자릿수인 경우에 <보기 ㄱ>에서와 같이 '88'을 만들면 승리가 보장되고 그러기 위해서는 '77'을 만들어야 한다. 왜냐하면 '77'을 만들면 상대방은 다음 차례에서 어쩔 수 없이 '78' 또는 '87'을 만들 수밖에 없고 본인 차례에서 '88'을 만들 수 있게 되기 때문이다. 이하의 상황을 같은 이치로 추리해볼 때 결국 시작 수가 두 자릿수인 경우에 숫자가 서로 다른 경우에만 시작하는 사람은 같은 숫자로 만들어 놓고 다음 차례에서 상대방이 어떤 자릿수의 숫자를 임의로 높이더라도 다른 자릿수의 숫자를 다시 같게 만들어 버릴 수 있으므로 반드시 승리할 수 있음을 알 수 있다.

Speed up

승리전략이 쉽게 떠오르지 않는다면 홀짝성을 활용하여 판정하는 것도 대안이 될 수 있다. 즉, 甲과 乙이 숫자를 바꿀 때 +1씩만 바꾼다고 가정하고(물론 무조건 승리하는 경우에는 본 상황에서도 승리가 확실하지만 본 상황에서 승리한다는 사실만으로는 무조건 승리한다고 단정할 수는 없다) 각 자릿수를 9로 완성하는 데까지 필요한 수를 큰 자릿수 순으로 계산해보면 〈보기ㄱ〉은 1+2=3번, 〈보기ㄴ〉은 7+6=13번, 〈보기ㄷ〉은 7+7=14번, 〈보기ㄹ〉은 8+1+8+8=25번이므로 홀수번이 남아있는 경우에만 甲이 먼저 시작해야 승리할 수 있다는 점을 활용하는 것이다.

16 ··· p.59

정답 ②

Point up

카드 게임의 점수 산정 기준을 적용하기 위해 1카드 개수(혹은 2카드)에 따른 홀짝성을 판정하고 1) 또는 2)는 기본점수로 3) 또는 4)는 추가점수로 각각 획득가능한 점수임을 파악하는 것이 중요하다. 이때 최종 결과는 3인의 점수를 합한 숫자를 기준으로 하므로 개별적 득점 상황은 고려하지 않아도 된다.

〈점수 산정 기준의 분석: 1카드 개수를 기준으로〉
☑ 기본점수 → 1) 1카드 개수가 1개이거나 3개인 경우: 총 +3점
　　　　　　　　 2) 1카드 개수가 0개이거나 2개인 경우: 총 −3점
☑ 추가점수 → 3) 1카드 개수가 0개이거나 3개인 경우: 총 +9점
　　　　　　　　 4) 1카드 개수가 1개이거나 2개인 경우: 총 +2점

〈3인의 합산 점수의 결과: 1카드 개수를 기준으로〉
〈1〉 1카드가 0개인 경우에는 기본점수 −3점과 추가점수 +9점을 각각 획득하게 되어 3인의 점수의 합은 6점이다.
〈2〉 1카드가 1개인 경우에는 기본점수 +3점과 추가점수 +2점을 각각 획득하게 되어 3인의 점수의 합은 5점이다.
〈3〉 1카드가 2개인 경우에는 기본점수 −3점과 추가점수 +2점을 각각 획득하게 되어 3인의 점수의 합은 −1점이다.
〈4〉 1카드가 3개인 경우에는 기본점수 +3점과 추가점수 +9점을 각각 획득하게 되어 3인의 점수의 합은 12점이다.
ㄱ. (×) 최종결과 중 최솟값은 〈3〉의 결과로 −1점이다.
ㄴ. (○) 최종결과는 4개의 다른 값으로 나타난다.
ㄷ. (○) 모두 1이 적힌 카드를 뽑을 때는 〈4〉의 결과로 최댓값 12가 된다.
ㄹ. (×) 모두 2가 적힌 카드를 뽑을 때는 〈1〉의 결과로 두 번째로 큰 값이 된다.

17 ··· p.60

정답 ②

Point up

홀수 번째 라운드와 짝수 번째 라운드의 규정을 유기적으로 적용하는 것이 중요하다. 즉, 첫 번째 라운드에서는 각자 1번씩 누군가에게서 물을 받게 되고(+200ml) 두 번째 라운드에서는 필연적으로 1번씩 물을 마셔야 하므로(−300ml) 2번의 라운드를 거친 후에는 모든 사람이 일정하게 물의 양이 감소(−100ml)한다는 점이다.

〈상황〉에 따라 네 번째 라운드를 거친 후에는 5명의 모든 사람이 200ml씩 물의 양이 감소하였다. 따라서 마지막으로 남아 있는 물의 양은 〈규정〉에 따라 각 라운드를 거치며 물을 몇 번 주었는지에 따라 결정된다.

1. 甲이 물을 준 횟수
甲은 첫 번째 라운드에서 세 명의 사람에게 물을 주었고(−600ml), 세 번째 라운드에서는 물을 주지 않았다. 따라서 甲에게 남아 있는 물의 양은 0ml이다.

Power up 세 번째 라운드에서 丙과 丁은 각각 두 차례씩 연속으로 물을 주었고 戊와 丁은 한 차례씩 물을 주고받았기 때문에 물을 준 총 5번의 횟수가 모두 언급되어 있으므로 甲은 물을 주지 않았음을 알 수 있다.

2. 戊가 물을 준 횟수
첫 번째 라운드에서 물을 준 사람은 甲과 乙뿐이므로 戊는 물을 주지 않았고, 세 번째 라운드에서는 戊와 丁이 한 차례씩 물을 주고받았다. 따라서 戊에게 남아 있는 물의 양은 400ml이다.

18 ··· p.61

정답 ⑤

Point up

신문 용지 1장에 인쇄되는 좌우−앞뒷면에 페이지 숫자의 관계 규칙과 숫자의 합을 파악하여 정오를 판정한다.

신문 용지의 페이지 구성을 도식화하면 다음과 같다.

〈첫 번째 용지〉

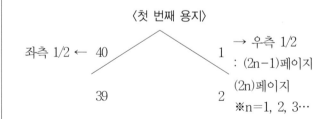

〈두 번째 용지〉

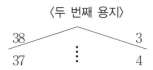

ㄱ. (×) 신문 가운데를 펼치면 맨 아래로 열 번째 용지의 우측
1/2페이지 뒷면에 있는 20페이지와 좌측 1/2페이지 뒷면에
있는 21페이지가 나온다.

`Power up` 한 용지의 동일면에 있는 페이지의 합은 '41'로 일
정하다.

ㄴ. (○) 2×5−1=9이므로 9페이지는 다섯 번째 용지의 우측
1/2에 인쇄되어 있다.

ㄷ. (○) 2×6−1=11이므로 11페이지는 여섯 번째 용지의 우
측 1/2에 인쇄되어 있고, 해당 용지의 좌측 1/2에는 30페이
지가 그 뒷면에는 29페이지가 인쇄되어 있다.

`Power up`
한 용지의 우측 1/2과 좌측 1/2의 뒷면페이지 숫자의 합은 '40'
으로 일정하고, 좌측 1/2과 우측 1/2 뒷면페이지 숫자의 합은
'42'로 일정하다. 따라서 11페이지와 29페이지는 페이지 숫자의
합이 40이므로 같은 용지에 인쇄되어 있을 것으로 추론할 수
있다.

ㄹ. (×) 16페이지는 여덟 번째 용지의 우측 1/2 뒷면에 인쇄되
어 있고, 같은 면 좌측 1/2 뒷면에는 25페이지가 인쇄되어
있다.

ㅁ. (○) 30페이지는 여섯 번째 용지의 좌측 1/2에 인쇄되어 있
고, 같은 용지의 우측 1/2 뒷면에 12페이지가 인쇄되어 있
으므로 30페이지가 인쇄된 용지를 분실하면 같은 용지에
인쇄되어 있는 12페이지도 볼 수 없다.

19 ··· p.61

`정답` 정답없음(최초정답③)

`Point up`

초콜릿이 전혀 없는 조각으로 구성된 직육면체의 형태를 결정
하는 것이 핵심 포인트이다. 즉, 문제에서 요구하는 조건에 부
합하는 극단적 구조의 형태를 예측하는 것이 중요하다.

직육면체 케이크에서 바닥면을 제외한 5개 면에 초콜릿이 입
혀져 있는 바깥쪽 1cm 조각들을 잘라낸 후에 남아 있는 조각
(105개)으로 만들 수 있는 직육면체는 초콜릿이 묻어 있는 조
각을 최대로 하기 위해서 초콜릿이 묻어 있지 않은 조각들이
인접하는 면을 최소로 하는 구조가 되어야 한다. 따라서 105개
의 조각으로 만들 수 있는 직육면체의 구조는 한 방향으로 길
쭉한 형태로 1cm 단위 조각이 가로×세로×높이 순으로 각각
1개×1개×105개 또는 1개×105개×1개 또는 105개×1개×1개
인 형태이어야 한다.

이때 초콜릿이 묻어 있던 최초의 케이크 모양으로 환원하려면
1cm 조각을 가로와 세로는 각각 2개씩 더하고, 높이는 1개를
더하여 구할 수 있고 이를 최대로 하기 위해서는 가로×세로×
높이 순으로 할 때 {(1개+2개)×(1개+2개)×(105개+1개)}=
954개로 계산하면 된다.
따라서 초콜릿이 묻어 있는 조각의 최대 개수는 전체 조각인
954개에서 초콜릿이 묻어 있지 않은 조각 105개를 뺀 849개이다.

`Power up`

당초 출제 의도는 초콜릿이 묻어 있지 않은 조각 105개를 3개
×5개×7개로 소인수분해한 후 가로×세로×높이 순으로 원래
케이크의 최대 조각을 {(3개+2개)×(5개+2개)×(7개+1개)}
=280개로 보고 출제한 것으로 보인다. 케이크의 한 변의 길이
가 4cm 이상(혹은 초콜릿이 묻어 있는 부분을 1cm단위로 잘라
낸 후 남아 있는 조각으로 만들어지는 직육면체의 한 변의 길
이는 2cm 이상)이라는 제한조건을 간과한 점이 오류로 작용하
여 정답없음으로 변경된 것이 아닌가 싶다. 오류가 있었음에도
추가 제한조건을 감안하고 활용한다면 좋은 문항임에는 틀림
없어 수록하였으니 참고하길 바란다. 우리의 일반적이고 보편
적인 인지사고가 때로는 편견으로 작동하여 원래 목적에 부합
하지 않는 결과를 초래할 수 있음을 상기해보고 상판에서는 늘
유연한 사고를 통해 문제의 본질에 접근하는 것이 매우 중요한
부분이라는 점도 살피면 좋을 것이다.

20 ··· p.62

`정답` ②

`Point up`

'거리=속력×시간'의 물리법칙을 활용하여 빠르게 계산한다.
특히, 乙이 이동한 총 거리를 구하는 것이 핵심이므로 甲과 乙
의 속력차를 이용해 보급품을 전달할 때까지의 소요시간을 파
악하는 것이 핵심 포인트이다.

☑ 乙이 첫 번째로 보급품을 전달하고 A도시로 돌아올 때까지
이동한 거리
두 사람의 속력은 항상 일정하므로 乙이 甲을 뒤따라가 만
날 때까지의 시간을 파악하면 이동거리는 쉽게 구할 수 있
다. 甲은 乙이 출발하기 전에 이미 10시간 동안 시속 10km
의 속력으로 B도시로 이동하고 있었으므로 A도시로부터
100km떨어진 지점에 있게 된다. 乙은 A도시를 출발한 후
1시간마다 甲을 20km씩 따라잡게 되므로(乙의 속력이 시속
30km이므로) 5시간 후에는 甲을 처음으로 만나 보급품을 전
해줄 수 있게 된다. 따라서 乙이 甲에게 첫 번째로 보급품을
전달하고 A도시까지 돌아오는데 총 10시간이 소요되어 이
동거리는 총 300km이 된다.

Power up

방정식을 활용해서 기계적으로 풀이할 수도 있다. 乙이 A도시를 출발한 후 甲을 처음으로 만날 때까지 소요되는 시간을 t시간이라 하면 甲은 $(t+10)$시간으로 나타낼 수 있고 두 사람이 만날 때까지 각자 이동한 거리는 동일하므로 10km/시×$(t+10)$시간=30km/시×t시간이 성립한다. 따라서 t=10시간이다.

☑ 乙이 두 번째로 보급품을 전달하고 A도시로 돌아올 때까지 이동한 거리

　乙이 첫 번째로 甲에게 보급품을 전달하고 A도시로 복귀할 때까지 총 10시간이 소요되므로 乙이 두 번째로 보급품을 전달하기 위해 A도시를 출발하기 전에 甲은 A도시로부터 200km 떨어진 지점에 있게 된다. 따라서, 乙이 두 번째로 甲에게 보급품을 전달하고 다시 A도시로 돌아오는데 총 20시간이 소요되어 이동거리는 총 600km가 된다.

☑ 乙이 세 번째로 보급품을 전달하고 B도시까지 이동한 거리
　乙이 甲에게 세 번째로 보급품을 전달한 후 B도시로 이동한 거리는 A도시와 B도시 사이의 거리를 이동한 것과 같으므로 총 1,000km가 된다.
　따라서 乙이 B도시에 도착하였을 때 乙이 이동한 총 거리는 300km+600km+1,000km=1,900km이다.

21 •• p.62

정답 ②

Point up

정확한 시계보다 느리거나 빠른 것에 상관없이 '일치하는 데 걸리는 시간 주기'를 기준으로 판단할 것
☑ 정확한 시계와 처음으로 일치하게 되는 데 소요되는 시간 (최초 모든 시계의 시각이 정확한 시계와 일치했다고 가정)
A: 시침과 분침이 모두 멈춰서 고정되어 있으므로 정확한 시계와 다시 처음으로 일치하는 데 소요되는 시간은 12시간이다.
B: 하루에 1분씩 느려지는 시계는 60일마다 1시간씩 차이가 나므로 정확한 시계와 다시 처음으로 일치하는 데 소요되는 시간은 60일×12=720일이다.
C: 하루에 1시간씩 느려지는 시계는 정확한 시계와 다시 처음으로 일치하는 데 소요되는 시간은 12일이다.
D: 하루에 2시간씩 느려지는 시계는 정확한 시계와 다시 처음으로 일치하는 데 소요되는 시간은 6일이다.
E: 하루에 5분씩 빨라지는 시계는 12일마다 1시간씩 차이가 나므로 정확한 시계와 다시 처음으로 일치하는 데 소요되는 시간은 12일×12=144일이다.
따라서 앞으로 1년 동안 정확한 시계와 일치하는 횟수가 적을 시계부터 순서대로 나열하면 B-E-C-D-A이므로 가장 먼저 교체될 시계는 B이고, 가장 나중에 교체될 시계는 A이다.

22 •• p.63

정답 ④

☑ 입장한 친구 단위를 x, 가족 단위를 y라 하면
ⅰ) $x+y=50$
ⅱ) $2x+4y=158$이므로 이를 연립하면 풀면 ∴ $x=21, y=29$
따라서 '친구 단위'로 입장한 사람의 수는 42명이고, '가족 단위'로 입장한 사람의 수는 116명이다.

Speed up

발권된 50장의 표를 적당히 계산하기 편한 표 수로 '친구 단위'와 '가족 단위'로 임의로 나눠본다. 예컨대 '친구 단위'를 20장, '가족 단위'를 30장으로 나누면 입장객수가 160명이 되는데 실제 입장한 사람은 158명이므로 2명이 더 많아진다. 따라서 '친구 단위'를 1단위 줄이고 '가족 단위'를 1단위 늘리는 것이 조건에 부합한 단위수라는 것을 쉽게 확정할 수 있다.

23 •• p.63

정답 ①

☑ 2개의 수건을 동시에 세탁하는 경우 색 변화 결과
<변색1> 빨간색+파란색 → 모두 보라색
<변색2> 빨간색+노란색 → 빨간색+주황색
<변색3> 파란색+노란색 → 파란색+초록색
<변색4> 흰색+다른 색 → 모두 그 다른 색
<변색5> 검은색+다른 색 → 모두 검은색
① (×) ⅰ) 없어진 수건은 '노란색, 흰색'이고 ⅱ) 새로 생긴 수건은 '보라색 2개'이다. 보라색을 생기게 할 수 있는 경우는 <변색1>이 유일한데, 빨간색과 파란색을 동시에 세탁하여 보라색을 2개 만들 수는 있지만, 노란색과 흰색을 이용하여 빨간색과 파란색을 다시 만들어 낼 수는 없으므로 '빨간색 1개, 파란색 1개, 보라색 2개, 검은색 1개'는 세탁을 통해 가질 수 있는 수건의 색조합으로 불가능하다.
② (○) ⅰ) 없어진 수건은 '빨간색, 흰색'이고 ⅱ) 새로 생긴 수건은 '주황색, 검정색(추가)'이다. 먼저, <변색4>를 통해 흰색과 노란색을 동시에 세탁하여 노란색 수건을 2개 확보하고, 이후 <변색2>를 통해 빨간색과 노란색을 동시에 세탁하여 → (빨, 파, 노, 노, 검)
주황색 수건을 생기게 한다. → (빨, 파, 주, 노, 검)
마지막으로 <변색5>를 통해 검은색과 빨간색을 동시에 세탁하여 검은색 수건 2개를 만들면 '주황색 1개, 파란색 1개, 노란색 1개, 검은색 2개'는 세탁을
→ (검, 파, 주, 노, 검)
통해 가질 수 있는 수건의 색조합으로 가능하다.
③ (○) ⅰ) 없어진 수건은 '노란색, 흰색'이고 ⅱ) 새로 생긴 수건은 '주황색, 파란색(추가)'이다. 먼저, <변색2>를 통해 빨간색과 노란색을 동시에 세탁하여 주황색 수건을 생기게 하고, → (빨, 파, 주, 흰, 검)

이후 <변색4>를 통해 흰색과 파란을 동시에 세탁하여 파란색 수건을 추가로 확보하면, → (빨, 파, 주, **파**, 검) '빨간색 1개, 주황색 1개, 파란색 2개, 검은색 1개'는 세탁을 통해 가질 수 있는 수건의 색조합으로 가능하다.

④ (○) ⅰ) 없어진 수건은 '빨간색, 파란색, 노란색, 흰색'이고 ⅱ) 새로 생긴 수건은 '보라색 3개, 초록색'이다. 먼저, <변색3>을 통해 파란색과 노란색을 동시에 세탁하여 초록색 수건을 생기게 하고, → (빨, 파, **초**, 흰, 검) 이후 <변색1>을 통해 빨간색과 파란색을 동시에 세탁하여 보라색 수건 2개를 확보한다. → (**보, 보**, 초, 흰, 검) 마지막으로 <변색4>를 통해 보라색과 흰색을 동시에 세탁하여 보라색 수건을 1개 더 추가하면, → (보, 보, 초, **보**, 검) '보라색 3개, 초록색 1개, 검은색 1개'는 세탁을 통해 가질 수 있는 수건의 색조합으로 가능하다.

⑤ (○) ⅰ) 없어진 수건은 '파란색, 노란색, 흰색'이고 ⅱ) 새로 생긴 수건은 '빨간색(추가), 초록색, 검은색(추가)'이다. 먼저, <변색3>을 통해 파란색과 노란색을 동시에 세탁하여 초록색 수건을 생기게 하고, → (빨, 파, **초**, 흰, 검) 이후 <변색4>를 통해 흰색과 빨간색을 동시에 세탁하여 빨간색 수건을 추가로 확보한다. → (빨, 파, 초, **빨**, 검) 마지막으로 <변색5>를 통해 검은색과 파란색을 동시에 세탁하여 검은색 수건을 추가로 생기게 하면, → (빨, **검**, 초, 빨, 검) '빨간색 2개, 초록색 1개, 검은색 2개'는 세탁을 통해 가질 수 있는 수건의 색조합으로 가능하다.

24 ···························· p.64

정답 ②

ㄱ. (○) 2회 전략별 승률의 최댓값이 50이고 1회는 최솟값이 60이므로 1회의 전략을 모두 사용하여 C-B-A순으로 전략을 사용해야 함

ㄴ. (×) 총 5번의 대결에서 C-B-A-A-C 순으로 전략을 사용해야 함

ㄷ. (○) A: 6×5×4=120, B: 7×3×2=42, C: 9×4×1=36

Power up 확률의 계산이므로 A: 0.6×0.5×0.4=0.12가 정확하지만 유효숫자만으로 계산하여 비교해도 무방하다.

ㄹ. (×) 2번 모두 승리할 확률을 높이려면, C전략을 사용해야 함

Power up 패배할 확률을 가장 낮추는 것과 승리할 확률을 가장 높이는 것은 같은 의미이므로 굳이 패배할 확률을 계산하여 구할 필요는 없다.

25 ···························· p.64

정답 ⑤

ㄱ. (×) 甲의 알레르기 증상의 원인은 밀가루 혹은 우유 때문인데, 화요일에 밀가루 재료에 대해서는 증상을 보이지 않았으므로 甲의 원인은 우유임을 알 수 있다.

ㄴ. (○) 甲의 증상 원인은 우유이고, 乙은 수요일과 목요일을 비교하여 달걀에 대해 증상을 보이지 않았으므로 원인은 옥수수가루 혹은 아몬드이다. 丙은 목요일에는 증상이 발생하지 않고, 금요일에만 증상이 나타났으므로 丙의 증상 원인은 식용유이다. 따라서 모두 다른 재료이다.

ㄷ. (○) 丁의 증상 원인인 달걀이 반드시 재료에 포함되어 있어야 한다.

ㄹ. (○) 乙의 증상 원인은 옥수수가루 혹은 아몬드인데, 화요일에 아몬드가 포함되어 있는데도 증상이 발생하지 않았다면 乙의 증상 원인은 옥수수가루로 특정할 수 있다.

26 ···························· p.65

정답 ①

〈A 매립지 조감도〉

(24*)	3	⓪	(3*) 1
(4*) ㉣	1	(12*) 4	3
1	㉢	3	(8*) 4
3	(4*) 4	㉡	㉠ 2

4행을 기준으로 ㉠이 포함된 구획의 셀의 숫자의 곱이 '8'이 되어야 하므로 ㉠의 셀의 숫자가 '2'이다. 따라서, 8월에 쓰레기를 매립할 셀은 ㉠이다.

27 ···························· p.66

정답 ④

Point up

제시문에 주어진 <규칙>을 통해 ⅰ) A와 B가 얻은 점수의 합계가 최대 혹은 최소가 되도록 공의 숫자의 배열에만 집중하고 (A와 B의 득점 구분은 무의미함), ⅱ) 이웃한 공의 숫자의 합에서 일의 자리 수만을 합하여 점수를 산정하는 방식에 의해서 판단할 것

☑ 얻은 점수의 합계가 최대가 되는 경우

이웃한 숫자의 합이 최대한 '9'에 가깝게 이웃한 숫자를 합하여 일의 자리수를 최대로 하는 데 방해가 되는 숫자 '9'는 처음이나 마지막에 뽑혀서 그 손해를 최소화해야 한다.

- 뽑힌 공의 숫자의 배열: 9 → 8 → 1 → 7 → 2 → 6 → 3 → 5 → 4
- 이웃한 공의 숫자의 합에서 일의 자리수의 합: 7+9+8+9+8+9+8+9=67

☑ 얻은 점수의 합계가 최소가 되는 경우

이웃한 숫자의 합이 최대한 '10'에 가깝게 이웃한 숫자를 합하여 일의 자리수를 최소로 하는데 방해가 되는 숫자 '1'은 처음이나 마지막에 뽑혀서 '9'와 합산하여 그 합을 '0'으로 사용해야 한다.

- 뽑힌 공의 숫자의 배열: 1→9→2→8→3→7→4→6→5
- 이웃한 공의 숫자의 합에서 일의 자리수의 합: 0+1+0+1 +0+1+0+1=4

따라서, A와 B가 한 번의 게임에서 얻은 점수 합계의 최댓값은 67점이고 최솟값은 4점이다.

---

28 .... p.66

정답 ⑤

ㄱ. (×) 만약 甲이 3장에 똑같은 수를 써서 모두 당첨되고, 乙은 1장만 당첨되는 경우 甲은 75개의 사과를 받는다.

ㄴ. (○) ㄱ의 상황과 반대의 경우로 甲이 1장만 당첨되고, 乙이 3장에 똑같은 수를 써서 모두 당첨되는 경우 甲은 25개의 사과를 받는다.

ㄷ. (○) 甲이 1장을 써서 당첨된 경우에 100/1개=100개를 받게 되고, 3장을 모두 써서 당첨되는 경우에도 3장 몫을 甲이 전부 받게 되므로 여전히 100/3×3=100개를 받는다.

---

29 .... p.67

정답 ③

ㄱ. (×) 甲이 1승 1무 1패를 하는 것은 B−C−A도 가능하므로 옳지 않다.

횟수 \ 구분	A규칙을 적용	B규칙을 적용	C규칙을 적용
1회	乙 승	甲 승	乙 승
2회	甲 승	甲 승	乙 승
3회	무승부	무승부	무승부

ㄴ. (○) 甲이 2승 1무를 하는 것은 B−A−C순으로 규칙이 적용되는 경우뿐이므로 옳은 내용이다.

횟수 \ 구분	A규칙을 적용	B규칙을 적용	C규칙을 적용
1회	乙 승	甲 승	乙 승
2회	甲 승	甲 승	乙 승
3회	무승부	무승부	무승부

ㄷ. (×) A−C−B순서로 규칙이 적용되었을 경우에 甲은 1무 2패가 된다.

횟수 \ 구분	A규칙을 적용	B규칙을 적용	C규칙을 적용
1회	乙 승	甲 승	乙 승
2회	甲 승	甲 승	乙 승
3회	무승부	무승부	무승부

ㄹ. (○) C규칙만 판단하면 되는데, 乙이 가위(2)나 바위(0)를 내는 경우에는 모두 보(5)보다는 숫자가 작으므로 乙이 승리하게 되어 甲은 3승을 할 수 없다.

---

30 .... p.67

정답 ⑤

(1) 3단계 전(2단계 후): (두 묶음을 각각 두 묶음씩으로 다시 나누어 네 묶음으로 나누었고, 구슬 개수가 각각 1개, 5개, 5개, 5개라고 하였으므로) 나누기 전의 두 묶음의 구슬의 개수는 네 묶음을 임의로 2묶음씩 합쳤을 때 나올 수 있는 개수인데, 1개가 있는 구슬 묶음에 더해지는 묶음에는 어느 경우에도 모두 5개가 들어 있으므로 각각 6개, 10개였을 수밖에 없다.

(2) 2단계 전(1단계 후): (구슬이 5개 이상 있던 묶음에서 다른 묶음으로 5개의 구슬을 옮겼으므로) 다시 어느 한 묶음의 구슬을 다른 묶음으로 옮기면 1개, 15개의 두 묶음이거나 11개, 5개의 묶음으로 두 가지의 상황이었을 것으로 추론이 가능하다. 그러나, 1단계에서 '16개의 구슬을 두 묶음으로 나누어, 한 묶음의 구슬 개수가 다른 묶음의 구슬 개수의 n배(n은 자연수)가 되도록 했다.'라고 하였으므로 11개, 5개의 묶음은 해당하지 않는다. 따라서, 1단계에서 甲이 나눈 두 묶음의 구슬 개수는 15개, 1개이다.

CHAPTER 02
추리분석 — 수 · 규칙 · 암호추리형

2.2 수 · 규칙 · 암호추리

01 ·· p.68

정답 ⑤

Point up

위원장을 결정하는 방식에 따라 선출 과정에서 발생하는 총 투표수와 위원 1인이 받을 수 있는 최대 득표수를 빠르게 확인하고 <보기>를 판단하는 것이 중요하다.

제시문의 <상황>을 위에서부터 <상황1>부터 <상황3>으로 설명하기로 한다.

ㄱ. (×) <상황2>, <상황3>의 내용을 통해, ⅰ) 5표를 얻은 득표자가 최다 득표자라 가정하면, 그 인원이 최대 3명이라 하더라도 총 득표수 24표에서 9표가 모자라게 되므로 5표를 얻은 득표자가 최다 득표자로 추첨을 통한 경우 득표자가 3명 이하가 될 수 없고, ⅱ) 5표를 얻은 득표자가 최다 득표자가 아니라고 가정하면, 최다득표자는 2명이어야 하고, 총 득표수 24표에서 5표를 뺀 나머지 19표는 2명의 위원이 똑같이 나누어 득표할 수 없으므로 득표자가 3명 이하가 될 수 없다. 따라서 이 상황에서는 어떠한 경우에도 득표자가 3명 이하일 수는 없다.

ㄴ. (○) 득표자가 3명이고 그중 1명이 7표를 얻었다면, 나머지 2명의 득표자의 득표수는 총 17표가 된다. 또한, 1명의 위원이 얻을 수 있는 최대 득표수는 11표이므로 나머지 2명이 얻을 수 있는 표수의 경우는 (6,11), (7,10), (8,9)로 3가지의 경우가 가능하다. 따라서, 이 상황에서는 어떠한 경우에도 위원장을 추첨으로 결정하지 않아도 된다.

Power up

나머지 2명이 7표, 10표를 얻은 경우에도 7표가 2명으로 중복되지만, 최다득표자는 10표를 얻은 위원이 되므로 추첨을 하지 않는다.

ㄷ. (○) 최다 득표자가 8표를 얻었고, 추첨 없이 진행된 경우에서 다른 득표자가 7표씩 2명이 득표했다고 가정하고 득표자 수의 인원을 최소로 한다고 해도 총 득표수는 8+7×2=22표 밖에 되지 않아 2표가 남는다. 따라서 이 상황에서는 득표자 수가 3명 이하는 불가능하므로 4명 이상이다.

Speed up

<상황>조건을 통해 위원장 결정과정에서 나올 수 있는 ⑴ <u>총 득표수(12×2=24)</u>와 1명 위원이 얻을 수 있는 ⑵ <u>최대 득표수 (11)</u>를 판단 기준으로 세우는 것이 중요하다. 또한 각각의 보기의 내용을 판단하는 경우, 미 결정된 나머지 상황이나 조건을 보기 내용을 부정하는 방향으로 최대한 활용했을 때 그 결과가 가능한지 여부를 기준으로 진위 판정을 하는 편이 효과적이다.

02 ·· p.68

정답 ⑤

Point up

직원 1,000명 중에서 남녀의 직원수가 각각 몇 명인지 파악하고 연수를 희망하는 응답자 중에 A지역과 B지역을 선호하는 남녀의 구성비율을 토대로 실제 인원수를 확인하여 정오를 판정한다.

ㄱ. (○) 직원 1,000명 중에서 남자 직원수를 X라 하면 여자 직원수는 (1,000−X)명이다. 남자직원의 40%와 여자직원의 50%가 연수를 희망하였는데 이는 전체 직원의 43%라고 하였으므로 $0.4XX+0.5×(1,000-X)=0.43×1,000$을 만족한다. 따라서 직원 1,000명 중에 남자 직원은 700명으로 전체 직원 중 남자직원의 비율은 50%를 넘는다.

Power up

남자직원의 40%와 여자직원의 50%를 합쳐 전체의 43%가 연수를 희망한 것으로 조사되었으므로 남자직원과 여자직원의 비율은 7:3이 되어야 한다. 따라서 남자직원은 700명이고 여자직원은 300명이다. 이처럼 가중평균의 원리를 이용하면 남녀 직원의 비율을 쉽게 파악할 수 있다.

ㄴ. (×) 연수 희망자는 총 430명이고 연수를 희망하는 여자직원은 150명이므로 연수 희망자 중 여자직원의 비율은 150/430×100≒35%이다.

ㄷ. (○) 연수를 희망하는 여자직원 중 B지역 희망 비율이 남자직원의 희망비율의 2배인 80%라 하였으므로 지역별 남녀의 희망 비율을 정리하면 다음과 같다.

성별	연수 희망자 수	A지역	B지역
남	280명	60%	40%
여	150명	20%	80%

따라서 A지역 연수를 희망하는 직원은 남자직원 280명의 60%인 168명과 여자직원 150명의 20%인 30명을 합한 198명으로 200명을 넘지 않는다.

ㄹ. (○) B지역 연수를 희망하는 남자직원은 280명의 40%인 112명으로 100명을 넘는다.

www.pmg.co.kr

03 .... p.69

정답 ③

Point up

甲의 첫 번째 대화에서 대화하는 시점의 날짜와 甲의 생일을 추리하는 것이 포인트이다. 특히, 이틀 만에 해가 바뀌면서 만나이가 1살 더 많아지는 상황에 대한 해석(극단적 경계)이 중요하다.

甲이 그저께 만 21살이었는데 올해 안에 만 23살이 되려면 그저께부터 이틀 사이에 생일이 지나서 만 나이가 22살이 되어야 하고 연도도 바뀌어야 한다. 그러므로 대화 시점의 날짜는 2022년 1월 1일이고 그저께는 2021년 12월 30일, 甲의 생일은 12월 31일임을 알 수 있다. 한편 甲의 출생연도는 대화 시점인 2022년 1월 1일을 기준으로 <(당해연도)2022년－출생연도－1 ＝(만나이)22세>이므로 甲의 출생연도는 1999년이다. 따라서 甲의 주민등록번호 앞 6자리는 991231이고 각 자리의 숫자를 모두 곱하면 486이다.

04 .... p.69

정답 ②

Point up

丙의 성과점수가 상급자보다는 낮아야 하므로 丙이 최대로 성과점수를 받기 위해서는 丙의 상급자인 甲과 乙의 점수도 동반 상승해야 한다는 점에 주의한다.

주무관의 직급이 가장 낮은 丁은 성과점수가 4점으로 확정되어 남은 26점을 나머지 3명의 주무관에게 분배한다. 주무관들이 받는 성과점수는 모두 다른 자연수이고 3명의 점수 차이가 가장 적게 나도록 26을 3개의 자연수로 분할하면 26＝7＋9＋10이 된다. 따라서 <대화>의 내용에 따라 乙의 성과점수를 10점으로 하고 甲이 9점, 그리고 丙이 7점을 받는 경우가 丙이 받을 수 있는 최대의 성과점수가 된다.

Power up

26에 가까운 연속된 3개의 자연수의 합은 8＋9＋10＝27이므로 서로 같은 수가 되지 않도록 이 중 1개의 자연수에서 1을 빼는 경우는 8을 7로 바꾸는 방법밖에 없다.

05 .... p.70

정답 ②

Point up

종을 치는 시작점이 매시 정각임에 주의해서 판단한다. 즉, 6시 정각을 알리는 마지막 6번째 종을 6시 6초에 친다고 해서 1초에 1번씩 종을 치는 것으로 속단하지 않도록 한다.

A괘종시계는 매시 정각을 알리기 위해 매시 정각부터 일정한 시간 간격으로 종을 치는데 제시문의 마지막 문장에서 6시 정각을 알리기 위한 마지막 6번째 종을 치는 시각이 6시 6초라 하였으므로 종을 치는 일정한 시간 간격은 1.2초가 된다.

Power up

6시 정각(0초)부터 6초까지 총 6초의 시간 동안 정각(0초)에 1번째로 종을 치기 시작해서 6초에 6번째 종을 쳤으므로 6초를 5개의 일정한 구간으로 나눈 것과 같다. 그러므로 종을 치는 일정한 시간 간격은 6/5초이다.
따라서 11시 정각을 알리기 위한 마지막 종을 치는 시각은 일정한 시간 간격이 10번째가 놓이는 지점과 일치하므로 11시 12초(6/5초×10)이다.

06 .... p.70

정답 ②

Point up

○○시가 광역자치단체의 시인 경우에는 A구와 B구는 기초자치단체로서 구분되어야 하고 ○○시가 기초자치단체인 경우에는 A구와 B구는 자치단체가 아니므로 B구의 행정구역분류코드를 그대로 따라야 하는 점을 구분하는 것이 중요하다.

제시문의 동그라미 조건을 위에서부터 <조건1>부터 <조건5>로 설명하기로 한다.
⑴ ○○시가 광역자치단체인 경우에는 B구 행정구역분류코드(이하 '코드'라 한다) 네 자리 중 앞의 두 자리 숫자인 '10'은 고유한 값으로 A구의 코드에도 동일하게 사용되어야 한다. 그러나 <조건3>의 단서에 따라 뒤의 두 자리 숫자인 '03'은 기초자치단체인 B구의 고유의 값이므로 A구의 코드에서는 다른 숫자가 사용되어야 한다. 그리고 마지막 자리의 숫자는 광역자치단체인 시에 속하는 구가 기초자치단체에 해당하므로 '0'이 부여된다. 따라서 ㉠에 해당하는 A구의 코드로 가능한 값은 ①번, ②번, ④번이다.
⑵ ○○시가 기초자치단체인 경우에는 B구의 코드 중 앞의 두 자리 숫자인 '10'은 광역자치단체인 도를 의미하고 다음의 두 자리 숫자 '03'도 시를 의미하는 고유값으로서 A구의 코드에도 동일하게 부여되어야 한다. 그리고 A구와 B구는 모두 <조건5>에서 기초자치단체인 시에 속하는 구에 해당하여 자치단체가 아니므로 마지막 자리의 숫자는 '0'이 아니어야 한다. 따라서 A구의 코드로 알맞은 것은 ②번이다.

07 .... p.71

정답 ④

Point up

甲~丁 4인이 각자 먹은 회전 초밥의 색상별 개수를 파악하여
乙이 계산할 금액을 결정한다. 특히, 4명이 먹은 접시의 개수
중 검은색 접시 3개는 검은색 접시를 먹지 않은 甲을 제외한
나머지 인원이 각각 1개씩 먹었음을 빠르게 확정하는 것이 중
요한 포인트이다.

ⅰ) 우선 乙이 먹지 않은 접시의 색은 빨간색이다.
ⅱ) 파란색 접시는 甲이 먹은 1개를 제외한 3개 중에 丙이 乙
   보다 1개를 더 먹었다고 하였으므로 乙이 1개, 丙이 2개를
   먹은 것이다.
ⅲ) 丁이 먹은 총 6개의 접시 중에 빨간색이 2개, 검은색이 1개
   이므로 노란색 접시의 개수는 3개이다.
이를 종합해 볼 때 乙이 먹은 접시의 개수는 아래와 같다.

	빨간색 접시	파란색 접시	노란색 접시	검정색 접시
甲	4	1	2	×
乙	×	1	3	1
丙	1	2	×	1
丁	2	×	3	1
총 개수	7	4	8	3

따라서, 乙이 계산할 금액은 1,200원+2,000원×3개+4,000원=
11,200원이다.

08 .... p.71

정답 ②

Point up

선지에서 차이가 나는 부분을 중심으로 <자모변환표>에서 필
요한 부분만 A암호화 방식을 적용하여 판정한다. 이때 <난수
표>에서 각 글자의 '초성-중성-종성' 순서에 대응하는 해당
숫자의 배열을 빠르게 파악하는 것이 포인트이다.

☑ A암호화 방식
각 글자의 '초성-중성-종성'에 해당하는 <난수표>의 숫자에
서 이에 대응하는 <자모변환표>의 숫자를 뺀 일의 자리의 숫
자를 의미한다.
⑴ [ㅅ]은 첫 번째 자음으로 <난수표>에 해당하는 숫자는
   '484'이고 이에 대응하는 <자모변환표>의 숫자는 '479'이므
   로 [ㅅ]의 암호문은 '015'이다.
⑵ [ㅜ]는 네 번째 모음으로 <난수표>에 해당하는 숫자는
   '135'이고 이에 대응하는 <자모변환표>의 숫자는 '456'이므
   로 [ㅜ]의 암호문은 '789'이다.

⑶ [ㅏ]는 여섯 번째 모음으로 <난수표>에 해당하는 숫자는
   '641'이고 이에 대응하는 <자모변환표>의 숫자는 '189'이므
   로 [ㅏ]의 암호문은 '562'이다.
따라서 '사무관'을 옳게 암호화하면 ② '01572168<u>5789228562</u>433'
이다.

09 .... p.72

정답 ⑤

Point up

단계별로 출력되는 숫자들을 자릿수별로 결합 또는 분해(곱하
는 수를 10의 거듭제곱 꼴로 분리 활용)하여 <보기>의 정오를
판정한다.

우선 1단계부터 3단계까지 각 단계에서 누르는 숫자 버튼을 각각
x, y, z라 하면 <규칙>에 따라 출력될 수 있는 값은 1단계(x),
2단계($x+11y$), 3단계($x+11y+111z$)로 세 가지 중 하나이다.
ㄱ. (×) 2단계에서 y가 9이고 x의 값이 1인 경우에 100을 출력
   할 수 있고 x의 값을 순차적으로 9까지 누른 경우에는 108
   까지 연속된 자연수가 출력된다. 하지만 109를 출력할 수
   있는 방법은 없으므로 100부터 999까지의 정수를 모두 출
   력할 수 있는 것은 아니다.
ㄴ. (○) 3단계에서 출력되는 값($x+11y+111z$)을 '$x+(10+1)y$
   $+(100+10+1)z$'로 변형한 후 큰 값을 나타내는 항목순으
   로 정리하면 '$100z+10(y+z)+(x+y+z)$'이 된다. 첫째로
   z=1인 경우에는 최종적으로 250을 출력할 수 없다.

Power up

z=1인 경우에 x와 y를 모두 9로 보아 최종 출력값을 최대로
한다 해도 그 값은 219밖에 되지 못하므로 불가능하다.

둘째로 z=2인 경우에는 최종적인 출력값이 [$200+10(y+2)+$
$(x+y+2)$]가 되는데 y=2가 되고 x=6인 경우에만 유일하게
250을 출력할 수 있으므로 옳은 내용이다.
최종 출력값이 250이 되기 위해서는 y는 1 또는 2 중에서만 가
능한데 y=1인 경우에는 [$230+(x+3)$]에서 x=9라 해도 242밖
에 출력할 수 없으므로 불가능하다.
ㄷ. (○) 최종 출력값을 [$100z+11(y+z)+x$]로 변형하면 '$100z$'
   부분은 이미 100의 배수이므로 나머지 부분인 [$11(y+z)+$
   x]가 100의 배수가 되어야 한다. 이 경우 y+z=9이고 x=1
   인 경우에만 가능하므로 최종 출력값이 1,000을 넘지 않는
   100배수가 되기 위해서는 처음 누른 숫자버튼은 반드시 '1'
   이어야 한다.

10 .... p.72

정답 ②

Point up

보행자 자동인식시스템(이하 '시스템'이라 함)의 작동 단계를 기준으로 18시에서 20시 사이에 보행신호가 점등된 횟수를 파악한다. 특히, ⅰ) 보행신호 점등은 시스템의 한 주기(4분)로 1번씩 점등된다는 점과 ⅱ) 시스템의 작동으로 횡단보도를 건너는 사람은 점등 대기 후 보행신호 점등 시까지(1분 30초) 대기하고 있던 인원만 지나갈 수 있다는 점에 주의해서 판단하도록 한다.

☑ 시스템의 시간대별 작동 순서

도착 시각	시스템 종료 및 작동 시작 시각	인원 (건너는 회차)	도착 시각	시스템 종료 및 작동 시작 시각	인원 (건너는 회차)
18:25 (1회)		1 (1회)	18:44		3 (4회)
	18:29 (2회)			18:47	
18:27		3 (2회)	18:59 (5회)		4 (5회)
18:30		2 (2회)	19:01		2 (6회)
18:31		5 (3회)		19:03 (6회)	
	18:33 (3회)		19:48 (7회)	19:07	4 (7회)
18:43 (4회)	18:37	1 (4회)	19:49	19:52	2 (7회)

※ 도착시각의 초 단위는 생략함. 진한 글씨의 밑줄 친 시각이 작동 시작 시각임.

⑴ 18:25에 도착한 인원을 인식하여 시스템이 작동하게 되고 그때 도착한 1명만 건넌다.

⑵ 18:29에 18:27에 도착한 인원을 인식하여 시스템이 작동하게 되고 그때 도착한 3명과 18:30에 도착한 2명이 함께 건넌다.

⑶ 18:33에 18:31에 도착한 인원을 인식하여 시스템이 작동하게 되고 그때 도착한 5명이 건넌다.

⑷ 18:43에 도착한 인원을 인식하여 시스템이 작동하게 되고 그때 도착한 1명과 18:44에 도착한 3명이 함께 건넌다.

⑸ 18:59에 도착한 인원을 인식하여 시스템이 작동하게 되고 그때 도착한 4명만 건넌다.

⑹ 19:03에 19:01에 도착한 인원을 인식하여 시스템이 작동하게 되고 그때 도착한 2명이 건넌다.

⑺ 19:48에 도착한 인원을 인식하여 시스템이 작동하게 되고 그때 도착한 4명과 19:49에 도착한 2명이 함께 건넌다.

Speed up

최초 작동시간으로부터 연속적으로 작동이 불가능한 3개의 시각(18:43:00, 18:59:00, 19:48:00)을 기준으로 선후 작동단계에 따른 인원수를 파악하는 것이 효과적이다.

11 .... p.73

정답 ④

Point up

상자를 운반하는 규칙(이하 '규칙'이라 함)에 따라 정오를 판정한다. 이때 <상황>에서 첫 번째는 ㉠의 규칙을 두 번째는 ㉡의 규칙을 선택한 점에 비추어 이후에는 ⅰ) ㉡규칙을 선택할 수 없는 점과 ⅱ) ㉢규칙도 초반에는 선택할 수 없어 ㉠규칙을 주로 선택하여 운반할 수밖에 없는 점에 착안하여 판단하도록 한다.

☑ <상황>의 정리

상자 종류	A	B	C	D	E	F	G	H	I	J
무게 (kg)	20	18	16	14	12	10	8	6	4	2

甲은 첫 번째로 A를 운반하고(㉠적용), 두 번째로 ⓐ·I·J를 → ⓐ는 상자의 무게가 10kg이하인 F, G, H 중에 정해진다.
운반한다.(㉡적용)

① (×) D는 다른 상자와 같이 운반된다.
→ ⓐ가 F, G, H 중에 어떤 상자가 되더라도 세 번째 운반은 ㉠의 규칙만을 선택할 수 있고 후단 규칙에 따라 B만 운반하고, 네 번째 운반도 ㉠의 후단 규칙에 따라 C만 운반한다. 마찬가지로 다섯 번째도 ㉠의 후단 규칙에 따라 D만 운반하게 된다.

Power up

ⓐ가 F나 G가 되어 제일 가벼운 H가 남아 있다고 해도 D의 무게와 H의 무게의 총 무게는 17kg 초과이므로 가장 무거운 D만 운반하게 된다.

② (×) 두 번째 운반 후에 ㉠은 적용되지 않는다.
→ 세 번째부터 B, C, D순으로 ㉠의 규칙만을 선택할 수 있어 후단 규칙에 따라 운반한다.(①해설 참조).

③ (×) ⓐ가 G라면 이후에 ©은 적용될 수 없다.
→ ⓐ가 G라면 세 번째부터 B, C, D, E까지 ㉠의 규칙만을 선택할 수 있어 후단 규칙에 따라 가장 무거운 상자만 운반된다. 이후 상자는 F와 H만 남게 되는데 이 경우 마지막에는 ㉠의 규칙(전단 규칙이 적용) 또는 ©규칙을 선택하여 F와 H가 함께 운반할 수 있으므로 ©은 적용될 수 있다.

④ (○) 두 번째 운반부터 상자를 모두 옮길 때까지 운반 횟수를 최소로 하려면 ⓐ가 H여서는 안 된다.
→ 앞서 살펴본 바와 같이 세 번째부터는 ㉠의 규칙만을 선택할 수 있어 후단 규칙에 따라 B부터 E까지 가장 무거운 상자만 1개씩 운반할 수 있을 뿐이다. 따라서 상자를 모두 옮길 때까지 운반 횟수를 최소로 하려면 마지막 차례에서 남은 2개의 상자가 함께 운반되어야 하는데 ⓐ가 H라면 F와 G가 남게 되어 ㉠의 규칙만 선택할 수밖에 없고 후단 규칙에 따라 하나씩 운반하게 되므로 운반 횟수를 최소로 할 수 없다. 따라서 두 번째 운반부터 상자를 모두 옮길 때까지 운반 횟수를 최소로 하려면 ⓐ가 H여서는 안 된다.

⑤ (×) 상자를 모두 옮길 때까지 전체 운반 횟수를 최소로 하기 위해서는 두 번째 운반에 ㉠을 적용해야 한다.
→ <상황>에서와 같이 두 번째 운반에 ©을 적용하든 나중에 적용하든 그 순서에 상관없이 ©규칙은 1회 한해 선택하여 F 이하의 상자 중에 3개의 합이 17kg 이하인 것으로 운반이 가능하다. 또한, ©규칙을 선택할 수 있는 경우에도 마지막에 남는 2개의 상자를 한번에 운반할 수 있는 경우에만 가능하므로 상자를 모두 옮길 때까지 전체 운반 횟수를 최소로 하기 위해서는 반드시 두 번째 운반에 ㉠을 적용해야 하는 것은 아니다.

---

12 •••••••••••••••••••••••••••••••• p.73

정답 ①

Point up

제시문에 주어진 <상황>의 두 번째 조건을 기준으로 '다음 종목 승점=이전까지의 승점의 합+10점(3번째 종목 이후)'을 통해 승점을 나열하여 <보기>의 정오를 판정하도록 한다. 특히, 승점의 규칙을 추론하여 계산에 활용한다면 효과적이다.

ㄱ. (○) 1번째 종목과 2번째 종목의 승점이 각각 10점, 20점이라면 8번째 종목의 승점은 1,000점을 넘게 된다.
→ 1번째 종목의 승점부터 나열하면 10점, 20점, 40점, 80점, 160점, 320점, 640점, 1280점으로 구성되므로 8번째 승점은 1,000점을 넘게 된다.

ㄴ. (×) 1번째 종목과 2번째 종목의 승점이 각각 100점, 200점이라면 8번째 종목의 승점은 10,000점을 넘게 된다.
→ 1번째 종목의 승점부터 나열하면 100점, 200점, 310점, 620점, 1,240점, 2,480점, 4,960점, 9,920점으로 구성되므로 8번째 승점은 10,000점을 넘지 못한다.

ㄷ. (○) 1번째 종목과 2번째 종목의 승점에 상관없이 8번째 종목의 승점은 6번째 종목 승점의 네 배이다.
→ 7번째 종목의 승점=6번째 종목의 승점×2이고 마찬가지로 8번째 종목의 승점=7번째 종목의 승점×2이므로 8번째 종목의 승점=6번째 종목의 승점×4이다. 아래 Power up 참고.

ㄹ. (×) 만약 3번째 종목부터 각 종목 우승 시 받는 승점이 그 이전 종목들의 승점을 모두 합한 점수보다 10점 더 적도록 구성한다면, 1번째 종목과 2번째 종목의 승점에 상관없이 8번째 종목의 승점은 6번째 종목 승점의 네 배보다 적다.
→ 이전 종목들의 승점을 합한 점수에서 10점을 더 적게 구성한다 해도, 8번째 종목의 승점은 6번째 종목의 승점의 4배가 된다. 아래 Power up 참고.

Power up

수열의 이웃한 항 사이의 관계식을 통해 승점을 구성하는 규칙을 살펴보기로 한다.(참고)
n번째 종목의 승점을 a_n, n번째 종목까지의 승점의 합을 S_n이라 할 때, <보기>ㄷ과 ㄹ과 관련한 승점 구성 방식은 다음과 같다.
$$a_{n+1} = S_n \pm 10$$
$$S_{n+1} - S_n = S_n \pm 10$$
$$S_{n+1} = 2S_n \pm 10$$
$$\therefore (S_{n+1} \pm 10) = 2(S_n \pm 10) \ (단, 복부호 동순)$$
따라서, 4번째 종목의 승점부터는 그 이전 종목의 승점에 2배를 한 결과와 같다.

---

13 •••••••••••••••••••••••••••••••• p.74

정답 ⑤

Point up

시차에 관한 문제이지만, 결국 시차를 반영하는 것은 회의 시작 시간을 서울 기준으로 환산하는 과정만 필요하고, 甲 → 乙 → 丙의 순서 그대로 이전 사무관의 업무 완료 시간으로부터 해당 사무관의 업무 완료 시간을 통해 각자의 업무 소요 시간을 파악하는 것이 중요하다. 특히, 각 사무관이 위치한 도시를 기준으로 시차를 반영한 불필요한 계산을 하지 않는 것에 주의한다.

☑ 사무관별 업무 소요 시간
甲: 오전 9시~오후 10시 → 총 13시간 소요
乙: 오후 10시~다음날 오후 3시 → 총 17시간 소요
丙: 다음날 오후 3시~모레 오전 10시 → 총 19시간 소요
따라서, 런던 기준으로 11월 1일 오전 9시 회의 시간은 서울 기준으로 환산하면 11월 1일 오후 6시이고, 각 사무관의 업무 소요 시간을 모두 합한 49시간(2일+1시간)을 반영하면, 11월 3일 오후 7시에 최종 마무리를 할 수 있다.

Power up

시차와 관련된 문제에서는 대체로 시각을 24시간제로 변환하여 계산하는 것이 편리하므로 참고하시기를 바란다.

14 ·· p.74

정답 ③

Point up

제시문에 주어진 <A국 ○○축제 상황>의 기간을 통해 윤년을 정하는 규칙 중에 규칙1을 제외한 다른 규칙은 관련이 없음을 예측하고, 평년과 윤년을 구분하여 요일의 변화를 추론하도록 한다. 특히, 요일의 변화는 해당 일수를 7로 나눈 나머지를 통해 쉽게 확인할 수 있다는 사실을 놓쳐서는 안 된다.

A국 ○○축제가 최장 18일 동안 개최되기 위해서는 <상황>에 따라 10월 1일이 일요일이 되어 10월 3일까지 연장하는 경우에만 가능하므로 그 해의 <u>9월 15일은 금요일</u>(일요일: 10월 1일 → 9월 24일 → 9월 17일)이 되어야 한다.

한편, 2015년 9월 15일이 화요일이므로 9월 15일이 금요일이 되기 위해서는 해의 총 일수를 7로 나눈 <u>나머지(평년은 +1, 윤년은 +2)</u>를 합산하여 총 3일, 10일 ,17일, … 이 되는 해에 가능하고, 윤년을 정하는 규칙1에 따라 2016년부터 판단하면 다음과 같다.

년도	2016년	17년	18년	19년	20년	21년	22년	23년
윤년 여부	윤년				윤년			
나머지	+2	+1	+1	+1	+2	+1	+1	+1

따라서, 2020년 이후 A국 ○○축제가 처음으로 18일 동안 개최되는 해는 <u>2023년</u>이다.

15 ·· p.75

정답 ③

Point up

점수 산정방식에서 '예측정답 개수와 실제정답 개수의 차이'가 예측정답 개수에서 실제정답 개수를 뺀 일방향의 차이값이 아님을 주의(절댓값의 의미임)하고 실제정답 개수가 동일한 갑과 정을 기준으로 비교하여 문항별 정오답을 빠르게 확정하는 것이 중요하다.

〈5명의 실제 정답 개수의 파악〉

이름	갑	을	병	정	무
예측정답 개수	9개	8개	10개	10개	7개
점수	100점	80점	70점	90점	80점
실제정답 개수	9개	6개 or 10개	7개	9개	5개 or 9개

우선, 갑과 정의 실제정답 개수가 9개로 동일한데 제출한 답안을 비교해 볼 때 1번과 2번의 답이 서로 다르므로 각각 1문항씩 틀린 것으로 보고 3번부터 10번까지는 모두 정답임을 확인할 수 있다. 따라서 a=1, b=5이어야 한다.

	1번	2번	3번	4번	5번	6번	7번	8번	9번	10번
갑	5	3	a=1	1	2	4	3	4	b=5	2
을	2	3	1	1	2	4	c	4	5	2
병	2	3	4	d	e	4	3	4	5	f
정	2	1	1	1	2	4	3	4	5	2
무	2	5	1	1	e	3	g	5	h	f

또한, 을의 경우 3번부터 10번까지의 답안을 정의 진한 박스부분(정답)과 비교하면 7번의 c를 제외하고도 이미 7개가 정답이므로 을은 실제로 모든 문항을 맞춘 것으로 확정할 수 있다. 따라서 c=3이다.

	1번	2번	3번	4번	5번	6번	7번	8번	9번	10번
갑	5(×)	3(○)	a=1	1	2	4	3	4	b=5	2
을	2	3	1	1	2	4	c=3	4	5	2
병	2(○)	3(○)	4(×)	d	e	4(○)	3(○)	4(○)	5(○)	f
정	2	1	1	1	2	4	3	4	5	2
무	2(○)	5(×)	1(○)	1(○)	e	3(×)	g	5(×)	h	f

한편, 병은 오픈되어 있는 문항에서 이미 6개가 정답이므로 d, e, f 중에서 1개만 정답이어야 하고, 무의 경우에는 실제정답의 개수가 9개가 될 수는 없으므로 5개로 확정하고 e, g, h, f 중에서 2개만 정답이어야 한다.

① (×) a=3이다.
② (×) h가 b와 같은 5이어야 하는 것은 아니다.

Power up

h는 오답이어도 e와 g가 정답이거나 g와 f가 정답이라면 병과 무의 상황을 모두 충족시킬 수 있으므로 h가 반드시 정답이어야 하는 것은 아니다.

③ (○) d=1인 경우에 e와 f는 모두 오답이고 같은 알파벳을 사용한 무의 경우에도 오답이 되므로 반드시 g와 h는 정답이 되어야 하므로 옳은 내용이다.
④ (×) g가 c와 같은 3이어야 하는 것은 아니다.

Power up

g가 오답이어도 e와 h가 정답이거나 h와 f가 정답이라면 병과 무의 상황을 모두 충족시킬 수 있으므로 g가 반드시 정답이어야 하는 것은 아니다.(②선지와 유사)

⑤ (×) d=1인 경우에는 e와 f가 모두 2가 아닐 수도 있다.

Power up

e와 f가 모두 오답이라 해도 g와 h가 정답이 되면 병과 무의 상황을 모두 충족시킬 수 있다.

16 ··· p.75

정답 ③

Point up

A팀과 B팀 간의 시간 속도는 甲국을 기준으로 하여 경과시간을 확인할 수 있는 사건 사이의 소요시간으로 판정한다.

ㄱ. (○) 甲국에서 <건물진입>사건이 발생했을 때부터 <목표물확보>사건이 발생했을 때까지 총 90분이 경과하는 동안 A팀에서는 총 108분이 경과하였다. 한편 甲국에서 <건물진입>사건이 발생했을 때부터 <차량탑승>사건이 발생했을 때까지 총 130분이 경과하는 동안 B팀에서는 총 234분이 경과하였다. 따라서 甲국을 기준으로 한 A팀과 B팀의 시간 속도의 비율은 $\frac{108분}{90분}$(=1.2분) : $\frac{234분}{130분}$(=1.8분)=2 : 3이다. 그러므로 A팀의 시간으로 2시간은 B팀의 시간으로는 3시간이다.

ㄴ. (○) A팀은 <건물진입>사건이 발생했을 때부터 <공항도착>사건이 발생했을 때까지 총 4시간 48분이 경과하였다. 이를 B팀의 시간 속도로 환산하면 4시간 48분×3/2=7시간 12분이 된다. 따라서 B팀의 <공항도착>사건이 발생했을 때는 <건물진입>사건이 발생했을 때인 10시 42분부터 7시간 12분이 경과한 17시 54분이다.

ㄷ. (×) 甲국은 시작시각인 0시를 기준으로 할 때 첫 사건이 발생한 <건물진입> 시까지 총 4시간이 경과한 상황이므로 이를 A팀과 B팀에 각각 환산하여 <건물진입>사건이 발생한 시각으로부터 거슬러 올라가면 각 팀의 하루의 시작시각을 판정할 수 있다. 따라서 A팀의 경우에는 <건물진입>사건이 발생했던 10시 48분에서 甲국의 4시간을 1.2배로 환산한 4시간 48분 전으로 6시가 하루의 시작시각이 된다. 한편 B팀의 경우에는 <건물진입>사건이 발생했던 10시 42분에서 甲국의 4시간을 1.8배로 환산한 7시간 12분 전으로 3시 30분이 하루의 시작시각이 된다.

그러므로 A팀이 설정한 하루의 시작시각과 B팀이 설정한 하루의 시작시각의 차이는 2시간 30분이다.

Speed up

A팀과 B팀의 시간 속도차이는 甲시간을 기준으로 1분당 0.6분 차이가 난다. 따라서 甲시간으로 4시간인 240분 동안은 144분(240분×0.6) 차이가 나고 A팀과 B팀의 하루의 시작시각이 144분 차이(B팀이 144분 이르다)였다면 두 팀의 <건물진입>사건

이 발생했을 시각이 동일했어야 한다. 그러나 A팀의 사건 발생 시각이 B팀보다 6분이 더 경과한 사실을 감안할 때 환산시간 차이보다 B팀의 하루시작시각이 6분이 더 빨랐음을 추론할 수 있다. 그러므로 A팀과 B팀의 하루시작시각은 150분 차이가 난다. 이렇듯 비율과 차이를 감안하여 판정한다면 A팀과 B팀의 하루의 시작시각을 정확히 구해야 할 필요는 없다.

17 ··· p.76

정답 ①

Point up

원문을 암호화하는 과정을 역순으로 원문을 추리하되 암호문 각 열에 대응하는 문자 중에 정오판정에 필요한 부분만 추려서 빠르게 판정한다.

제시문의 예시인 B<u>U</u>S<u>I</u>NESS에서 1열에 대응하는 문자만 따져 본다.

(1) 암호화 1단계 : 표에서 원문자에 해당하는 변환수를 1열의 각 행에 순서대로 나타낸다.

2	21	19	9
14	5	19	19

(2) 암호화 2단계 : 1단계 변환수에서 '1행 값+2×2행 값'을 다시 1행에, '3×1행 값+4×2행 값'을 다시 2행에 나타낸다.

1×2+2×14=30 (A)	31	57	47
3×2+4×14=62 (B)	83	133	103

결국 암호화 2단계에서 각 열을 기준으로 1행 값과 2행 값의 차이를 2로 나누면 표에서 원문자에 해당하는 변환수의 합이 된다.

Power up

(2) 암호화 2단계 표에서 (B)−(A)=2×(2+14)=32이므로 (B)−(A)/2=2+14이다.

따라서 <보기>의 2열의 각 행의 값의 차이는 100이고 2로 나눈 값이 50이므로 원문자의 2번째와 7번째 변환수의 합이 50이 되어야 한다. 선지 중에 ①번과 ②번만이 이에 해당(W : 23, _ : 27)하고 3열의 각 행의 차이를 2로 나눈 값은 20이므로 원문자의 3번째와 8번째 변환수의 합이 20이 되는 ①번이 암호문을 올바르게 해석(E : 5, O : 15)한 원문이 된다.

18 •• p.76

정답 ①

제시문 상황의 내용을 위에서부터 <상황1>부터 <상황5>로 설명하기로 한다.

ㄱ. (○) <상황4>와 <상황5>의 기준에 따라 甲은 제2절 '과학' 기술정책의 특성과 시민참여에 해당하는 절은 모두 읽어야만 하므로 최소한 20쪽 이상을 읽는다.

ㄴ. (✕) 甲이 3월 3일 제6절까지 읽은 상황에서 3월 4일에는 최대한 제10절 평가지표 전환을 위한 정책방향까지 읽을 수 있고(제11절을 읽는 경우에는 62쪽~103쪽까지 총 42쪽을 읽어야 하므로 <상황4>의 기준인 최대 40쪽을 초과하게 되므로 불가능하다), 이어서 3월 5일에 끝까지 다 읽기 위해서는 92쪽~133쪽의 분량으로 43쪽을 읽어야 하는 상황이므로 <상황4>의 기준에 충족하지 못한다. 따라서 甲은 3월 5일까지 책 A를 다 읽을 수 없다.

ㄷ. (✕) 각 <상황>조건에 따라 하루에 읽을 수 있는 최대 분량으로 책을 읽어나가는 경우 일수별 양을 정리하면 다음과 같다.
　① 1일차 : 제4절 서론까지(~p.33, 쪽수 33쪽)
　② 2일차 : 제8절 서론까지(p.34~67, 쪽수 34쪽)
　③ 3일차 : 제12절 과학기술연구와 경제성장 간의 관계 (p.68~106, 쪽수 39쪽)
　④ 4일차 : 제14절 맺음말 : 정책적 시사점(p.107~133, 쪽수 27쪽)
따라서 甲이 책 A를 다 읽으려면 최소 4일이 걸린다.

Speed up

책 읽는 분량을 구분할 때, 1) '과학' 또는 '정책' 단어가 포함된 절 단위로 먼저 끊어본 후 판단하고, 다음으로 2) 최대 쪽수(40쪽)를 넘어서는지 아닌지를 점검하는 것이 편리하다.

19 •• p.77

정답 ③

㉠ (✕) 최소한의 경기로 우승할 수 있는 팀은 총 3게임을 진행하는 A, B, C, D, K팀으로 5개의 팀이 해당되지만, 부전승에 위치한 K팀은 8경기 → 9경기 → 10경기로 매일 게임이 진행되므로 이틀 연속 경기를 진행하지 않는 조건에 위반되어 제외된다. 따라서, 이틀 연속 경기를 하지 않으면서 최소한의 경기로 우승할 수 있는 자리는 A, B, C, D로 총 4개이다.

㉡ (✕) 두 번째 경기 전까지 3일 이상을 쉬는 자리는 첫 번째 경기 이후 최소 4일 이후에 경기를 진행하는 자리에 해당하므로, 토너먼트의 위에서 아랫방향으로 표시된 경기 수의 차가 4 이내인 자리를 찾으면 된다. 따라서, A와 B자리(6경기－1경기＝5일차), C와 D자리(6경기－2경기＝4일차), E와 F자리(7경기－3경기＝4일차)가 해당한다. 따라서, 두 번째 경기 전까지 3일 이상을 경기 없이 쉴 수 있는 자리는 총 6자리이므로 그 자리에 배정될 확률은 $\frac{6}{11}$ 으로 50%를 초과한다.

Power up

G, H, I, J 자리는 첫 번째 게임에서 승리한 후 3일 이후, K 자리는 연이어 바로 다음날 경기를 진행하게 된다.

㉢ (○) 총 4번의 경기를 치러야 우승할 수 있는 자리는 E, F, G, H, I, J 자리로 총 6자리이므로 그 자리에 배정될 확률은 $\frac{6}{11}$ 이고, 총 3번의 경기를 치르고 우승 할 수 있는 자리는 A, B, C, D, K 자리로 총 5자리이므로 그 자리에 배정될 확률은 $\frac{5}{11}$ 이다. 따라서, 총 4번의 경기를 치러야 우승할 수 있는 자리에 배정될 확률이 더 높다.

20 •• p.77

정답 ④

제시문의 주어진 방정식의 표현 방식을 수학자별로 정리하면 다음과 같다.

	카르다노	스테빈	기랄드	헤리옷
ax^3	acub⁹	$a^③$	a(3)	a · xxx
bx	breb⁹	$b^①$	b(1)	b · x
+	p:	+	+	+
=	aeq̄lis	egales á	=	=

위에 정리된 표현 방식에 따라 방정식 『$x^3 + 4x + 2 = 0$』을 표현한 <보기>의 내용을 살펴보면 아래와 같다.

ㄱ. (○) 카르다노는 cub⁹ p: 4reb⁹ p: 2 aeq̄lis 0이라고 썼을 것이다.

ㄴ. (○) 스테빈은 $1^③ + 4^① + 2$ egales á 0이라고 썼을 것이다.

ㄷ. (✕) 기랄드는 1(2)+4(1)+2=0이 아니라 1(3)+4(1)+2=0이라고 썼을 것이다.

ㄹ. (○) 헤리옷은 xxx＋4· x+2=0이라고 썼을 것이다.

21 •• p.78

정답 ⑤

㉠ <대화>내용을 통해 접수일 현재 2019년 12월 20일이고 품질인증서는 접수일로부터 3주 후에 발급이 되므로 발급연도는 <u>2020년</u>이다.

20	㉡	㉢	㉣

ⓒ <대화>내용을 통해 신청유형은 <u>2개 사유(**공장주소변경**(6C) → **기간만료 후**(4B))</u>에 해당하는 재발급이고 각주 내용에 따라 코드에 포함된 숫자가 큰 코드를 먼저 기재한다.

20	6C4B	ⓒ	ⓔ

ⓓ <대화>내용을 통해 재발급을 신청하려는 분야는 **토목**이다.

20	6C4B	CD	ⓔ

ⓔ <대화>내용을 통해 발급년도를 기준으로 <u>공장소재지는 **베트남(아시아)**</u>이다.

20	6C4B	CD	FA

Speed up

<품질인증서번호 부여 규칙>에 따라 ㉠코드를 결정하는 것으로 선택지 ④번과 ⑤번만이 남게 되고 ㉡코드의 시작 숫자만 파악한다면 쉽게 정답을 가려낼 수 있다.

---

22 •••••••••••••••••••••••••••••••••••• p.79

정답 ①

① (×) 세수 : '세수'를 제외한 다른 아침 일과들로 21분을 완전히 채울 수 없으므로 포함될 수 없다.

② (○) 머리 감기 : '머리 감기'는 '머리 말리기'와 함께 수행하는 일과이므로 총 8분이 소요되고, 나머지 17분은 '샤워(10분)'와 '몸치장하기(7분)'로 25분을 쉼 없이 수행할 수 있으므로 머리 감기는 포함될 수 있다.

Power up

남은 17분은 '주스 만들기(15분)'와 '양말 신기(2분)'로도 수행할 수 있다. 따라서, 선택지 ④번 '몸치장하기'와 ⑤번의 '주스 만들기'도 수행할 수 있는 일과임을 확인할 수 있다.

③ (○) 구두 닦기 : '구두 닦기'를 제외한 나머지 20분은 '샤워(10분)'와 '머리 감기+머리 말리기(8분)', 그리고 '양말 신기(2분)'로 25분을 쉼 없이 수행할 수 있으므로 포함될 수 있다.

④ (○) 몸치장하기

⑤ (○) 주스 만들기

---

23 •••••••••••••••••••••••••••••••••••• p.79

정답 ⑤

☑ **부결 조건과 가결 조건의 정리**

ⅰ) 부결 : 재적의원 210명의 1/3 이상 → 기권표 70표 이상

ⅱ) 가결 : 기권표는 최소 0표에서 최대 69표까지 가능하므로 기권표를 제외한 표중에서 찬성표가 50%를 초과해야 함

－ 기권표 69표인 경우 : (210−69)/2=70.5이므로 찬성표는 71표 이상

－ 기권표가 0표인 경우 : 210/2=105이므로 찬성표는 106표 이상

ㄱ. (×) 70명이 기권하면 안건은 부결된다.

ㄴ. (×) 기권표가 0표인 경우 반대표가 104표라 하더라도 찬성표가 106표가 되므로 안건은 가결된다.

ㄷ. (○) 141명이 찬성한 경우, 남은 표가 모두 기권표(69표)라 하여도 부결되지 않고, 모두 반대표라 하여도 찬성표가 50%를 초과(106표 이상)하므로 안건은 가결된다.

ㄹ. (○) 기권표가 69표로 최대인 경우에 안건이 가결될 수 있기 위해서는 71표 이상의 찬성표를 필요로 한다.

---

24 •••••••••••••••••••••••••••••••••••• p.80

정답 ①

> ┌─ **수신 신호** ─┐
>
> 오염된 숫자 : 0<u>1</u>0111, 00000<u>1</u>, 11100<u>1</u>, <u>1</u>00000
>
> 오염된 숫자 변환 : 000111, 000000, 111000, 000000
>
> JK3의 이동 방향 : 동 → 북 →서 → 북

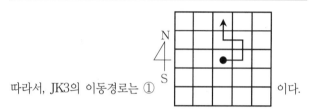

따라서, JK3의 이동경로는 ①   이다.

---

25 •••••••••••••••••••••••••••••••••••• p.80

정답 ①

ㄱ. (○) 모든 면에 1개의 점을 새긴 후 남은 점 4개를 한 면에 모두 새긴다 하여도 5개의 점이 최대이므로 옳은 내용이다.

ㄴ. (×) 모든 면의 점의 수가 다른 경우에 점의 총 수는 21개인데, 점의 수가 같은 면이 있는 경우를 고려한다면 점의 총 수가 21개인 방법이 1가지밖에 없는 것은 아니다.

Power up 1, 2, 3, 4, 5, 6에서 최소 1개의 점의 수는 유지하면서 개수를 변화시키는 방법은 (1, 1, 4, 4, 5, 6), (1, 1, 2, 5, 6, 6) … 등 다양하다.

ㄷ. (×) 앞선 ㄴ에서와 같이 모든 면의 점의 수가 다른 경우에 점의 총 수는 21개인데 추가로 3개의 점을 새겨야 하는 경우에는 최소 2개의 면은 점의 수가 같아지게 된다.

Power up 1, 2, 3, 4, 5, 6에서 (1+3, 2, 3, 4, 5, 6) 또는 (1+2, 2+1, 3, 4, 5, 6) 등이 있다.

ㄹ. (×) 앞선 ㄴ에서와 같이 모든 면의 점의 수가 다른 경우에 점의 총 수는 21개인데, 그중 1개의 점이 줄어든 상황을 고려하면 3개 이하인 점을 새긴 면이 3개로도 가능한 반례를 쉽게 찾아낼 수 있다. 1, 2, 2, 4, 5, 6 등이 가능하다.

조건판단 ― 배치결정형(선정, 조합, 순서)

▶ 3.1 배치결정(선정, 조합, 순서)

01 ·· p.84

정답 ①

Point up

보고 순서의 기준을 원칙부터 예외 순으로 파악하되 보고 예정인 개정안의 순서를 파악하는 경우에는 역으로 예외부터 적용하여 판정한다.

개정안명	소관 부서	보고자	보고 순서
A법 개정안	예산담당관	甲사무관	4순위(일반 원칙에 따라 '법' 우선 보고)
B법 개정안	기획담당관	乙과장	2순위(부서명의 가나다 순으로 A법 개정안보다 먼저 보고)
C법 시행령 개정안	기획담당관	乙과장	3순위(2순위 보고의 소관 부서와 동일하므로 연속 보고)
D법 시행령 개정안	국제화담당관	丙국장	1순위(국장이 보고자인 경우 최우선)
E법 시행규칙 개정안	예산담당관	甲사무관	5순위

따라서 네 번째로 보고되는 개정안은 'A법 개정안'이다.

02 ·· p.84

정답 ②

Point up

<상황>에서 甲이 수리하고자 하는 항목별 위치(창호: 내부, 쉼터: 외부)를 파악하고 각 사업별 지원기준에 따라 지원금을 계산한다.

☑ 사업A의 지원금: 외부에 해당하는 쉼터의 소요비용 900만 원 중에서 10%를 제외한 810만 원을 지원함. 내부 지원×

☑ 사업B의 지원금: 쉼터 50만 원과 창호의 소요비용 500만 원 중에서 50%를 제외한 250만 원을 합쳐 총 300만 원 지원함.

따라서 甲은 지원금이 810만 원인 사업A를 선택할 것이다.

03 ·· p.85

정답 ④

Point up

각 과목별 성적의 우열관계를 기초로 판정하되 후순위의 합격은 선순위의 합격을 보장하지만 그 반대의 경우에는 합격을 단정할 수 없는 점에 주의한다. 특히 응시자 B의 합격여부에 주목한다.

- 전공시험 점수: A > B > E | C > D
- 영어시험 점수: E > F > G
- 적성시험 점수: G > B, C

① (×) A(선순위)가 합격하였다고 B(후순위)도 합격했다고 단정할 수 없다. 즉, 합격자가 응시자 A만이 될 수도 있기 때문이다.

② (×) G(선순위)가 합격하였다고 C(후순위)도 합격했다고 단정할 수 없다. 단, G가 합격한 경우에 B는 적성시험에서 후순위일지라도 반드시 합격했어야 한다. 그렇지 않으면 영어시험 점수에서 G보다 선순위인 E는 합격이지만 전공시험에서 E보다 선순위인 B가 불합격이 되는 모순이 발생하기 때문이다.

③ (×) A와 B가 합격하였다면 E, F, G도 반드시 합격했겠지만 C와 D는 합격했다고 단정할 수 없다. 왜냐하면 C가 B보다 후순위인 경우에는 합격을 보장할 수 없기 때문이다.

④ (○) B와 E가 합격하였다면, 적성시험에서 B의 선순위인 G도 합격이 보장되고 영어시험에서 G의 선순위인 F도 합격이 보장되기 때문에 F와 G도 합격했다고 단정할 수 있다.

⑤ (×) B가 합격하였다면, B보다 선순위인 G, F, E, A도 모두 합격했다고 단정할 수 있으므로 B를 포함하여 최소한 5명이 합격한 사실만을 확정할 수 있다.

Power up & Speed up

각 과목별로 합격자 간의 순위는 알 수 없지만 그 인원은 모두 같아야 하기 때문에 각 과목에서 공통되는 응시자들을 매개로 하여 꼬리물기 식으로 우열을 나타내 판정할 수도 있다.(A > B > E > F > G > B, C > D) 즉, B가 합격한다면 E, F, G는 그보다 후순위인 응시자들이지만 모두 합격해야 한다는 사실을 쉽게 알 수 있다. B가 합격도 하고 불합격도 하는 모순을 일거에 제거할 수 있기 때문이다.

04 .... p.85

정답 ⑤

Point up

각 집의 면적당 재료별 비용과 추가 재료 비용을 합쳐 총 비용을 파악하고 아기 돼지 삼형제의 집의 면적을 결정한 후 둘째 집의 재료 비용이 가장 많이 나오도록 하는 데 영향을 주는 요소(나무집 추가 비용)를 고려하여 판정한다.

〈면적당 재료별 비용과 추가 재료 비용〉

구 분	벽돌	나무	지푸라기
1개당 가격(원)	6,000	3,000	1,000
1m²당 필요 개수	15	20	30
1m²당 재료 비용(만 원)	9	6	3
추가 재료 비용(만 원)		20	5

둘째 돼지집을 $x\text{m}^2$라 하면 첫째 돼지집은 $2x\text{m}^2$가 되고 셋째 돼지집은 $\frac{2}{3}x\text{m}^2$가 된다. 삼형제 집의 면적의 총합인 11m^2을 만족하는 x를 구하면 3m^2이다. 그러므로 첫째 돼지집은 6m^2, 둘째 돼지집은 3m^2, 셋째 돼지집은 2m^2이다.

Power up

첫째 돼지집과 둘째 돼지집의 2배 관계를 기준으로 1m^2씩 늘려가며 조건에 부합하는 면적을 찾아내는 것이 훨씬 효율적이다.

따라서 둘째 돼지집의 재료 비용이 가장 많이 들기 위해서는 1m^2당 재료 비용 차이(3만 원)에 상관없이 추가 재료 비용이 20만 원이 소요되는 나무집(총 비용 38만 원)이 되어야 하고 첫째 돼지집은 지푸라기 집(총 비용 23만 원), 셋째 돼지집은 벽돌집(총 비용 18만 원)이 된다.

05 .... p.86

정답 ①

Point up

1주간 총 근무시간(40T)과 1일 최대 근무시간(12T) 및 최소 근무시간(4T)을 충족시키지 못하는 직원을 찾아 소거하는 방식으로 판정한다. 이때 식사시간을 포함하여 업무를 종료하는 경우에는 식사시간을 차감하는 것에 주의한다.

요일 직원	월	화	수	목	금
甲	08:00~18:00(9T)	08:00~18:00(9T)	09:00~13:00(3T) 1일 최소 근무시간(4T) 충족×	08:00~18:00(9T)	08:00~18:00(9T)
乙	08:00~22:00(12T)	08:00~22:00(12T)	–	08:00~22:00(12T)	08:00~12:00(4T)
丙	08:00~24:00(14T) 1일 최대 근무시간(12T) 충족×	08:00~24:00(14T) 1일 최대 근무시간(12T) 충족×		08:00~22:00(12T)	–
丁	06:00~16:00(9T)	08:00~22:00(12T)	–	09:00~21:00(10T)	09:00~18:00(8T)
		1주간 총 근무시간(40T) 충족×			

따라서 〈유연근무제〉에 따라 근무계획이 승인될 수 있는 사람은 乙뿐이다.

06 .... p.86

정답 ⑤

Point up

포획·채취 금지 고시의 대상에서 제외하는 항목 중에 어느 하나라도 해당하는 수산자원은 〈기준〉에서 소거하여 판정한다.

〈기 준〉

수산자원	금지기간(소비촉진 기간에 해당하면 ×)	금지지역(지역경제활성화 지역에 해당하면 ×)
대구	5월 1일 ~ 7월 31일 (×)	A, B
전어 (×)	9월 1일 ~ 12월 31일	E, F, G
꽃게	6월 1일 ~ 7월 31일 (×)	A, B, C
소라	3월 1일 ~ 5월 31일	E, F (×)
	5월 1일 ~ 6월 30일 (×)	D, G
새조개	3월 1일 ~ 3월 31일	H

Power up

금지기간이 3월 1일부터 5월 31일까지인 소라의 경우 소비촉진 기간에 일부 기간이 걸쳐 기간만으로는 제외여부가 불확실하지만 지역경제활성화 지역에 해당하는 점을 이유로 제외시킬 수 있다. 따라서 2021년 포획·채취 금지 고시의 대상이 되는 수산자원은 새조개이다.

07 ·· ▶ p.87

정답 ⑤

Point up

각 과의 총원을 빠르게 파악하고 각 과별로 부여된 내선번호의 구간을 확정하여 乙, 丙, 丁의 소속 과와 총원을 판정한다.

☑ 사전 정보 파악

- A부서는 제1과부터 제4과까지 4개 과, 총 35명으로 구성되어 있다.
- A부서 각 과 총원은 과장 1명을 포함하여 7명 이상이며, 그 수가 모두 다르다.
  - → 7명+8명+9명+10명=34명이므로 각 과의 총원은 7명, 8명, 9명, 11명으로 확정할 수 있다.
- A부서에 '부여'된 내선번호는 7001번부터 7045번이다.
  - → 내선번호는 총 45개이므로 총원에 비해 10개가 더 부여되었다.

┌ 대화 ┐

甲: 홈페이지에 내선번호 알림을 새로 해야겠네요. 저희 과는 9명이고, 부여된 내선번호는 7016 ~ 7024번입니다.

乙: 甲주무관님 과는 총원과 내선번호 개수가 같네요. 저희 과 총원이 제일 많은데, 내선번호는 그보다 4개 더 있어요.
  → 총원 11명, 내선번호 15개(01~15번)로 1과로 확정하고(∵ 25~39번이라면 40~45번까지의 내선번호를 부여할 수 없음) 甲이 2과로 확정됨.

丙: 저희 과는 총원보다 내선번호가 3개 더 많아요. 아, 丁주무관님! 제 내선번호는 7034번이고, 저희 과장님 내선번호는 7025번이에요.

丁: 저희 과장님 내선번호 끝자리와 丙주무관님 과의 과장님 내선번호 끝자리가 동일하네요.
  → 丁과는 4과로 내선번호는 35~45번까지 총 11개가 부여됨. 총원보다 더 많이 부여된 내선번호 10개 중에 甲과가 4개, 丙과가 3개 더 부여받았으므로 丁과가 나머지 3개를 더 부여받았음을 알 수 있어 총원을 8명으로 확정 가능함. 따라서 丙과의 총원이 7명이고 내선번호는 25~34번까지 부여받았음을 모두 확정할 수 있음.

이상의 내용을 정리하면 다음과 같다.

과	1과	2과	3과	4과
직원	乙	甲	丙	丁
총원	11명	9명	7명	8명
내선번호 (5총원대비 추가개수)	01~15번 (+4개)	16~24번 (−)	25~34번 (+3개)	35~45번 (+3개)

08 ·· ▶ p.87

정답 ②

Point up

<2020년도 A기관 직원 건강검진 기록>을 토대로 2022년도 나이를 고려하여 검진항목별 대상자임을 판정한다. 특히, 검진주기가 2년인 검진항목은 최초 검진대상인 해에 검진을 받았는지 여부로 검진주기를 판단한다.

〈A기관 건강검진 프로그램〉 (성별, 2022년도 나이, 2022년도 검진항목)

검진항목	대상	주기	甲(여, 30, −)	乙(남, 47,위)	丙(여, 42,간)	丁(남50,심장)	戊(여56,대장)
위	40세 이상	2년	×	O	×	×	×
대장	50세 이상	1년	×	×	×	O	O
심장	45세 이상	2년	×	×	×	O	×
자궁경부	30세 이상 45세 미만 여성	2년	△	×	×	×	×
간	40세 이상 간암 발생 고위험군	1년	×	×	O	×	×

Power up

甲은 2022년도에 최초 검진대상이 되는 자궁경부에 대해서는 다음해에 검진을 받을 수도 있으므로 2022년도에 건강검진을 받아야 하는 것으로 확정할 수 없다.

09 ·· ▶ p.88

정답 ④

Point up

<일반하역사업의 최소 등록기준>을 충족하는 사업자를 대상으로 등록요건에 해당하는 사업자를 선정한다. 특히 3급지 항에 대한 완화조건에 주의하고 평가액 종류에 따른 금액을 정확히 파악하는 것이 중요하다.

사업자	항만(급지)	자본금	시설	시설평가액	본인소유여부	본인소유시설평가액총액 충족여부	하역시설(A, B, C)평가액총액 충족여부
甲	부산항(1)	2억 원(×)(최소 자본금 3억 원에 미달)	B	4억 원	○		
			C	2억 원	○		
			D	1억 원	×		
			E	3억 원	×		
乙	광양항(1)	3억 원	C	8억 원	○	8억 원>	8억 원>
			E	1억 원	×	10억 원 ×2/3 (C)→ 충족O	11억 원 ×2/3 (C)→ 충족O
			F	2억 원	×		
丙	동해·묵호항(2)	4억 원	A	1억 원	○	5억 원>	5억 원<
			C	4억 원	○	5억 원 ×2/3 (A+C) → 충족O	8억 원 ×2/3 (A+C) 충족×
			D	3억 원	×		
丁	대산항(3)	1억 원 (총 시설 평가액 5천만 원으로 완화)	A	6천만 원	○	7천만 원>	8천만 원>
			B	1천만 원	×	5천만 원 ×2/3 (A+C) → 충족O	9천만 원 ×2/3 (A+B+C) → 충족O
			C	1천만 원	×		
			D	1천만 원	○		

따라서 일반 하역사업 등록이 가능한 사업자는 乙과 丁이다.

10 · p.88

정답 ③

Point up

A부서 소속 직원들이 새로 받게 될 도서의 종류를 빠르게 결정하기 위해서는 <대화>의 판단 순서가 중요하다.

※ 판단 순서에 따라 제시문에 주어진 <대화>의 순서를 임의로 조정함.

대화

乙 : 나는 4권의 책을 모두 받았어.
　→ 乙은 4권의 책을 모두 받았다고 하였으므로 법령집, 백서, 판례집, 민원 사례집을 각 1권씩 모두 받았다.
丁 : 나는 책을 1권도 받지 못했어.
丙 : 나는 법령집은 받았지만 판례집은 받지 못했어.
戊 : 나는 丙이 받은 책은 모두 받았고, 丙이 받지 못한 책은 받지 못했어.
　→ 丙과 戊가 받은 책이 동일한데 민원 사례집은 1권만이 남아있어 같이 받을 수는 없으므로 법령집과 백서를 받은 것임을 알 수 있다.
甲 : 나는 책을 1권만 받았어.
　→ 甲은 남아 있는 민원 사례집을 받은 것으로 확정된다.

결론적으로 A부서 소속 직원이 새로 받은 도서는 아래와 같다.
－ 甲 : 민원 사례집
－ 乙 : 법령집, 백서, 판례집, 민원 사례집
－ 丙 : 법령집, 백서
－ 丁 : ×
－ 戊 : 법령집, 백서

① (○) 법령집을 받은 사람은 백서도 받았다.
② (○) 甲은 丙보다 민원업무가 많다.
③ (×) 甲은 민원 사례집 1권을 받았고, 戊는 법령집과 백서 총 2권을 받았으므로 甲은 戊보다 많은 도서를 받지 못했다.
④ (○) 丁은 乙보다 근속연수가 길다.
⑤ (○) 乙이 보유하고 있던 법령집은 甲이 보유하고 있던 법령집보다 발행연도가 빠르다.

11 · p.89

정답 ⑤

Point up

제시문에 주어진 <상황>과 <자기소개>를 토대로 5명의 직장의 성별과 나이, 직업에 대해 판정한다. 특히, 나이조건(<상황6>)과 매칭 직업(<상황5>)을 핵심조건으로 활용하는 것이 중요하고 확정할 수 없는 부분이 있다면 가능성만 열어 둔 채로 선택지를 통해 정오를 판정하는 것이 효율적이다.

제시문의 주어진 <상황>을 위에서부터 순서대로 <상황1>에서 <상황7>로 설명하기로 한다.

★ <상황>을 적용하는 순서에 따라 자기소개의 순서를 임의로 조정함

자기소개

戊 : 제가 이 중 막내네요. 저는 요리사입니다.
　→ <상황6>에서 26세는 여성이다. 따라서 戊는 26세, 여성, 요리사로 확정된다.
乙 : 저는 방송업계에서 일하는 남성입니다.
　→ <상황6>에서 남성의 나이는 28세, 30세, 34세가 되는데 甲과 丙의 진술을 통해 30세임을 확인할 수 있고, <상황5>에 따라 직업은 라디오작가임을 알 수 있다. 따라서 乙은 30세, 남성, 라디오작가로 확정된다.
丁 : 반갑습니다. 저는 방송업계에서 일하는 여성입니다.
　→ 앞선 戊와 乙의 확정된 사항을 통해 丁은 34세, 여성, TV드라마감독으로 확정된다.
甲 : 안녕하세요. 저는 32세이고 의료 관련 일을 합니다.
丙 : 저는 20대 남성입니다.
　→ 甲은 32세, 남성, 의사(혹은 간호사)이고, 丙은 28세, 남성, 간호사(혹은 의사)임을 확인할 수 있다. 즉 甲과 丙의 직업은 확정할 수 없는 상황이다.

① (○) <u>TV드라마감독</u>은 <u>乙</u>보다 네 살이 많다.
　　　→ 丁(34세)　→ 30세

② (○) <u>의사와 간호사</u> 나이의 평균은 30세이다.
　　　→ 의사와 간호사가 될 수 있는 사람은 甲(32세)과 丙
　　　(28세)이므로 두 사람의 나이의 평균은 30세이다.

③ (○) <u>요리사와 라디오작가</u>는 네 살 차이이다.
　　　→ 戊(26세)　→ 乙(30세)

④ (○) <u>甲의 나이</u>는
　　　→ 32세
　　　<u>방송업계에서 일하는 사람들 나이의 평균</u>과 같다.
　　　→ 乙(30세)과 丁(34세)의 평균 32세

⑤ (×) <u>丁</u>은
　　　→ 34세
　　　<u>의료계에서 일하는 두 사람 중 나이가 적은 사람보다</u>
　　　두 살 많다. 　　　→ 丙(28세)
　　　→ **여섯 살 많다.**

12 .... p.89

정답 ②

Point up

제시문에 주어진 조건에 따라 '모호'에 해당하기 위해서는 3명 중 <u>반드시 한 쌍만 '위아래 관계'</u>이어야 한다는 점에 집중한다. 특히, 3명 그룹에 戊(출생연도와 입학연도가 유일함)가 포함되어 있게 되면 누구와도 '위아래 관계'만 만족(戊가 아랫사람)할 뿐 '동갑'관계는 성립하지 않으므로 '모호'관계를 형성할 수 없다는 사실도 파악하는 것이 중요하다.

☑ 戊를 제외한 4명의 관계 중에 '동갑'인 경우
– 두 사람이 <u>태어난 연도가 같은 경우</u> 초등학교 입학년도에 상관없이 '동갑' 관계가 된다.
　→ 乙과 丙, 甲과 丁
– 두 사람이 태어난 연도가 다르더라도 초등학교 <u>입학년도가 같고 생년월일의 차이가 1년 미만</u>이라면 '동갑' 관계가 된다.
　→ 甲과 乙, 乙과 丁, 丙과 丁

☑ 戊를 제외한 4명의 관계 중에 <u>'위아래'</u>인 경우
– 두 사람이 태어난 연도가 다른 경우 '위아래' 관계가 된다. 이때 생년이 더 빠른 사람이 '윗사람', 더 늦은 사람이 '아랫사람'이 된다.
　→ 甲과 丙

따라서, '위아래' 관계를 형성하는 甲과 丙이 포함되어 있어야 하므로 <보기>에서 ㄱ과 ㄷ이 '모호'에 해당한다.

ㄴ. 甲, 乙, 丁의 경우는 모두 '동갑'관계이므로 '명확'에 해당하고, ㄹ. 乙, 丁, 戊의 경우는 乙과 丁이 동갑이고, 戊에 대해서는 모두 윗사람이 되므로 역시 '명확'에 해당한다.

13 .... p.90

정답 ④

Point up

각 기초지방자치단체별로 평가항목당 점수를 합산한 후 가점과 감점을 반영하여 최종점수가 가장 고득점인 지자체를 결정한다. 이때 가감점 모두 중복부여가 가능하므로 해당하는 사항을 놓치지 않고 적용하는 것이 중요하다.

〈표〉 각 지역의 평가항목당 점수

(단위: 점)

구분		A	B	C	D	E
평가 항목	필요성	18	24	25	21	18
	적절성	30	28	30	30	27
	효과성	25	18	26	19	25
총점		73	70	81	70	70

※ 평가점수가 모두 70점 이상이므로 제외대상 없음.

A : 예비사회적기업이 지원기관과 컨소시엄을 구성하여 참여(<u>주민의 참여의지 : +2점</u>)하고 있으며, 기존 '18년 하반기에 선정된 소규모재생사업의 실집행률이 70%(<u>실집행 부진 기준 : -5점</u>)임.
　→ 총점 : 73+2-5=70점

B : 도시재생대학 수료 주민이 사업에 참여(<u>주민의 참여의지 : +0.5점</u>)하고 있으며, 국비 지원 H/W 사업을 100% 공유지·건축물에 계획(<u>사업의 실현가능성 : +1점</u>)하고 있음.
　→ 총점 : 70+0.5+1=71.5점

C : 기존 '19년 하반기에 선정된 소규모재생사업의 실집행률이 20%(<u>실집행 부진 기준 : -5점</u>)이며 사업 정상 추진을 위하여 다각적으로 노력한 사항이 없고(<u>부진원인 해소노력 : -3점</u>), 노력에 따른 여건 변화 등 긍정적인 성과가 없었음(<u>노력에 따른 결과 및 성과 : -3점</u>).
　→ 총점 : 81-5-3-3=70점

D : '20년 11월 말 집계된 국토부 사업점검 결과 양호사업의 비율이 80%(<u>뉴딜사업 연계성 : +2점</u>)로 밝혀졌음.
　→ 총점 : 70+2=**72점**

E : '19년 상반기에 선정된 소규모재생사업의 실집행률이 60%(실집행 부진 기준 60% 미만×)이며, E 지역 주민참여프로젝트팀이 지자체가 시행하는 사업에 1회 참여(주민의 참여의지 : +1점)한 바 있음.
　→ 총점 : 70+1=71점

따라서 기초지방자치단체 중에 최종적으로 도시재생예비사업에 선정되는 지역은 <u>D</u>이다.

14 •• p.91

정답 ②

Point up

제시문에 주어진 조건에 따라 ⅰ) 실행 가능한 어플리케이션 종류와 ⅱ) 어플리케이션 이름의 글자 수의 합을 기준으로 실행 중인 어플리케이션의 조합을 먼저 결정하고 ⅲ) 총 메모리 사용량이 최대 용량을 초과하는지 여부를 확인하는 순서로 정오를 판정한다.

〈민우의 스마트폰에 설치된 어플리케이션(이하 '어플'이라 함)〉

※ 실행중인 어플은 'O' 표시

이름	종류	메모리 사용량(MB)
바나나톡 O	메신저	400
나인	메신저	300
모노그램	메신저	150
쿠키워크	게임	350
레일런	게임	150
녹색지도	지도	300
고글지도	지도	100
컨트리은행	뱅킹	90
구한은행 O	뱅킹	260

ⅰ) 게임과 지도, 2종류의 어플이 동시에 실행 중일 수는 없고, 메신저도 3개가 동시에 실행이 불가능하므로 남은 실행 가능한 어플의 종류는 뱅킹 1개, 게임 2개(혹은 지도 2개), 메신저 1개이다.

ⅱ) 메신저 1개를 제외한 상황에서 실행 중인 어플 이름의 글자 수를 계산하면, 지도 2개인 경우에는 총 21자로 불가능하므로 총 글자 수가 1자 적은 게임 2개가 실행되고, 메신저의 어플이 '나인'이어야만 가능하다. 따라서 민우의 스마트폰에서 실행 중인 어플은 바나나톡, 나인, 쿠키워크, 레인런, 컨트리은행, 구한은행으로 확정할 수 있다.

ⅲ) 실행 중인 어플의 메모리 사용량을 합하면, 400+300+350+150+90+260=1,550(MB)이므로 확장 용량인 1.6GB 내를 만족한다.

① (O) 현재 '나인'은 실행 중이다.
② (×) 현재 '컨트리은행'은 실행되고 있다.
③ (O) 현재 게임 어플리케이션은 모두 실행 중이다.
④ (O) 현재 '고글지도'는 실행되지 않고 있다.
⑤ (O) 민우의 스마트폰은 메모리가 확장되어 현재 1.6GB인 상태이다.

15 •• p.91

정답 ⑤

Point up

지역을 기준으로 하여 강설량의 조건에 따라 부합하는 군을 매칭한다. 이때 확정조건 위주로 연결고리를 찾아가는 것이 중요하다.

우선, (다)(라)조건을 통해 평야지역(1)은 14cm, 초원지역(5)는 59cm, 산악지역(3)은 35cm, 해안지역(2)은 23cm의 강설량을 보였으므로 나머지 구릉지역(4)이 48cm의 강설량으로 보였다.(강설량이 적은 순서대로 (1)부터 (5)까지 표시함.)

한편, (나)(바)조건을 통해 정군과 병군이 각각 구릉지역(4)과 산악지역(3)에 위치해 있고 (마)조건에 따라 갑군이 초원지역(5)에 위치해 있음을 확정할 수 있다. 마지막으로 (가)조건을 통해 을군과 무군이 각각 해안지역(2)과 평야지역(1)에 위치해 있음을 확인할 수 있다. 이상의 내용을 정리하면 다음과 같다.

지역	산악지역 (3)	초원지역 (5)	해안지역 (2)	평야지역 (1)	구릉지역 (4)
강설량	35cm	59cm	23cm	14cm	48cm
군	丙	甲	乙	戊	丁

16 •• p.92

정답 ⑤

Point up

유일한 확정조건인 (라)에 주목하여 인접한 곡들의 순서를 우선 배치하는 것이 중요하다.

우선, (라)조건에 따라 <'너였다면'(솔로)−'THE War'(그룹)−'빨간 맛'(그룹)>순으로 연속해서 선곡해야 하고 (다)조건을 고려할 때 3개의 연속된 곡은 4번째부터 6번째의 곡으로 정해진다. 한편, 3번째 노래로 '먼저 말해줘(솔로)'가 선곡되면 남은 2곡인 '답장(솔로)'과 '뿜뿜(그룹)'이 연속될 수밖에 없어 (마)조건에 위배된다. 그러므로 3번째 노래는 '답장(솔로)'이 되고 (나)조건에 따라 1번째와 2번째 노래는 각각 '뿜뿜(그룹)'과 '먼저 말해줘(솔로)'가 선곡된다. 따라서 1번째 노래부터 순서대로 정리하면 '뿜뿜(그룹)'−'먼저 말해줘(솔로)'−'답장(솔로)'−'너였다면'(솔로)−'THE War'(그룹)−'빨간 맛'(그룹) 순으로 선곡된다.

17 •• p.92

정답 ③

Point up

확정적 사실로부터 명제논리에 바탕을 둔 사실과 제한적 사실을 고려하여 동물 애호가별로 키우는 동물의 종류를 판단한다.

위에서부터 <사실1>부터 <사실6>으로 설명하기로 한다.

우선, <사실1>과 <사실2>로부터 확정된 내용을 확인하고 <사실3>에 따라 A가 키우는 '개'는 B도 키우고, B가 키우지 않는 '토끼'는 A도 키우지 않음을 추가로 확정한다.(대우 적용) 한편 <사실4>에 따라 C가 '고양이'를 키우고 있으므로 A는 '고양이'를 키우지 않고 있고, <사실5>를 통해 A는 나머지 '닭'을 키우는 것으로 확정할 수 있다.(→ <사실3>에 따라 B도 '닭'을 키우는 것으로 확정함)

마지막으로 <사실4>와 <사실5>에 따라 C가 키우는 동물을 '고양이'와 '토끼'로 확정할 수 있다. 이상의 내용을 정리하면 다음과 같다.

	개	고양이	토끼	닭
A	O	×	×	O
B	O	?	×	O
C	×	O	O	×
D	?	?	?	O

① (×) B는 '개'를 키운다.

② (×) B가 '고양이'를 키우는지 알 수 없으므로 B와 C가 공통으로 키우는 동물이 있다고 단정할 수는 없다.

③ (O) '닭'은 C가 키우지 않지만 D는 키운다.

④ (×) A와 B, 그리고 D는 공통으로 '닭'을 키운다.

⑤ (×) B가 '고양이'를 키우거나 D가 ?에 해당하는 동물들 중에 2마리를 키우는 경우에는 3종류의 동물을 키우는 사람이 있을 수 있다.

18 .... p.93

정답 ⑤

Point up

확정 내용을 토대로 제한적 상황을 고려하되 가장 많은 방의 내용을 확정할 수 있는 3명의 인접 정보(A, B, C)를 우선적으로 배치·결정할 수 있는지 판단한다.

위에서부터 <정보1>로부터 <정보7>로 설명하기로 한다.

우선 <정보3>에 따라 위에서부터 B-A-C 혹은 C-A-B순으로 배정해야 하는데 오른쪽 라인(6호 라인)에는 <정보5>에 따라 8호부터 10호까지 C-A-B순으로 배정하는 경우 <정보2>와 <정보4>의 내용이 모순되어 배정할 수 없다. 또한, 왼쪽 라인(1호 라인)에는 애초에 1호부터 3호까지는 배정이 불가능하고(∵ <정보5>에 따라 C-A-B는 불가능하고, B-A-C의 경우에도 B가 마주 보는 6호방에 이미 G가 배정되어 있으므로 <정보4>에 위배됨) 2호부터 4호까지 B-A-C를 배정하는 경우에도 <정보2>와 <정보5>의 내용이 모순된다. 따라서 2호부터 4호까지 C-A-B순으로 배정할 수밖에 없다. 한편, <정보5>에 따라 1호는 비어 있고, <정보4>에 따라 9호도 비어 있게 된다. <정보6>에 따라 서로 마주 보고 있어야 하는 D와 E의 방이 5호와 10호로 확정되고 남은 방 8호에 F가 배정된다. 이상의 내용을 정리하면 다음과 같다.

1호(-)		6호(G)
2호(C)		7호(-)
3호(A)		8호(F)
4호(B)		9호(-)
5호(D 또는 E)		10호(E 또는 D)

19 .... p.93

정답 ②

Point up

확정된 규칙을 확인하고 丙이 쓸 수 있는 아이디로 가능한 경우를 고려(a 또는 d)하여 사용자별 아이디와 패스워드를 결정한다.

1) 丙의 아이디가 a라면 아이디가 b인 사용자의 패스워드가 a인 것으로 이 조합을 쓸 수 있는 사용자는 甲만이 가능하다. 이 경우에 丁의 아이디는 d가 되는데 본인의 패스워드와 같게 되므로 규칙에 부합하지 않는다.

2) 丙의 아이이가 d라면 아이디가 b인 사용자 丁의 패스워드가 d가 되고 나머지 사용자인 甲의 아이디를 a로 확정할 수 있다. 이 경우에는 규칙에 부합한다. 2)의 경우를 정리하면 다음과 같다.

	甲	乙	丙	丁
ID	a	c	d	b
PW				d

ㄱ. (×) 丁의 아이디는 b이다.

ㄴ. (×) 甲의 패스워드가 c라면 나머지 패스워드는 a, b가 되고 乙과 丙이 사용하는 아이디는 모두 이와 다르므로 乙과 丙의 패스워드를 확정할 수 없다.

Power up

	甲	乙	丙	丁
ID	a	c	d	b
PW	c	a	b	d

또는

	甲	乙	丙	丁
ID	a	c	d	b
PW	c	b	a	d

가 모두 가능하다.

ㄷ. (O) 아이디가 d인 사용자 丙의 패스워드가 b인 경우에 나머지 패스워드인 a와 c를 甲과 乙이 자신의 아이디와 다른 패스워드인 c와 a를 각각 사용한다면 규칙에 부합한다. 따라서 아이디가 d인 사용자는 패스워드로 b를 쓸 수 있다.

20 ·········· p.94

정답 ①

Point up

각 항목별 내용과 위치정보를 순서대로 적용하여 구체적으로 확정할 수 있는 부분을 판정한다. 특히, 인접하는 위치 관계에 대한 정보는 묶어서 조각으로 활용하는 것이 배치 결정에 효과적이다.

사무실의 위치를 왼쪽부터 1번부터 5번까지로 하고 주어진 정보를 위에서부터 <정보1>부터 <정보6>으로 설명하기로 한다. <정보3>에 따라 로고색과 음료항목의 위치관계를 묶어서 배치

연두색	회색
커피	

( )한다면 4번째 5번째 사무실에 위치할 수밖에 없음을 쉽게 확정할 수 있다.

<정보4>에 따라

A회사	
하늘색	

조각은 3번째 사무실에 위치하고,

주스	
	태국

마지막 <정보6>을 통해 조각은 1번째와 2번째 또는 2번째와 3번째에 위치할 수 있음을 확인할 수 있다. 이상의 내용을 정리하면 다음과 같다.

	1번	2번	3번	4번	5번
사무실	C		A		
로고색	검정색	보라색	하늘색	연두색	회색
음료			생수	커피	
과자		와플			
수출대상국	싱가포르				

ㄱ. (○) A회사는 생수를 생산한다.
ㄴ. (×) 2번 사무실의 수출대상국이 태국이라면 싱가포르에 수출하는 회사는 주스를 생산하지만 3번 사무실의 수출대상국이 태국이라면 싱가포르에 수출하는 회사는 어떤 주스를 생산하는지 알 수 없으므로 옳지 않다.
ㄷ. (×) 보라색 로고의 회사의 수출대상국은 알 수 없다.

21 ·········· p.94

정답 ①

Point up

구슬이 담겨 있는 상자 간의 위치관계를 고려하여 정보에 부합하는 배열을 추론한다. 이때 구슬이 담겨 있는 상자 외에 거리에 반영되는 빈 상자의 수의 조합을 파악하는 것이 중요하다. 위에서부터 <정보1>부터 <정보5>로 설명하기로 한다. 우선 <정보3>과 <정보5>를 통해 왼쪽부터 순서대로 'AE□□C' 또는 'C□□EA'로 배열되고 <정보4>를 통해 'B□D' 또는 'D□B'로 배열된다는 사실을 확인할 수 있다. 한편 <정보2>에 따라

배열이 결정된 일부분의 상자는 'D□B'+'AE□□C' 순서이거나 'C□□EA'+'B□D'의 순으로 배열되어야 한다. 또한, <정보3>부터 <정보5>까지 구슬이 담겨 있는 상자 간의 거리를 감안하면 나머지 빈 상자는 연속적으로 이어져 거리가 4가 되어야 <정보1>에 따라 구슬이 담겨 있는 임의의 두 상자의 거리가 모두 다들 수 있다.

Power up

총 12개 상자 중에 5개의 상자에 구슬이 담겨 있으므로 빈 상자가 7개가 되고 구슬이 담겨 있는 상자간의 거리가 0, 1, 2가 존재하므로 남은 거리가 4가 되어야만 한다. 남은 거리가 4가 아닌 3인 경우 나머지 1의 거리를 따로 만들 수 없고(이미 존재) 기존의 거리에 추가할 수도 없어 불가능하기 때문이다. 위에 밑줄 친 배열에서 구슬 A가 담겨 있는 상자와 구슬 B가 담겨 있는 상자는 붙을 수 없으므로 빈 상자 4개가 그 사이에 들어가야만 한다. 따라서 최종적으로 상자의 배열은 왼쪽부터 순서대로 1) 'D□B□□□□AE□□C'이거나 2) 'C□□EA□□□□B□D'이다.

ㄱ. (○) 어떠한 경우에도 구슬 A가 담겨 있는 상자와 구슬 B가 담겨 있는 상자 사이에는 구슬이 담겨 있는 상자가 없다.
ㄴ. (×) 1)의 경우에는 구슬 C가 담겨 있는 상자의 번호가 구슬 D가 담겨 있는 상자의 번호보다 크지만 2)의 경우에는 그 반대가 되므로 옳지 않다.
ㄷ. (×) 2)의 경우에는 7번 상자와 8번 상자가 모두 비어 있지만 1)의 경우에는 8번 상자에 구슬 A가 담겨 있으므로 옳지 않다.

22 ·········· p.95

정답 ④

① (○) [시설입장권한]의 코드가 'ALL'이므로 알파인 경기장에 입장할 수 있다.
② (○) [탑승권한]의 코드에 'T1'이 표시되어 있으므로 VIP용 지정차량에 탑승이 가능하다.
③ (○) [시설입장권한]의 코드에 'OFH'가 표시되어 있으므로 올림픽 패밀리 호텔에 입장이 가능하다.
④ (×) [특수지역 접근권한]의 코드 중에 '2'가 표시되어 있지 않으므로 선수준비 구역에 입상이 불가능하다.
⑤ (○) [탑승권한]의 코드에 'TM'이 표시되어 있으므로 미디어 셔틀버스를 탑승할 수 있고, [시설입장권한]의 코드에 'IBC'가 표시되어 있으므로 국제 방송센터에 입장할 수 있다.

23 .... p.96

정답 ④

〈국내이전비 신청현황〉

공무원	전임지	신임지	발령 일자	이전 일자	이전 여부 거주지	이전 여부 이사화물	요건 미충족 내용
甲 (×)	울산광역시 중구	울산광역시 북구	'20.2.13.	'20.2.20.	○	○	동일한 시에서 이전
乙 (×)	경기도 고양시	세종특별 자치시	'19.12.3.	'19.12.5.	○	×	이사화물 이전×
丙 (×)	광주광역시	대구광역시	'19.6.1.	'19.6.15.	×	○	거주지 이전×
丁 (○)	제주특별 자치도 서귀포시	제주특별 자치도 제주시	'20.1.2.	'20.1.13.	○	○	
戊 (○)	서울특별시	충청북도 청주시	'19.9.3.	'19.9.8.	○	○	
己 (×)	부산광역시	서울특별시	'20.4.25.	'20.4.1.	○	○	발령받기 전에이전

24 .... p.96

정답 ①

ㄱ. (○) ⅰ) 개별반 운영 시 : ⑴반의 경우는 보육교사 2명(1:3)
을, ⑵반의 경우에는 보육교사 1명(1:5)을 배치해야 하므
로 최소한 총 3명을 배치해야 한다.

ⅱ) 혼합반 편성 시 : '⑴반+⑵반'에 해당하고 원생이 총 9명이
므로 보육교사는 최소한 3명(1:3)을 배치해야 한다. 따라
서 어떤 운영 방식을 따르더라도 보육교사를 최소 3명 배치
해야 한다.

ㄴ. (×) ⅰ) 개별반 운영 시 : ⑵반의 경우는 보육교사 2명(1
:5)을, ⑶반의 경우에도 보육교사 2명(1:7)을 배치해야 하
므로 보육교사는 최소한 총 4명을 배치해야 한다.

ⅱ) 혼합반 편성 시 : '⑵반+⑶반'에 해당하고 원생이 총 18명
이므로 보육교사는 최소한 4명(1:5)을 배치해야 한다. 따
라서 어떤 운영 방식을 따르더라도 보육교사를 최소 4명 배
치해야 한다.

ㄷ. (×) ⑴반+⑶반 유형에 해당하여 혼합반은 편성이 불가능
하므로 개별반 운영의 경우에만 판단하면 된다. ⑴반의 경
우는 보육교사 1명(1:3)을, ⑶반의 경우에도 보육교사 1명
(1:7)을 배치해야 하므로 보육교사는 최소 2명 배치해야
한다.

25 .... p.97

정답 ④

① (○) 甲은 〈선정기준〉에 따라 평가기준에 따른 총점이 87
점으로 점수가 가장 높은 임업인임에도 불구하고 선정이
되지 않은 것은 〈선정제외대상〉에 해당되었기 때문이다.
보조금 수급과 관련된 1항목에 대한 〈선정결과〉를 살펴보
면, 40점인 것으로 보아 보조금을 수급한 적이 없으므로 이
를 부당하게 사용하는 경우는 발생할 수 없고, 따라서 甲은
관련법령을 위반한 것이 있었을 것으로 추론할 수 있다.

② (○) 〈평가기준〉의 5번 평가항목에 따라 2015년 산림청통
계조사 표본농가에 해당되지 않을 경우에는 7점이 배점되
어 있는데, 〈선정결과〉에서 甲과 丁은 모두 7점이므로 甲
과 丁은 2015년 산림청통계조사 표본농가에 포함되지 않았
을 것이다.

③ (○) 甲이 선정에서 제외되고 차순위로 乙과 丙이 동점인
상황에서, 〈동점 시 우선 선정기준〉에 따라 판단할 때 첫
째, 보조금 수급이력 점수(1번 평가항목)는 모두 40점으로
동일하고, 둘째, 임산물 판매규모 점수(2번 평가항목) 또한
모두 19점으로 동일하므로 乙이 선정제외 대상자 사유에
해당하지 않는 것을 전제로 세 번째 기준에 따라 연령이 높
은 자가 선정된다. 따라서, 乙이 관련 법령위반 경력이 없다
면(보조금 부당 사용은 보조금 수급이력이 없어 불가능하
므로), 丙은 乙보다 연령이 높다.

④ (×) 〈선정결과〉에서 丁의 1번 평가항목은 26점이므로
〈평가기준〉에 따라 300만 원 미만의 보조금 수급 이력이
있는 것에 해당하기 때문에, 丁은 300만 원 미만에 해당되
는 보조금 수급 이력 서류를 제출하였을 것이다.

⑤ (○) 〈선정결과〉에서 乙과 丁의 4번 평가항목의 점수가 모
두 10점이므로 乙과 丁은 임산물 관련 교육 이수 사실 증명
을 위해 이수증이나 수료증을 제출하였을 것이다.

26 .... p.98

정답 ③

※ 규칙 위반의 경우 ×, 규칙 위반이 아닌 경우 ○

① (○) 드론의 이륙중량이 25kg 이하이고 비사업자인 경우 공
항 중심으로부터 반경 5km 이내에서만 비행승인이 필요하
므로 공항 중심으로부터 10km 떨어진 지역에서는 비행승
인 없이 비행해도 규칙 위반이 아니다.

② (○) 드론의 이륙중량이 25kg 초과이고 비사업자인 경우 드
론을 비행하려면 기체검사와 비행승인을 모두 받아야 하고
이를 받아서 비행한 경우에는 규칙 위반이 아니다.

③ (×) 드론의 이륙중량이 25kg 이하이고 사업자인 경우에는
사업등록이 필요하고, 드론의 자체중량이 12kg 이하이고
사업자인 경우에는 장치신고가 필요하다. 그러나 비행장 중
심으로부터 4km 떨어진 지역에서는 비행승인을 받아야 하
므로 비행승인 없이 비행한 행위는 규칙 위반에 해당한다.

④ (○) 드론의 이륙중량이 25kg 초과이고 사업자인 경우 기체 검사, 비행승인, 사업등록이 모두 필요하고, 드론의 자체중량이 12kg 초과이고 사업자인 경우에도 장치신고 및 조종자격을 모두 필요로 한다. 따라서 사업자 丁의 경우에는 모든 요건을 갖추었으므로 규칙 위반이 아니다.

⑤ (○) 드론의 이륙중량이 25kg 이하이고 사업자인 경우에는 사업등록이 필요하나 비행장 중심으로부터 20km 떨어진 지역에서는 비행승인 없이 비행할 수 있다. 또한 드론의 자체중량이 12kg 초과이고 사업자인 경우에는 장치신고와 조종자격을 모두 필요로 하므로 사업자인 戊는 규칙 위반이 아니다.

27 •• p.98

정답 ④

<서연1>에서 제조기업인 A와 E탈락, <인영3>에서 직원수 500명인 B탈락, <서연4>에서 실외인 C탈락

28 •• p.99

정답 ②

☑ 산업단지 정보에 대한 <평가기준>에 따른 점수

★ ( )안에 점수 표시, 10점 만점 기준

산업단지	산업단지 내 기업 수	업종	입주공간 확보	지자체 육성 의지	합산 점수
A	58개 (4)	자동차 (4)	가능 (2)	있음	10
B	9개 (2)	자동차 (4)	가능 (2)	있음	8
C	14개 (3)	철강 (4)	가능 (2)	있음	9
D	10개 (3)	운송 (4)	가능 (2)	없음	9
E	44개 (4)	바이오 (0)	가능 (2)	있음	6
F	27개 (3)	화학 (4)	불가 (0)	있음	7
G	35개 (4)	전기전자 (2)	가능 (2)	있음	8

Power up

'입주공간 확보' 항목의 경우 불가 단지가 한 곳뿐이므로 애초에 가능 점수를 0점으로 두고 불가 단지만 −2점으로 처리하는 것도 효율적이다.(어차피 상대비교)

① (○) B는 선정된다.

② (×) A가 '소재'산업단지라 해도 합산점수 8점으로 선정대상은 그대로 유지된다.

③ (○) 합산점수 8점으로 동점인 B단지와 G단지 중에 우선순위(1)에 따라 산업클러스터 연관성이 상대적으로 더 높은 B가 선정되고 G는 탈락한다.

④ (○) F의 산업단지 내 기업수 항목 점수가 1점이 상승하여 합산점수는 8점이 되는데 B단지, F단지, G단지가 동점으로 우선순위(1)에 따라 B단지와 F단지가 선정되고 G단지는 탈락하게 된다.

⑤ (○) D가 소재한 지역의 지자체가 육성 의지가 있을 경우 D는 선정된다.

29 •• p.100

정답 ⑤

① (×) 월요일에는 C, D, F 3명이 참여가능 조건을 만족하므로 회의를 개최할 수 있다.

Power up

D의 참여 가능한 시작 시간이 17:00부터이고, C와 F의 참여 가능한 마감 시간이 19:20이므로 회의는 17:00~18:20 이내에 개최하면 된다.

② (×) 금요일 16시에 회의를 개최할 경우 참여 가능한 인원은 A, B, C, F로 4명이 가능하고 각각의 회의 장소 선호도를 인원의 순서대로 합산하면, ⅰ) '가' 장소는 5+4+5+5=19(점), ⅱ) '나' 장소는 6+6+8+8=28(점), ⅲ) '다' 장소는 7+8+5+4=24(점)으로 선호도의 합산 점수가 가장 높은 '나' 장소를 회의 장소로 정한다.

③ (×) 금요일 18시에 회의를 개최할 경우 참여 가능한 인원은 C, D, F로 3명이 가능하고 각각의 회의 장소 선호도를 인원의 순서대로 합산하면, ⅰ) '가' 장소는 5+6+5=16(점), ⅱ) '나' 장소는 8+6+8=22(점), ⅲ) '다' 장소는 5+6+4=15(점)으로 선호도의 합산 점수가 가장 높은 '나' 장소를 회의 장소로 정한다.

④ (×) 목요일에는 B, D, F가 참여 불가한 상황이고, A가 반드시 참여한다고 하더라도 C는 참여 가능 시간을 벗어나 A와 E, 2명만이 참여 가능하므로 목요일 16시에 회의를 개최할 수 없다.

⑤ (○) 금요일 17시에는 참여 불가한 E를 제외하고 모든 전문가가 참여 가능하므로 C, D를 포함하여 4명 이상이 참여해야 할 경우라도 금요일 17시에는 회의를 개최할 수 있다.

Speed up

단순한 계산이라 하더라도 <회의 장소 선호도>를 반영한 장소 관련 선택지인 ②번과 ③번의 판정은 뒤로 하고, <회의 참여 가능 시간>의 조건으로 회의 개최의 가능 여부만으로 정오를 판정할 수 있는 선택지 ①번, ④번, ⑤번을 우선하여 판단하는 것이 효과적이다.

CHAPTER 02 조건판단 ─ 의사결정형(비교, 평가, 최선)

3.2 의사결정(비교, 평가, 최선)

01 .... p.101

정답 ⑤

Point up

<사업공모 지침 수정안>의 항목별로 관계부처 협의 결과의 내용에 대응하는 부분을 찾아 비교하여 판정한다.

<상황>에 주어진 '관계부처 협의결과'를 순서대로 <결과1>로부터 <결과4>로 설명하기로 한다.

㉮ (×) <결과1>에서 사업부지 안에 건축물이 포함되어 있어도 신청을 허용하는 데 반해 수정안에서는 사업부지에는 건축물이 없어야 한다는 단서 조항이 있으므로 부합하지 않는다.

㉯ (○) '관련 정부사업과의 연계가능성' 항목의 배점을 5점에서 10점으로 확대 수정하였으므로 <결과2>에 부합한다.

㉰ (○) '대학 내 주체 간 합의 정도'가 평가지표Ⅳ에서 Ⅱ로 이동하여 포함하고 있으므로 <결과3>에 부합한다.

㉱ (×) 평가지표Ⅲ의 세부평가항목 간의 배점이 서로 바뀌어 있으므로 <결과4>에 부합하지 않는다.

㉲ (○) 평가지표Ⅳ이 삭제되고 세부평가항목 중에 '대학 내 주체 간 합의 정도'는 평가지표Ⅱ로 이동하였으므로 <결과3>에 부합한다.

02 .... p.102

정답 ⑤

Point up

강의 종류별로 분반을 허용하는 원칙적인 기준과 예외적 하향 기준에 따라 정오를 판정한다.

ㄱ. (×) 일반강의 A는 직전 2년의 수강인원이 총 180명이고 (평균 90명)이고, 연간 수강인원이 120명 이상이었던 해가 없으므로 원칙적으로 분반이 허용되지 않고, 직전년도 강의만족도 평가점수도 85점에 불과하여 분반이 허용되지 않는다.

ㄴ. (○) 영어강의 B는 직전 2년의 수강인원이 총 54명이나(평균 27명) 직전년도 강의만족도 평가점수가 90점 이상이었다면 기준이 하향 조정(원칙의 90% 적용: 평균 30명 → 평균 27명)되어 분반이 허용되었을 것이므로 B의 분반이 허용되지 않았다면 2020년 강의만족도 평가점수는 90점 미만이었을 것이다.

Power up

하향된 기준을 적용할 때 2020년의 수강인원이 45명인 점도 분반 허용 기준에 부합한다.

ㄷ. (○) 실습강의 C는 직전년도 강의만족도 평가점수가 92점이므로 하향된 기준이 적용되어 직전 2년의 수강인원이 총 36명 이상(평균 18명 이상)이 되면 분반이 허용된다. 그러나 분반이 허용되지 않는다면 2019년 수강인원이 20명이었으므로 2020년의 수강인원은 15명을 넘지 않았어야 한다.

03 .... p.102

정답 ③

Point up

UCC조회수 등급 간 점수차와 심사위원별 평가점수 1점 차이 간의 실질적 차이를 파악하여 총 점수의 순위를 판정한다.

UCC조회수 등급 간 점수차이는 0.3점인데 반해 심사위원별 평가점수는 최고점 및 최저점을 제외한 3개 점수의 평균으로 계산하므로 평가점수 1점 간의 실질적 점수는 1/3로 등급 간 점수차이를 상회한다.

참가자	조회수 등급	심사위원별 평가점수					평가점수 합산
		(가)	(나)	(다)	(라)	(마)	
甲	B	9	(㉠)	7	8	7	최소 22
乙	B	~~9~~	8	7	7	~~7~~	22
丙	A	8	7	(㉡)	10	5	최소 20
丁	B	~~5~~	6	7	7	~~7~~	20
戊	C	~~6~~	~~10~~	10	7	7	24

ㄱ. (×) ㉠이 5점이라면 甲의 심사위원별 평가점수에서 최고점인 (가)의 9점과 최저점인 (나)의 5점을 제외한 3개 점수의 합산 점수는 22점이므로 乙의 점수와 같고 둘의 조회수 등급도 같은 등급이기 때문에 甲의 총 점수와 乙의 총 점수는 같다.

ㄴ. (○) 丁은 ㉠과 ㉡에 상관없이 총 점수가 가장 낮으므로 수상하지 못한다.

Power up

丁과 조회수 등급이 같은 甲과 乙은 합산 평가점수에서 최소 2점 이상이 높고, 丙은 丁보다 합산 평가점수가 크거나 같은데 조회수 등급도 1등급이 높으므로 甲, 乙, 丙 모두 丁보다 순위가 높다. 또한 丁이 戊보다 조회수 등급은 1등급이 높지만 합산 평가점수가 무려 4점이나 낮으므로 戊도 丁보다 순위가 높다. 따라서 丁은 ㉠과 ㉡에 상관없이 참가자 5명 중에 최하위 순위가 되어 수상하지 못한다.

ㄷ. (○) 戊가 조회수 등급을 D로 받았더라도 丁보다 순위가 높고(ㄴ참조) 乙과 점수비교 시 조회수 등급은 2등급이 낮지만 심사위원별 평가점수에서 2점이 높으므로 실질적 점수 차이를 고려하면 乙보다도 순위가 높다. 따라서 甲과 丙의 점수와 상관없이 탈락자 2명이 확정되므로 戊는 반드시 수상한다.

ㄹ. (×) ㉠이 10점이고 ㉡이 9점인 경우에 甲의 평가점수를 합산한 점수와 丙의 평가점수를 합산한 점수가 모두 24점으로 같아지고 조회수 등급이 丙이 甲보다 1등급 더 높으므로 丙의 총 점수가 甲의 총 점수보다 높다.(반례의 제시)

Power up

현재 甲이 더 유리한 상황임을 감안할 때 ㉡의 점수는 큰 값으로 반영되도록 하고 ㉠의 점수는 제외되도록 해 볼 필요가 있으므로 극단적인 최댓값을 고려하는 것이 효과적이다.

04 ·· p.103

정답 ①

Point up

최종적인 기관 순위를 기준으로 각 기관의 후기평가점수를 예측하여 판정한다. 특히 C를 제외한 나머지 기관의 최종평가점수는 후자의 산정방식을 적용했을 것이라는 점과 그에 해당하는 가중치를 바로 원점수에 반영하여 실질적인 점수 차이를 감안해 비교하는 것이 핵심포인트이다.

최종평가점수를 산정하는 MAX방식에서 전·후기 평가점수의 가중치를 0.5로 동일하게 적용하는 산식을 <전자식>이라 하고 전기에는 0.2, 후기에는 0.8의 가중치를 적용하는 산식을 <후자식>으로 설명하기로 한다.

기관(순위)	A(1)	B(2)	C(4)	D(3)
전기평가점수	60	70	90	80
후기평가점수			70	81점 이상
적용산정방식	후자식	후자식	전자식	후자식
최종평가점수			80	

ㄱ. (○) 전기평가점수에서 가중치 0.2를 적용하면 A기관이 B기관보다 2점이 낮기 때문에 후기평가점수에서 가중치를 0.8로 적용할 경우 A기관이 B기관에 비해 원점수가 최소 3점은 높아야 순위 결과에 부합할 수 있으므로 옳은 내용이다.

ㄴ. (×) ㄱ과 마찬가지로 전기평가점수에서 가중치 0.2를 적용하면 B기관이 D기관보다 2점이 낮기 때문에 후기평가점수에서 가중치를 0.8로 적용할 경우 B기관이 D기관에 비해 원점수가 최소 3점은 높아야 하는데 D기관의 후기평가점수의 최솟값이 81점이므로 B기관의 후기평가점수는 83점일 수는 없다.

Power up

B기관의 후기평가점수가 83점인 경우 <후자식>을 적용하여 최종평가점수를 산정하면 $70 \times 0.2 + 83 \times 0.8 = 80.4$인데 D기관의 최종평가점수의 최솟값이 $80 \times 0.2 + 81 \times 0.8 = 80.8$점이므로 순위 결과에 부합하지 않는다.

ㄷ. (×) 전기평가점수에서 가중치 0.2를 적용하면 A기관이 D기관보다 4점이 낮은데 A기관이 D기관보다 후기평가점수에서 5점 차이로 높은 경우에는 가중치 0.8을 적용할 때 실질적으로 4점이 높은 것이므로 두 기관의 최종평가점수는 동점이 된다. 따라서 A기관과 D기관의 후기평가점수 차이가 5점일 수는 없다.

05 ·· p.103

정답 ⑤

Point up

진로별 예상되는 편익과 비용을 산식에 충실히 적용하여 진로의 순위를 판정한다.

〈진로별 예상되는 편익〉

구분	A	B	C
근속연수	25	35	30
평균연봉(억 원)	1	0.7	0.5
연금 여부	없음	없음	있음 (×1.2)
예상 편익(억 원)	25	24.5	18

〈진로별 예상되는 비용〉

구분	A	B	C
준비연수	3	1	4
연간 준비비용(억 원)	0.6	0.1	0.3
준비난이도	중(×1.5)	하(×1)	상(×2)
연고지 여부(억 원)	연고지	비연고지(+2)	비연고지(+2)
예상 비용(억 원)	2.7	2.1	4.2

〈비용편익분석〉

구분	A	B	C
편익-비용	$25-2.7=22.3$	$24.5-2.1=22.4$	$(18-4.2) \times 2=27.6$ ※ 평판도 1위(×2)
비용편익분석 순위	3위	2위	1위

06 ·· p.104

정답 ④

Point up

제시문에 주어진 사전 이러닝제도의 규칙을 확인하고 모든 과정을 이수하는데 소요되는 시간을 빠르게 계산하는 것이 필요하다. 이때, 필수Ⅱ에 해당하는 교과목은 과목당 1시간이 추가되는 온라인 시험 시간을 고려해야 하는 점에 주의한다. <상황>에 따라 甲이 수강할 수 있는 시간을 파악하고 감점을 최소화하고 최대로 이수하기 위한 방법을 판단한다.

☑ <상황>에 따라 甲이 수강할 수 있는 시간 → 총 60시간
甲은 2017년 4월 10일부터 4월 30일까지 총 21일간의 시간에서 해외여행에 소요되는 15일을 제외한 6일 동안만 수강할 수 있고, 하루 최대 수강시간이 10시간이므로 최대 60시간까지 이수할 수 있다.

☑ 모든 교과목 이수하는데 소요되는 시간 → 총 72시간
– 필수Ⅰ: 총 36시간 소요
– 필수Ⅱ: 교과목 총 31시간＋과목당 1시간씩 총 5시간 온라인 시험＝36시간
ㄱ. (○) 甲은 12시간이 부족한 상황에서 감점을 최소화하려면 강의시간이 15시간으로 가장 긴 '사이버 청렴교육' 1개만을 미이수하고 3점을 감점 받는 것이 최선이다.
ㄴ. (×) 甲이 하루 일찍 귀국한다 해도 수강가능 시간이 총 70시간으로 모든 교과목을 이수할 수는 없다.
ㄷ. (○) 두 교과목의 이수 시간과 각 과목당 온라인 시험을 합하면 총 13시간이므로 추가로 59시간만 이수하면 된다. 따라서, 주어진 상황 그대로(출·귀국일을 변경하지 않고도) 감점을 받지 않고 이수할 수 있게 된다.

07 ·· p.105

정답 ③

Point up

제시문에 주어진 평가항목별 최종점수의 산출식을 파악하고 <보기>를 먼저 확인한 후 각 보기별 상황에 따른 내용을 평가결과에 반영하여 정오를 판정한다.

☑ 평가항목별 최종점수 산출식을 근거로 한 평가결과 정리
(원래의 산출식은 최고와 최저 점수를 제외(／)한 나머지 두 점수의 평균값을 정의하고 있지만, 그냥 나머지 두 점수의 총점으로 비교하도록 한다.)

| 구분 | 평가위원 | 점수 | | | 합계 |
		문제인식	실현가능성	성장전략	
甲	가	30	24	24	98+α
	나	24	30	24	ⓐ=30 → α=54
	다	30	18	40	ⓐ<30 → α=60
	라	ⓐ	12	32	
乙	가	6	24	32	78+α
	나	12	24	ⓑ	ⓑ>24 → α=64
	다	24	18	16	ⓑ=24 → α=56
	라	24	18	32	ⓑ<24 → α=48
丙	가	12	30	ⓒ	78+α
	나	24	24	24	ⓒ=40 → α=64
	다	18	12	40	ⓒ=32 → α=56
	라	30	6	24	ⓒ<32 → α=48

ㄱ. (○) 甲의 문제인식 평가항목의 최종점수는 ⓐ값에 관계없이 적어도 54점은 확보한 상황이므로 乙부서(36점)와 丙부서(42점)보다 높다.
ㄴ. (○) 위의 합계 표에서 확인할 수 있듯이 성장전략 평가항목의 최종점수는 ⓑ＝ⓒ＝40인 경우에만 최종점수가 64점으로 동점이 되고 나머지 경우에는 乙이 丙보다 높다.

Power up

'乙이 丙보다 낮지 않다.'라는 의미를 '乙이 丙보다 높다.'라고 착각하여 동점이 발생하는 경우가 있으니 옳지 않다고 판단해서는 안된다.

ㄷ. (×) ⓑ＝ⓒ＝24인 경우 乙의 최종점수는 丙의 점수보다 8점이 높으므로 포상을 받게 되는 부서는 甲과 乙이다.

Power up

甲은 어떠한 경우에도 평가항목별 최종점수의 합계가 제일 높기 때문에 비교하지 않아도 된다.

Speed up

해설에서는 평가항목별 최종점수의 합계를 각 부서별로 연산(가로방향)하여 설명하였지만 각 부서 간 평가항목별 점수 차이(세로방향)를 비교·판단하여 甲이 부동의 1위인 것을 빠르게 확정하고 乙과 丙만을 비교(문제인식과 실현가능성은 동점이므로 성장전략만 판단)하여 <보기> ㄴ과 ㄷ을 한방에 처리하는 것이 실전에서는 더욱 효과적일 것이다.

08 ···················· p.105

정답 ③

Point up

제시문에 주어진 조건에 따라 각 국의 영토를 확인하고 그 비율을 통해 연간 쌀 변화량을 파악하여 <보기>의 정오를 판정한다.

☑ 조건에 따른 각국의 영토와 쌀 변화량 정리
★ 매년 쌀 소비량은 각국이 모두 1만 가마로 동일하고, 2015년 1월 1일 현재 각국 모두 1만 가마 보유 중이므로 서로 상쇄되어 변화량에 영향×

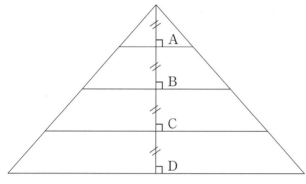

	15년 쌀 생산량	곡물량 득실(±)	16년 쌀 보유량(±)
A국	1만	+3만	+4만
B국	3만	−1만+2만＝+1만	+4만
C국	5만	−2만+1만＝−1만	+4만
D국	7만	−3만	+4만

※ 각국의 영토의 면적 비 A：B：C：D＝1：3：5：7

Power up

닮음비(길이비)가 m：n인 도형의 넓이의 비는 m²：n²이므로
A：A+B：A+B+C：A+B+C+D＝1：4：9：16이 된다.

ㄱ. (×) 2016년 1월 1일에는 1년 전보다 각국 모두 3만 가마의 쌀이 증가하여 모두 4만 가마를 보유하게 되므로 쌀 보유량이 줄어든 국가는 없다.

ㄴ. (×) 매년 각국이 모두 동일하게 3만 가마의 쌀이 증가하게 되므로 2017년 1월 1일에는 4개국 모두 7만 가마의 쌀을 똑같이 보유하게 된다.

ㄷ. (○) 곡물량으로 이득을 보는 A국과 B국의 경우에는 당연히 쌀 보유량이 0보다 크다. 곡물량에서 손해를 보는 C국의 경우 5만/2−1만＝+1.5만을 보유하게 되고, D국은 3.5만−3만＝+0.5만을 보유하게 되므로 2016년 1월 1일 기준 각 국가의 쌀 보유량은 모두 0보다 크다.

09 ···················· p.106

정답 ③

Point up

제시문에 주어진 인증제도와 관련하여 ⅰ) 인증의 유효기간과 기존 인증대학에 대한 심사 규정 등을 확인하고, ⅱ) <3년간 인증대학 현황>을 통해 <보기>의 정오를 판정한다.

ㄱ. (×) A대학이 2014년에 인증이 취소된 2개 대학에 포함되고 2015년에 다시 신규 인증을 신청한 대학에 해당하여 인증대학으로 다시 선정된 경우에는 2016년에는 기존 인증대학에 대한 1단계 핵심지표평가만을 받을 수 있다.

Power up

A대학이 2016년도까지 인증이 취소되지 않고 그대로 유효하게 최초 인증 효력을 유지하는 경우에 인증 유효기간이 만료하는 2016년도에는 어떤 방식으로 제도를 시행하는지 구체적인 언급이 없다. 하지만, 매년 2월에 실시하는 핵심지표평가만을 실시하는 것은 기존 인증대학들에 대한 '유지 심사 차원'에서 실시하는 것으로 해석하는 것이 타당하므로 본 상황의 경우에는 A대학은 2016년도에 신규 인증을 신청하는 것으로 추론하는 것이 합리적이다.

ㄴ. (○) 신규 인증 대학 중에서 기존에 인증이 취소되어 다시 신청한 대학이 없는 것으로 가정해야 중복되는 대학이 없게 되므로 최대 수가 된다. 따라서, 12개+18개+21개＝51개이다.

Power up

구분	2013년 3월	2014년 3월	2015년 3월
신규 인증대학	12	18	21
기존 인증대학	−	10	25
합계	12	28	46

ㄷ. (×) 2014년에 인증이 취소된 2개 대학을 반영한 28개 대학에서 2015년 3월에 신규 인증대학 수 21개를 합한 수가 최소가 된다. 따라서, 28개+21개＝49개이다.

Power up

구분	2013년 3월	2014년 3월	2015년 3월
신규 인증대학	12	18	21
기존 인증대학	−	10	25
합계	12	28	46

ㄹ. (○) 조건에 맞는 대학은 2013년과 2014년에 인증을 받고, 2015년에 인증이 취소되지 않은 대학을 의미하므로 25개 대학이다.

Power up

구분	2013년 3월	2014년 3월	2015년 3월
신규 인증대학	12	18	21
기존 인증대학	−	10	25
합계	12	28	46

10 ·· • p.106

정답 ②

Point up

제시문에 주어진 <결선 순위별 상금>과 <특별상 부문별 상금>을 토대로 <결과>에 따라 몇 가지 정보를 정리하는 것이 중요하다. ⅰ) 지급된 총 상금을 통해 수상자가 선정되지 않은 부문, ⅱ) 내림차순으로 정리된 <결선 진출자별 총 상금>에서 누락된 C와 D의 상금 예측, ⅲ) 특별상을 수상하지 못한 진출자 선별 등을 파악하여 <보기>의 정오를 판정한다.

불필요한 숫자의 사용을 줄이기 위해 편의상 상금의 단위는 '백만 원'으로 보고, 단위는 생략하여 설명하기로 한다.

ⅰ) <순위별>+<부문별> 합산 상금의 총액은 135인데, 지급된 총 상금이 132이므로 <특별상> 중에서 3에 해당하는 인기상이나 기교상 둘 중 하나는 수상자가 선정되지 <u>않은 것</u>임을 확인할 수 있다.

ⅱ) 내림차순으로 정리된 <결선 진출자별 총 상금>표에서 C와 D의 상금의 합산 총액은 <u>40</u>이므로 <u>C는 20 이상</u>, <u>D는 20 이하</u>의 상금이 지급된 것으로 추론할 수 있다.

ⅲ) B의 총 상금을 구성하기 위해서는 반드시 3의 특별상이 반영되어야 하므로 결선 진출자 E, F, G는 각각 5위, 6위, 7위에 해당하는 <결선 순위별 상금>만을 지급받은 것으로 결정할 수 있다.

ㄱ. (○) ⅰ)에서 판단한 것과 같이 기교상이나 인기상 중에서 수상자가 선정되지 않은 부문이 1개 있으므로 옳은 내용이다.

ㄴ. (×) 특별상을 A 혹은 B에게 중복 수상 가능성을 확인하기 위해 C와 D는 각각 순위별 상금인 25(2위), 15(4위)만을 지급받은 것으로 가정하고, A가 20(2순위)+10(창의상)+5(감동상)을, B가 30(1순위)+3(인기상 or 기교상)을 수상하여 지급받은 경우에는 감동상과 다른 특별상을 중복하여 수상할 수 있다.

Power up

B가 25(2순위)+5(감동상)+3(인기상 or 기교상)으로 수상하는 경우에는 A의 상금을 구성할 수 없으므로(30(1순위)+3(**인기상 or 기교상**), 25(2순위)+10(창의상), 20(3순위)+10(창의상)+5(**감동상**)) 불가능하다.

ㄷ. (×) C가 결선에서 4위로 15를 지급받은 경우 C와 D의 총 상금의 내림차순을 만족하기 위해서는 C와 D가 똑같이 20이 되는 수밖에 없다. C는 15(4순위)+5(감동상)로 D는 20(3순위)로 가정하면, A를 25(2순위)+10(창의상), B를 30(1순위)+3(인기상 or 기교상)으로 구성할 수 있으므로 C가 결선에서 4위를 했을 가능성도 있다.

ㄹ. (○) 보기 ㄴ의 Power up 에서 B는 2순위 상금을 지급받는 것이 불가능하고, 보기 ㄴ에서는 C가, 보기 ㄷ에서는 A가 각각 2순위를 수상하여 성립하는 경우를 확인할 수 있으므로 옳은 내용이다.

11 ·· • p.107

정답 ②

Point up

취득가능점수(평가점수의 합)와 기대평가점수(평가점수×성공확률)를 구분하여 판정한다. 이때 평가점수의 가중치가 발생하는 동작과 성공확률이 축소되는 동작에 주의한다.

발레 동작	평가점수	화진이의 성공확률(%)	기대평가점수	비고
그랑제떼 (grand jeté)	3	50	1.5	
글리싸드 (glissade)	2	60	1.2	
빠드샤 (pas de chat)	3	60	1.8	★'쉐네-쉐네' 연속동작 시 1) 평가점수 : +0.6 2) 기대평가점수 : +0.3
샤쎄(chassé)	1	100	1	
샹쥬망 (changement)	2	80	1.6	
쉐네(chaînés)	3	50	1.5	
쑤쑤 (sous-sus)	1	100	1	★샹쥬망-빠드샤 연속동작 시 기대평가점수 : -0.9
스트뉴 (soutenu)	1	100	1	
아라베스크 (arabesque)	2	60	1.2	
애티튜드 (attitude)	3	50	1.5	

<작품별 기대평가점수>

- A작품 : (총점 9.3)

  쑤쑤 (sous-sus), 1 샤쎄 (chassé), 1 애티튜드 (attitude), 1.5

  그랑제떼 (grand jeté), 1.5 스트뉴 (soutenu), 1 <u>쉐네 (chaînés)</u>, 1.5 **<u>쉐네 (chaînés)</u>** 1.5(+0.3)

- B작품 : (총점 8.5)

  아라베스크 (arabesque), 1.2 애티튜드 (attitude), 1.5 샤쎄 (chassé), 1

  그랑제떼 (grand jeté), 1.5 그랑제떼 (grand jeté), 1.5 빠드샤 (pas de chat) 1.8

- C작품 : (총점 9)

  글리싸드 (glissade), 1.2 샤쎄 (chassé), 1 쑤쑤 (sous-sus), 1

  <u>샹쥬망 (changement)</u>, 1.6 **<u>빠드샤 (pas de chat)</u>** 1.8(-0.9) <u>쉐네 (chaînés)</u>, 1.5

  쉐네 (chaînés) 1.5(+0.3)

<작품별 취득가능점수(평가점수 합)>

• A작품 :
(총점 15.6)

| 쑤쑤 (sous-sus), 1 | 샤쎄 (chassé), 1 | 애티튜드 (attitude), 3 |
| 그랑제떼 (grand jeté), 3 | 스트뉴 (soutenu), 1 | 쉐네 (chaînés), 3 | 쉐네 (chaînés) 3(+0.6) |

• B작품 :
(총점 15)

| 아라베스크 (arabesque), 2 | 애티튜드 (attitude), 3 | 샤쎄 (chassé), 1 |
| 그랑제떼 (grand jeté), 3 | 그랑제떼 (grand jeté), 3 | 빠드샤 (pas de chat) 3 |

• C작품 :
(총점 15.6)

| 글리싸드 (glissade), 2 | 샤쎄 (chassé), 1 | 쑤쑤 (sous-sus), 1 |
| 샹쥬망 (changement), 2 | 빠드샤 (pas de chat) 3 | 쉐네 (chaînés), 3 |

쉐네
(chaînés)
3(+0.6)

① (×) 화진이가 기대 평가 점수가 가장 높은 작품을 선정하려고 할 때, 화진이는 A작품을 선정할 것이다.
② (○) A작품과 C작품 중 화진이의 기대 평가 점수는 A작품이 0.3점 더 높다.
③ (×) A작품과 B작품 중 화진이의 기대 평가 점수는 B작품이 A작품보다 0.8점이 낮다.
④ (×) 화진이가 모든 동작을 성공했을 때, B작품의 취득 가능 점수는 A작품보다 0.6점이 낮다.
⑤ (×) 화진이가 모든 동작을 성공했을 때, B작품의 취득 가능 점수는 C작품보다 0.6점이 낮다.

`Speed up`

두 작품을 비교하는 경우 공통동작 항목들은 생략하고 서로 다른 동작들의 점수만으로 판정하는 것이 효율적이다. 예로 A작품과 B작품의 취득가능점수의 우열을 판정하는 경우 공통동작 항목인 샤쎄, 애티튜드, 그랑제떼를 제외하고 A작품은 쑤쑤(1), 스트뉴(1), 쉐네(3), 쉐네(3+0.6)의 합산점수인 8.6점으로 B작품은 아라베스크(2), 그랑제떼(3), 빠드샤(3)의 합산점수인 8점으로 비교한다.

12 .... p.108

`정답` ①

`Point up`

제시문에 주어진 <여성권익사업 보조금 지급 기준>에 따라 <여성폭력피해자 보호시설 현황>을 고려하여 각 보호시설에 지급되는 보조금의 총액을 계산한다. 이때, <여성권익사업 보조금 지급 기준>의 각 항목별 '※'내용에 주의해서 판단한다.

☑ 보조금 지급 기준에 따른 보호시설별 보조금 정리 (금액 단위는 백만 원)

보호시설 (평가 등급)	종사자 수	운영비	사업비	장려 수당	입소자 수	간식비	총액 (순위)
A(1)	4	320	80	200	7	7	607(1)
B(1)	2	240	60	100	8	8	408(4)
C(2)	4	256(320 ×0.8)	80	200	10	10	546(2)
D(3)	5	240(400 ×0.6)	80	200 (시설장 제외)	12	12	532(3)

따라서, 보조금 총액이 큰 시설부터 작은 시설 순으로 나열하면 A-C-D-B이다.

`Speed up`

각 항목별 보조금의 액수를 일정한 값을 기준으로 하여 그 기준값으로부터 차이를 이용하여 보호시설 간 상대비교를 하면 계산의 부담도 줄일 수 있고 판정에 소요되는 시간도 단축할 수 있다. 아래와 같이 항목별 최빈값 또는 최솟값을 기준으로 차이를 계산하면 다음과 같다.

보호 시설 (평가 등급)	종사자 수	운영비 (240 기준)	사업비 (80 기준)	장려 수당 (4인 기준)	입소자 수	간식비 (7인 기준)	기준값 과의 차이
A(1)	4	80	–	–	7	–	80
B(1)	2	–	-20	-100	8	1	-119
C(2)	4	16			10	3	19
D(3)	5	–		–	12	5	5

기준값과의 차이를 통해 총액을 계산하지 않아도 보호시설별 총액 차이도 판정할 수 있고(예로 A시설과 B시설의 보조금 총액 차이는 80-(-119)=199가 된다.) 보조금의 총액이 큰 시설부터 순위를 결정하는 데에도 빠른 판정이 가능해진다. 특히, 간식비가 총액에서 차지하는 비중이 미미한 점을 고려하여 '운영비+사업비+장려수당' 항목을 기준으로 차이의 합산값으로 판정해도 무방하다.

13 · p.108

정답 ③

Point up

甲의 이윤을 구하는 산식에 따라 이윤극대화를 위한 최적의 플랫폼을 결정한다.

플랫폼	후원 목표금액 설정 요건	프로젝트 게시비용	목표 달성 시 수수료
A	최소 200만 원, 최대 1,000만 원의 목표금액을 설정하여야 함	없음	후원 금액의 10%
B	최소 100만 원, 최대 500만 원의 목표금액을 설정하여야 함	프로젝트 제안 시 20만 원을 지불해야 함	후원 금액의 5%
C	프로젝트 제안자가 자유롭게 설정	프로젝트 제안 시 30만 원을 지불해야 함	후원 금액의 3%

플랫폼	목표 미달 시 프로젝트 진행 여부 및 수수료	甲의 이윤(만 원)	
		A	불황일 경우
A	프로젝트가 진행되지 않으며 후원 금액은 후원자에게 환불됨(별도의 수수료는 발생하지 않음)	$600-60=540$	0
B	프로젝트가 진행되며 후원 금액의 10%를 수수료로 지불해야 함	$500-(20+25)=455$	$100-(20+5)=75$
C	프로젝트가 진행되며 후원 금액의 7%를 수수료로 지불해야 함	$600-(30+18)=552$	$100-(30+3)=67$

① (×) 甲이 다음 분기 경기가 호황임을 알고 있는 경우 선택하는 플랫폼은 C이다.

② (×) 甲이 다음 분기 경기가 불황임을 알고 있는 경우 선택하는 플랫폼은 B이다.

③ (○) 甲이 다음 분기 경기가 호황임을 알고 있는 경우 얻게 되는 이윤과 다음 분기 경기가 불황임을 알고 있는 경우 얻게 되는 이윤의 차이가 가장 큰 플랫폼은 A이다.

④ (×) 甲이 다음 분기 경기 호황을 예측하여 목표금액을 설정하였으나, 실제 경기가 불황일 경우에 얻게 되는 이윤(만 원)은 A플랫폼은 목표미달로 0, B플랫폼은 $100-(20+10)=70$, C플랫폼은 $100-(30+7)=67$이므로 큰 순서대로 플랫폼을 나열하면 B−C−A 순이다.

⑤ (×) 甲이 후원 목표금액을 350만 원으로 설정하는 경우, 다음 분기 경기가 호황일 때 얻게 되는 이윤(만 원)은 A플랫폼이 $350-35=315$, B플랫폼이 $350-(20+17.5)=312.5$, C플랫폼이 $350-(30+10.5)=309.5$이므로 가장 큰 플랫폼은 A이다.

Power up

3가지 플랫폼의 후원금액이 모두 같은 상황에서 A플랫폼의 목표달성 수수료 10%를 기준으로 B플랫폼의 경우 수수료 5%에 프로젝트 게시비용(20만 원)이 후원금액 350만 원의 5%보다는 높다는 점만 파악하고, C플랫폼의 경우에도 수수료 3%에 프로젝트 게시비용(30만 원)이 후원금액 350만 원의 7%보다는 높다는 점만 파악하면 A플랫폼의 이윤이 가장 크다는 사실을 쉽게 확인할 수 있다.

14 · p.109

정답 ④

Point up

여운이 강한 쓴 맛과 캐러멜 향의 특이사항을 확인하고 맥주별 특성을 중심으로 4가지 판단요소가 동일하게 기록될 수 있는 음용 순서를 포함하는 선지를 소거하는 방식으로 판정한다.

☑ A~E 맥주의 특성 분석
A: 짙은 색, 거품 많음, 신 맛, 과일 향→
B: 짙은 색, 거품 많음, **쓴 맛, 캐러멜 향**
C: 옅은 색, 거품 적음, **쓴 맛, 캐러멜 향**
D: 옅은 색, 거품 적음, 신 맛, 과일 향
E: 옅은 색, 거품 많음, 단 맛, 캐러멜 향

우선 1) A맥주와 B맥주의 색과 거품의 양이 동일하므로 나머지 맛과 향에서 A맥주의 특성이 본연의 맛과 향이 아닌 쓴 맛과 캐러멜 향으로 인식되어 기록되어서는 안된다. 따라서 쓴 맛과 캐러멜 향의 특성을 가지고 있는 맥주 B와 C 다음으로 맥주 A를 음용해서는 안된다.(→ 'B-A'. 'C-A'의 음용 순서를 포함하는 선지(②번과 ③번)를 소거함)

한편 2) C맥주와 D맥주의 색과 거품의 양도 동일하므로 1)과 마찬가지로 나머지 맛과 향에서 D맥주의 특성이 본연의 맛과 향이 아닌 쓴 맛과 캐러멜 향으로 인식되어 기록되어서는 안된다. 따라서 쓴 맛과 캐러멜 향의 특성을 가지고 있는 맥주 B와 C 다음으로 맥주 D를 음용해서는 안된다.(→ 'B-D'의 음용 순서를 포함하는 선지(①번과 ⑤번)를 소거함)

15 · p.109

정답 ②

Point up

<자동차 구매대안별 주요 속성에 대한 상대적 속성값>을 바탕으로 3명이 각자 고려하는 기준에 따라 선택할 최종 구매대안을 결정한다. 이때 구매 고려기준이 단순한 사람부터 복잡한 사람 순(丙→乙→甲순)으로 판정하는 것이 효율적이다.

1) 丙은 '브랜드-차량가격-안전성-연비' 순으로 상대적 속성값이 가장 큰 대안을 선택한다. 우선 '브랜드'에서 상대적 속성값이 가장 큰 대안은 대안 A와 대안 B가 되고 다음 속성인 '차량가격'에서 상대적 속성값이 더 큰 대안 B를 선택한다.

2) 乙은 '차량가격-브랜드-안전성-연비' 순으로 각각 4:3:2:1의 가중치를 주고 가중합이 높은 대안을 선택하되 주요 속성에 대한 상대적 속성값이 6 이상인 대안만을 고려하므로 차량가격의 속성값이 5인 대안 A를 제외하고 대안 B와 대안 C의 가중합을 비교하면 대안 B는 6×4+9×3+8×2+6×1=73이고, 대안 C는 9×4+6×3+7×2+6×1=74이므로 대안 C를 선택한다.

Power up

선지에서 3명의 최종 구매대안이 서로 다르게 구성되어 있으므로 乙의 최종 구매대안은 丙이 선택한 대안 B와 '차량가격'의 속성값이 5인 대안 A를 제외한 후 대안 C로 바로 결정해도 무방하다. 그러면 甲의 최종 구매대안은 자동으로 대안 A로 결정된다. 각 대안의 가중합은 다음과 같다.

〈표〉 자동차 구매대안별 주요 속성에 대한 상대적 속성값

| 구분 | 차량 가격 (×4) | 브랜드(×3) | | | 안전성 (×2) | 연비 (×1) | 가중합 |
		갑	을	병			
대안A	5	10	10	9	8	10	76
대안B	6	9	9	9	8	6	73
대안C	9	6	6	7	7	6	74

16 .... p.110

정답 ⑤
Point up

축제 방문객 규모(상황)를 기준으로 축제 규모(대안)별 수익표를 바탕으로 〈보기〉의 의사결정 기준에 따라 대안을 선택한다.

ㄱ. (×) 낙관주의(maximax) 기준: 매우 낙관적인 상황(축제 방문객 규모: 많음)에서 대규모 A, 중간규모 B, 소규모 C 순으로 100억 원, 60억 원, 30억 원의 수익 중 가장 큰 수익을 내는 대규모 A를 선택한다.

ㄴ. (×) 비관주의(maximin) 기준: 매우 비관적인 상황(축제 방문객 규모: 적음)에서 대규모 A, 중간규모 B, 소규모 C 순으로 −80억 원, −10억 원, 10억 원의 수익 중 가장 큰 수익을 내는 소규모 C를 선택한다.

ㄷ. (○) 후르위츠(Hurwicz) 기준: 각 대안별 가중평균을 구하면 대규모 A는 100억 원×0.6+(−80억 원)×0.4=28억 원, 중간규모 B는 60억 원×0.6+(−10억 원)×0.4=32억 원, 소규모 C는 30억 원×0.6+10억 원×0.4=22억 원이므로 중간규모 B를 선택한다.

ㄹ. (○) 라플라스(Laplace) 기준: 각 대안별 상황의 발생 확률을 동일하다고 가정한 대안별 평균 수익은 대규모 A는 (100억 원+50억 원+(−80억 원))/3≒23억 원, 중간규모 B는 (60억 원+30억 원+(−10억 원))/3=27억 원, 소규모 C는 (30억 원+20억 원+10억 원)/3=20억 원이므로 중간규모 B를 선택한다.

Power up

라플라스 기준에 의한 의사결정 시 확률 계산을 배제한 채 그냥 대안별 수익의 합이 가장 큰 대안을 결정하면 된다.
따라서 ㄷ과 ㄹ의 의사결정 기준에서 중간규모 B를 동일하게 선택하게 된다.

17 .... p.110

정답 ①
Point up

평가기준별로 각 대안의 최소평가점수를 기준으로 나머지 대안의 차이 점수만을 고려하여 결과점수를 비교한다.

① (×) 평가기준에서 비용의 가중치와 장기적 효과의 가중치를 모두 30으로 조정했을 때 가중치를 반영한 결과점수의 차이는 다음과 같으므로 A안의 결과점수가 가장 높다.

| 평가 기준 | 가중치 | A안 | | B안 | | C안 | |
		평가 점수	결과 점수	평가 점수	결과 점수	평가 점수	결과 점수
비용	30 (×3)	4	3	3	−	4	3
단기적 효과	30 (×3)	5	6	4	3	3	−
장기적 효과	30 (×3)	3	−	4	3	4	3
정치적 수용성	10 (×1)	2	−	3	1	3	1
합계	100		9		7		7

② (○) 현재의 결과점수를 바탕으로 판단할 때 ①번의 방식으로 계산하면 결과점수는 A안이 10점, B안이 6점, C안이 7점이 되므로 새로운 내부 및 외부 순환도로를 건설하는 방안(A안)의 채택가능성이 가장 높다.

③ (○) 기업체에서는 정치적 수용성과 단기적 효과의 가중치가 서로 바뀌어야 한다고 주장하고 있으며 이를 반영할 경우 ①번의 방식으로 계산하면 결과점수는 A안과 B안이 모두 6점, C안이 9점이 되므로 C안의 점수가 가장 높다.

④ (○) A안과 C안의 평가점수를 서로 바꿀 경우, ①번의 방식으로 계산하면 결과점수는 A안이 7점, B안이 6점, C안이 10점이 되므로 C안, A안, B안 순으로 점수가 높다.

⑤ (○) 단기적 효과의 가중치와 비용의 가중치를 서로 바꿀 경우, ①번의 방식으로 계산하면 결과 점수는 A안이 11점, B안이 7점, C안이 6점이 되므로 A안, B안, C안의 순서로 높다.

---

18 .... p.111

정답 ③

Point up

<보상원칙>과 <사례>의 행위자(X의 이전세대)를 기준으로 '기생'과 '무임승차'의 정의에 따른 관계를 파악하여 정오를 판정한다.

ㄱ. (○) X의 이전세대만이 대기 중에 CO_2를 과다 배출하여 온실효과가 발생하는 A산업 행위(이하 '행위'라 함)를 했고 자신의 행위를 통해 X의 이전세대는 순이익(10)을 얻고 그 행위로 인해 Z의 현세대는 순손실(4)을 입었으므로 X의 이전세대는 Z의 현세대에 '기생'하고, Y의 이전세대는 X의 이전세대의 행위로 통해 자신은 순이익(6)을 얻고 Z의 현세대는 순손실(4)을 입었으므로 Y의 이전세대는 Z의 현세대에 '무임승차'를 한다.

ㄴ. (×) X의 이전세대의 행위로 Y의 현세대는 순이익(3)을 얻고 Z의 현세대는 순손실(4)을 입었으므로 Y의 현세대는 Z의 현세대에 '무임승차'를 하고 있으므로 <보상원칙>에 따라 Z의 현세대가 어떤 보상도 받지 못했다면 Y의 현세대는 자신이 얻은 순이익과 Z의 현세대가 입은 순손실 중에서 적은 양에 해당하는 <u>3</u>을 보상해야 한다.

ㄷ. (○) X의 이전세대의 행위로 인해 X의 현세대와 Y의 현세대는 순이익을 얻고 Z의 현세대는 순손실을 입었으므로 X의 현세대와 Y의 현세대는 Z의 현세대에 '무임승차'를 하고 있고, <보상원칙>이 X의 현세대와 Y의 현세대가 얻은 순이익의 총합 10(=7+3)에서 Z의 현세대가 입은 순손실 4를 뺀 <u>전체 순이익 6을 분배하여 각 나라의 현세대가 똑같은 순이익으로 2를 갖도록 대체할 경우에 X의 현세대는 5를 Y의 현세대는 1을 Z의 현세대에 제공해야 한다. 따라서 X와 Y의 현세대가 Z의 현세대에 제공해야 할 순이익의 총합은 6이다.

---

19 .... p.111

정답 ⑤

Point up

두 사람 사이의 불평등 정도를 결정하는 방식과 관련한 견해들의 판단 기준을 파악하여 <사례>에 적용한다.

(상황1)에서 각 견해에 따른 불평등 정도는 다음과 같다.

(1) 생애 전체 견해: 두 사람이 각각 생애 전체(→)에서 얻는 복지의 총량의 차이만큼 불평등함.

	1921~ 1940	1941~ 1960	1961~ 1980	1981~ 2000	2001~ 2020	생애전체 복지총량
갑	3	7	6	5	–	21
을	–	7	6	4	5	22
불평등 정도						1

(2) 동시대 부분 견해: 두 사람이 모두 생존해 있는 동시대 부분(↓)끼리의 복지의 양의 차이를 모두 더한 만큼 불평등함.

	1921~ 1940	1941~ 1960	1961~ 1980	1981~ 2000	2001~ 2020	불평등 정도
갑	3	7	6	5	–	
을	–	7	6	4	5	
동시대 부분 차이		0	0	1		1

(3) 해당 부분 견해: 두 사람의 유년기, 청년기, 중년기, 노년기에 각각 대응(↘)하는 복지의 양의 차이를 모두 더한 만큼 불평등함.

	1921~ 1940	1941~ 1960	1961~ 1980	1981~ 2000	2001~ 2020	불평등 정도
갑	3	7	6	5	–	
을	–	7	6	4	5	
해당 부분 차이		4	1	2	0	7

(상황1)에서 적용한 각 견해의 기준을 (상황2)에 동일하게 적용하면 (1) 생애 전체 견해에 따르면 불평등 정도는 1이고, (2) 동시대 부분 견해에 따르면 불평등 정도는 2, (3) 해당 부분 견해에 따르면 불평등 정도는 9가 된다.

ㄱ. (○) 해당 부분 견해에 따르면 (상황1)의 불평등 정도는 7이고 (상황2)의 불평등 정도는 9이므로 2만큼의 차이를 보인다.

ㄴ. (○) (상황1)과 (상황2)의 불평등 정도를 비교할 때 생애 전체 견해만이 불평등 정도가 1로 같고 나머지 견해의 불평등 정도는 같지 않다.

ㄷ. (○) (상황2)의 甲과 乙이 1941~1960년의 동시대 부분에서 얻은 복지의 양이 각각 8과 7에서 7과 8로 서로 바뀌는 경우에 생애 전체 견해에 따르면 불평등 정도가 1에서 3으로 2만큼 커지지만, 동시대 부분 견해에 따르면 해당 동시대 부분에서의 복지의 양의 차이(절댓값 의미)는 변함이 없으므로 불평등 정도는 동일하다.

20 ··· p.112

정답 ②

Point up

세 마을이 함께 사용할 수리 시설을 건설하는 데 소요되는 15억 원을 <원칙1>과 <원칙2>의 비용 부담의 기준에 따라 A, B, C가 각각 부담할 비용을 산정한다.

(1) <원칙1>에 따른 부담 비용(억 원)의 계산
한 마을이 부담하는 비용(X)을 각각 A, B, C라 할 때 그 마을만을 위한 수리 시설을 건설하는 비용(Y)은 8로 동일하므로 Y−X는 각각 8−A, 8−B, 8−C가 된다. Y−X를 모두 합한 식 24−(A+B+C)에서 A+B+C=15이므로 그 차이(Y−X)의 합은 9가 되는데 각각의 차이가 어느 마을에 대해서나 같아야 하므로 Y−X는 3으로 일정해야 한다. 따라서 세 마을 A, B, C가 부담할 비용은 동일하게 5이다.

(2) <원칙2>에 따른 부담 비용(억 원)의 계산
두 마을이 부담하는 비용의 합(Z)을 각각 A+B, B+C, C+A라 할 때 그 두 마을만을 위한 수리 시설을 건설하는 비용(W)은 순서대로 각각 12, 10, 11이므로 W−Z는 각각 12−(A+B), 10−(B+C), 11−(C+A)이 된다. W−Z를 모두 합한 식 33−2(A+B+C)에서 A+B+C=15이므로 그 차이(W−Z)의 합은 3이 되는데 각각의 차이가 어느 두 마을에 대해서나 같아야 하므로 W−Z는 1로 일정해야 한다. 따라서 A가 부담할 비용은 10−(B+C)=1에서 B+C=9이므로 6이 되고, B가 부담할 비용은 11−(C+A)=1에서 C+A=10이므로 5가 되고, C가 부담할 비용은 12−(A+B)=1에서 A+B=11이므로 4가 된다. 이상을 정리하면 다음과 같다.

	A	B	C
<원칙1>에 따른 부담비용	5억 원	5억 원	5억 원
<원칙2>에 따른 부담비용	6억 원	5억 원	4억 원

① (×) <원칙1>이 적용되면 세 마을의 부담은 동일하다.
② (○) <원칙2>가 적용되면 C가 A나 B보다 적은 비용을 부담한다.
③ (×) <원칙1> 대신 <원칙2>가 적용되면 A의 부담 비용은 1억 원 늘어난다.
④ (×) <원칙1> 대신 <원칙2>가 적용되어도 B가 부담할 비용은 5억 원으로 동일하다.
⑤ (×) <원칙1> 대신 <원칙2>가 적용되면 C가 부담할 비용은 4억 원으로 1억 원이 줄어든다.

21 ··· p.112

정답 ⑤

☑ 평가기관별 '내진성능평가지수와 내진보강공사지수'의 순위와 평가 점수의 총점

구분	A	B	C	D
내진성능평가실적	82	72	72	83
내진보강공사실적	91	76	81	96
내진보강대상	100	80	90	100
내진성능평가지수(순위)	82 (중위)	90 (최상위)	80 (최하위)	83 (중위)
내진보강공사지수(순위)	91 (중위)	95 (중위)	90 (최하위)	96 (최상위)
평가점수의 합산(순위)	6점 (3위)	8점 (2위)	2점 (4위)	8점 (1위)

따라서 최상위기관은 D이고, 최하위기관은 C이다.

Speed up

모든 기관의 지수 값을 다 계산하는 것보다 상대적 비교를 통하여 최상위 기관이나 최하위 기관을 먼저 결정하고 <선택지 소거법>을 활용하는 것이 효과적이다. 예컨대, '내진성능평가지수'에 대해서는 D > A이고, B > C인 상황이므로 B와 D를 비교하여 최상위를 결정하든지, A와 C를 비교하여 최하위를 결정하는 것이다.

22 ··· p.113

정답 ④

☑ 4개 기관의 평가 결과 중간 점검 및 최종 점수 예상

(단위 : 점)

평가요소\기관	국정과제	규제개혁	정책성과	홍보실적	중간점수합산	가능한 최종점수
甲	30	40	A	25	95	− 최대 122 (D가 최소) − 최소 98 (D가 최대)
乙	20	B	30	25	75	− 최대 102 (C가 최소) − 최소 78 (C가 최대)
丙	10	C	40	20	70	− 최대 97 (B가 최소) − 최소 73 (B가 최대)

丁	40	30	D	30	100	– 최대 127 (A가 최소) – 최소 103 (A가 최대)
합계	100	100	100	100		

★ A+D=30, B+C=30, 최소점수는 3점이고, 甲은 丁과, 乙은 丙과 각각 점수 변화에 크로스 방향(최대↔최소)으로 영향을 받음

ㄱ. (×) 甲과 丁의 최종점수의 최솟값은 각각 98점과 103점이고, 丙의 최종점수는 최대로 하여도 97점이므로 丙은 인센티브를 받을 수 없다.

ㄴ. (○) B가 27점인 경우 乙은 102점, D가 25점 이상이면 甲의 점수의 최댓값은 100점. 따라서, 丁이 1위, 乙이 2위가 된다.

ㄷ. (×) A~D를 제외하고 가중치를 반영한 중간점수의 합산 결과는 甲이 125점, 乙이 95점, 丙이 80점, 丁이 140점이다. 丁의 남은 항목인 D를 최소 점수로 하고, 乙의 B점수를 최대로 하여도 丁은 2위가 되어 인센티브를 받을 수 있다.

ㄹ. (○) 乙과 丙은 제외하고 甲과의 순위비교만 하면 된다. 가중치를 반영한 중간점수의 합산 결과는 甲이 155점, 丁이 180점이다. 丁의 남은 항목인 D를 최소 3점으로 하여도 甲은 182점이고 丁은 183점이므로 丁은 1위가 된다.

---

23 •• p.113

정답 ③

① (×) '가나다정'의 경우 식사를 거르게 될 경우 복용을 걸러야 한다.

② (×) '가나다정'은 정기적으로 혈당을 측정해야 하고 'ABC 정'도 정기적인 혈액검사를 통해 혈중 칼슘 등을 확인해야 한다.

③ (○) '가나다정'의 경우 야뇨를 피하기 위해 최종 복용시간은 오후 6시까지이고, 식전 30분부터 식사 직전까지 복용이 가능하므로 늦어도 오후 6시 30분에는 식사를 시작해야 한다.

④ (×) 'ABC정'의 복용법에는 씹지 말고 그대로 삼켜서 복용하도록 되어 있다.

⑤ (×) '가나다정'은 식전 30분, 'ABC정'은 식후 1시간이 복용 가능한 전후 최대 시간이므로 식사 시간 30분을 감안하면 두 약의 복용시간은 최대 2시간 차이가 난다.

---

24 •• p.114

정답 ④

☑ <연구모임 현황 및 평가결과>에서 우선 지원 받는 구성원에 해당(6명 이상 9명 미만)하지 않는 A모임과 E모임은 제외하고 B, C, D모임의 지원금을 계산하기로 한다. 단, 금액 단위(천 원)는 생략하고 숫자만 표기한다.

모임	기본지원 상품개발 여부	추가지원 구성원 수	추가지원 연구 계획 사전평가결과	별도지원 협업 인정 여부	총 지원금 (순위)
A	○	5	상	○	
B	×→1,500	6 → 600	중 (1인당 100)	×	2,400 (3)
C	×→1,500	8 → 960	상 (1인당 120)	○ → 738 (2,460×0.3)	3,138 (1)
D	○→2,000	7 → 700	중 (1인당 100)	×	2,700 (2)
E	×	9	하	×	

Speed up

실전에서는 정확한 계산으로 판정하는 것보다 상대 비교를 통해 순위를 파악하는 것이 효과적이다. 즉, 추가지원금의 차이만으로 B모임이 3위가 되어 대상에서 제외하고, C와 D만을 비교하는 경우에도 기본+추가 합산 금액의 차이가 300이 되지 않는데 반해, C의 별도 지원금이 C의 기본+추가를 합쳐서 2,000이라고 가정해도 600에 해당하는 금액이므로 C가 1순위, D가 2순위임을 예측하는 것으로 충분하다.

---

25 •• p.114

정답 ⑤

○○국의 의회의원선거 제1 ~ 4선거구의 선거 결과를 요약하면 다음과 같다. 수치는 선거구별 득표율(%)이다. (의석 배분 방식에 따라 의석을 차지한 후보에 '★' 표시함)

	제1선거구	제2선거구	제3선거구	제4선거구
A정당	41	50	16	39
1번 후보	30 ★	30 ★	12	20 ★
2번 후보	11	20	4	19
B정당	39	30	57	28
1번 후보	22 ★	18 ★	40 ★	26
2번 후보	17	12	17 ★	2
C정당	20	20	27	33
1번 후보	11	11	20	18 ★
2번 후보	9	9	7	15

→ 제1, 2, 4선거구의 경우는 1위 정당의 득표율이 2위 정당의 득표율의 2배 미만이므로 나머지 1석은 2위 정당의 1번 후보자에게 배분되고, 제3선거구의 경우에는 1위 정당의 득표율이 2위 정당의 득표율의 2배 이상이므로 1위 정당의 1, 2번 후보에게 2석이 모두 배분된다.

① (×) A정당은 모든 선거구에서 최소 1석을 차지했다.
→ 3선거구 탈락

② (×) B정당은 모든 선거구에서 최소 1석을 차지했다.
→ 4선거구 탈락

③ (×) C정당 후보가 당선된 곳은 제3선거구이다.
→ 제4선거구임
④ (×) 각 선거구마다 최다 득표를 한 후보가 당선되었다.
→ 제4선거구의 경우 최다 득표자인 B정당 1번 후보 탈락함.
⑤ (○) 가장 많은 당선자를 낸 정당은 B정당이다.
→ A정당: 3명, B정당: 4명, C정당: 1명

26 ··· p.115

정답 ⑤

〈이동수단별 평가표〉

(단, ( ) 평가 점수)

이동수단	경제성	용이성	안전성 (2배)	총합
렌터카	중(2) → $60×3일=$180	상 (3)	하 (2)	7
택시	하(1) →$1/1마일×(100+50 +50)=$200	중 (2)	중 (4)	7
대중교통	상 (3) → $40/1인×4인=$160	하 (1)	중 (4)	8

Power up

실전에서는 경제성 요소를 계산하기 전에 오픈되어 있는 요소의 평가 점수를 비교한 후, 택시가 1점이 높은 상황에서 비용계산 시 대중교통이 제일 저렴한 것으로 예측된다면 정답으로 확정해도 무방하다. 택시가 2위가 되어 동점이 될 수는 없기 때문이다.

27 ··· p.115

정답 ③

☑ 수요일의 날씨 예측 점수 평균값이 7점 이하이므로 8일의 예측 점수는 1점 이하가 되어야 한다. 따라서 2월 8일의 실제날씨는 눈·비(0점)이다.

〈2월 날씨〉

단, ( )점수는 날씨 예측 점수임

	월	화	수	목	금	토	일
날짜			1 (10)	2	3	4	5
예측			맑음	흐림	맑음	눈·비	흐림
실제			맑음	맑음	흐림	흐림	맑음
날짜	6	7	8	9	10	11	12
예측	맑음	흐림	맑음	맑음	맑음	흐림	흐림
실제	흐림	흐림	?	맑음	흐림	눈·비	흐림

날짜	13	14	15 (10)	16	17	18	19
예측	눈·비	눈·비	맑음	눈·비	눈·비	흐림	흐림
실제	맑음	맑음	맑음	?	눈·비	흐림	눈·비

☑ 목요일의 날씨 예측 점수 평균값이 이미 5점 이상이어서 〈조건〉을 충족하고, 주중 평균값이 5점 이상이 되기 위해서는 16일의 예측 점수도 5점 이상이어야 한다. 따라서 2월 16일의 실제 날씨는 흐림(6점) 또는 눈·비(10점)가 가능하다.

〈2월 날씨〉

단, ( )점수는 날씨 예측 점수임

	월	화	수	목	금	토	일
날짜			1	2	3	4	5
예측			맑음	흐림	맑음	눈·비	흐림
실제			맑음	맑음	흐림	흐림	맑음
날짜	6	7	8	9	10	11	12
예측	맑음	흐림	맑음	맑음	맑음	흐림	흐림
실제	흐림	흐림	?	맑음	흐림	눈·비	흐림
날짜	13 (0)	14 (0)	15 (10)	16	17 (10)	18	19
예측	눈·비	눈·비	맑음	눈·비	눈·비	흐림	흐림
실제	맑음	맑음	맑음	?	눈·비	흐림	눈·비

28 ··· p.116

정답 ①

☑ 항목별 선호도 분석 결과(선호도 상위 3순위만 표시)

항목	결혼 당사자		선호도 (순위)	양가 부모		선호도
	만족도	투입		만족도	투입	
예물	60	40	3/2	40	40	1
예단	60	60	1	80	40	2 (2위)
폐백	40	40	1	30	20	3/2
스튜디오 촬영	90	50	9/5 (3위)	10	10	1
신혼여행	120	60	2 (2위)	20	40	1/2
예식장	50	50	1	100	50	2 (2위)
신혼집	300	100	3 (1위)	300	100	3 (1위)

☑ 항목별 종합선호도 분석 결과(선호도 상위 3순위만 표시)

항목	만족도		투입		종합 선호도
	결혼 당사자	양가 부모	결혼 당사자	양가 부모	
예물	60	40	40	40	5/4
예단	60	80	60	40	7/5
폐백	40	30	40	20	7/6
스튜디오 촬영	90	10	50	10	5/3 (2위)
신혼여행	120	20	60	40	7/5
예식장	50	100	50	50	3/2 (3위)
신혼집	300	300	100	100	3 (1위)

ㄱ. (○) 종합선호도의 우선순위는 높은 순서로 '신혼집-스튜디오 촬영-예식장'이다.

ㄴ. (○) 결혼 당사자의 우선순위는 높은 순서로 '신혼집-신혼여행-스튜디오 촬영'순이고, 양가 부모의 경우에는 '신혼집-예식장-예단(공동2위)'순인데, 상위 3가지 중에 일치하는 항목은 '신혼집'이다.

ㄷ. (×) '예물'의 경우 양가 부모의 선호도는 1인데 반해, 결혼 당사자의 선호도는 3/2이므로 결혼 당사자의 선호도가 더 높다.

ㄹ. (×) '스튜디오 촬영'의 선호도는 1인데 바로 아래 항목인 '신혼 여행'의 선호도가 1/2이므로 양가 부모에게 우선순위가 가장 낮은 항목은 '스튜디오 촬영'이 아니다.(가장 낮은 항목은 '신혼 여행'이지만, 반례 확인으로 충분)

29 ·· p.116

정답 ②

☑ 〈반 편성 기준〉에 따른 반배치 상황

(단위 : 점)

학생	쓰기	읽기	듣기	말하기	(기준2) 채택 시	(기준1) 채택 시
A	10	10	6	3	9 (기초반)	29 (심화반)
B	7	8	7	8	15 (심화반)	30 (심화반)
C	5	4	4	3	7 (기초반)	16 (기초반)
D	5	4	4	6	10 (?)	19 (기초반)
E	8	7	6	5	11 (심화반)	26 (?)
F	?	6	5	?	6~15 (?)	13~31 (?)

ㄱ. (×) B와 D는 (기준1)을 채택하는 경우에는 같은 반이 될 수 없으나, (기준2)를 채택하는 경우에 F학생의 총점이 10점 미만인 경우에는 B와 D가 모두 심화반으로 같은 반이 될 수 있다.

Power up

F의 총점이 10점인 경우에는 D와 동점이 되고 동점자 처리 기준에 따라 듣기 점수가 더 높은 F가 심화반으로 배치되므로 불가능하다.

ㄴ. (×) 앞서 ㄱ의 Power up 을 근거로 (기준2)를 채택하였을 때, F의 말하기 점수가 5점으로 총점 10점인 경우에는 동점자 처리 기준에 따라 F는 심화반에 편성된다.(반례)

ㄷ. (○) 우선, (기준1)을 채택하는 경우에는 C와 D는 F점수와 상관없이 기초반으로 확정되고, (기준2)를 채택하는 경우에도 F의 총점은 쓰기 점수와 상관없이 17점 이상이 되어 D의 총점인 10점보다는 높으므로 D는 기초반으로 확정된다.

30 ·· p.117

정답 ①

ㄱ. (○) 5 km²=5,000,000m²=500ha이므로 화학비료 권장량은 50,000kg=50t이다. 따라서, 농약 사용×+ 화학비료 권장량의 1/2 이하이므로 무농약농산물 인증이 가능하다.

ㄴ. (×) 화학비료는 권장량의 1/2 이하인 75kg 이내를 충족하고, 농약 살포 횟수는 총 2회로 최대횟수의 1/2 이내에 해당한다. 그러나, 농약은 수확 14일 전까지 살포해야 하는데 그 시기를 준수하지 않아 인증이 불가능하다.

ㄷ. (×) 유기농산물의 경우, 감귤과 같은 다년생 작물은 3년 이상을 농약과 화학비료 모두 사용하지 않고 재배해야 하는데 작년에 5t의 화학비료를 사용하였으므로 인증이 불가능하다.

ㄹ. (○) 재배면적은 50,000m²=5ha이고, 화학비료 권장량인 600kg/ha의 1/2 이하인 200kg만을 사용하였고, 농약도 2회 살포로 최대횟수 4회의 1/2 이내에 해당하고, 살포시기도 충족(두 번째 살포시기인 8월 초~9월 말 수확 : 수확 14일 전까지○)하므로 저농약농산물 인증이 가능하다.

CHAPTER 01 자료판정 − 단순수치계산(개별, 합산, 순위)

4.1 단순수치계산(개별, 합산, 순위)

01 .... p.120

정답 ②

Point up

워크숍 비용을 계산하는 경우 교통비는 왕복 비용으로 산정한다는 점과 숙박기준인원을 초과하는 펜션에서는 추가요금이 발생한다는 점에 주의한다.

구분	A 펜션	B 펜션	C 펜션
펜션까지 거리(km)	100	150	200
왕복 교통비 (원, 10km당 3,000원 기준)	30,000	45,000	60,000
1박당 숙박요금(원)	100,000	150,000	120,000
숙박인원 초과 추가요금(원)	40,000	20,000	−
숙박기준인원(인)	4	6	8
워크숍 비용＝ 왕복교통비＋숙박요금(원)	170,000	215,000	180,000

따라서 甲은 워크숍 비용을 최소화하기 위해 그 비용이 <u>170,000원</u>으로 가장 저렴한 <u>A펜션</u>을 예약할 것이다.

02 .... p.120

정답 ②

Point up

〈관내 도장업체 정보〉를 기준으로 〈보기〉의 내용을 판단하기 위해 추가로 필요한 정보를 빠르게 확인하는 것이 중요하다. 1m²당 작업비용이라던지 1시간당 작업량(m²/시간)등의 정보 가공이 필요하다.

제시문의 〈관내 도장업체 정보〉에 추가정보를 정리하고 표 아래 조건들 중에 마지막 조건인 '모든 업체는 시간당 비용에 비례하여 분당 비용을 받는다.'에 근거하여 각 보기를 판단한다.

업체	1m²당 작업시간	시간당 비용	시간당 작업량 (m²/시간)	면적당 비용 (만 원/m²)
A	30분	10만 원	2m²	5만 원
B	1시간	8만 원	1m²	8만 원
C	40분	9만 원	1.5m²	6만 원

ㄱ. (×) 비용과 상관없이 작업을 가장 빠르게 끝내기 위해서는 A와 C에게만 작업을 맡기는 것이 아니라 A, B, C 모두에게 작업을 맡겨야 한다.

ㄴ. (○) B와 C에게 작업을 맡기는 경우, 상기 추가 정보를 통해 B는 시간당 1m², C는 시간당 1.5m²를 작업할 수 있으므로 B, C가 동시에 작업하는 경우 시간당 2.5m²를 작업하게 된다. 따라서 작업 완료시까지 걸리는 총 시간은 60m²÷2.5m²/시간＝24시간이다.

ㄷ. (×) ⅰ) A, B, C 모두에게 작업을 맡기는 경우에 세 명의 시간당 비용을 합치면 27만 원이고, 세 명의 시간당 작업량의 총합이 4.5m²/시간이므로 작업 완료 시까지 걸리는 총 시간은 $60m^2 \div \frac{45}{10}m^2/시간 = \frac{40}{3}$ 시간이다. 따라서 세 명 모두가 작업하는 경우 작업 비용은 총 27만 원/시간×$\frac{40}{3}$시간＝360만 원이 든다. 한편, ⅱ) B와 C에게 작업을 맡기는 경우에는 B와 C의 시간당 비용을 합하면 17만 원이고, 보기 ㄴ에서 B와 C가 작업하는 경우 완료 시까지 24시간이 소요되므로 작업 비용은 총 17만 원/시간×24시간＝408만 원이 든다.

그러므로, A, B, C 에게 작업을 맡기는 경우보다 B, C에게 작업을 맡기는 경우가 비용이 더 많이 든다.

Speed up

보기 ㄷ의 경우는 해설처럼 정확하게 계산하여 판단하는 것보다 면적당 비용이 A업체가 가장 저렴한 점을 근거로 A업체를 포함하는 경우에 총 비용은 가장 저렴할 것이라고 예측하는 것으로 충분하다.

03 .... p.121

정답 ①

Point up

〈상황〉에 따른 최대 배상금액을 산정하는 과정에서 배상 기준 금액과 달리 가산금액을 적용하는 경우에는 소음 또는 시간대가 이중으로 수인한도를 초과하는지를 기준으로 판단한다. 즉, ⅰ) 두 가지 소음(최고소음도, 등가소음도)가 동시에 초과하거나 ⅱ) 한 가지 소음이 주간과 야간에 걸쳐 연속적으로 초과하는지에 대한 빠른 판단이 중요하다. 한편, 층간소음 배상은 수인한도 모두를 충족하는 것이 아니라 수인한도 중 어느 하나라도 초과 시 그에 해당하는 기준 금액을 배상해야 한다는 점도 파악한다.

☑ 甲의 경우

'아파트 위층에 사는 甲이 10개월 전부터 지속적으로 소음을 발생 ~'을 통해 피해 기간은 6개월 초과 ~ 1년 이내에 해당하고, '소음을 측정한 결과 주간과 야간 모두 최고소음도는 수인한도를 초과하지 않았으나, 주간 등가소음도는 45dB(A)였으며, 야간 등가소음도는 38dB(A)였다.'에서 주간과 야간에 걸쳐 등가소음도가 수인한도를 초과하였다. 따라서, 기준 배상금액을 기본으로 가산기준(2)에 적용을 받아 계산하면,

{650,000원 + (650,000×0.3)} × 2 = 1,690,000원 이다.
기준배상금액   (2)가산기준에 해당 가족수

☑ 乙의 경우

'아파트 위층에 사는 乙이 1년 6개월 전부터 야간에만 지속적으로 소음을 발생~'을 통해 피해 기간은 1년 초과 2년 이내에 해당하고, '야간에 소음을 측정한 결과 등가 소음도는 42dB(A)였으며, 최고소음도는 52dB(A)이었다.'라고 하였으므로, 기준금액에 따른 배상액에 더해서 가산기준(1)의 적용을 받아 금액이 추가된다. 또한, '아래층 피해자 가족은 4명이며, 그중 수험생 1명만 가산기준(3)에 해당된다.'라고 하였으므로 가산기준(3)도 수험생에게는 적용해야 하므로 본 상황을 고려한 최대 배상액을 계산하면,

{800,000원 + (800,000원×0.3)} × 4 + (800,000원×0.2) = 4,320,00원
기준배상금액   (1)가산기준 해당 가족수   (3)가산기준에 해당-수험생

이다. 따라서 甲은 1,690,000원, 乙은 4,320,000원을 배상해야 한다.

04 .... p.121

정답 ④

Point up

제시문에서 주어진 핵심정보를 통해 <보기>의 내용을 판단한다. 특히, 정오 판단 시 분수꼴의 계산 등이 수반되는 경우에는 실수하지 않도록 주의해야 하는데 단위 변환이 필요 없는 상황이므로 애초에 단위는 무시하고 계산에만 집중하는 것도 효과적일 것이다. 또한, <보기> ㄴ의 경우에는 결론을 부정하여 가정(제시문의 조건)에 모순됨을 보이는 방식으로 우회적으로 정오를 판정할 수밖에 없는 까다로운 유형에 해당된다는 점에 주목한다.

☑ 제시문에 주어진 자료를 정리하면 다음과 같다.
(단, 전 세계에서 생산되는 쌀의 총 생산량을 R이라고 하고, A국의 벼 재배면적을 $S(ha)$라 한다)

	인도	중국	일본	A국
벼 재배면적(ha)	4,300	3,300		S
연간 쌀 생산량(t)	$0.2R$	$0.3R$		
단위면적당 쌀 생산량(t/ha)	$\dfrac{0.2R}{4,300}$	$\dfrac{0.3R}{3,300}$	4.5	5

ㄱ. (○) 중국의 단위면적당 쌀 생산량은 $\dfrac{0.3R}{3,300ha}$이고, 인도의 단위면적당 쌀 생산량은 $\dfrac{0.2R}{4,300ha}$이므로 $\dfrac{\frac{0.3}{3,300}}{\frac{0.2}{4,300}} ≒ 2$이다. 따라서 중국의 단위면적당 쌀 생산량은 인도의 단위면적 당 쌀 생산량의 약 2배이다.

ㄴ. (○) A국의 벼 재배면적을 위와 같이 $S(ha)$라 하면, 일본의 벼 재배면적은 $S+400$라 할 수 있고, A국의 연간 쌀 생산량이 $5S$(ha당 5.0톤), 일본의 연간 쌀 생산량은 $4.5×(S+400)$로 각각 나타낼 수 있다. 만약 일본의 연간 쌀 생산량이 A국보다 많지 않다고 가정하고 대소관계를 나타낸 후, $4.5(S+400) ≤ 5S$을 풀면 $S ≥ 3,600$가 된다. 하지만, 이 경우 제1단의 내용에 따라 A국의 재배면적은 중국의 3,300ha보다 작아야 하므로 모순이다. 따라서, 일본의 벼 재배면적이 A국보다 400ha가 크다면, 일본의 연간 쌀 생산량은 A국보다 많다.

ㄷ. (×) 제2문단 마지막 문장에서 A국의 단위면적 당 쌀 생산량(5.0톤)은 인도의 3배에 달하는 수치라고 하여 인도의 단위면적당 쌀 생산량은 $\dfrac{5}{3}$톤이고, 앞서 계산한 인도의 단위면적당 쌀 생산량인 $\dfrac{0.2R}{4,300ha}$과 같으므로 $\dfrac{0.2R}{4,300ha} = \dfrac{5}{3}$이 성립한다. 따라서, 인도의 연간 쌀 생산량은 $0.2R = \dfrac{5}{3}×4,300 ≒ 7,162$이므로 인도의 연간 쌀 생산량은 11,000톤 이상이 아니다.

05 .... p.122

정답 ②

Point up

제시문의 각 문단에서 하드디스크의 구성 요소별 저장 단위 등에 집중하여 선지의 정오를 판정한다.

① (×) 제1문단 세 번째 문장에서 플래터의 양면을 각각 '표면'이라고 하고 있으므로 플래터가 5개라면 표면의 개수는 최대 10개가 된다.

② (○) 제1문단 두 번째 문장에서 하드디스크에는 같은 크기의 플래터가 위아래로 여러 개 나란히 정렬되어 있음을 알 수 있고 제4문단 첫 번째 문장에서 플래터 표면 중심에서 거리가 같은 모든 트랙을 수직으로 묶은 것이 하나의 실린더임을 확인할 수 있다. 따라서 플래터가 5개, 플래터당 트랙이 10개, 트랙당 섹터가 20개라면 실린더의 개수는 1개의 플래터의 표면에 있는 트랙의 개수와 일치하므로 10개가 된다.

③ (×) 제3문단 세 번째 문장에서 현재의 하드디스크에는 바깥쪽 트랙에 좀 더 많은 섹터가 있음을 알 수 있으므로 플래터 안의 모든 섹터의 크기가 같더라도 각 트랙의 섹터 수는 같다고 볼 수 없다.

④ (×) 제3문단 첫 번째와 두 번째 문장에서 섹터는 하드디스크의 최소 저장 단위로 하나의 섹터에는 파일을 1개만 저장할 수 있어 10바이트 파일을 저장해도 100바이트 파일을 저장해도 섹터 한 개를 전부 차지한다는 사실을 확인할 수 있으므로 10바이트 파일 10개 저장에 필요한 최소 섹터 수는 10개고 100바이트 파일 1개 저장에 필요한 최소 섹터 수는 1개이므로 섹터의 개수는 같지 않다.

⑤ (×) 제4문단 마지막 문장에서 하드디스크의 트랙과 섹터에 분산되어 파일이 저장되기도 하므로 파일 크기가 트랙 1개의 저장용량보다 작더라도 해당 파일이 항상 하나의 트랙에 저장되는 것은 아니다.

06 ···································· p.122
정답 ④
Point up

제5문단에서 플래터의 회전속도와 헤드의 속도에 관한 단위 정보 등을 바탕으로 A하드디스크의 조건에 부합하는 시간을 계산한다.

⑴ A하드디스크의 플래터의 회전속도가 7,200rpm인데 이는 1분당 7,200회전을 의미하므로 플래터가 1회전하는 데 걸리는 시간은 1분 / 7,200회전 × 60초 = 1/120초이다.

⑵ A하드디스크의 헤드의 이동속도가 5Hz인데 이는 1초에 1번 트랙의 바깥쪽 끝과 마지막 트랙의 안쪽 끝 사이를 1초에 5번 왕복하는 것을 의미하므로 1번 왕복하는 데 1/5초가 걸리고 1번 한 방향으로 이동하는 데에는 1/10초가 걸린다. 따라서 A하드디스크에는 표면당 트랙이 20개로 이루어져 있으므로 헤드가 트랙 하나를 이동하는 데 걸리는 시간은 평균 1/10초 ÷ 20개 = 1/200초가 된다.

07 ···································· p.123
정답 ⑤
Point up

인력증원상황을 발생시키는 요인에 집중하여 판단한다. 내년에도 올해의 인력구성과 직원별 차감률이 동일한 상황이므로 1) 내년 A검사국의 예상 검수 건수의 추가분과 2) 내년 '기준 검사 건수' 변화에 따른 차감된 수행 건수만을 고려해서 산정하는 것이 중요하다.

우선 직원별로 한 해 동안 수행할 수 있는 최대 검사 건수를 정리하면 다음과 같다.(국장 및 사무처리 직원은 100% 차감으로 제외함)

- 국장, 사무처리 직원, 과장을 제외한 80명의 직원(이하 '일반 직원'이라 함)은 '기준 검사 건수'에서 10%를 차감(→ 처리 수행률은 90%)
- 과장 9명은 '기준 검사 건수'의 50%를 추가 차감하므로 총 60%를 차감(→ 처리수행률은 40%)

A검사국의 올해 검사 건수는 현 직원 모두가 한 해 동안 수행할 수 있는 최대 검사 건수와 같고 올해 기준 검사 건수 100건을 기준으로 하면 일반 직원은 100건 × 0.9 × 80명 = 7,200건, 과장은 100건 × 0.4 × 9명 = 360건으로 총 7,560건이다.

한편, 1) 내년 A검사국의 예상 검사 건수가 올해 검사 건수인 7,560건의 20%인 1,512건이 증가하고, 2) 내년 '기준 검사 건수'가 90건으로 하향 조정됨에 따라 줄어든 10건에 대한 최대 검사 건수인 756건을 검사하지 못하게 된다.

Power up

일반 직원의 경우 올해 최대 검사 건수인 100건 × 0.9 × 80명 = 7,200건에서 내년에는 90건 × 0.9 × 80명 = 6,480건으로 줄어들고 과장의 경우에도 올해 최대 검사 건수인 100건 × 0.4 × 9명 = 360건에서 내년에는 90건 × 0.4 × 9명 = 324건으로 줄어들기 때문에 내년에는 올해 검사 건수의 10%인 756건을 검사하지 못한다.

A검사국이 내년에 예상 검사 건수를 모두 검사하려면 1) 내년 예상 검사 건수의 추가분인 1,512건과 2) 내년 '기준 검사 건수'의 조정으로 인해 검사하지 못하는 756건을 합한 총 2,268건을 검사할 인력이 추가로 필요한데 이를 최소로 하기 위해서는 처리수행률이 높은 일반 직원만을 대상으로 하여 증원을 요청해야 한다. 따라서 내년에 일반 직원 1명의 최대 검사 건수는 90건 × 0.9 = 81건이므로 올해 말 A검사국이 인사부서에 증원을 요청할 최소 인원은 2,268건/81건 = 28명이다.

08 ···································· p.123
정답 ⑤
Point up

'거리 = 속력 × 시간'을 바탕으로 단위 환산을 고려하여 빈칸에 알맞은 수를 계산한다. 특히, 시간 단위환산에 주의한다.

☑ 신장이 180cm인 육상선수가 1초에 신장의 50배가 되는 거리는 180cm × 50/1초 = 9,000cm/1초이고 이를 1시간 동안 움직이는 거리로 환산하면 9,000cm/1초 × 3,600초 = 32,400,000cm = 324km이다.
  따라서 ㉠에 해당하는 값은 324이다.

☑ 미국바퀴벌레의 1/3속력은 50cm/1초이고 1분 동안 움직이는 거리는 50cm/1초 × 60초 = 3,000cm이다. 이 거리는 물고기 로봇의 몸길이의 200배가 되는 거리이므로 물고기 로봇의 몸 길이는 3,000cm/200 = 15cm이다.
  따라서 ㉡에 해당하는 값은 15이다.

---

www.pmg.co.kr

09 .... p.124

정답 ③

Point up

<상황>에서 용도에 따른 <필요 수질>을 파악하고 <수질 개선에 사용하는 설비의 용량과 설치 비용>을 바탕으로 해당하는 수질을 확보하는 데 필요한 설비 설치 최소 비용을 계산한다.

┌─ 상황 ─────────────────────────────┐

○○기관은 중금속이 포함된 4급에 해당하는
→ 응집 침전기 1대 필요
해수 3톤을 정수 처리하여 생활용수 3톤을 확보하려 한다.
→ 해수담수화기 1대 필요 → 1차 정수기 1대 필요
3차 정수기 3대 필요
※ 2차 정수기 기능을 포함하므로
2차 정수기는 설치할 필요×
이를 위해 필요한 설비를 갖추어 수질을 개선하여야 한다.

└────────────────────────────────┘

<상황>에서 필요한 설비 설치에 필요한 최소 비용을 계산하면 ⅰ) 중금속을 제거하기 위한 응집 침전기 1대 설치 비용인 5천만 원과 ⅱ) 염분을 제거하기 위한 해수담수화기 1대 설치 비용인 1억 원, ⅲ) 음용이 가능한 1급 담수로 개선하기 위해 1차 정수기 1대 설치 비용인 5천만 원과 3차 정수기 3대의 설치 비용인 5억 원×3=15억이 각각 필요하다.

따라서 ○○기관이 생활용수 3톤을 확보하기 위한 수질 개선 설비 설치에 필요한 최소 비용은 **총 17억 원**이다.

10 .... p.124

정답 ⑤

Point up

각 구역별 총 마리 수는 하이디의 기록 시간을 기준으로 그 이후 시간에 대해서만 페터의 기록에서 해당 구역으로 이동(출: −, 입: +)한 양의 수를 반영하여 파악하는 것이 중요하다.

☑ 4개의 각 구역 양의 마리 수
- A구역 : 17+5−4=18 → 하이디의 기록표 09:10 기준 수로부터 페터의 09:15 이후의 변동 수를 반영함

하이디의 기록표			페터의 기록표		
시간	구역	마리 수	시간	구역 이동	마리 수
09:10	A	17마리	09:08	B → A	3마리
09:22	D	21마리	09:15	B → D	2마리
09:30	B	8마리	09:18	C → A	(+)5마리
09:45	C	11마리	09:32	D → C	1마리
09:58	D	㉠21마리	09:48	A → C	(−)4마리
10:04	A	㉡18마리	09:50	D → B	1마리
10:10	B	㉢12마리	09:52	C → D	3마리
10:15	C	㉣10마리	10:05	C → B	2마리

같은 방식으로 나머지 구역의 마리 수를 계산하면 다음과 같다.
- B구역 : 8+1+2=11
- C구역 : 11+4−3−2=10
- D구역 : 21−1−1+3=22

또한, ㉠~㉣에서 각 구역별 양의 수는 하이디가 기록한 시간 이후로 해당 구역으로 출입한 페터의 기록이 존재하지 않으므로 각 구역별 총 마리 수와 같다.

따라서 양의 총 마리는 61마리이고, 옳은 것은 ㉡과 ㉣이다.

11 .... p.125

정답 ②

Point up

중세 초기 아일랜드 법체계와 관련하여 ⅰ) 대상자별로 '명예가격'과 '배상금'을 각각 구분하여 파악한 후 별도 지급임을 주의하고, ⅱ) 지급 금액의 종류별 단위 환산 기준(5쿠말=젖소 10마리=은 20온스)에 따라 <상황>을 분석하여 A가 지급하여야 하는 총액을 계산한다.

⑴ 제1문단 : 주교와 영주의 명예가격은 5쿠말, 부유한 농민의 명예가격은 젖소 2.5마리에 하인 한 사람당 젖소 0.5마리를 더한 것.

⑵ 제2문단 : 살해에 대한 배상금은 10쿠말, 영주 또는 여성에게 상해를 가했을 때의 배상금은 각각 2쿠말과 은 1온스.

⑶ 제3문단 : 영주의 아내를 살해 또는 상해로 명예를 훼손한 것은 영주의 명예를 훼손한 것으로 간주.

이상의 정보를 <상황>에 적용하면 다음과 같다.(→ '배상금+명예가격' 순으로 표기)

> (상황)
>
> A는 자신이 살고 있는 지역의 ⅰ) 주교를 죽이고,
> → 10쿠말+5쿠말
>
> ⅱ) 영주의 얼굴에 상처를 입히고,
> → 2쿠말+5쿠말
>
> ⅲ) 영주의 아내의 다리를 부러뜨리고,
> → 은 1온스+5쿠말
>
> ⅳ) 각각 하인을 10명씩 거느리고 있는 부유한 농민 2명을 죽이는 큰 사고를 냈다.
> → 농민 1명 기준: 10쿠말+(젖소 2.5마리+젖소 0.5마리×10명)

한편 제1문단에서 주교의 명예가격인 젖소 10마리와 은 20온스는 가치가 동일하고 이는 영주의 명예가격인 5쿠말과 같은 것이므로 1쿠말=은 4온스이고, 젖소 1마리=은 2온스이다. 따라서, A가 지급하여야 하는 총액은 은 188온스(47쿠말)+은 30온스(젖소 15마리)+은 1온스=은 219온스이다.

12 · p.125

정답 ③

Point up

제시문에 주어진 단위(노트, 해리)의 의미와 환산 기준을 파악하고 '거리=속력×시간' 을 활용하여 계산한다.

<상황>에서 세종대왕함은 3월 2일 06:00부터 3월 13일 22:00까지 총 11일 16시간 동안 동일 경도상에서 북위 14° 48′ 40″에서 북위 56° 48′ 40″으로 멈추지 않고 최단거리로 총 42°=42×60′=2,520해리(∵1해리=1분(1′))를 이동하였다. 따라서 세종대왕함의 항해기간 동안 평균속력은 2,520해리/280시간=9노트(knot)이다.

13 · p.126

정답 ①

Point up

<평가기준>에 따라 평가항목별로 점수를 부여한 후 가중치를 곱하여 합산한 지수의 총점이 가장 높은 관광지를 결정한다. 이때 후보대상지를 평가항목별 점수를 근거로 합리적으로 추려내고 가중치의 수치 특징을 파악하여 계산은 최소화하는 것이 중요하다.

우선 <평가기준>에 따라 각 항목별 지수의 값이 낮은 순으로 5점부터 1점으로 각각의 관광지에 부여한 후 가중치를 고려하여 '엔젤 아일랜드'와 '머쉬룸 힐' 2곳을 후보대상지로 선정한다.

Power up

'엔젤 아일랜드'와 비교시 '하이드로시티'와 '샌도폴리스'는 모든 평가항목에서 점수가 낮고 '마블 가든' 또한 <소셜 관심도 지수>에서만 1점이 높은 반면 그보다 가중치가 더 높은 <교통 트래픽량 지수>에서 1점이 낮고 남은 두 항목의 점수도 낮기 때문에 3곳의 관광지는 바로 제외시킬 수 있다.

평가항목의 순서대로 2개 항목씩 가중치의 합이 0.5로 일정하므로 <방문객 혼잡도 지수>와 <교통 트래픽량 지수>를 묶고 <소셜 관심도 지수>와 <코로나 확진자 지수>를 묶어서 각각 판정한다. '엔젤 아일랜드'는 <방문객 혼잡도 지수>와 <교통 트래픽량 지수>에서 '머쉬룸 힐'보다 각각 1점씩 낮으므로 가중치를 반영한 지수의 총점은 0.5점이 낮겠지만, <소셜 관심도 지수>와 <코로나 확진자 지수>에서 각각 3점과 1점이 높으므로 공통 1점에 대해서는 가중치를 반영한 지수의 총점은 0.5점이 높아서로 상쇄된다. 따라서 <소셜 관심도 지수>에서 2점이 상대적으로 더 높은 '엔젤 아일랜드'가 '머쉬룸 힐'보다 지수의 총점에서 0.604점이 높을 것이므로 지수의 총점이 가장 높은 관광지는 '엔젤 아일랜드'이다.

14 · p.126

정답 ⑤

Point up

K국의 선거제도에서 의석수를 계산하는 두 가지 방식의 적용 기준(차이점 중심)을 각각 파악한다. 이때 예시를 통해 기준을 명확히 이해하는 것이 중요하다.

☑ 甲방식: 지역구 의석과 비례대표 의석(비례대표 의석수×정당득표율)을 합산함.

☑ 乙방식: 총 의석수×정당득표율 내에서 지역구 의석수에 따라 비례대표 의석수 결정됨.(단, 지역구 의석수가 정당득표율에 따라 계산된 의석수보다 많은 경우에는 그 차이만큼 지역구 의석수를 확보하지 못함)

<상황1> 전체 지역구 의석수가 250석, 비례대표 의석수가 50석이며 C당의 지역구 의석수가 75석일 때 정당득표율이 X%이면 C당은 甲방식하에서 (75+50××%)석, 乙방식하에서 (300××%)석이다. 따라서 어느 방식에 의해서도 동일한 의석수를 확보하기 위해서는 X=30%이다.

<상황2> 전체 지역구 의석수가 50석, 비례대표 의석수가 250석, D당의 정당득표율이 20%이며 D당의 지역구 의석수가 Y석일 때 D당은 甲방식하에서 {Y+(250×20%)}석, 乙 방식하에서 (300×20%)석이다. 따라서 어느 방식에 의해서도 동일한 의석수를 확보하기 위해서는 Y=10이다.

<상황3> 전체 지역구 의석수가 Z석, 비례대표 의석수가 100
석, E당의 지역구 의석수가 30석, E당의 정당득표율
이 40%일 때 E당은 甲방식하에서 {30+(100×40%)}
석, 乙방식하에서 {(Z+100)×40%}석이다. 따라서
어느 방식에 의해서도 동일한 의석수를 확보하기 위
해서는 Z=75이다.

15 .... p.127

정답 ④

Point up

<일정>에 따라 요일별로 이동한 도시간 기차 구간별 금액을 확
인하되 <기차 쿠폰>의 할인 혜택을 적용하기 위해 평일과 주말
에 각각 러시아워 시간대 이동 여부에 따라 구분하여 산정한다.

┌─ 일정에 따른 기차 구간별 금액(유로) ──────┐

                                    러시아워○ | 러시아워×

• 월요일
 − '가'도시에서 '나'도시로 이동   15
 − '나'도시에서 러시아워 시간에
   '다'도시로 이동   15
 − '다'도시에서 다시 출발지인 '가'
   도시로 이동   30
• 화요일
 − '가'도시에서 '나'도시로 이동   15
• 수요일
 − '나'도시에서 '마'도시로 이동   30
 − '마'도시에서 러시아워 시간에
   '라'도시로 이동   25
• 목요일
 − '라'도시에서 러시아워 시간에
   '다'도시로 이동   10
• 금요일
 − '다'도시에서 러시아워 시간에
   '바'도시로 이동   20
 − '바'도시에서 러시아워 시간에
   '라'도시로 이동   30
- -
• 토요일
 − '라'도시에서 '가'도시로 이동   25
 − '가'도시에서 다시 '라'도시로 이동   25
• 일요일
 − '라'도시에서 출발지인 '가'도시로 이동   25

└──────────────────────────────┘

위의 표시한 금액에 따라 평일(러시아워 시간)의 기차 구간별
금액은 총 100유로, 평일(러시아워 시간 제외)의 기차 구간별
금액은 총 90유로, 주말(토요일, 일요일)의 기차 구간별 금액은
총 75유로이다. 이를 <기차 쿠폰>에 적용하여 소요되는 경비
를 정리하면 다음과 같다.

〈기차 쿠폰〉

구분	A 쿠폰	B 쿠폰	C 쿠폰	D 쿠폰	E 쿠폰
가격(유로)	2	5	23	31	105
평일(러시아워 시간 제외)	할인 없음 (90)	40% 할인 (54)	40% 할인 (54)	40% 할인 (54)	무료 (−)
평일(러시아워 시간)	할인 없음 (100)	할인 없음 (100)	20% 할인 (80)	할인 없음 (100)	할인 없음 (100)
주말(토요일, 일요일)	40% 할인 (45)	40% 할인 (45)	40% 할인 (45)	무료 (−)	무료 (−)
유미의 경비 (기차 쿠폰+구간별 금액)	237	204	202	185	205

따라서 유미가 일정대로 움직일 경우 경비를 최소화하기 위해
서는 D쿠폰을 선택한다.

Speed up

기차 구간별 금액을 합산하여 <기차 쿠폰>에 적용하는 경우
쿠폰별로 경비를 계산하는 것이 부담스러운 경우에는 쿠폰끼
리 상대적으로 비교하여 우열을 가린다. 예컨대 A쿠폰과 B쿠
폰은 평일(러시아워 시간)과 주말(토, 일)은 혜택이 같아 배제
하고 쿠폰 가격 차이(3유로)와 평일(러시아워 시간 제외) 금액
차이(36유로)를 기준으로 A쿠폰을 탈락시키는 방식이다. 이는
토너먼트식의 상대비교로 (최악의 경우) 판단 횟수만 따져보면
큰 이점이 없을지라도 문제에 따라서는 풀이의 효율을 높일 수
있는 대안이 될 수 있다.

16 .... p.128

정답 ④

Point up

甲이 택시를 이용한 시점에 따라 현행요금과 조정요금을 주간
과 심야로 각각 구분적용하여 계산한다.

택시요금이 2019년 2월 1일 18시부터 인상되므로 甲이 출근시
이용한 택시요금은 현행요금체계(주간)에 따라 지불하고 퇴근
시 이용한 택시요금은 조정요금체계(심야)에 따라 지불한다.
⑴ 출근시 이용요금: 기본요금 3,000원과 초과요금
   600m/12m×10원=500원을 더해 총 3,500원을 지불한다.
⑵ 퇴근시 이용요금: 기본요금 4,500원과 초과요금
   600m/5m×10원=1,200원을 더해 총 5,800원을 지불한다.
   따라서 甲이 2019년 2월 1일에 지불한 택시요금 총액은
   9,300원이다.

17 ···································· p.128

정답 ①

Point up

병호의 효용 계산식에 따라 조건을 순서대로 적용하여 효용이 높은 순으로 교통수단 우선순위를 결정한다. 이때 10%가산은 전 단계의 과정을 마친 후에 산정하는 점에 주의한다.

⟨교통수단별 최종효용의 산출⟩

교통수단 ╲ 적용조건		소요시간(×2) 가중치 0.3 ㄱ	비용(×2) 가중치 0.7 ㄱ	고소공포증 ㄴ	화장실 ㄷ	불편감 ↓ ㄹ	최종효용 (ㄱ~ㄹ순으로 적용)
KTX	일반	5	13		○ (+2)		{50−(0.3×5 +0.7×13))} +2=41.4
	특실		16		○ (+2)	10% 가산	[{50−(0.3×5 +0.7×16))} + 2]×1.1=43.23
고속버스		10	9	×			50−(0.3×10+ 0.7×9)=40.7
택시		8	23	×		10% 가산	{50−(0.3× 80.7×23)}×1 .1=34.65
비행기		2	17	−5	○ (+2)		{50−(0.3×2 +0.7×17))} −5+2=34.5

따라서 병호가 선택할 교통수단의 우선순위는 'KTX특실−KTX일반−고속버스−택시−비행기' 순이다.

Speed up

효용 계산식에서 ㄱ단계를 2×{25−(0.3×**소요시간**+0.7×**비용**)}로 정리하고 ⟨표⟩의 원래 수치를 그대로 활용하여 상대 비교를 통해 순위를 판정한다. 우선 선지를 고려하여 1순위 결정을 위해 KTX일반과 KTX특실만을 비교한다. KTX특실이 KTX일반보다 비용에서 1.5가 더 크고 ㄱ단계를 거치면 그 차이는 2.1(=1.5×0.7×2)되어 최종효용에서 그만큼 불리해지나 10%가산으로 충분히 역전이 가능하다.(화장실 가점(+2)을 고려하지 않고 KTX특실의 소요시간과 비용을 각각 10으로 보더라도 10% 가산은 최소 +3(={2×(25−10)}×0.1)이 되기 때문이다) 한편, KTX일반과 고속버스를 비교할 경우 소요시간에서 KTX일반이 1.5가 낮고 비용에서 2.8이 높아 결국 1.3이 높지만 화장실 가점(+2)으로 인해 최종효용은 KTX일반이 고속버스보다 0.7이 더 높다. 마지막으로 고속버스와 비행기를 비교하면 비행기가 소요시간에서는 −4, 비용에서는 +4가 되지만 가중치를 고려할 때 비행기의 값이 낮고(ㄱ단계의 값이 3.2가 낮음) 고소공포증으로 인한 감점(−5)과 화장실 가점(+2)를 감안하면 전반적으로 비행기가 고속버스보다 불리함을 직관적으로 판정할 수 있다.

18 ···································· p.129

정답 ⑤

Point up

코인거래소의 ⟨규정⟩을 파악하여 정오를 판정하되 ⟨규정3⟩에 따른 코인을 구매할 수 있는 지급 코인의 최대 개수와 ⟨규정4⟩에 따른 거래 정지의 기준 개수에 주의한다.

구분	A 코인	B 코인	C 코인
가격	1,000원	2,000원	2,500원
구매한도액에 따른 최대 코인 개수⟨규정2⟩	1만 개	5천 개	4천 개
코인을 다른 코인으로 구매할 수 있는 최대 코인 개수⟨규정3⟩	400개 (⟨규정2⟩의 최저치×0.1)		
거래가 정지되는 총보유량의 최대감소 기준 개수⟨규정4⟩	800개 (⟨규정2⟩의 최저치×0.2)		

ㄱ. (×) 1명의 거래자가 2개의 코인 계정을 가지고 1개월간 한화로 각각 600만 원의 코인을 구매할 경우 결국 1명의 거래자의 1개월간 거래총액이 1,200만 원이 되는 것이므로 ⟨규정2⟩에 위반되어 허용되지 않는다.

ㄴ. (×) 2019년 6월 26일 19시에 코인 1,000개를 보유한 채 그날의 거래를 시작했으므로 그 거래자의 6월 26일 0시의 총보유량이 1,000개였음을 미루어 짐작할 수 있고, 마지막 거래의 종료 시점인 같은 날 20시에 총보유량이 300개가 된 경우 ⟨규정4⟩에 따른 기준시점 사이에서의 총보유량의 감소분이 700개로 최대감소의 기준개수를 초과하지 않았으므로 거래가 정지되지 않는다.

Power up

첫 거래에서 200개의 코인을 구매한 내용은 ⟨규정4⟩에 따른 거래의 정지여부를 판정하는데 상관이 없다.

ㄷ. (○) 위의 정리된 ⟨표⟩에서 알 수 있듯이 ⟨규정3⟩에 따라 코인을 다른 코인으로 구매할 수 있는 최대 코인의 개수는 400개이다.

ㄹ. (○) 2019년 6월 26일 23시 40분에 코인 1,500개를 보유한 채 그날의 거래를 시작했으므로 그 거래자의 6월 26일 0시의 총보유량이 1,500개였음을 미루어 짐작할 수 있고 그날의 자정전까지 600개만이 지급에 사용되었으므로 ⟨규정4⟩에 따른 최대감소의 기준개수를 초과하지 않았으므로 거래가 정지되지 않는다. 자정 이후에 300개를 추가로 지급에 사용하여 감소하였더라도 6월 26일 자정 전 마지막 거래시점에는 영향을 주지 않는다.

19 ·· p.129

정답 ⑤

제시문의 출장여비 기준에서 세종시 출장(A-1), 세종시 이외 출장(A-2), 출장수당 차감 기준에서 업무추진비 사용(B-1), 관용차량 사용(B-2)로 구분하여 표시하고, 각 기준에 따라 아래의 상황을 정리하면 다음과 같다.

출장 내역	출장지	출장 여비	출장 시간	비고	출장 수당 차감액	합계
출장1	세종시	3만원 (A-1)	14시~ 16시	관용차량 사용	-1만원 (B-2)	2만원
출장2	안산시	5만원 (A-2)	14시~ 18시		-1만원 (A-2)	4만원
출장3	서울시	5만원 (A-2)	09시~ 16시	업무추진비 사용	-1만원 (B-1)	4만원

따라서, A사무관이 3월 출장여비로 받을 수 있는 총액은 10만 원이다.

Speed up

출장비 총액을 계산하는 경우, 출장 유형별로 계산하는 것보다 (가로로) 기본출장비의 총액에서 차감되는 금액을 합산하여 (세로로) 빼는 것이 수월함. 즉, 기본 출장비의 총액 13만원에서 차감항목(업무시간, 관용차량, 업무추진비 3개 해당)을 합산하여 3만원을 빼는 방식으로 일종의 묶음계산으로 처리하는 것이 효율적임.

20 ·· p.130

정답 ①

☑ Broca 보정식 : 신장(cm)에서 100을 뺀 수치에 0.9를 곱한 수치가 '표준체중(kg)'이며, 표준체중의 110 % 이상 120 % 미만의 체중을 '체중과잉', 120 % 이상의 체중을 '비만'으로 구분하고 있으므로, 甲의 표준체중은 $(180cm - 100) \times 0.9 = 72kg$ 이고, 표준체중에 대한 실제체중 비율의 백분율(%)은 $\frac{85}{72} \times 100 =$ 약118%이므로 '체중과잉'에 해당한다.

Power up

직접 계산하지 않고 비만의 정도를 구분하는 경계값인 표준체중에 대한 120%만 계산하여 미만인지 이상인지 판단하는 것으로 족함.
$72kg \times 1.2 = 72 \times (1 + 0.2) = 79.2 + 7.2 = 86.4kg$이므로 120% 미만임. 아래 체질량지수도 마찬가지

☑ 체질량 지수 : 체중(kg)을 '신장(m)'의 제곱으로 나눈 값을 의미하므로, 甲의 체질량 지수는 $\frac{85}{(1.8)^2} =$ 약26.2으로 '경도비만'에 해당한다.

21 ·· p.130

정답 ①

☑ 甲이 사냥한 동물의 종류와 수량
甲의 합계점수는 1,590점이며 1,400미터를 이동하였으므로 이동 거리로 부여받은(1미터당 1점 부여) 1,400점을 제외하면 사냥으로 얻은 점수는 1,590점-1,400점=190점이다.(甲은 과일을 채집하지 않음) 모두 4마리의 동물을 잡았고, 토끼는 1마리당 30점, 여우는 1마리당 50점, 사슴은 1마리당 100점이므로 4마리 동물의 점수 합으로 190점이 되는 경우는 토끼 3마리(90점)와 사슴 1마리(100점)의 조합으로만 가능하다. 따라서, 甲이 사냥한 동물은 토끼 3마리와 사슴 1마리이다.

☑ 乙이 회득한 점수의 총합
총 1,250미터를 이동했으며 사과 2개, 복숭아 5개를 채집하고 여우 1마리와 사슴 2마리를 잡았으므로, 乙의 총점은 이동거리 점수와 채집한 과일의 점수, 사냥한 동물의 점수를 합하면 1,250점+10점(사과 2개)+50점(복숭아 1개)+50점(여우 1마리) +100점(사슴 1마리)=1,580점이다.
그러므로 승리한 사람은 합계점수가 10점이 더 높은 甲이고, 甲이 사냥한 동물은 토끼 3마리와 사슴 1마리이다.

Speed up

甲의 이동점수를 뺀 합계점수(190점)를 충족하는 동물의 종류 및 수량이 유일하므로 이를 기준으로 정답을 결정하는 것이 효과적임.

22 ·· p.131

정답 ③

☑ 기존의 승점제(승리 2점, 무승부 1점, 패배 0점)에 따른 순위 판정
ⅰ) A팀은 5승 7패를 기록했으므로 총 5×2=10점의 승점을 획득하고,
ⅱ) A팀과의 경기에서 승리한 7개팀은 A팀과의 전적을 제외하고는 승점 11점을 확보한 상황에서 A팀과의 경기에서 승리한 승점 2점을 더하면 되므로 7개 각각의 팀(1승 11무)의 최종 승점은 13점이 된다.
ⅲ) A팀과의 경기에서 패배한 5개팀은 마찬가지로 A팀과의 전적을 제외하고는 승점 11점을 확보한 상황에서 A팀과의 경기에서는 패배하였으므로 5개 각각의 팀(11무 1패)의 최종 승점은 11점이 된다.

따라서, 이 경우 A팀은 총 13개의 팀 중에서 승점이 제일 낮으므로 13위가 된다.

☑ 새로운 승점제(승리 3점, 무승부 1점, 패배 0점)에 따른 순위 판정
ⅰ) A팀은 5승 7패를 기록했으므로 총 5×3=15점의 승점을 획득하고,
ⅱ) A팀과의 경기에서 승리한 7개팀은 A팀과의 전적을 제외하고는 승점 11점을 확보한 상황에서 A팀과의 경기에서 승리한 승점 3점을 더하면 되므로 7개 각각의 팀(1승 11무)의 최종 승점은 14점이 된다.
ⅲ) A팀과의 경기에서 패배한 5개팀은 마찬가지로 A팀과의 전적을 제외하고는 승점 11점을 확보한 상황에서 A팀과의 경기에서는 패배하였으므로 5개 각각의 팀(11무 1패)의 최종 승점은 11점이 된다.
따라서, 이 경우 A팀은 총 13개의 팀 중에서 승점이 제일 높으므로 1위가 된다.

Power up

A팀이 가능한 순위는 1위, 6위, 8위, 13위밖에 될 수 없다는 사실을 파악하는 것도 시간을 줄이는 데 효과적임(선지 소거법 활용)

23 .... p.131
정답 ⑤

$$시간당\ 수확량 = \frac{12개}{물방울\ 개수(송이당)} \times \frac{60분}{재배 \cdot 수확시간(회당)}$$

에 따라 주어진 정보를 대입하여 계산한 후 교환할 수 있는 도토리와 하트의 개수를 정리하면 다음과 같다.

구분	1시간 동안 수확 가능한 송이 수	1시간 동안 획득 가능한 도토리 개수	1시간 동안 획득 가능한 하트 개수
나팔꽃	120송이	120×2=240개	120×1=120개
무궁화	36송이	36×3=108개	36×5=180개
수선화	36송이	36×5=180개	36×10=360개
장미	10송이	10×10=100개	10×15=150개
해바라기	9송이	9×25=225개	9×20=180개

따라서 1시간 동안 도토리를 가장 많이 획득 할 수 있는 꽃은 나팔꽃이며, 하트를 가장 많이 획득 할 수 있는 꽃은 수선화이다.

24 .... p.132
정답 ②

(가)건물은 윗면과 아랫면(이하 '밑면'이라 함)이 모두 정사각형인 직육면체이고, 높이는 밑면의 한 변이 길이의 2배이므로 위 그림과 같이 (가)건물의 옆면은 밑면을 두 개로 붙인 것과 같다. 따라서 (가)건물은 밑면과 같은 면이 총 9개 있으므로, 한 면에 칠한 페인트의 양은 36÷9=4통이다.
(나)건물은 (가)와 같은 크기의 건물을 옆으로 눕혀 놓은 것으로 (가)건물의 한 면에 해당하는 면이 총 8개이다. 따라서, (나)건물을 페인트칠 하는 작업에는 총 4×8=32통의 페인트가 필요하다.

25 .... p.132
정답 ③

제시문에 주어진 <부동산 취득시 납부하여야 할 세금의 산출방법>을 위에서부터 <방법1>부터 <방법3>으로 설명하기로 한다.
우선, 자경농민인 甲이 공시지가 3억 5천만 원의 농지를 상속받아 주변농지의 시가 5억으로 신고한 경우에 과세표준 금액은 <방법3>에 따라 공시지가보다 신고한 금액이 더 크므로 5억원을 해당 농지의 취득 당시 가액으로 산정하므로 이를 기준으로 甲이 납부하여야 할 세금액을 판단하면,
☑ 취득세 : <방법1>의 단서에 따라 자경농민이 농지를 상속으로 취득하는 경우에 해당하므로 취득세는 비과세된다.
☑ 농어촌특별세 : <방법1>에 따라 취득세가 비과세(취득세 0원)되므로 농어촌특별세(취득세액0원×0.1)도 면제된다.
☑ 등록세 : <방법2>의 단서에 따라 자경농민이 농지를 취득하는 때에는 취득가액의 0.3%의 세율로 계산하게 되므로, 甲이 납부하여야 하는 등록세는 5억원×0.003=150만원이다.
☑ 지방교육세 : <방법2>의 단서에 따라 등록세액의 20%의 세율로 산정하므로, 甲이 납부하여야 하는 지방교육세는 150만원×0.2=30만원이다.
따라서, 甲이 납부하여야 할 세금총액은 등록세(150만)와 지방교육세(30만원)의 합인 180만 원이다.

26 ·· p.133

정답 ③

甲이 전자기기 구입으로 지출한 총 금액은 ⅰ) 물품가격+ⅱ) 운송료+ⅲ)관세로 구성되는데, 우선, 물품가격과 운송료는 甲이 지출한 전자기기 가격인 $120와 미국에서 한국까지의 운송료 $30를 합한 금액으로 지불시 적용된 환율을 반영하여 원화로 계산하면 $150×₩1,200/$=180,000원이다.

또한, 관세를 계산하기 위한 과세표준은 <관세 관련 규정> 두 번째 항목에 명시되어 있는데 甲의 구매 내역을 보면 미국 내 세금 및 미국 내 운송료는 없으므로 '판매자에게 지급한 물품가격'과 '미국에서 한국까지의 운송료'를 합한 금액을 원화로 환산한 금액으로 계산하면 된다. 또한, 과제표준 계산시에 반영하는 미국에서 한국까지의 운송료는 실제 지불한 운송료가 아닌 <국세선편요금>을 적용한다고 하였으므로 전자기기 중량(0.9kg)에 해당하는 10,000원으로 계산한다. 따라서, 과세표준은 $120×₩1,100/$+10,000원=142,000원이다.

한편, <관세 관련 규정> 첫 번째 항목에서 '과세표준이 15만원 미만이고, 개인이 사용할 목적으로 수입하는 물건에 대해서는 관세를 면제한다.'라고 하였으므로 甲의 경우는 관세가 면제된다. 따라서, 甲이 전자기기의 구입으로 지출한 총 금액은 관세가 면제되어 물품가격과 운송료를 합한 180,000원이다.

자료판정 − 최적수치계산(경우, 제한, 최적)

4.2 최적수치계산(경우, 제한, 최적)

01 ·· p.134

정답 ③

Point up

제시문에 주어진 정보의 분량은 많지 않지만, 경기장이 지정되지 않은 상황에서 관중수를 계산하여 예측해야 하는 부분은 다소 어렵게 느껴질 수 있다. 이러한 경우에는 정확한 계산을 하려하지 말고, 정오를 판단하는데 기준으로 활용할 수 있는 극단적인 값(경기가 대도시에서 모두 열린다고 가정)을 이용하거나 대도시와 중소도시간 경기 수의 차에 따라 관중수의 변화는 어떻게 되는지를 감안하여 우회적으로 정오를 판단하는 것이 효과적이다.

① (×) ○○리그의 5개의 경기가 최대수용인원이 4천명 더 많은 대도시에서 모두 진행된다고 가정하더라도 1일 최대 관중수는 1.8만 명×5개=9만 명이다.

② (×) 중소도시 경기장의 좌석 점유율이 10%p 높아진다 하더라도 중소도시의 경기장 한 곳에서의 관중수는 2만 명×0.8=1.6만 명이므로 대도시의 한 경기장의 관중수인 1.8만 명보다 더 적다.

③ (○) 올 시즌동안 각 경기장에서 총 k번의 경기가 진행되었다고 보면, 1회 경기를 치른 모든 경기장의 관중수의 합은 16만 명이므로 올 시즌 전체 누적 관중수는 16k만 명이고, 내년 시즌부터 4개의 대도시와 6개의 중소도시에서 경기가 열린다면 1회 경기를 치른 모든 경기장의 관중수의 합은 15.6만 명(1.8만 명×4+1.4만 명×6=15.6만 명)이므로 내년 시즌 전체 누적 관중수는 15.6k만 명이다. 따라서, ○○리그의 올 시즌 대비 내년 시즌의 전체 누적 관중수의 감소율은 $\frac{16k-15.6k}{16k} \times 100 = 2.5\%$이다.

Power up

A대비 B의 변화율: (증가) $\frac{A-B}{A} \times 100$ 또는 (감소) $\frac{B-A}{A} \times 100$

본 해설은 지문의 내용에 따른 정확한 계산을 한 것이나, 올해와 내년 모두 진행되는 전체 경기 횟수가 동일하므로 모든 경기장의 1일 관중수를 기준으로 계산하여도 무방하고, 대도시와 중소도시간 경기장 수의 차이가 하나씩 생길때마다 관중수는 4천명이 차이가 생기게 되므로 이 값으로 쉽게 계산할 수도 있다. 즉, $\frac{0.4}{16} \times 100 = 2.5$이다.

④ (×) (매일 5개 경기장에서 한 경기씩 진행하고 시즌 종료 시 각 경기장의 경기횟수는 모두 동일하다고 하였으므로) 각 경기장의 경기횟수가 모두 k라고 가정하면, 총 $2k$일 동안 경기가 진행된 것이고, 대도시 경기장의 좌석 점유율이 중소도시 경기장과 같고(모두 70%) 최대수용인원은 그대로일 때, 대도시 경기장의 총 관중수는 $3 \times 0.7 \times 5 \times k = 10.5k$이고, 중소도시 경기장의 총 관중수는 $2 \times 0.7 \times 5 \times k = 7k$이므로 모든 경기장의 총 관중수를 경기가 진행된 $2k$일로 나눈 ○○리그의 1일 평균 관중수는 $\frac{10.5k+7k}{2k} = 8.75$만 명이다.

Power up

조건변화에 따라 5개의 경기가 모두 대도시에서 진행된다고 가정하더라도, 1일 최대 관중수는 $3 \times 0.7 \times 5 = 10.5$만 명이므로 1일 평균 관중수가 11만 명을 초과할 수는 없다.

⑤ (×) 중소도시 경기장의 최대수용인원이 대도시 경기장과 같고(모두 3만 명) 좌석 점유율은 그대로라면, ④번 보기에서와 같이 대도시 경기장의 총 관중수는 $3 \times 0.6 \times 5 \times k = 9k$이고, 중소도시 경기장의 총 관중수는 $3 \times 0.7 \times 5 \times k = 10.5k$이므로 ○○리그의 1일 평균 관중수는 $\frac{9k+10.5k}{2k} = 9.75$만 명이다.

Power up

조건변화에 따라 경기가 모두 중소도시에서 진행된다고 가정하더라도, 1일 최대 관중수는 $3 \times 0.7 \times 5 = 10.5$만 명이므로 1일 평균 관중수가 11만 명을 초과할 수는 없다.

02 ·· p.134

정답 ②

Point up

식탁을 신용카드로 거래하는 경우 사업자 乙이 부담해야 할 비용(세금+수수료)과 근로소득자 甲이 공제받을 금액을 각각 산출한 후 양측 모두에게 이득이 되도록 할인액의 범위를 판정한다.

⑴ 사업자 乙의 과세대상소득은 매출액 100만 원에서 생산비용 80만 원을 공제한 20만 원이고, 이 과세대상소득의 20%인 4만 원을 세금으로 납부해야 한다. 또한, 신용카드로 취득한 매출액 100만 원에 대한 1%인 1만 원을 수수료로 카드회사에 지불해야 하므로 사업자 乙이 부담해야 하는 총 비용은 5만 원이다.

(2) 근로소득자 甲은 과세대상소득인 근로소득에서 신용카드 지출금액의 5%를 과세대상 소득에서 공제한 금액에 대한 20%를 세금으로 납부해야 하므로 결국 甲이 100만 원을 신용카드로 지출하는 경우 공제받는 금액은 100만 원×0.05×0.2=<u>1만 원</u>이다.

그러므로 근로소득자 甲은 과세대상에서 공제받을 수 있는 금액 1만 원보다 더 많은 금액으로 할인을 받아야 이득을 보게 되고 사업자 乙은 신용카드로 거래할 경우 발생하는 총 비용 5만 원보다는 더 적은 금액으로 할인을 해주어야 이득이 된다. 따라서 지역상권부흥상품권으로 할인을 받아 구매한 결과 甲과 乙이 모두 금전적으로 이득을 보기 위해서는 할인금액(X만 원)은 <u>1<X<5</u> 이어야 한다.

03 .... p.135

정답 ④

Point up

왕관의 질량이 1kg=1,000g으로 일정하므로 이를 기준으로 밀도와 질량, 부피 사이의 관계식을 활용(질량=밀도×부피)하여 <보기>의 정오를 판정한다.

ㄱ. (○) 금의 밀도가 20g/cm³이므로 20g/cm³×50cm³=1,000g 이 된다. 따라서 옳은 내용이다.

ㄴ. (○) 은의 부피가 금의 부피의 3배라면 각각 60cm³과 20cm³이 되고 은의 밀도와 금의 밀도가 각각 10g/cm³과 20g/cm³이므로 왕관의 총 질량을 계산해보면 60cm³×10g/cm³ +20cm³×20g/cm³=1,000g이 된다. 따라서 옳은 내용이다.

Power up

비례식을 활용한 방식으로도 판정할 수 있는데, 왕관의 밀도를 계산하여 은의 밀도와 금의 밀도 사이의 각 차이만큼의 반대 비율로 각각의 금속의 밀도의 비를 알 수 있다. 즉, 왕관의 밀도는 1,000g/80cm³=12.5g/cm³이고, 은의 밀도(10g/cm³)와 금의 밀도(20g/cm³)와의 각 차이를 보면 2.5 : 7.5로 1 : 3의 간격을 보인다. 그러므로 해당 왕관의 밀도가 만들어지기 위해서는 은의 밀도와 금의 밀도의 비가 3:1이 되어야 가능하다.

ㄷ. (×) 만약 구리의 부피가 금의 부피의 3배인 경우라면 각각 60cm³과 20cm³이 되고 구리의 밀도와 금의 밀도가 각각 9g/cm³과 20g/cm³이므로 왕관의 총 질량은 60cm³×9g/cm³ +20cm³×20g/cm³=940g으로 1,000g보다 부족하게 된다. 따라서 구리의 부피가 금의 부피의 3배인 관계를 기준으로 구리의 부피를 줄이고 금의 부피를 늘려야 왕관의 총 질량이 가능해지므로 왕관에 포함된 구리의 부피는 금의 부피의 <u>3배 미만이 되어야</u> 한다.

ㄹ. (○) 왕관에 포함된 금속이 모두 구리라고 가정해 보아도 구리의 밀도가 9g/cm³이므로 왕관의 질량이 9g/cm³×120cm³ =1,080g으로 1,000g을 초과한다. 따라서 넘친 물의 부피가 120cm³보다 크다면 왕관은 철을 반드시 포함하고 있어야 한다.

04 .... p.135

정답 ④

Point up

양압기 종류에 따른 대여료 산정기준을 파악하고 순응기간 종료 후 정식사용기간으로 전환되는 과정에서의 사용 형태 등을 중심으로 정오를 판정한다.

ㄱ. (○) 수면다원검사 결과 무호흡·저호흡 지수가 15이상이 되면 불면증·주간졸음·인지기능저하·기분장애 증상이 없더라도 양압기 처방을 받을 수 있는데 甲의 무호흡·저호흡 지수가 16이므로 이에 해당한다.

ㄴ. (○) 甲이 2021년 4월 한 달 동안 부담한 양압기 대여료가 30,000원인 경우 대여한 양압기가 자동형이라면 대여료를 최소로 하더라도 30,000원을 초과하게 되므로 대여한 양압기는 수동형이고 4월 한 달 내내 순응기간이어서 1일 기준 금액인 2,000원의 50%만을 부담한 경우로 볼 수 있다.

Power up

甲이 자동형 양압기를 대여하여 4월 1일부터 연속해서 하루에 4시간 이상 사용하여 21일째 순응기간이 종료되는 최단기간으로 가정하더라도 남은 일수의 정식사용기간을 제외하고도 순응기간 중의 대여료가 31,500원(3,000원×0.5×21일)으로 이미 30,000원을 초과하므로 불가능하다.

ㄷ. (○) 순응기간 중에 연이은 30일 중 하루 4시간 이상 사용한 일수가 21일이 되면 그날로 순응기간이 종료되므로 甲의 순응기간이 2021년 5월 21일에 종료된 경우 당월에 양압기 사용시간을 최소로 하려면 4월 말일부터 역순으로 9일째 되는 날(4월 22일)부터 연속해서 매일 4시간 이상을 사용했다고 보고 남은 12일치 만을 당월에 사용한 것으로 봐야 한다. 따라서 甲은 5월 당월에 최소 12일 동안 하루 4시간씩은 사용했어야 하므로 양압기를 최소한 48시간 이상은 사용하였을 것이다.

ㄹ. (×) 甲이 자동형 양압기를 대여받았고 2021년 6월에 부담한 대여료가 36,000원인 경우 순응기간 종료가 6월에 있었을 것이므로 4월과 5월은 순응기간 중의 대여료로 산정된다. 즉, 4월과 5월 양 월간 부담한 대여료는 3,000원×0.5×(30일+31일)=91,500원으로 6월 부담한 대여료 36,000원을 합산하면 甲이 처방일부터 3개월간 부담한 총 대여료는 127,500원이 된다.

Power up

만약 甲의 순응기간이 5월 중에 종료되어 6월이 정식사용기간에 해당한다면 6월 한 달을 꼬박 사용한 경우라도 甲이 부담할 대여료가 3,000원×0.2×30일=18,000원에 불과하므로 甲의 순응기간 종료가 6월 중에 있었음을 짐작할 수 있다.

05 .... p.136

정답 ①

Point up

4명이 모두 외출 준비를 끝내는데 소요되는 최소 시간을 파악하기 위해서 ⅰ) 우선 <개인별 이용시간>에서 이용 총 시간과 샤워실 이용시간을 고려하여 이용 순서를 정하는 것이 중요하고, ⅱ) 소요시간을 합산하는 경우에 이후 사람의 총 이용시간에다 이전 사람이 이용했던 시간을 추가하는 방식을 통해 판단하는 것이 필요하다.

<개인별 이용시간>에서 총 이용 시간이 28시간으로 가장 긴 甲과 丁중에서 샤워실 이용시간이 더 긴 甲부터 이용하게 하고, 남은 乙과 丙도 총 이용 시간이 20시간으로 동일하므로 샤워실 이용 시간이 더 긴 乙을 먼저 이용하게 한다. 즉, 甲 → 丁 → 乙 → 丙 순으로 이용하는 것이 소요시간을 최소로 하는 방법이다.

Power up

첫째, 총 이용시간이 긴 사람을 우선하는 이유는 1) 화장실 이용을 위해서는 순서에 따라 대기시간이 발생할 수밖에 없는데 그 최초 대기시간을 최소로 하고 2) 샤워실만 2개가 갖추어져 있어 마지막 과정을 순조롭게 크로스 이용을 통해서 대기시간이 발생하지 않도록 하기 위함이고 둘째, 총 이용시간이 동일한 사람 중에 샤워실 이용시간이 긴 사람을 우선하는 이유는 상대적으로 (화장실+세면대) 이용시간이 짧아 앞선 과정의 이용회전율을 높여서 첫 과정의 이용시작시간을 최대한 빠르게 가져가기 위함이다.

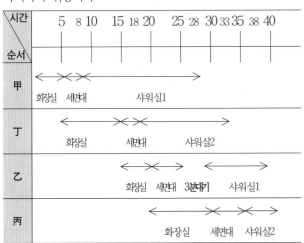

따라서 甲~丁 4명이 모두 외출 준비를 끝내는 데 소요되는 최소 시간은 40분이다.

Speed up

실전 상황에서는 사용하는 사람의 순서에 맞춰 시간의 경과 지점을 해설처럼 타임테이블로 그려내기가 쉬운 일은 아니다. Point up 에서 언급한 대로 사용 순서를 최적화한 후에 마지막 丙이 화장실을 이용하기 위해 대기한 20분에 본인이 외출 준비를 완료하는데 소요되는 시간 20분을 더해 총 40분이면 되지 않을까 정도로 판정하는 것이 효율적이라 판단된다.

06 .... p.136

정답 ④

Point up

제시문에 주어진 '불명확'의 각 경우에 해당하는지 여부를 <상황>에 따라 판단한다. 특히, '불명확'의 세 번째 혹은 네 번째의 경우(불명확3, 4)에 대한 해당 여부를 판정할 때에는 가급적 경우의 수를 줄일 수 있는 안목(미달 → 합 최소, 초과 → 합 최대)이 필요하다, 이때 최대성분량과 최소성분량의 차이가 가장 큰 성분 D를 기준으로 활용하고, '미달' 혹은 '초과' 등의 의미를 정확히 파악하여 경계값에 포함/미포함 여부에 혼동하지 않도록 주의한다.

제시문에 주어진 '불명확'의 각 경우를 위에서부터 순서대로 <불명확1>에서 <불명확4>로 설명하기로 한다.

〈상황〉

(단위: 중량%)

성분	최소성분량	최대성분량	최대−최소
A	5	10	5
B	25	30	5
C	10	20	10
D	20	40	20
중간 합계	60 → <보기> 어떤 경우에도 <불명확1>적용×	100 → y값에 상관없이 <불명확2>적용×	
E	x	y	

ㄱ. (○) <불명확3>에 따라 '최대−최소' 값이 최대인 성분 D의 최소성분량(20)과 나머지 모든 성분의 최대성분량(10+30+20+10=70)의 합이 90중량%이므로 100중량%에 미달하여 '불명확'하다.

ㄴ. (×) <불명확3>을 적용하는 경우 '최대−최소' 값이 최대인 성분 D의 최소성분량(20)과 나머지 모든 성분의 최대성분량(10+30+20+20=80)의 합이 100중량%이므로 100중량%에 미달하지 못하여 '불명확'하지 않다, 또한, <불명확4>를 적용하는 경우 '최대−최소' 값이 최대인 성분 D의 최대성분량(40)과 나머지 모든 성분의 최소성분량(5+25+10+10=50)의 합이 90중량%이므로 100중량%를 초과하지 않아 역시 '불명확'하지 않다. 따라서 x가 10이고 y가 20인 경우, 조성물 甲은 불명확하지 않다.

ㄷ. (○) <불명확4>에 따라 '최대−최소' 값이 최대인 성분 D의 최대성분량(<u>40</u>)과 나머지 모든 성분의 최소성분량(5+25+10+25=<u>65</u>)의 합이 <u>105중량%</u>이므로 100중량%를 초과하여 '불명확'하다.

ㄹ. (○) <불명확3>을 적용하는 경우 '최대−최소' 값이 최대인 성분 D의 최소성분량(20)과 나머지 모든 성분의 최대성분량(10+30+20+y=<u>80 초과</u>)의 합이 <u>100중량%</u>을 초과하므로 '불명확'하지 않다. 또한, <불명확4>를 적용하는 경우 '최대−최소' 값이 최대인 성분 D의 최대성분량(<u>40</u>)과 나머지 모든 성분의 최소성분량(5+25+10+20=<u>60</u>)의 합이 <u>100중량%</u>이므로 100중량%를 초과하지 않아 역시 '불명확'하지 않다. 따라서 x가 20이고 y가 x보다 크고 40보다 작은 경우, 조성물 甲은 불명확하지 않다.

07 .... p.137

정답 ⑤

Point up

제시문에 주어진 <상점별 가전제품 판매가격>을 통해 총 구매액을 최소로 하기 위한 적절한 할인 <혜택>을 비교·분석하여 제품별로 구입할 상점을 연결한다. 특히, 각각의 <혜택>을 모두 적용하기 전에 어떤 혜택이 구매비용을 최소로 할 수 있을지 제품별로 상점 간 가격차이를 고려해 합리적인 추측을 해보는 것도 효과적인 방법이 될 수 있다.

☑ 甲의 혜택을 적용하는 경우
〈상점별 가전제품 판매가격〉

(단위 : 만 원)

구분	A	B	C	D	E
甲	150 → 135	50	50 → 45	20 → 18	20
乙	130	45	60	20	10
丙	140	40	50	25	15

→ 전 품목 10% 할인 적용받기 위해서 A와 C의 구매를 전제로 나머지 B, D, E의 최소 구매비용을 고려해 본다. A와 C 그리고 D구매까지만 甲의 할인을 적용받고 남은 B와 E의 경우에는 할인 적용을 받는 것보다 제품가격이 더 저렴한 丙과 乙의 상점의 상품을 각각 구매하는 것이 비용을 최소로 하는 경우가 된다.

따라서 甲의 혜택을 이용하는 경우에 총 최소 구매액은 135+40+45+18+10=<u>248만 원</u>이다.

☑ 乙의 혜택을 적용하는 경우
〈상점별 가전제품 판매가격〉

(단위 : 만 원)

구분	A	B	C	D	E
甲	150	50	50	20	20
乙	130	45	60 → 48	20 → 16	10
丙	140	40	50	25	15

→ 乙혜택을 적용받기 위해서는 A를 구입 후 C와 D를 20% 할인 받은 후에 나머지 B와 E의 경우에는 최저가 상품으로 각각 丙과 乙에서 구입하는 것이 가장 유리하다. 따라서 乙의 혜택을 이용하는 경우에 총 최소 구매액은 130+40+48+16+10=<u>244만 원</u>이다.

☑ 丙의 혜택을 적용하는 경우
〈상점별 가전제품 판매가격〉

(단위 : 만 원)

구분	A	B	C	D	E
甲	150	50	50	20	20
乙	130	45	60	20	10
丙	140	40	50	25	15 → 5

→ 丙혜택을 적용받기 위해서는 C와 D를 구입하고 E를 5만 원에 구입한 후 남은 A는 乙에서 B는 丙에서 구입하는 것이 유리하다. 따라서 丙의 혜택을 이용하는 경우에는 총 최소 구매액은 130+40+50+25+5=<u>250만 원</u>이다.

그러므로, 서연이가 총 구매액을 최소화하는 경우는 乙의 혜택을 적용받아 상품 B만을 丙에서 구입하고 나머지 상품은 모두 乙에서 구입하는 것이다.

Speed up

실전에서 모든 경우를 꼼꼼하게 계산한 후 총 구매액을 비교하여 판단하는 것은 비효과적이다. 일단 각 상점의 혜택을 비교할 때 상품 AB와 CDE를 두 그룹으로 나누고 정상가 차이와 할인가 차이를 비교하여 乙혜택이 가장 유리하다는 점을 빠르고 합리적으로 결정하는 것이 필요하다.

08 .... p.137

정답 ②

Point up

제시문에 주어진 상황의 전제 조건(ⅰ) <u>예산 60억 원</u> → ⅱ) <u>시민 만족도(만족도의 합) 최대로</u>)을 파악한 후 순서에 따라 <조건>에 부합하는 시설 수를 결정하는 것이 중요하다.

<조건3>과 <조건4>에 따라 주어진 예산의 범위 내에서 만족도를 최대로 하기 위해서는 신축하는 시설물의 총 개수를 3개('1개+2개' 혹은 '1개+1개+1개')로 하거나 4개('2개+2개')로 하는 경우만 판정하면 된다. 각 경우에 대한 만족도의 합을 계산하면 다음과 같다. 단, <조건5>에서 동일 종류의 시설을 2개 신축할 경우 한 시설에 대한 만족도가 20%로 하락하는 점에 주의한다.

〈건축비와 만족도〉

지역	시설 종류	건축비 (억 원)	만족도	3개 신축 (1+2)		3개 신축 (1+1+1)		4개 신축 (2+2)	
				개수		개수	만족도	개수	만족도
A구	어린이집	20	35	1	35	1	35		
	복지회관	15	30					2	30+24
B구	어린이집	15	40			1	40	2	40+32
	복지회관	20	50	2	50+40	1	50		
만족도의 합				125		125		126	

※ '2개+2개'조합의 경우는 제한조건을 따를 때 1가지 경우만이 존재하지만, '1개+2개'의 경우나 '1개+1개+1개'의 경우에는 만족도의 합이 가장 큰 경우만을 판단하면 된다. 예컨대, '1개+2개'조합의 경우 A구 어린이집 2개와 B구 복지회관 1개인 경우는 위의 경우보다 상대적으로 만족도의 합이 낮기 때문에 판단할 필요가 없다.

따라서, 주어진 예산 60억원을 모두 사용하여 A구에 복지회관 2개와 B구에 어린이집 2개를 신축하는 경우에 시민 만족도의 합이 126으로 최대가 된다.

① (○) 예산은 모두 사용될 것이다.
② (×) A구에는 어린이집이 아닌 복지회관이 2개 신축될 것이다.
③ (○) B구에는 어린이집으로 2개의 시설이 신축될 것이다.
④ (○) 甲시에 신축되는 시설의 수는 A구에 복지회관 2개, B구에 어린이집 2개로 총 4개이다.
⑤ (○) <조건5>가 없게 되면 '2개+2개'형태로 신축하는 경우에 하락하였던 만족도 14가 상승하게 되어 다른 경우보다 여전히 만족도가 가장 높다. 따라서, 신축되는 시설의 수는 달라지지 않는다.

Power up

<조건5>가 없는 경우의 만족도의 합은 다음과 같다.

지역	시설 종류	건축비 (억 원)	만족도	3개 신축 (1+2)		3개 신축 (1+1+1)		4개 신축 (2+2)	
				개수		개수	만족도	개수	만족도
A구	어린이집	20	35	1	35	1	35		
	복지회관	15	30					2	60
B구	어린이집	15	40			1	40	2	80
	복지회관	20	50	2	100	1	50		
만족도의 합				135		125		140	

09 .... p.138

정답 ③

Point up

친환경 건축물 평가점수와 에너지효율 등급을 높이기 위한 추가 투자비용과 취·등록세 감면액을 비교하여 경제적 이익 또는 손실을 판단한다.

〈상황에 따른 추가 투자비용 및 취·등록세 감면액과 경제적 이익 또는 손실(천만 원)〉

	최우수 등급 (17)	우수 등급 (7)
에너지효율 1등급 (4)	12 % (24)	8 % (16)
경제적 이익 또는 손실	24-(4+17)=+3	16-(4+7)=+5
에너지효율 2등급 (2)	8 % (16)	4 % (8)
경제적 이익 또는 손실	16-(2+17)=-3	8-(2+7)=-1

ㄱ. (○) 에너지효율은 4천만 원을 투자하여 1등급으로 높이고 인증등급은 7천만 원을 투자하여 친환경 건축물 평가점수를 7점을 높여 우수등급으로 상향시키는 것이 최소 투자금액으로 경제적 이익을 극대로 얻을 수 있는 방법이다.
ㄴ. (○) ㄱ에서와 같이 친환경 건축물 우수등급, 에너지효율 1등급을 받기 위해 추가 투자할 경우 경제적 이익은 +5로 가장 크다.
ㄷ. (×) 에너지효율을 2등급을 받기 위해서는 2천만 원을 추가 투자해야 하는데 친환경 건출물 인증등급의 변화가 없다면 취·등록세 감면액이 발생하지 않으므로 3등급을 받은 채로 추가 투자하지 않는 것이 甲에게 경제적으로 더 이익이다.

10 ·· p.138

정답 ④

Point up

甲회사와 乙회사의 물에 존재하는 균이 가열시, 필터 이용시, 살균시에 변화하는 각각의 기준을 <물 처리공정>에 따라 적용하고 <조건>을 고려하여 처리공정 1회 가동 후 생산된 물에 존재하는 균의 개체수를 계산한다.

공정(1): 두 회사의 물 1리터(L)씩 각각 자외선을 이용하여 10분간 살균하면 甲회사의 물에 존재하는 A균은 90%가 죽어 100마리만 남고 乙회사의 물에 존재하는 B균은 80%가 죽어 200마리만 남는다.
공정(2-1): 甲회사의 물을 100℃ 이상에서 10분간 가열하면 A균이 90%가 죽게되므로 A균은 10마리만 남는다.
공정(2-2): 乙회사의 물을 10분간 필터로 거르면 80%가 걸러지므로 B균은 40마리만 남는다.
공정(3): 甲회사의 물 1L와 乙회사의 물 1L를 섞으면 총 2L의 물에 A균은 10마리, B균은 40마리가 존재하게 된다. 한편, 공정(3)을 마친 후에는 <조건4>에 따라 물의 온도가 60℃가 되므로 B균은 즉시 4마리(10%)가 증식하여 결국 B균은 총 44마리가 존재한다.

따라서 처리공정 1회 가동 후에 바로 생산된 물에는 A균이 리터(L)당 5마리 존재하고, B균은 리터(L)당 22마리가 존재한다.

11 ·· p.139

정답 ②

Point up

천연가스의 최종 가격을 산정하는 방식을 예시를 통해 명확히 파악하고 각 국가가 천연가스를 가장 저렴한 가격으로 받을 수 있는 경로를 <그림>과 보급가격을 고려하여 판단한다.

ㄱ. (×) 독일이 자국을 거쳐 나가는 가스관을 닫는다 해도 영국은 오스트리아를 거쳐 스위스, 프랑스 순으로 길을 선택하여 러시아의 천연가스를 받을 수 있다.
ㄴ. (○) 러시아를 제외한 <그림>의 국가 중 러시아의 천연가스 최종 가격이 가장 저렴한 국가는 천연가스를 첫 번째로 공급받는 폴란드, 오스트리아, 핀란드 중에서 보급가격이 10달러로 가장 낮은 핀란드이고, 가장 비싼 국가는 천연가스를 마지막으로 공급받는 벨기에, 영국, 이탈리아 중에서 보급가격이 30달러 가장 높은 영국이다.

Power up

마지막으로 천연가스를 공급받는 국가들의 공급 경로상 국가를 거쳐 가는 횟수가 동일하므로 각 국가의 보급가격만으로 최종 가격을 판정해도 무방하다.

ㄷ. (×) 천연가스를 가장 저렴한 가격으로 받을 수 있는 길은 러시아로부터 첫 번째로 공급받는 경로에서 국가를 거치지 않고 운송(→)으로 되어 있는 길을 선택하게 되므로 만약 스위스가 자국을 지나 프랑스로 가는 가스관을 닫는다 하여도 프랑스는 부담하는 천연가스의 가격은 동일하다.

Power up

아래의 2가지 경로를 비교하면 1) 운송(→)으로 되어 있는 경로를 거치는 경우에는 운송 비용 10달러가 추가되는데 반해 2) 국가(오스트리아)를 거치는 경우에는 최종목적지 국가의 보급가격(최소 10달러)의 50%와 해당 국가가 공급받았던 운송 비용 10달러의 50%인 5달러가 추가되므로 언제나 1)경로가 2)경로보다 가격이 같거나 저렴하다.

러시아	→	폴란드	→	독일	→	네덜란드	→	벨기에
	→	1) →					→	영국
	→	2) 오스트리아	→	스위스		프랑스		이탈리아
	→	핀란드	→	스웨덴	→	노르웨이		

12 ·· p.140

정답 ③

Point up

<7급 국가공무원 공개경쟁채용시험 공고>의 직렬과 선발예정인원을 기준으로 제1차시험 합격자 결정방법에 따라 성별 최소 채용목표인원을 고려하여 제1차시험의 최대 합격자수를 판정한다.

검찰사무직렬의 선발예정인원이 30명이므로 2-가.의 제1차시험 합격자 결정방법에 따라 선발예정인원의 150%인 45명을 검찰사무직렬의 제1차시험 합격예정인원으로 한다. 한편 <양성평등채용목표제>의 1. 채용목표인원에서 성별 최소 채용목표인원은 검찰사무직렬의 경우 단계별로 합격예정인원에 20%를 곱한 인원수인 9명이 된다. 그러므로 검찰사무직 제1차시험에서 남성이 39명이 합격하였다면 합격예정인원인 45명에서 나머지 6명은 여성일 것이고 성별 최소 채용목표인원에 따라 여성이 9명이 되어야 하므로 여성 3명이 추가로 합격하게 된다. 따라서 검찰사무직 제1차시험의 합격자 수는 최대 48명이다.

13 ········· p.140

정답 ④

Point up

<상황>에 따라 두 수의 각 자리수의 대소를 만족하면서 두 수의 차로 가능한 값의 개수를 판정한다. 이 때 결과값이 중복되는 경우를 포함하지 않도록 주의한다.

A를 위에 B를 아래에 각각 위치시키고 각 자리수를 구분하여 표시한다. 다만 각 자리수의 대소관계를 감안하여 A의 십의 자리의 숫자를 가장 큰 숫자인 '9'로 고정하고 십의 자리의 차가 일정한 값을 기준으로 구분하여 판단한다.

1) 십의 자리수의 차가 1인 경우 :

	십의 자리	일의 자리
A	9	0
B	8	1~7

로 총 7개의 값이 가능하다.

2) 십의 자리수의 차가 2인 경우 :

	십의 자리	일의 자리
A	9	0
B	7	1~6

로 총 6개의 값이 가능하다.

같은 방식으로 처리하면 마지막으로 십의 자리수의 차가 7인 경우는 총 1개의 값만이 가능하므로 <상황>에 부합하는 (A−B)의 값으로 가능한 경우는 7개+6개+5개+4개+3개+2개+1개=28개이다.

Power up

	십의 자리	일의 자리
A	9	0
B	2	1

십의 자리수의 차가 7인 경우는 이다.

14 ········· p.141

정답 ②

Point up

운전을 해야 하는 여행객을 최소로 하기 위해서는 승차정원이 많은 차량 순서대로 빌리되 정원을 반드시 채워서 이동해야 하는 점과 3종류의 차량을 한 대 이상씩은 빌려야 하는 점을 고려하여 판단한다.

우선, 60명의 여행객이 3인승과 7인승, 그리고 17인승의 자동차를 각각 한 대씩(총 3대) 빌려 각 차량에 승차한 인원을 차감하면 33명이 남는다. 17인승 차량은 최대 1대밖에 빌리지 못하므로 남은 16명을 기준으로 차량을 빌릴 때 7인승 2대를 빌릴 경우 3인승 차량을 채울 수 없으므로 7인승 1대를 빌리고 남은

9명은 어쩔 수 없이 3인승 3대를 빌려 이동할 수밖에 없게 된다. 따라서 <상황>을 충족하도록 차량을 빌리는 경우 총 8대의 차량을 빌려 이동해야 하므로 운전을 해야 하는 여행객은 최소 8명이다.

15 ········· p.141

정답 ④

Point up

달걀의 개당 구입비용이 닭가슴살의 비해 상대적으로 저렴하므로 달걀의 개수를 최대로 하면서 1일 최소 필요량을 충족하는 개수를 판정한다.

선지의 경우 달걀과 닭가슴살의 구입 개수의 총합이 13개로 일정하므로 ⑤번 선지에서 ①번 선지 순으로 순차적으로 1일 최소 필요량을 충족하는지 판정한다.
− ⑤번의 경우

제품 / 영양분	개당 영양분 함유량(mg)				총 함유량 (mg)	1일 최소 필요량 (mg)
	달걀 (6개)	합계	닭가슴살 (7개)	합계		
단백질	2	12	4	28	40	42
칼슘	4	24	3	21	45	44

단백질의 1일 최소 필요량을 충족하지 못한다.
− ④번의 경우

제품 / 영양분	개당 영양분 함유량(mg)				총 함유량 (mg)	1일 최소 필요량 (mg)
	달걀 (5개)	합계	닭가슴살 (8개)	합계		
단백질	2	10	4	32	42	42
칼슘	4	20	3	24	44	44

단백질과 칼슘 모두 1일 최소 필요량을 충족한다.
따라서 甲이 단백질과 칼슘의 1일 최소 필요량을 충족하면서 제품의 구입비용을 최소로 하는 달걀과 닭가슴살의 개수는 각각 5개와 8개이다.

Power up

본 문제는 원래 <선형계획법 : 제한된 자원 내에서 최대의 만족 또는 이익을 얻을 수 있는 방법을 찾는 최적화 이론>에 관한 것으로 기하학적 방법의 해결법은 다음과 같다. 달걀의 개수를 (1) x(단, x는 음 아닌 정수)라 하고 닭가슴살의 개수를 (2) y(단, y는 음 아닌 정수)라 하면 (3) 단백질의 1일 최소 필요량을 충족하기 위해서는 $2x+4y \geq 42$를 만족해야 하고 (4) 마찬가지로 칼슘의 경우에는 $4x+3y \geq 44$를 만족해야 한다. 이 때 달걀과 닭가슴살의 총 구입비용인 $3x+4y$를 k로 두고 (1)부터 (4)까지 만족하는 범위에서 k가 최소가 되는 값을 구하면 (3)식으로 표현되는 직선과 (4)식의 직선이 서로 만나는 지점($x=5$, $y=6$)에서 최소가 된다.

16 ······································· p.142

정답 ③

Point up

서로 다른 입력포트에서 서로 다른 패킷이 최대로 동시에 전달
할 수 있는 경우가 발생하도록 입력포트에 대기중인 패킷의 순
서를 결정한다.

우선 첫 번째 라인에 대기 중인 X와 Z의 패킷이 동시에 전달되
도록 입력포트 A와 D에 들어간다.(1m/s) 두 번째는 X, Y, Z가
동시에 전달되도록 X, Y, Z순으로 각각 입력포트 D, A, B에 전
달되고(2m/s), 세 번째는 X, Y, Z순으로 각각 입력포트 A, B,
C에 전달되고(3m/s), 네 번째는 X, Y, Z순으로 각각 입력포트
C, D, A에 전달되고(4m/s), 다섯 번째는 X, Y, Z순으로 각각
입력포트 B, D, C에 전달된다.(5m/s) 이제 남은 패킷은 Y의 한
종류로 2개만 남은 상황이므로 입력포트 B와 C에 각각 순차적
으로 전달되면(7m/s) 입력포트에 대기 중인 패킷들이 모두 출
력포트로 전달된다. 따라서 라우터에서 입력포트에 대기 중인
패킷들이 모두 출력포트로 전달되는데 걸리는 최소 시간은
7m/s이다.

Power up

패킷들이 입력포트로 전달되는 순서를 그림으로 나타나면 다
음과 같다.

패킷	누적 시간 (m/s)	패킷	누적 시간 (m/s)	패킷	누적 시간 (m/s)	패킷	누적 시간 (m/s)	구분
Z	4	X	3	Y	2	X	1	입력포트 A
Y	6	X	5	Y	3	Z	2	입력포트 B
Y	7	Z	5	X	4	Z	3	입력포트 C
Y	5	Y	4	X	2	Z	1	입력포트 D

Speed up

입력포트 A~D에서 대기 중인 패킷의 개수가 총 16개, 패킷은
X, Y, Z가 각각 5개, 6개, 5개가 있음을 파악한다. 3개의 패킷을
가능한 한 동시에 전달되도록 해야 하는데 처음에는 어쩔 수
없이 X와 Z만 전달될 수밖에 없고, 남는 패킷의 개수가 각각
4개, 6개, 4개인 상황이므로 X, Y, Z가 동시에 전달될 수 있다
면 4m/s가 소요되고 남는 Y가 2개로 2m/s를 추가하여 최소 시
간이 7m/s일 수 있음을 예측할 수 있다.

17 ······································· p.142

정답 ②

Point up

시청의 목표와 관련하여 <목표1>을 충족하는 거리청소의 횟
수를 파악하고 <목표2>에 따라 최소의 보조금 총액을 지출하
는 정책을 선택한다.

두 가게의 보조금을 제외한 순수익(보조금을 제외한 수익-비
용)의 합은 주당 거리청소가 1회일 때에는 8만 원이고, 2회일
때에는 10만 원, 3회일 때에는 6만 원, 4회 이상 실시했을 때에
는 -4만 원이 된다. 그러므로 시청이 <목표1>을 달성하기 위
해서는 주당 거리청소가 2회가 실시되도록 한다.

〈거리청소 횟수에 따른 가게별 추가 수익과
순수익(보조금을 제외한 수익-비용)〉

구분	가게 A	가게 B	순수익(만 원)	순수익 (만 원)의 합
0회 → 1회	12만 원	6만 원	12+6-10=8	8
1회 → 2회	8만 원	4만 원	8+4-10=2	10
2회 → 3회	4만 원	2만 원	4+2-10=-4	6
3회→4회 이상	0원	0원	0+0-10=-10	-4

① (×) 모든 거리청소에 대하여 청소를 실시한 가게에 회당 3
만 원을 지급하는 경우에 가게 A가 2회 청소를 실시하게
되어 <목표1>을 달성하게 되지만 보조금 총액이 6만 원으
로 <목표2>를 달성하지 못한다.

Power up

가게 A는 보조금이 없는 경우에 1회 청소로 2만 원의 순수익(추
가수익 12만 원-비용 10만 원)을 내고 그만두겠지만 시청으로
부터 매회 보조금 3만 원을 지급받는다면 2회 청소로 1만 원의
순수익(추가수익 8만 원-비용 10만 원+보조금 3만 원)을 더 낼
수 있으므로 2회까지 청소한다. 반면 가게 B는 1회 청소의 추가
수익이 6만 원에 불과하여 보조금 3만 원을 지급받는다 해도 비
용 10만 원이 더 드는 상황이므로 청소를 하지 않는다.

② (○) 두 번째 거리청소부터 청소를 실시한 가게에 회당 3만
원을 지급한다면 가게 A가 2회까지 청소를 실시하도록 유
도할 수 있어 <목표1>을 달성하게 되고 보조금 총액이 3만
원으로 최소의 보조금 총액을 지불하게 되어 <목표2>도
달성한다.(①번 참조)

③ (×) 매주 그 주의 첫 번째 거리청소를 실시한 가게에 정액
5만 원을 지급한다면 가게 A(혹은 가게 B)가 1회만 청소를
실시하게 되므로 <목표1>조차 달성하지 못한다.

Power up

2회 청소시에는 가게 A와 가게 B 모두 각각 추가수익이 8만 원과 4만 원인데 반해 비용이 10만 원이 발생하므로 2회째 청소는 실시하지 않는다.

④ (×) 매주 그 주에 1회 이상 거리를 청소한 가게에 정액 5만 원을 지급하는 경우에는 <목표1>의 달성여부도 불명확하고 2회 청소를 달성한다 해도 보조금 총액이 10만 원이므로 <목표2>를 달성하지 못한다.

Power up

1회 청소를 가게 A에서 실시하는 경우에는 가게 A는 7만 원의 순수익(추가수익 12만 원−비용 10만 원+보조금 5만 원)을 내고 2회째는 추가수익 8만 원보다 비용 10만 원이 더 발생하므로 추가로 청소를 실시하지 않고, 가게 B 또한 2회째 청소시 가게의 추가수익 4만 원에 보조금 5만 원을 더해도 비용 10만 원이 발생하여 청소를 실시하지 않는다. 이 경우에는 총 청소횟수가 1회에 그쳐 <목표1>을 달성하지 못한다. 한편, 1회 청소를 가게 B에서 실시하는 경우(가게 B도 보조금 5만 원을 지급받으면 1만 원의 순수익이 발생함)에는 가게 A는 2회째 청소시 3만 원의 순수익(추가수익 8만−비용 10만 원+보조금 5만 원)이 생기므로 총 청소횟수는 2회가 된다.

⑤ (×) 매주 그 주에 2회 이상 거리를 청소한 가게에 정액 5만 원을 지급한다면 가게 A가 2회 청소를 실시하게 되어 <목표1>은 달성하지만 보조금 총액이 5만 원으로 <목표2>를 달성하지 못한다.

Power up

가게 A의 경우 1회 청소로 2만 원의 순수익(추가수익 12만 원−비용 10만 원)을 낼 수 있는데 반해 2회 청소를 할 경우에는 5만 원의 순수익(추가수익의 합 20만 원−비용 20만 원+보조금 5만 원)을 낼 수 있으므로 총 2회 청소를 실시한다.

18 .... p.143

정답 ⑤

Point up

버스는 한 번에 대당 최대 40명의 관객을 수송. A기차역과 B공연장 사이를 왕복하는데 걸리는 시간은 6분. 따라서 버스 1대당 1시간 동안 수송 가능한 최대 인원은 400명.

ㄱ. (×) 각 시각별 10,000명(전체 관객 수 40,000명×25/100)에 대해서 버스 1대가 1시간 동안 최대 400명 을 수송할 수 있으므로 필요한 버스는 10,000명÷400명=25대이다.

ㄴ. (○) 최소로 필요한 버스 수는 전체 관객 대비 비율이 가장 높은 d에 해당하는 시각을 기준으로 판단해야 하므로 40대(16,000명÷400명)이다.

ㄷ. (○) 버스 1대당 1시간에 최대 400명을 수송할 있으므로 2시간 동안에는 최대 800명을 수송할 수 있다. 따라서 甲회사에게 필요한 버스는 최소 50대(40,000명(전체 관객 수)÷800명)이다.

19 .... p.143

정답 ③

ㄱ. (○) 탐지 대상이 되는 진술이 총 100건이라면, 甲의 거짓말 탐지기의 정확도가 80%이므로 20건에 대하여는 옳지 않은 판단을 내릴 가능성이 가장 높다.

ㄴ. (○) 탐지 대상이 되는 진술 100건 가운데 참인 진술이 20건이라면, 甲의 거짓말 탐지기가 이 100건 중 [참]으로 판단하는 것은 참인 진술을 참으로 판단하는 건수는 총 20건×0.8=16건이고, 거짓인 진술을 참으로 판단하는 건수는 80건×0.2=16건이므로 총 32건일 가능성이 가장 높다.

ㄷ. (×) 탐지 대상이 되는 진술 100건 가운데 참인 진술이 10건인 경우, 甲이 사용하는 거짓말 탐지기의 정확도가 높아진다면 참인 진술을 참으로 판단하는 건수는 80%에서 8건(10건×0.8=8건)이고, 100%에서 10건이므로 최대 2건이 많아지고, 거짓인 진술을 참으로 판단하는 건수는 80%에서 18건(90건×0.2=18건)이고, 100%에서는 0건이므로 최대 18건이 적어진다. 즉, 거짓말탐지기의 정확도가 10%p증가할 때마다, 참인 진술이 참으로 판단하는 건수는 1건이 늘어나지만, 거짓인 진술을 참으로 판단하는 건수는 9건이 줄어든다. 따라서, 甲이 사용하는 거짓말 탐지기의 정확도가 높아진다면 100건 중 [참]으로 판단하는 진술은 적어진다.

ㄹ. (○) 거짓말 탐지기의 정확도가 90%이고 탐지 대상이 되는 진술 100건 가운데 참인 진술이 10건인 경우, 탐지기가 18건을 [참]으로 판단했다면 그중 참인 진술을 참으로 판단한 건수는 9건(10건×0.9=9건)이고, 거짓인 진술을 참으로 판단한 건수가 9건이므로 거짓인 진술이 9건일 가능성이 가장 높다.

20 .... p.144

정답 ④

ㄱ. (○) C^0 이하의 등급 비율을 0%로 하고, C^+ 이상의 각 등급을 최대로 부여하는 경우에 평정대상 전원에게 C^+ 이상의 학점을 부여할 수 있다.

Power up

A등급(30%) : 6명, B등급(35%) : 7명, C등급(40%) : 8명으로 총 21명에게까지 C^+ 이상의 학점을 부여할 수 있다.

ㄴ. (×) 79점을 받은 학생(7위)을 기준으로 순위가 높은 학생들이 각 등급을 최소 비율로 받았다면, 79점을 받은 학생은 C등급을 받을 수 있으므로 옳지 않다.

A등급(10%) : 2명, B등급(20%) : 4명으로 6순위까지만 A, B등급을 받아 7순위 학생은 C등급을 받을 수도 있다.

ㄷ. (○) 5명에게 A등급을 부여했다면 A등급 비율을 25%로 배정한 것이고, 남은 5%는 하위등급인 B등급에 추가되어 B등급은 최대 8명(40%=35%+5%)에게 학점을 부여할 수 있다.

ㄹ. (○) A등급에서 B등급까지 받을 수 있는 최대 학생 수는 13명(65%)으로 순위가 18위인 59점을 받은 학생은 B등급 이상을 받을 수는 없다. 또한, C등급의 최대 비율이 40%이므로 최대 8명까지 C등급을 부여할 수 있으므로 59점을 받은 학생에게 부여할 수 있는 학점은 C^+, C^0, D^+, D^0, F 중 하나가 된다.

21 ···································· p.145

정답 ②

☑ 1회 이동하는 경우
점 P는 A~E 중에 어느 곳으로도 위치할 수 없다.

☑ 2회 이동하는 경우
점 P는 2회를 이동하여 B에 위치할 수 있다.

<보 기>

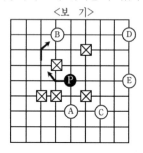

☑ 3회 이동하는 경우
점 P는 2회를 이동하여 D에 위치할 수 있다.

<보 기>

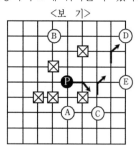

따라서, 점 P가 3회 이내로 이동해서 위치할 수 있는 곳은 B와 D이다.

22 ···································· p.145

정답 ④

상황

甲관할구역 내에는 소방서 한 곳이 설치되어 있으며, 이 소방서와 가장 가까운 119안전센터(乙관할구역)는 소방서로부터 25 km 떨어져 있다.
→ 甲관할구역 내의 소방서와 119안전센터와의 거리가 20km 이내에 해당하지 않으므로 기준에 해당하는 경우에는 고가사다리차 또는 굴절사다리차를 배치하여야 함.

甲관할구역 내에는 층수가 11층 이상인 아파트가 30동 있고,
→ 고가사다리차 1대 배치

3층 백화점 건물이 하나 있으며,
→ 굴절사다리차 배치✕ (∵5층 미만)

위험물을 저장·취급하는 제조소 등이 1,200개소 있다.
→ 500개소 이상이므로 화학차 2대 + 1,000개소 이상이므로 (1,200−1,000)÷1,000=0.2에서 소수점 이하 첫째자리에서 올림하여 화학차 1대 추가 배치

<상황>에 따른 소방자동차는 고가사다리차 1대와 화학차 3대를 배치하여야 하고 <소방서에 두는 소방자동차 배치기준>다. 지휘차 및 순찰차 배치기준에 따라 각각 1대는 최소 배치하여야 하므로 甲관할구역 소방서에 배치되어야 하는 소방자동차의 최소 대수는 총 6대이다.

빠른 정답 찾기

PART 01 이해추론편

Chapter 01 이해추론 – 법령제시형

▶ 1.1

01 ③	02 ④	03 ④	04 ⑤	05 ②	06 ①	07 ③	08 ①	09 ②	10 ②
11 ④	12 ③	13 ⑤	14 ①	15 ④	16 ①	17 ⑤	18 ④	19 ④	20 ⑤
21 ③	22 ⑤	23 ④	24 ②	25 ⑤	26 ⑤	27 ②	28 ②	29 ①	30 ①
31 ④	32 ②	33 ④							

Chapter 02 이해추론 – 비문학 독해 및 추론

▶ 1.2

01 ④	02 ①	03 ⑤	04 ⑤	05 ⑤	06 ⑤	07 ②	08 ⑤	09 ③	10 ①
11 ⑤	12 ②	13 ④	14 ⑤	15 ①	16 ②	17 ②	18 ②	19 ②	20 ④
21 ④	22 ①	23 ②	24 ④	25 ①	26 ②	27 ⑤	28 ①	29 ④	

PART 02 추리분석편

Chapter 01 추리분석 – 게임 · 퍼즐 · 퀴즈형

▶ 2.1

01 ②	02 ③	03 ①	04 ④	05 ④	06 ③	07 ⑤	08 ⑤	09 ④	10 ⑤
11 ①	12 ③	13 ②	14 ②	15 ③	16 ②	17 ②	18 ⑤	19 정답없음	20 ②
21 ②	22 ④	23 ①	24 ②	25 ⑤	26 ①	27 ④	28 ⑤	29 ③	30 ⑤

Chapter 02 추리분석 – 수 · 규칙 · 암호추리형

▶ 2.2

01 ⑤	02 ⑤	03 ③	04 ②	05 ②	06 ②	07 ④	08 ②	09 ⑤	10 ②
11 ④	12 ①	13 ⑤	14 ③	15 ③	16 ③	17 ①	18 ①	19 ③	20 ④
21 ⑤	22 ①	23 ⑤	24 ①	25 ①					

PART 03 조건판단편

Chapter 01 조건판단 – 배치결정형(선정, 조합, 순서)

▶ **3.1**

01 ①	02 ②	03 ④	04 ⑤	05 ①	06 ⑤	07 ⑤	08 ②	09 ④	10 ③
11 ⑤	12 ②	13 ④	14 ②	15 ⑤	16 ⑤	17 ③	18 ⑤	19 ②	20 ①
21 ①	22 ④	23 ④	24 ①	25 ④	26 ③	27 ④	28 ②	29 ⑤	

Chapter 02 조건판단 – 의사결정형(비교, 평가, 최선)

▶ **3.2**

01 ⑤	02 ⑤	03 ③	04 ①	05 ⑤	06 ④	07 ③	08 ③	09 ③	10 ②
11 ②	12 ①	13 ③	14 ④	15 ②	16 ⑤	17 ①	18 ③	19 ⑤	20 ②
21 ⑤	22 ④	23 ③	24 ④	25 ⑤	26 ⑤	27 ③	28 ①	29 ②	30 ①

PART 04 자료판정편

Chapter 01 자료판정 – 단순수치계산(개별, 합산, 순위)

▶ **4.1**

01 ②	02 ②	03 ①	04 ④	05 ②	06 ④	07 ⑤	08 ⑤	09 ③	10 ⑤
11 ②	12 ③	13 ①	14 ⑤	15 ④	16 ④	17 ①	18 ⑤	19 ⑤	20 ①
21 ①	22 ③	23 ⑤	24 ②	25 ③	26 ③				

Chapter 02 자료판정 – 최적수치계산(경우, 제한, 최적)

▶ **4.2**

01 ③	02 ②	03 ④	04 ④	05 ①	06 ④	07 ⑤	08 ②	09 ③	10 ④
11 ②	12 ③	13 ④	14 ②	15 ④	16 ③	17 ②	18 ⑤	19 ③	20 ④
21 ②	22 ④								

김영진

주요 약력

• 서울대학교 산업인력개발학과 졸업
• 現) 박문각 공무원 노량진(남부고시학원) 7급 공채 PSAT 상황판단 전임
• 前) 종로국가정보학원 5급 공채 PSAT 상황판단 전임
• 前) 종로국가정보학원 NCS 수리/문제해결 전임
• 前) 종로국가정보학원 국가정보원 NIAT 논리추리 전임
• 前) 미디어정훈 NCS 수리/문제해결/자원관리/조직이해/자기개발 전임
• 前) 마이패스 인적성 삼성(GSAT), 현대(HMAT) 등
• 前) 저작권위원회 정보관리팀 저작권등록/상담/관리 담당
• 건국대, 광운대, 부산대, 상명대, 영남대, 인하대 등 30여개 대학 PSAT/NCS 특강
• 한국기술교육대 NCS 문제해결/자원관리/자기개발 원고 및 평가문항 자문검토위원

주요 저서

• 박문각 공무원 PSAT 김영진 상황판단 유형 분석[기본편](박문각출판)
• 박문각 공무원 PSAT 김영진 상황판단 유형 완성[심화편](박문각출판)
• 5급 공채 PSAT 기출해설집(미디어정훈)
• 5급/7급 민간경력자 PSAT 기출해설집(미디어정훈)
• 국가정보원 NIAT 기본/응용/심화(종로국가정보학원)
• 인적성PASS(마이패스)

PSAT 김영진 상황판단 유형완성

심화편

초판인쇄 : 2024년 5월 10일
초판발행 : 2024년 5월 16일
편 저 자 : 김영진
발 행 인 : 박 용
등   록 : 2015. 4. 29. 제2015-000104호
발 행 처 : (주)박문각출판
주   소 : 06654 서울특별시 서초구 효령로 283 서경빌딩
전   화 : (02) 6466-7202 (교재주문·학습문의)
팩   스 : (02) 584-2927

판권 본사 소유

정가 18,000원   ISBN 979-11-6987-997-2
                                979-11-6987-995-8(세트)